CB134312

Revista de Direito Tributário

71

MALHEIROS EDITORES

Revista de Direito Tributário

Publicada sob os auspícios do

Instituto Geraldo Ataliba — IDEPE — Instituto Internacional de Direito Público e Empresarial e do
IBET — Instituto Brasileiro de Estudos Tributários

ISS 0102-7956

REVISTA DE DIREITO TRIBUTÁRIO
publicação trimestral de
MALHEIROS EDITORES LTDA.
Rua Paes de Araújo, 29, 17º andar - conj. 171
CEP: 04531-940 - São Paulo, SP
Tels. 822-9205 - 820-9718 - 820-5549 - Fax. 829-2495

Assinaturas e comercialização:
CATAVENTO DISTRIBUIDORA DE LIVROS S.A.
Rua Conselheiro Ramalho, 928
CEP 01325-000 - São Paulo - SP
Tel. 289-0811 - Fax. 251-3756

Diretor Responsável: Álvaro Malheiros
Diretora: Suzana Fleury Malheiros

Supervisão Gráfica: Vânia Lúcia Amato
Composição: EDITORA FRASE LTDA.

SUMÁRIO

XI CONGRESSO BRASILEIRO DE DIREITO TRIBUTÁRIO

Abertura ... 9
La deslegalización de los elementos de cuantificación de la obligación tributária
— Juan Ramallo Massanet ... 11
Revisitando a isenção tributária (a isenção tributária à luz da hermenêutica histórica)
— José Souto Maior Borges ... 24
A isenção trazida pelo art. 3º, II, da Lei Complementar 87/96
— Estevão Horvath ... 30
A inconstitucionalidade do novo salário-educação
— Heron Arzua ... 34
Reforma tributária não constitucional
— Heron Arzua ... 36
ISS – Problemas atuais
— Eduardo D. Bottallo ... 38
Planejamento tributário
— Sidney Saraiva Apocalypse ... 43
Planejamento tributário (IR: limites da economia fiscal – Planejamento tributário)
— Luciano da Silva Amaro ... 45
Imunidade (art. 155, § 3º, da CF)
— Roque Antonio Carrazza ... 54

XII CONGRESSO BRASILEIRO DE DIREITO TRIBUTÁRIO

Do controle de constitucionalidade pelo Tribunal Fiscal
— Wagner Balera ... 61
Aspectos do procedimento Administrativo Fiscal
— Heron Arzua ... 68
Sobre a decadência do crédito tributário
— Tercio Sampaio Ferraz Júnior ... 77
Prescrição e decadência no Direito Tributário Brasileiro
— Sacha Calmon Navarro Coelho ... 84
Processo Administrativo Tributário – Princípios, amplitude, natureza e alcance das funções nele exercidas
— Eduardo D. Bottallo ... 94

ICMS/ISS – TV por assinatura e a cabo, "courrier" e Internet
— José Eduardo Soares de Melo 101
Imposto municipal sobre serviços – Lei Complementar – Aspecto espacial
— Anna Emília Cordelli Alves 108
Sobre os ganhos de capital de falidos, mortos e outros sinistrados – Impossibilidade
— Misabel Abreu Machado Derzi 116
Ação declaratória de inexistência de relação jurídica entre contribuinte e Fisco – Proposição de cautelar incidente de depósito – Impossibilidade de ocorrência de decadência no decurso da ação
— Lucia Valle Figueiredo 134
Pagamento em atraso de contribuição para a seguridade social: extinção da punibilidade e parcelamento do débito
— José Souto Maior Borges 140
A decadência no lançamento "por homologação"
— Estevão Horvath 149
ICMS na habilitação de telefone celular – Breve nota
— Sydney Saraiva Apocalypse 158
Controle de constitucionalidade pelos Tribunais Administrativos
— Paulo César Conrado 162
ICMS – Operações de *performance* – Imunidade – Exegese do art. 155, § 2º, XII, "e", da CF – Questões conexas
— Roque Antonio Carrazza 198

BREVE NOTA

Este número da *RDT* abriga textos referentes aos XI e XII Congressos Brasileiros de Direito Tributário, realizados pelo INSTITUTO GERALDO ATALIBA – IDEPE.

Infelizmente, todas as fitas em que estavam gravadas as palestras e debates do XI Congresso Brasileiro de Direito Tributário (realizado em São Paulo, de 5 a 7 de novembro de 1997) foram furtadas nas ruas de São Paulo, fato comum nos dias atuais.

Em face disso perdeu-se a oportunidade de transcrevê-las, para posterior publicação nesta *Revista de Direito Tributário*, como sempre se fez nos Congressos anteriores.

Alguns textos, todavia, foram resgatados, graças ao apoio e memória de vários professores.

XI CONGRESSO BRASILEIRO DE DIREITO TRIBUTÁRIO

Realizado em São Paulo, de 5 a 7 de novembro de 1997

ABERTURA

DR. ESTEVÃO HORVATH (**Presidente do Congresso**): Srs. Congressistas, é realmente um privilégio presidir os trabalhos deste Congresso, especialmente considerando-se que anteriormente foram distinguidos com essa honraria alguns dos mais destacados cultores do Direito Tributário no Brasil.

É com grande honra e imenso orgulho que procurarei desempenhar essa tarefa, para o que espero contar, como sempre, com a colaboração dos ilustrados participantes, professores, juristas, advogados, magistrados, procuradores, todos os operadores do Direito que aqui comparecem, enfim.

Os Congressos do IDEPE — hoje, com muita justiça, Instituto Geraldo Ataliba — já trazem consigo uma sedimentada tradição, fazendo parte importante do calendário jurídico brasileiro.

O "norte" que guia e inspira os rumos deste Congresso foi, é e sempre será o pensamento e a personalidade ímpar do saudoso Prof. Geraldo Ataliba, que como ninguém soube imprimir sua visão ao Direito Tributário pátrio e, mais que isso, do Direito como um todo, nas inúmeras palestras, cursos, seminários e congressos de que era mentor ou participante.

Nessa linha de pensamento é elaborado o planejamento temático deste Congresso, tendo como principal preocupação a de enfatizar o enfoque constitucional nas questões ligadas ao Direito Tributário.

Os que aqui ensinarão e — por que não dizer? — também aprenderão não comparecem na qualidade de ministros, professores, juristas, advogados renomados e magistrados influentes, mas principalmente como estudiosos dos grandes temas do Direito Tributário, buscando passar-nos a todos um misto de informação e formação, que é o que, em última análise, desejamos todos, creio, encontrar num evento deste jaez.

Sejam bem-vindos e espero que nestes três dias de trabalho conjunto possamos sair todos enriquecidos com o que ouvirmos, pregarmos e aprendermos.

LA DESLEGALIZACIÓN DE LOS ELEMENTOS DE CUANTIFICACIÓN DE LA OBLIGACIÓN TRIBUTARIA

JUAN RAMALLO MASSANET
Professor Catedrático de Direito Financeiro e Tributário
da Universidad Autónoma de Madrid

I — Introducción

Es un honor para mi participar en este *XI Congresso Brasileiro de Direito Tributário*. Y quiero, ante todo, agradecer a los organizadores — y especialmente al Presidente del Congreso, mi apreciado y viejo amigo Estevão Horvath — la amable invitación para estar con Ustedes en esta ocasión y poder compartir los interesantísimos debates que el temario del Congreso suscita.

Pero el honor que me hacen Ustedes tiene una particular connotación que quiero también desde el principio dejar bien explícita. Se trata del foro en el que se celebra este Congreso: el *Instituto Geraldo Ataliba*. Permítanme que exprese públicamente en este momento mi sincero y profundo reconocimiento al Prof. Ataliba, no sólo por su relevancia científica — que le llevó a ser un verdadero maestro del Derecho — sino, sobre todo, por la dimensión humana que imprimió siempre a su tarea científica, a su entusiasmo por unir, a su empeño para — como decía él mismo en el "Prólogo" a la traducción castellana de su *Hipótese de Incidência Tributária* — provocar la aproximación con los hermanos hispanoamericanos, herederos de una rica tradición común, y que le levó a ser un auténtico agitador — encantador, por otro lado — del Derecho Tributario en todos los países latinos, a uno y otro lado del Atlántico, mas sin que ello le hiciera perder "una profunda humildad frente a la vida del Derecho". De él recibí enseñanzas y afecto. De su inequívoca ideología democrática aprendí muchas de las implicaciones que para nuestra rama jurídica tiene el Estado de Derecho; como también supe por él — cuando hace ya 16 años me invitó, por primera vez, a visitar São Paulo, honrándome en participar en su curso de Mestrado de su Universidad, la PUC — que el fundador de esta ciudad de São Paulo fue un "bandeirante" portugués llamado, precisamente, João Ramalho.

II — El tema de la conferencia

En esta ocasión a la que me refiero tuve la oportunidad de tratar el tema de la cuantificación de la obligación tributaria. Hoy quiero volver, en cierto modo, sobre ello, no sólo en homenaje al Prof. Ataliba y a la metodología que guiaba su quehacer científico (como él decía: "aprender, corregir, rectificar, fortalecer y enmendar"), sino porque creo que hay nuevos fenómenos que nos deben hacer reflexionar sobre temas clásicos de la dogmática tributaria con el fin de evitar el "autismo de los conceptos" frente a la tozudez de los hechos. Hechos que, en muchos casos, como veremos, vienen provocados por la realidad de las relaciones económicas internacionales.

Pretendo pues — y lo enuncio sin mayores dilaciones — reflexionar sobre la relevancia de la ley y de la voluntad de los particulares respecto de los elementos de la obligación tributaria y, en especial, de sus elementos de cuantificación. Se trata, en definitiva, de un tema tan viejo y de tanto arraigo en la cultura del Estado de Derecho como es el de la deslegalización del tributo, es decir, el de la *sustitución de la ley y del Poder Legislativo por las decisiones de otro sujeto.*

Pero, de inmediato, debo señalar que para este enjuiciamiento deben tenerse presentes dos factores: por un lado, *quién* sea ese otro sujeto que sustituye al legislador; de otro, en *qué* elementos u objetos se produzca esta sustitución. Porque la combinación de estos dos factores puede dar resultados diversos: unos aceptables y asumibles, otros incompatibles y rechazables. Avanzando, ya desde el principio, alguna conclusión que se está produciendo en el ordenamiento español de nuestros días, nos encontramos, por ejemplo: 1º) que por influencia indirecta de las *Directivas Comunitarias* de la Unión Europea, el impuesto de sociedades español es en la actualidad un impuesto sin base imponible normativa, que se ve sustituida por las normas y principios contables, en parte definidos por un sujeto distinto al legislador; 2º) que por influencia de la doctrina de la OCDE, el concepto jurídico indeterminado "valor de mercado", elemento constitutivo de la base imponible en varios impuestos, puede ser objeto de un acuerdo de voluntades entre la Administración y el contribuyente pero sólo cuando se trata de operaciones entre sociedades vinculadas y no en otros supuestos.

Tomando, pues, el fenómeno de la deslegalización como punto de partida, a efectos de esta exposición, dos son las situaciones en las que nos podemos encontrar y que debemos distinguir ya que, teniendo el mismo origen, pueden conducir a conclusiones opuestas.

Una línea de reflexión viene propiciada por el dato siguiente: en la Ley española de Régimen Jurídico de las Administraciones Públicas y del Procedimiento Administrativo Común (Ley 30/92) se establece la posibilidad de que "las Administraciones Públicas podrán celebrar acuerdos, pactos, convenios o contratos con personas tanto de Derecho Público como Privado (...) pudiendo tales actos tener la consideración de finalizadores de los procedimientos administrativos o insertarse en los mismos con carácter previo, vinculante o no, a la resolución que les ponga fin" (art. 88). Esta posibilidad transaccional ha sido recogida con carácter general en nuestro Código Tributario (la Ley General Tributaria) y de ella se encuentran algunas manifestaciones concretas en las leyes especiales de los impuestos.

Otra línea de reflexión viene propiciada por este otro dato: en nuestra Ley del Impuesto sobre Sociedades (Ley 43/95), la base imponible del impuesto se define escuetamente como "el importe de la renta" sin que se definan los elementos que la componen, remitiéndose para su cálculo al "resultado contable determinado de acuerdo con las normas previstas en el Código de Comercio, en las demás leyes relativas a dicha determinación y en las disposiciones que se dicten en desarrollo de las citadas normas" (art.10.3).

III — La sustitución de la ley por el acuerdo de voluntades entre Administración y contribuyente

Si mantenemos de una manera mecánica y rígida la afirmación clásica formulada por la doctrina, desde Hensel y Blumenstein, de que "la voluntad de la ley en la obligación tributaria sustituye a la voluntad de las partes en una obligación privada", parece carente de sentido intentar desarrollar un razonamiento que tenga por finalidad analizar hasta qué punto es cierta aquella afirmación y hasta qué punto la ley, en nuestro caso la tributaria, sustituye siempre y en todos los extremos a la voluntad de las partes.

Hay que advertir desde el principio que no se trata de analizar lo que ocurre en las relaciones entre los sujetos intervinientes en la obligación tributaria desde una perspectiva sociológica, o incluso en los elementos psicológicos de la misma, es decir, cuál sea la realidad de lo que normalmente se conoce como "negociación" entre el inspector de Hacienda y el contribuyente, sino que se trata de ver la relación que existe entre la ley y los sujetos — activo y pasivo, acreedor y deudor, Hacienda y contribuyente — a la hora de aplicar el tributo, es decir, de determinar los elementos conducentes a la cuantía de la obligación y del modo de hacerla efectiva; relación en términos de intervención de la voluntad de todos ellos en dicha concreción. Por lo tanto, el problema que, en torno a la obligación tributaria quisiera plantear, se situaría paralelamente a lo que un profesor de Derecho Administrativo llamaría participación del administrado en funciones administrativas", y, sobre todo, a lo que un profesor de Derecho Civil llamaría "participación del deudor en la definición de los elementos de la obligación".

Para el análisis de esta posibilidad y su justificación, es preciso revisar dos postulados: el de la obligación tributaria como obligación *ex lege* y el principio de legalidad tributaria.

A) En efecto, hay que revisar, *en primer lugar*, un tema clásico: el de la obligación tributaria como obligación *ex lege*. Es pacífico en la doctrina considerar que la naturaleza de la obligación tributaria se acomoda a la de las obligaciones *ex lege*, es decir, de aquellas obligaciones que derivan de la ley y de la que se deduce una estructura de la relación obligacional en la que las partes acreedora y deudora están vinculadas al mandato de la misma, por lo que el acreedor — la Administración — no podrá dejar de exigir la pretensión que de la ley se deriva y en ella se contiene, y el deudor — el particular — no podrá dejar de cumplir su prestación tal y como de la misma ley también se deriva.

La Administración tiene, pues, un derecho-deber: en relación con el particular ejercerá el derecho de crédito, en relación con la ley el deber de cumplir su mandato. La posición de la Administración, en consecuencia, es la de declarar el Derecho, la de concretar el contenido cuantitativo de la prestación que el deudor debe de cumplir. Y ese comportamiento y actuación de la Administración se encarna en el acto administrativo de liquidación.

De todo lo anterior — sobradamente conocido — se desprende que la voluntad de las partes de la obligación no parece ser en absoluto relevante ya que, de un lado, el particular únicamente puede decidir si realiza o no un determinado supuesto de hecho, a partir de lo cual tendrá que asumir, con independencia de su voluntad, las consecuencias tributarias de ese hecho. Dentro de la obligacón tributaria, por tanto, su voluntad no tiene relevancia ni eficacia alguna. Por otro lado, el acto administrativo de liquidación se presenta, en este esquema, como acto automático de aplicación de la ley sin que su autor pueda hacer algo distinto a lo que en ella se contiene.

La amplia aceptación doctrinal de esta concepción puede residir, entre otros motivos, en que con ella se logra un acoplamiento perfecto entre las dos partes, acreedor y deudor, sometidos ambos al mandato de la ley. Por otra parte, al acto de liquidación se le puede atribuir una función declarativa, en lugar de constitutiva de la obligación, con lo que la Administración pierde una posición preeminente, no apareciendo como *potentior personae*, con lo cual se supera una etapa del Derecho Público — la del Derecho Público autoritario construido en Alemania en el último tercio del siglo XIX — en el que la acción administrativa era inseparable de las prerrogativas del *imperium*.

Ahora bien, este proceso evolutivo desde la relación de poder hasta la relación obligacional en el terreno de las relaciones entre Administración y contribuyente no ha podido hacer desaparecer las connotaciones autoritarias de la posición del acreedor — la Administración — a la hora de cumplir su función de declarar el Derecho y establecer el montante de la deuda tributaria. La explicación de la relación tributaria a través del esquema obligacional no impide, sin embargo, que se detecten una serie de datos que ponen de manifiesto que ese acreedor posee unas determinadas facultades o esferas de decisión sobre la obligación tributaria que lo sitúan en una posición ciertamente superior.

Pero interesa señalar de inmediato que no me estoy refiriendo a las potestades o facultades de autotutela que la Administración Pública en general tiene y la tributaria también — la más llamativa, la ejecución directa — sino a la posición de superioridad que tiene la Administración Tributaria dentro de la propia relación obligacional; no, por tanto, fuera de ella, en su ejecución forzosa ante un incumplimiento voluntario.

Esta "posición" superior del acreedor en el seno — en el interior — de la obligación tributaria, consiste en que dicho acreedor puede determinar o declarar el contenido cualitativo y cuantitativo de dicha obligación con unos márgenes de apreciación que, por un lado, ponen en cuestión aquella afirmación sobre la igualdad entre las partes o aquel acoplamiento de las partes sometidas a la ley, y, por otro lado, dejan al contribuyente en un plano de sometimiento no tanto a la ley cuanto a la aplicación que de la misma hace la otra parte: el acreedor o Administración.

De dónde deriva esa "posición" superior del acreedor? A mi entender deriva de la combinación de dos factores: por un lado, de que es el acreedor el que, en cuanto Administración, declara el contenido del crédito — bien es cierto que en aplicación de la ley — pero, por otro lado, todo dependerá, en principio, del grado de concreción o perfección con que la ley se exprese a la hora de establecer los supuestos de hecho y los elementos de cálculo de la base imponible. Así, parece claro que si la ley dice que hay que computar el saldo del depósito bancario o el valor de negociación medio del cuarto trimestre, la aplicación de esa norma y su concreción cuantitativa por el acreedor — aun partiendo de la declaración hecha por el deudor — ofrece un margen de apreciación muy escaso o nulo — pues otra cosa es el hecho y la prueba del depósito o del valor medio bursátil. Por el contrario, si la ley dice que hay que computar el valor de mercado de las joyas o bienes suntuarios, o la afección de elementos patrimoniales a una explotación económica, o el valor de mercado en las operaciones vinculadas (el precio de transferencia, *transfer price*), la aplicación de esa norma y su concreción cuantitativa por el acreedor — aun partiendo igualmente de la declaración hecha por el deudor — ofrece un margen de apreciación mucho mayor. Por lo tanto, la decisión de la Administración — es decir, su voluntad y eficacia — frente a la de la ley, tendrá una intensidad mayor en un caso que en otro. En definitiva, el componente volitivo dependerá del objeto de la concreción cuantitativa.

Si el razonamiento anterior es correcto nos encontramos directamente con el problema: el que esa apreciación, derivada de cómo esté formulada la ley, es realizada precisamente por la Administración con un valor superior — por encima, de momento — de la que ha hecho el contribuyente en su declaración. En efecto, como el sujeto que tiene el derecho y la obligación de declarar el derecho es la Administración a través de su acto de liquidación, será la apreciación que de aquel elemento haga la Administración la que tendrá valor superior en la determinación de la obligación tributaria. Con ello llegamos a la conclusión de que en estas relaciones jurídicas es el acreedor el que tiene la facultad jurídica de definir y valorar los elementos del hecho imponible que no tengan una expresión concreta y cuantificable.

Creo que llegar a esta conclusión — es decir, que *el acreedor, por el hecho de que es la Administración y no otro sujeto, puede, con independencia del deudor, determinar los elementos de la obligación* — es insatisfactorio y representa un paso atrás en aquel acoplamiento entre acreedor y deudor bajo la ley. Por tanto, antes de llegar a dicha conclusión, quizá el razonamiento podría discurrir por otra vía: por la de que esa "apreación" lo que produce es incertidumbre ante el hecho de tener que concretar y cuantificar elementos susceptibles de concreciones y cuantificaciones no unívocas. Y, mucho más, ante el hecho de que, como consecuencia, no coincidan la concreción y cuantificación que hace el deudor y el acreedor. Es ante esa incertidumbre, pues, ante la que la voluntad de las partes — que están en pie de igualdad en la relación obligacional — podría producir efectos, despejando dicha incertidumbre y, además, evitando conflictos ulteriores ante los jueces y tribunales. En última instancia, que la incertidumbre sobre un elemento de la obligación se despeje sin necesidad de acudir a un conflicto jurídico y que la resolución de esa incertidumbre pueda producirse por el acuerdo entre las partes dando eficacia a la voluntad concorde de las mismas.

B) Pero junto al razonamiento anterior, hay también que proceder, *en segundo lugar*, a la revisión de otro tema clásico: el principio de legalidad tributaria.

Desde la perspectiva de la dogmática puede parecer escandaloso — y hasta sospechoso — el intento de compaginar el principio constitucional de legalidad tributaria con la presencia y eficacia de la voluntad de las partes en la obligación. La evolución histórica de dicho principio nos revela el esfuerzo político de su implantación en el sistema democrático al servicio de la igualdad y del equitativo reparto de la carga tributaria, convirtiéndose, en consecuencia, en una barrera infranqueable a todo lo que no sea expresión de la voluntad popular soberana expresada por sus representantes a través de la ley.

Y el significado y función del principio de legalidad en el sentido que se acaba de apuntar se pone de manifiesto en sus dos vertientes. Por un lado, la reserva de ley impide la entrada del reglamento en todas aquellas materias que tienen que ser reguladas por aquélla; por otro lado, en cuanto legalidad de la Administración nos indica de qué forma tiene que conducirse ésta a la hora de dictar sus actos. Esta separación de poderes y funciones que el principio de legalidad implica, hace que la Administración tenga un doble carácter: en cuanto acreedora de la prestación y en cuanto Administración Pública que tiene que aplicar la ley; ambivalencia que lleva a cuestionar que el acreedor se confunda con la Administración y a que la decisión de aquél pueda ser sustitutiva del acto administrativo. En igual sentido, pero en opuesta dirección, hay que señalar las intrincadas vueltas que tanto la doctrina como la jurisprudencia españolas — como bien puso de manifiesto el Dr. Horvath en su tesis doctoral defendida en mi Universidad Autónoma de Madrid — han tenido que dar durante los años 80 para encajar el acto administrativo de liquidación en las autoliquidaciones, ya que la dogmática que se deriva del principio de legalidad tributaria y de la función de aplicación del tributo por la Administración no permite explicar que sea el deudor contribuyente el autor de dicho acto administrativo.

Está plenamente admitido tanto doctrinalmente como por la jurisprudencia de nuestro Tribunal Constitucional (*STC* 37/1981, *STC* 6/1983, *STC* 19/1987) que el principio de legalidad o reserva de ley tal como lo establece la Constitución española debe interpretarse de una manera flexible, no constituyendo los arts. 31 y 133 del texto constitucional más que una reserva relativa en favor de la ley en los temas tributarios. Con independencia de cuáles sean los elementos cubiertos por dicha reserva, lo que interesa resaltar en este momento es que, entendida así — con carácter relativo —, implica la necesidad de una fuente secundaria que concrete el marco normativo establecido en la ley.

Desde esta perspectiva, la reserva relativa de ley se plantea como un problema de predeterminación normativa insuficiente. La flexibilidad tiene manifestaciones diversas, mas todas coinciden en esta característica apuntada. Tanto desde el punto de vista horizontal de la relación entre ley y reglamento — sobre todo ante la inexistencia de una reserva constitucional de reglamento en nuestra Constitución, a diferencia, por ejemplo, de la francesa — que exige que sea la ley la que regule los "elementos esenciales del tributo", como desde la perspectiva vertical de la relación entre ley y ordenanza municipal, que no permite una habilitación en blanco, si bien el problema estriba en saber en cada caso qué es lo que debe quedar reservado y regulado por la ley — con las diferentes exigencias, incluso, que se plantean entre las distintas clases de tributos —, no parece haber duda sobre que no todo debe hacerlo ella.

De la anterior observación se puede obtener una conclusión sin forzar, a mi entender, estos esquemas dogmáticos: *hay que sacar el análisis y calificación de cualquier tipo de mecanismo convencional, en cualquiera de sus fórmulas, del ámbito de problemas derivados de la autonomía privada de la voluntad y de sus límites, tanto constitucionales como ordinarios, y situarlo en el terreno de la predeterminación legal de los elementos de la obligación tributaria, es decir, en el de las fuentes normativas secundarias con el fin de completar la reserva relativa de ley*.

Ahora bien, ante la exigencia de que determinados elementos del tributo sean establecidos por la ley, debemos recordar que esta puede cumplir su misión, pero no solucionar totalmente el problema. Así, por ejemplo, la ley cumple el principio regulando la base imponible o de cálculo del Impuesto sobre Bienes Inmuebles tanto si establece que está constituida por los metros cuadrados como si dice que lo está por el valor catastral, siendo, sin embargo, bien diferentes los problemas de concreción de una u otra magnitud. Es más, posiblemente sea la evolución en el perfeccionamiento de los criterios o parámetros que utiliza el legislador en relación a principios constitucionales como el de capacidad económica lo que les haya hecho perder rotundidad y fijeza en aras de una mayor "justicia".

Vistas así las cosas, creo que se puede avanzar una hipótesis consistente en que *no sólo es compatible la eficacia de la voluntad de las partes de la obligación tributaria con el principio constitucional de legalidad sino, además, que aquella eficacia colabora en el perfeccionamiento de dicho principio*.

Mas no cualquier acuerdo de voluntades entre la Administración y el contribuyente puede, al amparo de esa reserva relativa de ley, ser constitucionalmente legítimo. Veamos algunos casos.

1º. *En tributos municipales*: Si bien hemos puesto de manifiesto que el principio de legalidad es flexible o relativo, y que, en virtud de esa flexibilidad, es posible admitir la presencia de la voluntad de las partes en alguno de los elementos de la obligación tributaria, hay que diferenciar este supuesto de aquellos en que la voluntad de las partes — Administración y contribuyente — acuerda la exigibilidad no del tributo, o, lo que es igual, la aplicación de una exención.

En efecto, se ha planteado en ocasiones ante el Tribunal Supremo — jurisdicción ordinaria — el supuesto en que en un negocio jurídico entre Administración y particular se contenga una cláusula consistente en que el particular no tendrá que satisfacer, en cuanto contribuyente, un determinado tributo cuyo hecho imponible se encuentra constituído por la situación objeto del negocio o vinculado a ella. El Tribunal Supremo considera en estos casos que la libre voluntad de las partes tiene efecto sobre la exigibilidad o no del tributo, que esa voluntad tiene eficacia para crear o no la obligación tributaria con independencia de lo que la ley establezca en punto al hecho que da lugar a su nacimiento y a los sujetos obligados al pago. A mi entender resulta claro que este tipo de negocios jurídicos — o este tipo de cláusulas dentro de un negocio jurídico — son contrarios al mandato constitucional de legalidad y que nada tienen que ver con los supuestos de intervención de la voluntad de las partes en la determinación de los elementos de la obligación tributaria.

Los fundamentos dados por el Tribunal Supremo para adoptar esta posición han sido varios. En la Sentencia de 26 de abril de 1980, ante el supuesto de una *cesión de terrenos gratuitamente por un particular a un Ayuntamiento con el fin de abrir una calle a cambio de que en caso de una venta posterior del resto de terrenos no tuviese que pagar el arbitrio de plusvalía*, y ante la apelación del Ayuntamiento que solicitaba la nulidad del negocio jurídico 30 años después de celebrado sin restitución de la cosa con sus frutos, afirma que "alegar ahora la nulidad del contrato de 1949 no es, ni más ni menos, que emplear medios reprobables por parte de quien contrató con un particular, y sabiendo las exigencias formales de la contratación municipal, prescindió de ellas para obtener un beneficio, alegando, en cambio, la necesidad de esas formalidades, o una pretendida falta de competencia del Alcalde, y por último de una prohibida 'exencíon' cuando tuvo que cumplir su prestación con objeto de mantener el incremento de su patrimonio y la disminución del ajeno, tesis que debe rechazarse por ser contraria a los principios informadores del Ordenamiento Jurídico".

Más compleja es la argumentación de la Sentencia de 8 de junio de 1992 — que sigue a las del mismo Tribunal de 28 de octubre de 1946 y 4 de abril de 1966 — ante el hecho de una *concesión administrativa para el abastecimiento de agua a una ciudad eximiendo al concesionario del pago de la tasa por ocupación del subsuelo de la vía pública*, es decir, una tasa por un aprovechamiento especial. No duda el Tribunal en decirle al Ayuntamiento reclamante que "no cabe ahora (...) que, yendo contra sus propios actos, propugne la inviabilidad o nulidad de una condición o cláusula contractual (...) que él mismo pactó y convinó con la reclamante-apelante", fundamentándose en las siguientes razones: 1º) "en el respeto debido a los acuerdos en materia de exenciones locales cuando se hubieran otorgado a título oneroso, bien con fundamento en el principio de buena fe que debe presidir los negocios jurídicos o en el principio de la inviabilidad del enriquecimiento injusto"; 2º) "el contenido de la citada condición (novena), más que un pacto tributario, es una simple contraprestación al hecho de la concesión, por cuanto la exención es un condicionante más para el otorgamiento de esta última, requisito plenamente válido, y el adjudicatario acude al concurso o asume directamente la concesión atendiendo, entre otros motivos más o menos relevantes, a esa oferta municipal de no cobro de tasas o derechos por ocupación del subsuelo, por lo que esa estipulación se consagra como causa determinante del contrato, concepto ajeno, por tanto, al calificado como pacto tributario, porque la exención ha sido concertada como compensación de una contraprestación sinalagmática (...) otra interpretación llevaría a la conclusión de que dicha cláusula o condición era totalmente inválida y nula desde su origen y al consecuente absurdo de resultar inexplicable e ilógico su establecimiento unilateral en el acuerdo sancionador del otorgamiento de la concesión"; 3º) pero junto a los fundamentos anteriores el que considero esencial es el siguiente porque hace una comprometedora distinción entre relaciones jurídicas tributarias según sea el supuesto de hecho que les da nacimiento: "el alcance de los beneficios fiscales concertados en el ámbito de una concesión administrativa ha de considerarse desde una óptica diferente de la que se manifiesta, en principio, en los artículos (9 y 10-*b* de la Ley General Tributaria (principio de reserva legal), 439, 659 y 719 de la Ley de Régimen Local de 1955, 9 y disposición transitoria segunda del Real Decreto 3.250/1976 e, incluso 31, 133 y 134) de la Constitución, que parten, en su conjunto, de la naturaleza pública de la relación jurídica e impiden al acreedor la disponibilidad singular de su crédito, pues, al contrario de lo que se infiere de tal grupo normativo, en el supuesto contemplado en este proceso, el beneficio tributario se inserta, dentro del complejo económico-jurídico propio de la concesión, como una más de las contraprestaciones que ha de recibir el concesionario y cuya supresión unilateral *ex post facto* alteraría irremediablemente el equilibrio económico tenido en cuenta por las dos partes al contratar".

Parecida posición a la que acabamos de ver respecto de las tasas adopta el Tribunal Supremo en relación con las contribuciones especiales. Tanto en su Sentencia de 6 de febrero de 1989 como en la de 16 de noviembre de 1993 confirma la *anulación de liquidaciones por contribuciones especiales giradas a unos de ciudadanos que en el primer caso, habían cedido gratuitamente y, en el segundo habían vendido parte de un terreno de su propiedad, en ambos casos para la ejecución de un vial, comprometiéndose el Ayuntamiento a ejecutar las obras* "relevando a los cedentes del pago de cantidad alguna por la ejecución de tales obras", en el primer supuesto, y asumiendo el Ayuntamiento en la escritura pública de compraventa la obligación de "no percibir contribuciones especiales de la urbanización de la mencionada calle".

2º. *En el Impuesto sobre Sociedades*: Como se ve, no es un debate totalmente nuevo el que se plantea en torno a la función y efectos que pueda tener el acuerdo de voluntades entre el sujeto activo y pasivo de las relaciones tributarias a la hora de concretar los distintos elementos necesarios para el cumplimiento de la prestación y en los distintos momentos o fases por los que dicha relación transcurre. Pero si este debate no es nuevo, sí que a raíz de las modificaciones legislativas, antes mencionadas, de los últimos años, ha tomado nuevo auge, al que ha colaborado la nueva Ley del Impuesto sobre Sociedades de 1995 con la introducción de los acuerdos previos sobre precios de transferencia en operaciones vinculadas.

Del conjunto de preceptos de la Ley del Impuesto sobre Sociedades podemos establecer dos grupos de casos en que esta manifestación del acuerdo de voluntades se refleja en la base imponible:

a) En unos supuestos afecta a los criterios de valoración: planes de amortización (art.11.1.d), planes de dotación a reparaciones extraordinarias (art. 13.2.d), gastos de retribución de actividades de investigación y desarrollo (art. 16.4), gastos de apoyo a la gestión (art. 16.5), precios de transferencia (art. 16.6), coeficientes de subcapitalización (art. 20).

b) En otros supuestos afecta a los criterios de imputación temporal: planes de imputación temporal (art. 19.2), planes especiales de reinversión (art. 21.1).

Sin entrar en todo este conjunto de supuestos y centrándonos brevemente en las operaciones vinculadas, podemos hacer algunas observaciones desde la perspectiva que orienta la presente exposición, en relación a cómo se calcula uno de los elementos — en este caso constituido por el "valor normal de mercado" — que pueden intervenir en la determinación de la base imponible por corrección del resultado contable cuando se trate de operaciones entre personas o entidades vinculadas.

Lo primero que hay que hacer notar es que el concepto de valor de mercado no sólo se utiliza, en este impuesto, para el caso de las operaciones vinculadas sino que también es el criterio que utiliza la ley para la valoración en los supuestos de transmisiones lucrativas y societarias (art. 15 LIS). Sin embargo, el procedimiento y, en su caso, los métodos de valoración que en ella se regula (art. 16.6) sólo afectan al de las operaciones vinculadas, quedando sin normas específicas los otros supuestos en que el concepto de valor utilizado es también el normal de mercado. De este distinto tratamiento, que supone que no es posible un procedimiento formal de acuerdo previo entre Administración y contribuyente cuando no se trate de operaciones vinculadas, se puede derivar una conclusión: que no es la naturaleza del concepto jurídico utilizado el que, al ser incierto o indeterminado y producir íncertidumbre sobre su contenido entre las partes, provoca que el ordenamiento intente un acuerdo de voluntades entre acreedor y deudor. Porque de ser esta la razón, debería lógicamente haberse previsto la misma solución para todos aquellos casos en que el concepto de valor utilizado por la ley — en el Impuesto sobre las Sociedades o en cualquier otro impuesto — fuese el normal del mercado. La regulación actual pone de manifiesto que lo que interesa no es tanto solucionar la ambigüedad del concepto cuanto dar una solución a las relaciones entre entidades vinculadas, sobre todo en el caso de las relaciones económicas internacionales. Han sido precisamente dichas relaciones las que han provocado este sistema, recogido en la Sección 482 del *Internal Revenue Code* de los Estados Unidos de Norteamérica y en sus normas de desarrollo (*Treasury Regulations*) de 1994 y en las *Directrices sobre Precios de Transferencia* de la OCDE en 1995, año en que también entró en vigor un Convenio de la Unión Europea (90/436) a estos efectos, en el que además del procedimiento del acuerdo amistoso se prevé un procedimiento subsidiario de arbitraje.

La segunda observación sobre el tratamiento de las operaciones vinculadas hace referencia al principio de legalidad. Cuando la ley (art. 16.3) establece los métodos para la determinación de la base imponible en este tipo de operaciones está reconstruyendo la equidad de unos precios pactados — el llamado criterio del *arm's length* — ya que "lo contrario supondría dejar en manos de los contribuyentes sujetos al Impuesto sobre Sociedades la determinación de la base imponible, respecto de cuya concreción nuestro ordenamiento establece una reserva de ley". Es evidente que si la ley establece estos métodos, quien los deberá aplicar, dándoles contenido en cada caso concreto, será la Administración. Por lo tanto, su concreción no quedará en manos de los contribuyentes y sí, en cambio, en el ámbito unilateral de libertad de la Administración en cuanto aplicadora de la ley. De ahí que si luego, para llegar a ese valor de mercado, la propia ley admite los acuerdos previos (art. 16.6) parece que, por decirlo así, se vuelve atrás: ni los establecerá el contribuyente, ni lo hará la Administración, sino los dos conjuntamente.

En cuanto a la naturaleza de esta norma respecto de la contenida en la antigua ley, el sector mayoritario de la doctrina admite que la excepción al criterio general de valoración por el precio de adquisición o coste de producción cuando de operaciones vinculadas se trata, no constituye una presunción ni una ficción tributaria sino que es una regla de valoración.

IV — La sustitución de la ley, mediante el sistema de remisión, por normas técnicas

Es frecuente encontrarse, en los ordenamientos tributarios, con supuestos en que la ley renuncia expresamente a regular una materia y se remite a las regulaciones hechas en otras zonas del ordenamiento jurídico. Ante todo hay que observar que estas normas de remisión quizá sean adecuadas para dar satisfacción a las finalidades del ordenamiento para las que se han dictado pero, dada su función respecto de la obligación tributaria, deberán dar igualmente satisfacción al principio constitucional de legalidad tributaria. Al cumplir una doble función — en la zona del ordenamiento de la que son originarias y en la zona del ordenamiento tributario — el hecho de la remisión no puede hacer disminuir las garantías constitucionalmente exigidas para los tributos.

Es esta — como digo — una situación típica en el Derecho Tributario. Baste recordar la célebre polémica que surgió en Francia al final de los años 20 entre Trotabas y Gény en torno al particularismo del Derecho Fiscal frente al Derecho Civil, cuyo punto de fricción principal residía en que, habiendo utilizado la ley fiscal conceptos del Derecho Privado y refiriéndose a situaciones jurídicas definidas por el mismo, no se indicase la forma ni el alcance de dicha utilización. En estos casos (*la loi fiscale étant muette*), para Trotabas no existía duda de que se debe realizar una interpretación propia, tributaria, sin condicionamientos por parte del Derecho Privado; para Gény no existe duda de lo contrario.

Lo que ocurre en el ordenamiento español del Impuesto sobre Sociedades — como creo que ocurre en otros ordenamientos — es que en estos momentos se produce una remisión que supone la deslegalización tanto formal como material de sustanciales elementos de la base imponible.

a) Desde el punto de vista *material*, el impuesto español — como ya indiqué — ha cometido, a mi modo de ver, dos errores.

En primer lugar, al prescindir de la definición de los elementos de la base imponible nos encontramos sin lo que la doctrina conoce como "base imponible normativa", es decir, la formulación hipotética que ofrece los criterios y parámetros que permitan conocer y localizar los elementos para cuantificar la base imponible del tributo en un caso concreto. En su lugar, se limita a definir la base como "el importe de la renta en el período" y sólo regula los procedimientos de determinación de esa base sintéticamente definida, que en el procedimiento de estimación directa de la base será el "resultado contable". No es de despreciar la consecuencia que se produce por la forma en que la ley regula el "concepto y determinación de la base imponible" consistente en las divergencias que sobre la apreciación de la contabilidad pueden surgir entre los distintos sujetos implicados: los sujetos pasivos deudores del impuesto (las empresas), los auditores de cuentas y la inspección tributaria. Si "la contabilidad no dice cómo son los hechos, sino como éstos han sido vistos o interpretados" (Fernández-Pirla), parece evidente que los tres sujetos mencionados pueden ver e interpretar un mismo hecho de manera divergente. Por tanto, el primer ámbito de conflicto — anterior a los ajustes o correcciones fiscales para el cálculo de la base imponible — se sitúa en el de determinar el "resultado contable", para el que serán competentes, en primer lugar, la propia empresa, y, en segundo lugar cuando haya obligación legal, los auditores. Ya la posición entre estos dos sujetos puede no ser coincidente, pero luego todavía falta la intervención de la Administración Tributaria cuyo acuerdo o desacuerdo con la interpretación de los dos sujetos anteriores, o con uno de ellos, podrá dar lugar a diferencias o no sobre este "resultado contable", produciéndose un complejo conjunto de relaciones que podrán ser de alianza o de desconfianza entre unos y otros.

La Administración no sólo opera a partir de la aplicación de las normas fiscales, en virtud de las cuales se produce la corrección de aquel resultado, sino que opera fundamentalmente aplicando las normas contables para conocer dicho resultado. Es desde esta perspectiva desde la que hay que entender las facultades "contables" que a la Administración otorga el art. 148 de la Ley del Impuesto sobre Sociedades, en virtud del cual la inspección de Hacienda "puede determinar el resultado contable" aplicando las normas mercantiles, facultades que deben calificarse de desorbitadas pero que el sistema de la ley requiere necesariamente dada la confusión que establece entre contabilidad y base imponible, con independencia de que, en el caso en que el sujeto esté sometido obligatóriamente a auditoría, ésta se haya realizado de conformidad absoluta con la presentada por aquél. Esta facultad de la Administración supone una muy cuestionable penetración en el mundo de las sociedades ya que la inspección de Hacienda podrá "rehacer" las cuentas mercantiles de la empresa, teniendo que aplicar para ello los criterios y las normas mercantiles, incluso en contra de las cuentas anuales aprobadas por la Junta General de la sociedad.

Pero, *en segundo lugar*, además de renunciar a establecer cuáles son los elementos positivos y negativos de la base imponible, remitiéndose al "resultado contable", esa remisión se hace a las normas mercantiles y demás "disposiciones que se dicten en desarrollo de las citadas normas". La vinculación del Derecho Tributario al balance mercantil conduce a que el aplicador de aquel Derecho deba tener necesariamente en cuenta los principios de la contabilidad ordenada del Derecho Mercantil, que orienta la averiguación de los contenidos hacia los fines del balance comercial.

La finalidad a la que se dirige el balance mercantil y el balance tributario son un elemento decisivo para establecer los términos de su necesaria relación. Pero veamos un ejernplo: el principio contable de la "imagen fiel", que si bien es de origen anglosajón ha tomado carta de naturaleza en todos los Estados comunitarios europeos por vía de la cuarta *Directiva* y que en España está ya incorporada al Código de Comercio y a su norma contable de desarrollo, el Plan General de Contabilidad de 1990.

En la "Introdución" al citado Plan se recogen las dos afirmaciones siguientes (n. 10): 1ª) Que "si bien (la imagen fiel) no es un concepto cerrado y delimitado trata de transmitir la doble noción de imparcialidad y objetividad que se debe perseguir en la elaboración de las cuentas anuales", lo cual en el ámbito del Derecho equivaldría a considerarlo como un concepto jurídico indeterminado. 2ª) Que "no serían aplicables las disposiciones legales o exigencias jurídicas, en materia de contabilidad, relativas a una operación que fueran, excepcionalmente, incompatibles con la imagen fiel que deben mostrar las cuentas anuales". La conclusión a la que llega nuestro Plan es rotunda: "La empresa deberá ajustar sistemáticamente la contabilidad y sus cuentas anuales a los principios legales que les sean aplicables, *excepto cuando esta aplicación conduzca a que los registros o la formulación de las cuentas anuales distorsione la imagen que un tercero podría formarse* sobre la 'verdadera', en términos económicos, situación patrimonial y financiera y de los resultados habidos en el ejercicio".

Ante el citado texto cabría hacerse algunas preguntas. Es la Hacienda Pública un tercero en el sentido del Plan General de Contabilidad? Existe una imagen fiel tributaria distinta de la imagen fiel mercantil? Porque es evidente que si la "forma de redactar un balance depende fundamentalmente de los fines que a través del mismo se persiguen, el criterio definitivo en la elección de las distintas posibilidades que se ofrecen a nivel teórico en la relación entre balance mercantil y balance fiscal será, o debería ser, la coincidencia o divergencia de fines que uno y otro persigan" (Combarros). La doctrina alemana explica a este respecto (Tipke, Lang) que la vínculación que en el ordenamiento tributario se hace al balance comercial se quebrará por las excepciones que la misma norma fiscal establece y que responden al principio de capacidad económica, lo cual conduce a la consecuencia de que en la relación entre balance comercial y balance fiscal se deban concretar las valoraciones tributarias que se deriven de aquel principio de capacidad económica, que es propio de este tipo de normas.

La conclusión de que, ante la ausencia de norma fiscal — al igual que en el supuesto de remisión expresa —, se aplicará la norma de carácter mercantil, no soluciona todos los problemas dado el contenido de las normas mercantiles. "La imagen fiel del patrimonio, de la situación financiera y de los resultados de la empresa" (art. 34.2 CCom), tiene a su servicio una serie de principios y reglas contables no definidos legalmente (principio de empresa en funcionamiento, principio de continuidad valorativa, principio de prudencia valorativa, art. 38.1 CCom, introducido por la Ley 19/1989) lo cual las convierte en conceptos "jurídicos indeterminados cuya significación y alcance sólo puede concretarse ante el caso particular", con independencia de que "en el plano contable y mercantil este tipo de formulaciones son adecuadas y suficientes para alcanzar la finalidad de lograr una representación fiel (...) sin embargo, la transposición incondicional al campo fiscal de las exigencias del principio de prudencia valorativa, puede ser causa de múltiples conflictos, ya que un exceso de prudencia daña sériamente la correcta determinación de la base imponible por el Impuesto de Sociedades" (Sanz Gadea). No se trata de la integración de disposiciones legales mediante normas emanadas de la Administración, sino mediante usos o prácticas contables, cuyo carácter jurídico, en si mismas consideradas, es más que discutible.

El razonamiento que podemos hacer en el orden tributario es bien sencillo. 1º) La ley tributaria renuncia a regular la base imponible normativa del impuesto. 2º) En su lugar se remite al resultado contable derivado del balance mercantil, que se rige por normas jurídicas, de carácter reglamentario, que contienen los principios de contabilidad generalmente admitidos. 3º) Estas normas jurídicas reglamentarias no definen, sin embargo, el contenido y alcance de estos principios contables, que, en consecuencia, se comportan como coneptos jurídicos indetermidados. 4º) Por último, habrá incluso que prescindir de aplicar dichos principios de contabilidad generalmente admitidos cuando su aplicación distorsione la imagen fiel de la empresa.

La conclusión es clara: podemos llegar a una absoluta deslegalización de la base imponible del impuesto ya que no sólo no tenemos norma tributaria que la defina (porque la ley tributaria ha renunciado a ello) sino que, en ocasiones (cuando la imagen fiel lo exija), ni tan siquiera se podrán aplicar las normas mercantiles cuyo contenido está formado por conceptos jurídicos indeterminados constituidos por los principios de contabilidad generalmente admitidos (que tampoco están definidos por la norma mercantil).

b) Desde el punto de vista *formal*, resulta que estas "normas técnicas" de contabilidad — al igual que, en su caso, el desarrollo de los principios contables jurídicamente indeterminados —, que son los que en última instancia establecen los elementos de la base imponible del impuesto y su valoración, son producidos, en España, por un órgano de la Administración — el Instituto de Contabilidad y Auditoría de Cuentas — que sin un amparo legal produce Circulares como "normas de obligado cumplimiento". Y a mayor abundamiento, hay que resaltar que estas Circulares son el resultado de las opiniones de las distintas Corporaciones de Derecho Público dedicadas a la contabilidad (Instituto de Censores Jurados de Cuentas, Colegios de Economistas etc.). Con lo cual, en definitiva, nos encontramos con que la ley española del Impuesto de Sociedades no define los componentes — ni su valoración — de la base imponible del impuesto, constituida por el resultado contable, resultado que queda en manos: a) en parte, del Poder Legislativo: normas legales de carácter mercantil (Código de Comercio y Ley de Sociedades Anónimas); b) en parte, del Gobierno: normas reglamentarias (el Plan General de Contabilidad); c) y en parte, de una Administración autónoma: normas reglamentarias de ínfimo rango que son, además, el resultado de las opiniones de los colegios profesionales de contables. No es de extrañar que, ante ello, algún Tribunal español (Tribunal Superior de Justicia de Madrid, Sentencia de 19 de enero de 1994) haya declarado ya la nulidad de las Resoluciones del citado Instituto de Contabilidad y Auditoría de Cuentas por no respetar el principio de jerarquía normativa, aunque no ha fundamentado dicha nulidad en la vulneración del principio de legalidad tributaria.

V — Conclusión

De este breve recorrido por algunas de las manifestaciones recentes recogidas en el ordenamiento tributario español — al igual que ocurre en otros ordenamientos — sobre la eficacia de la voluntad de las partes o de terceros en la obligación tributaria y, especialmente, en sus elementos de cuantificación, podemos obtener la conclusión — ya avanzada al comienzo — de que su congruencia dogmática y su legitimidad constitucional dependerán, por un lado, de cuál sea el sujeto cuya voluntad sustituye a la de la ley, y, por otro, de cuál sea el objeto sobre el que dicha voluntad produce la eficacia.

La revisión de la función del principio de legalidad tributaria y del mecanismo de la obligación tributaria como obligación *ex lege*, permite — a mi entender — que se pueda admitir la eficacia de la voluntad concorde del sujeto activo y pasivo de la obligación (Administración y contribuyente) en cuanto fuente normativa secundaria para concretar incertidumbres legales, siendo rechazable que sólo se permita selectivamente por motivos de política fiscal, como ocurre con lo *transfer price*. No sería admisible, por el contrario, para decidir la exigibilidad del tributo y el nacimiento de la obligación.

Del mismo modo, considero que debe rechazarse la deslegalización que se produce por la remisión que la ley tributaria hace en favor de normas o "criterios generalmente aceptados", aceptación que es decidida por colegios profesionales o sujetos no sólo ajenos a los poderes normativos del Estado — Legislativo o reglamentario — y a la obligación tributaria — acreedor y deudor — sino en muchas ocasiones simplemente ajenos al Derecho.

REVISITANDO A ISENÇÃO TRIBUTÁRIA
(A isenção tributária à luz da hermenêutica histórica)

José Souto Maior Borges
Professor da Faculdade de Direito da Universidade Federal de Pernambuco

1. *Hermenêutica histórica*

1.1 Uma construção científica corresponde sempre a um modelo ou paradigma teórico (Kuhn) geralmente aceito como satisfatório num determinado período histórico. Historicamente condicionada, persistirá essa construção como padrão de conhecimento generalizado até que outra teoria, de melhor conteúdo de descrição/explicação dos fenômenos observados, venha a substituí-la. Isso pressupõe alternância da continuidade — o legado venerável da tradição — e ruptura com o saber preestabelecido. Sem o estágio antecedente do conhecimento humano (continuidade do saber tradicional) o subseqüente (a teoria nova) não se interporia. Mas, para a emergência de uma teoria inovadora, é preciso uma ruptura epistemológica: ela tem de enfrentar obstáculos epistemológicos, como ensinava Bachelard, tendentes a impedir a sua afirmação; obstáculos tais como os preconceitos teóricos inapercebidos, por exemplo, o encastelamento doutrinário em torno dos estudos jurídicos sobre o tributo, numa posição teoricamente conservadora.

Em ciência só o provisório é definitivo — disse-o, certa feita. Mas a afirmação do caráter provisório das teorias não tem qualquer ressonância na doutrina brasileira.

1.2 Essas considerações põem a descoberto a necessidade de uma recomposição das circunstâncias históricas que deram origem a uma teoria. E a origem condiciona todo o desenvolvimento subseqüente da ciência. Mais ainda: postulam, tais considerações, uma hermenêutica histórica das categorias jurídicas, que não se confunde com o tradicional método histórico-evolutivo de exegese. Hermenêutica histórica é algo diverso. Preconiza um passo atrás, uma volta à origem, ao momento histórico em que uma teoria nova eclodiu no concerto da ciência jurídica. Empreender uma "escavação" conceitual da origem é instaurar, no campo jurídico, a hermenêutica histórica, revisitar as circunstâncias em que a teoria jurídica foi concebida. Localizá-la no seu tempo próprio — eis o desafio. E nele estancar a análise — eis a inovação. Por isso a hermenêutica histórica não é histórico-evolutiva: esta procura surpreender o fenômeno na sua evolução ao longo do tempo.

1.3 Deve-se, portanto — o que não faz a doutrina do Direito Tributário —, atentar para as circunstâncias em que surgiu a teoria. E recompor-lhe os motivos, a sua própria fundação histórica. Não se deve escutar os pré-socráticos, como advertiu Heidegger, com ouvido moderno. O atomismo de Demócrito não deve ser estudado e criticado à luz da teoria atômica da Física moderna... Não é possível compreender a teoria originária da isenção tributária, já recolhida pela História, com o uso exclusivo de propostas alternativas modernas.

Esses peculiares condicionantes epistemológicos devem inspirar a teoria jurídica da isenção tributária. O retorno à origem é o critério decisivo para a compreensão das circunstâncias que motivaram o seu surgimento: pretende-se escutá-la com ouvido retrospectivo.

2. *A isenção como dispensa legal do pagamento de tributo devido*

2.1 A proposta mais originária de conceituação da isenção, caracterizando-a como dispensa legal de pagamento do tributo devido, remonta aos idos de 1953, quando foi publicado o Anteprojeto de Código Tributário Nacional. Pois bem: estava tão uniformizado, e tão unânime era o entendimento doutrinário, que o Anteprojeto pretendeu positivar a teoria, no seu art. 220, *verbis*: "Isenção é a dispensa legal do pagamento de tributo devido".

Esse dispositivo foi integralmente mantido no Projeto de Código Tributário Nacional. O relatório Rubens Gomes de Sousa é esclarecedor a respeito: "Os arts. 141 a 146 tratam da isenção, definida pelo primeiro deles, em consonância com o sistema do Projeto quanto às causas excludentes do crédito (supra: 114) como sendo a dispensa legal do pagamento de tributo devido, pressupondo, portanto, a existência da própria obrigação atingida apenas em seus efeitos" (*Trabalhos da Comissão Especial do Código Tributário Nacional*, 1954, p. 229).

Correspondia, tal construção, a um obstáculo epistemológico ao surgimento de teorias substitutivas.

Felizmente essa teoria não chegou a ser incorporada ao Código Tributário Nacional, não, a rigor, por virtude de alguma objeção teórica, mas sim porque deve ter sido considerado impertinente contemplar, um texto legal, definições de categorias dogmáticas, como a isenção tributária.

2.2 Esse era o paradigma teórico para o estudo da isenção e que só viria a ser rompido em 1969, com a publicação do meu livro *Isenções Tributárias*. Manifestação isolada, aqui transcrita a título de honra (exceção que confirma a regra), não infirma essa alegação — era uma voz clamando no deserto: "A regra jurídica que prescreve a isenção, em última análise, consiste na formulação negativa da regra jurídica que estabelece a tributação" (Alfredo Becker, *Teoria Geral do Direito Tributário*, 1963, p. 277).

2.3 A caracterização da isenção como dispensa de tributo pressupunha a ocorrência da obrigação tributária principal, nas hipóteses isentivas, dando-se, então, a seguinte fenomenologia de incidência de normas tributárias: 1º) incidiria a norma que prescreve a obrigação tributária principal; 2º) instaurar-se-iam, de conseguinte, na hipótese isenta, a obrigação tributária e o respectivo vínculo obrigacional entre fisco e contribuinte; 3º) a isenção apenas dispensaria concretamente o pagamento do débito tributário.

2.4 A análise do fenômeno da incidência e sua contrapartida, a não-incidência, não se verte sobre categorias dogmáticas, como a imunidade ou isenção. É erro capital analisar a incidência como se fora uma categoria dogmática. A incidência é simples modo de atuação das normas jurídicas, inclusive tributárias. É dizê-la um fenômeno, o modo como as normas jurídicas se manifestam à luz (*phos*) da razão (*logos*), ao serem descritas na proposição jurídica. Dá-se a incidência da norma tributária quando ocorrem todos os pressupostos legais. Quando se verificam concretamente, num caso qualquer, todos — nenhum excetuado — os pressupostos fáticos previstos nos âmbitos de validade da norma: a) material; b) pessoal; c) espacial; d) temporal. Porém, ocorrendo esses pressupostos (o suporte fático a que se referia Pontes de Miranda), a norma jurídica tributária necessariamente incide. Cabe recordar a lição de A. A. Becker e Pontes de Miranda: a incidência da norma é automática e infalível, o que pode falhar é tão-só o atendimento à incidência, no ato de aplicação do Direito. Por isso Pontes de Miranda insiste em que o magno problema do aplicador do Direito é fazer com que à incidência da norma corresponda o ato de aplicação.

3. A isenção como hipótese de não-incidência

3.1 Nas hipóteses de incidência a lei preexclui do âmbito das normas obrigacionais tributárias os fatos isentos. As técnicas de exoneração são diversas: ora é o pressuposto objetivo, ora o subjetivo, ora o temporal, ora o espacial. Enquanto norma excepcional diante da normatividade geral da tributação, a isenção se funda em pressupostos de incidência diferentes dos contemplados em norma jurídica obrigacional tributária. Daí a impossibilidade lógica (é devido, não é devido) e fenomenológica da incidência simultânea das duas normas, a obrigacional e a isentante. Não por outro motivo ocorreu-me caracterizar a isenção como hipótese de não-incidência legalmente qualificada, autonomizada, enquanto tal, diante das hipóteses constitucionais de não-incidência (imunidade tributária).

3.2 Haverá legitimidade espistemológica nessa tentativa de superação teórica? A resposta é afirmativa: toda atribuição de competência — inclusive de competência tributária — significa ao mesmo tempo uma autorização e uma limitação — é a lição de Forsthoff (*Tratado de Derecho Administrativo*, p. 573). Não há normas jurídico-positivas com âmbitos de validade ilimitados. As leis vigoram em determinado espaço-tempo e com o conteúdo previsto nas suas hipóteses de incidência. A da isenção é diversa da hipótese da incidência das normas obrigacionais tributárias. Sem a conjugação da (a) autorização + (b) limitação é impossível caracterizar uma competência, legal ou administrativa. Insista-se nessa conclusão: não há competência ilimitada. Definir-lhe, então, os limites, pelo recurso à não-incidência, é perfeitamente legítimo.

3.3 Pois bem: não é da não-incidência pura e simples (não-incidência da norma sobre condutas modalmente impossíveis ou necessárias) que a referência à isenção, hipótese de não-incidência, estava a tratar. Era no campo das condutas contingentes, que podem ou não ser cumpridas, isto é, da não-incidência juridicamente qualificada. Não é da lógica do razoável (Recaséns Siches) definir a norma de isenção com abstração dos seus limites. Por isso Pontes de Miranda ensinava, em metáfora feliz: "é do interesse do nadador saber onde acaba a piscina". Qual o inconveniente teórico na ponderação, mais que necessária, indispensável à época, no sentido de que, nas hipóteses isentas, a obrigação tributária não ocorre porque a regra jurídica de tributação não incide? Essa tensão dialética (incidência, não-incidência), aliás, é útil expediente para a compreensão do fenômeno. Nenhuma contra-indicação lógica ou metodológica, portanto.

3.4 O sistema constitucional brasileiro fornece a respeito dessa caracterização fenomenológica da incidência e sua contrapartida — a não-incidência — notável corroboração. Trata-se do art. 23, § 7º, da Emenda 1/69, em cujos termos o imposto de circulação de mercadorias não incidiria sobre operações que destinassem ao exterior produtos industrializados e outros que a lei determinasse. A menção constitucional é, aí, à não-incidência, mas esta pode ser decomposta em (a) imunidade ao ICM, na parte em que o dispositivo era autoaplicável (produtos industrializados), e (b) isenção (outros produtos destinados à exportação).

Por isso, a Súmula 536 do STF é perfeita: "São objetivamente imunes ao imposto sobre circulação de mercadorias os *produtos industrializados* em geral, destinados à exportação, além de outros com a mesma destinação, cuja isenção a lei determinar".

3.5 A teoria estava, no entanto, inconclusa. Precisava ser retocada. Restava naquela proposta doutrinária — embora ele pudesse ser havido como implicitamente solucionado —, um ponto em aberto (e isso forneceu munição ao arsenal da crítica). Com que não-incidência se relaciona a isenção? A da própria norma isentiva, como pretendeu certa e superficial doutrina? Seguramente, não. A incidência das normas que prescrevem a obrigação é que está afastada pela isenção, e reciprocamente. Em obra posterior tive de explicitá-lo: só há obrigação onde a lei tributária liga à conduta oposta àquela que ela prescreve como devida uma sanção pela prática de ato ilícito — o que não ocorre na isenção. A norma jurídica de isenção corresponde a uma hipótese de não-incidência, legalmente qualificada, da norma que prescreve a obrigação tributária (*Tratado de Direito Tributário Brasileiro*, v. IV, "Lançamento Tributário", pp. 44 e 45).

O que essa definição demarca é, a rigor, o limite de validade da norma obrigacional tributária, norma de Direito Positivo e que, portanto, não tem âmbito de validade ilimitado.

Para completar a análise é necessário, entretanto, acrescer que em decorrência da isenção dá-se o fato isento, distinto, enquanto tal, do "fato gerador" da obrigação tributária, fato jurídico tributário no sentido estrito. Como o fato é, aí, juridicamente qualificado, não se extrapassa o campo normativo.

4. Definição pela negativa?

4.1 Afastadas as objeções à teoria que vê na isenção uma hipótese de não-incidência juridicamente qualificada da norma obrigacional tributária — e, portanto, identifica autônoma hipótese de incidência da norma isentante —, a crítica se inclina para outra vertente. A definição estaria contaminada pelo vício lógico das definições pela negativa. O problema não é de lógica deôntica *tout court*, mas de lógica aplicada ao Direito Tributário. Sem embargo, aceita-se a discussão nesse campo, precisamente para colocar um cavalo de tróia nas hostes adversárias da teoria. Com o quê se demonstrará a radical improcedência da crítica.

4.2 Num trabalho capital, o Prof. Lourival Vilanova demonstra, com fulcro nos níveis de linguagem, que a linguagem-objeto das normas e a metalinguagem da doutrina não se comunicam. É dizê-las níveis autônomos de linguagem: prescritiva a primeira, e descritiva a segunda. E exemplifica: "Agora, diante disto, as proposições jurídicas meramente descrevem a contradição entre normas como um fato. Enunciar duas proposições do tipo 'de acordo com o sistema *S* a norma *N* é vigente' e 'de acordo com o sistema *S* a norma não-*N* é vigente' não importará contradição no plano da ciência do Direito. Contradição haveria se esta formulasse estes enunciados: 'de acordo com o sistema *S* a norma *N* é vigente' e 'de acordo com o sistema *S* a norma não-*N* não é vigente'. Descrever em proposições cognoscitivas as normas contraditórias *N* e não-*N* é consistente e não-contraditório" ("Níveis de linguagem em Kelsen", *Revista Brasileira de Filosofia* XXXII, fasc. 125, p. 11).

4.3 Tivemos oportunidade de sustentar análogo entendimento a respeito da oposição contraditória entre duas normas, uma proibitiva, outra autorizativa: "Pois bem: a colisão de sentidos prescritivos na linguagem normativa, ou seja, o contra-sentido semântico das normas, corresponde a uma incompossibilidade *a priori* da conduta normada, porque proibida e permitida ao mesmo tempo. Esse contra-sentido não se comunica, todavia, à metalinguagem doutrinária vertida sobre as normas de conduta em oposição. Nem envolve contradição ou contra-sentido lógico ao afirmar-se que no sistema jurídico *S* há antinomia contra-significativa entre as normas *a)* e *b)*. E essa incompatibilidade entre as normas *a)* e *b)* não se comunica à proposição doutrinária que descreve essa duplicidade de significações incompatíveis" (*Ciência Feliz*, pp. 121-130).

Fenômeno análogo ocorre com a não-incidência: identificar, no ordenamento tributário, hipóteses — aliás, constitucionalmente expressas — de não-incidência do tributo não é definir doutrinariamente a isenção pela negativa.

4.4 Ora, é comum na linguagem do ordenamento, ontem como hoje (por exemplo, CF, art. 155, § 2º, II, "a", "b, e "c", e X, "a", "b" e "c", e § 3º), a referência a hipóteses legais de não-incidência que sem razão se pretende distintas da isenção. Localizar no sistema *S* hipóteses de não-incidência não implica definir esse fenômeno pela negativa. Uma coisa é a menção legal (prescritiva) "não-incide", outra a doutrinária (descritiva/explicativa) "na isenção, de acordo com o sistema *S*, dá-se a não-incidência da norma tributária". Logo, nenhuma definição pela negativa na metalinguagem doutrinária.

Logicamente é equivalente (a) afirmar que a norma *N* é vigente e a norma não-*N* não é vigente e (b) sustentar que a norma isencional incide e a norma obrigacional tributária não incide. A única diferença está na relativa formalização da primeira hipótese e desformalização da segunda.

4.5 Conceda-se, no entanto, contra todas essas evidências e em homenagem à controvérsia, que se dê na hipótese uma definição pela negativa. Aos lógicos, sua própria lógica. Por que a rebelião lógica contra a definição pela negativa? A razão é exposta com didática clareza por Irving Copi, para quem uma definição não deve ser pela negativa quando pode ser afirmativa: "A razão para esta regra é que uma definição deve explicar o que um termo significa e não o que ele não significa. Isso é importante porque, para a grande maioria dos termos, há uma quantidade excessiva de coisas que não significam para que qualquer definição negativa tenha a possibilidade de abrangê-la toda" (*Introdução à Lógica*, p. 133). Se assim o é, está atendida, na hipótese, a ressalva da regra: a definição que formulei é destinada a um conjunto limitado (finito: diriam os lógicos) de normas, bem demarcado: as normas isentantes em sua relação com as normas obrigacionais tributárias. Porque não se trata genericamente de normas, mas especificamente de normas obrigacionais tributárias, todas elas podem ser abrangidas, sem contra-indicação lógica, pela negação. Prestigiada está, portanto, a ponderação de Irving Copi. São muito diferentes as hipóteses em que a negação — essa, sim, inaceitável — implica conjunto praticamente infinito de termos negativos, como exemplifica esse autor: "Definir a palavra 'divã' como significando uma coisa que não é uma cama e não é uma cadeira é fracassar lamentavelmente na explicação precisa da palavra, pois existe uma quantidade infinita de outras coisas que a palavra 'divã' não significa" (ob. cit., pp. 133 e 134). Porém, na hipótese não há uma quantidade infinita de coisas que a "isenção/não-incidência tributária" signifique. A negação não vai além das normas obrigacionais tributárias. Mais ainda: não se reporta às normas obrigacionais tributárias *in genere*, mas apenas àquelas que disciplinam especificamente o tributo relacionado com a isenção (por exemplo, IR, ICMS, ISS). Dito noutros termos: na isenção de um imposto não se dá a obrigação de pagá-lo. Hoje isso soa demasiado óbvio. Assim não era, porém, quando surgiu a teoria.

4.6 A regra que sustenta não dever ser a definição formulada pela negativa comporta outros temperamentos, e dentre eles a de que ela é aceitável quando pode a definição ser reduzida a um enunciado afirmativo.

Pois bem: se for afastada a literalidade da expressão "hipótese de não-incidência da norma tributária", ela pode ser reconduzida a estoutra: "hipótese de incidência da isenção". Nenhuma definição, portanto, pela negativa — insista-se. E, se houvesse, não implicaria contra-indicação lógica. Logo, a teoria da isenção como não-incidência legalmente qualificada da regra jurídica de tributação resistiu a todos os experimentos cruciais de refutação. Conseqüência: saiu fortalecida da tentativa de contestação. Aguarda, portanto, serenamente, uma efetiva superação científica — êxito maior de uma teoria.

4.7 Em epistemologia outorga-se um privilégio à negação, isto é, o esforço de refutação, sobre a corroboração — a tentativa de verificação (confirmação) conclusiva de uma teoria (Popper). Pois bem, se procedesse a radical e maniqueísta crítica doutrinária às definições pela negativa, o advérbio "não" estaria simplesmente banido da linguagem da ciência... E isso nem os epígonos mais exacerbados da crítica à caracterização da isenção como hipótese de não-incidência da norma obrigacional sustentam.

4.8 A isenção é norma de direito excepcional. O conceito de direito excepcional é relacional. Com que norma se relaciona a norma excepcional precisamente para excetuá-la? Com a norma obrigacional que, na sua generalidade, prevê as hipóteses sujeitas à tributação. Os clássicos, elegantemente, diriam: o pagamento de impostos é obrigação de caráter geral.

4.9 De todo o exposto, a conseqüência resulta: declarou-se o que a isenção não era (hipótese de incidência tributária), mas implícito o que ela era (hipótese de incidência da norma isentante). As duas explicações, positiva e negativa, se completam. Jaime Puigarnau, na sua *Lógica para Juristas*, considera aceitável esse critério e até exemplifica: "depois de definir o 'composto' como aquilo que consta de partes, definir o simples como aquilo que não consta de partes" (p. 180).

4.10 Dizer que a isenção é norma excepcional sinaliza para os limites da tributação. Ora, a isenção pode, alternativamente, originar-se de uma norma instituída pelo próprio poder competente para a edição da norma obrigacional tributária ou por outro poder. Quando o poder que tributa isenta, dá-se a simetria entre o poder de tributar e o de isentar (verso e reverso de medalha — diria Sainz de Bujanda). Quando o poder que isenta é diverso, não. Essa simetria se verifica hoje por força da CF de 1988, art. 151, III, que veda à União conceder isenção de impostos estaduais e municipais. Regra diversa existiu durante a vigência da Emenda 1/69, art. 19, § 2º: a União, no relevante interesse social e econômico nacional, poderia conceder isenção de impostos estaduais e municipais. Às isenções que obedecem ao primeiro desses esquemas de competência nomeei, certa feita, de "autônomas" (do grego *autos* — de si — e *nomos* — lei), em contraposição às isenções por mim nominadas "heterônomas", as do segundo critério constitucional de distribuição da competência tributária. Ainda aqui, portanto, retorna a questão dos limites porque essa matéria, no Direito brasileiro, corresponde às clássicas "limitações constitucionais do poder de tributar" (CF, arts. 150 e 151).

4.11 A consideração exclusivamente lógica do problema da isenção desconsidera a questão epistemológica fundamental. A afirmação de que a isenção é (metalinguagem) hipótese de não-incidência da norma tributária (linguagem — objeto), sobre não corresponder à definição por negativa, sujeita-se a alta probabilidade de refutação. A classe dos seus falseadores potenciais não é vazia. As reiteradas tentativas de sua refutação bem o demonstram. Afirmar, porém, que a isenção mutila a norma-matriz do tributo é socorrer-se de metáfora, imune à refutação. Assim, esta assertiva não será epistemologicamente legítima porque um grau elevado de testabilidade e de refutabilidade é exigido das proposições veramente científicas; exigência que ela não preenche.

Cabe, finalmente, ponderar que o enunciado de uma teoria equivale a proibições ou negações (por exemplo, na isenção não há obrigação). Por isso mesmo é ele refutável: a constatação de uma norma singular que infringisse a proibição — isto é, uma só norma de isenção como dispensa do pagamento de tributo devido, por exemplo — o refutaria. As hipóteses científicas têm, assim, um conteúdo negativo: uma parte do mundo jurídico — o das obrigações tributárias — está interdita pela teoria da isenção como hipótese de não-incidência das normas obrigacionais tributárias.

A ISENÇÃO TRAZIDA PELO ART. 3º, II, DA LEI COMPLEMENTAR 87/96*

ESTEVÃO HORVATH

Professor Titular de Direito Tributário da Pontifícia Universidade Católica de São Paulo e de Direito Financeiro da Universidade de São Paulo — Doutor em Direito pela Universidade Autônoma de Madri

Sr. Presidente, ilustres Colegas componentes desta Mesa, agradecendo a oportunidade de manifestar-me neste bloco de debates que versa sobre *tributos estaduais*, venho trazer à meditação dos Senhores um aspecto da Lei Complementar 87/96 muito pouco tratado pelos autores, mas que reputo da maior importância jurídica e até mesmo institucional. Vou falar-lhes sobre o inciso II do art. 3º da mencionada lei.

Reza tal dispositivo: "Art. 3º. O imposto *(ICMS)* não incide sobre: (...) II — operações e prestações que destinem ao exterior mercadorias, inclusive produtos primários e produtos industrializados semi-elaborados, ou serviços; (...)".

Como se pode facilmente perceber, a regra em comento tem por fundamento o art. 155, § 2º, X, "a", da CF, que, por sua vez, ao cuidar do ICMS, estatui que este não incidirá "sobre operações que destinem ao exterior produtos industrializados, excluídos os semi-elaborados definidos em lei complementar".

A questão de fundo que importa, aqui, salientar e apresentar à reflexão é o papel da lei complementar em matéria tributária, em geral, e na hipótese ora analisada, em particular.

As duas principais correntes doutrinárias a explicar tal papel, como todos sabem, podem ser assim resumidas:

a) Corrente "tricotômica" — vislumbra na lei complementar três funções, que seriam aquelas expressas nos art. 146 da CF, a saber: "I — dispor sobre conflitos de competência, em matéria tributária, entre a União, os Estados, o Distrito Federal e os Municípios; II — regular as limitações constitucionais ao poder de tributar; III — estabelecer normas gerais em matéria de legislação tributária".

b) Corrente "dicotômica" — inspirando-se nos princípios federativo e da autonomia municipal, propugna para a lei complementar uma interpretação sistemática, que levaria a afirmar que esse instrumento legislativo somente serviria para estabelecer normas gerais, as quais somente poderiam versar sobre conflitos de competência e regulação das limitações constitucionais ao poder de tributar.

A importância do posicionamento que se assuma com referência a este ponto é transcendental para a interpretação de todo o Direito Tributário no Brasil, pois no cerne da mesma gira a questão da autonomia dos Estados-membros e dos Municípios. Se estes são entes autônomos, não estaria esta autonomia abalada caso uma legislação emanada de outro ente que não os próprios estabelecesse normas que dissessem respeito à matéria talvez mais peculiar a eles, como é o caso da matéria tributária?

O fato é que a Constituição da República de 1988 enumerou expressamente alguns itens que podem ser objeto de lei complementar versando normas gerais (e que, portanto, aplicar-se-iam indistintamente à União, ao Estados-membros, aos Municípios e ao Distrito Federal), constando dentre eles "'definição' de tributos e de suas espécies, bem como, em relação ao impos-

* Participação em Mesa de Debates.

tos discriminados nesta Constituição, a dos respectivos fatos geradores, bases de cálculo e contribuintes" (art. 146, III, "a") e "obrigação, lançamento, crédito, prescrição e decadência tributários" (art. 146, III, "b").

Ainda assim, em virtude de se tratar de "restrição" à autonomia dos entes componentes da Federação, a interpretação dessas funções da lei complementar deve ser feita restritivamente, prestigiando, sempre que possível, o princípio federativo.

A lei complementar somente pode, em última análise, explicar aquilo que já está na Constituição, "colorir com novas tintas" o texto constitucional, tornando-o operativo, onde isso se mostrar necessário e for requerido pelo próprio texto.

Impende deixar patente que o ente federativo ao qual a Constituição outorga competência para instituir tributos não pode ser privado dessa possibilidade pelo fato de inexistir lei complementar "definindo" tributos e os "fatos geradores, base de cálculo e contribuintes" dos impostos naquela discriminados. Afinal, como já ensina Ruy Barbosa, "o que a Constituição dá com uma mão, não retira com a outra". Assim, se ao Estado compete instituir o IPVA, por exemplo, pode fazê-lo mesmo à falta da lei complementar que traria as características desse imposto. Sobrevindo tal lei, estará suspensa a eficácia da lei estadual, no que lhe for contrária (art. 24, § 4º, da CF).

Esta rápida retrospectiva, sem pretender ser exaustiva, é imprescindível para tratar do tema em debate, porquanto, conforme a postura que se adote diante das interpretações possíveis, a conclusão a que se chegue será uma ou outra.

Se o princípio federativo exige a autonomia dos Estados que compõem a Federação e esta autonomia, no dizer de Roque Carrazza, tem como manifestação mais expressiva a decretação e arrecadação dos seus tributos, qualquer norma que venha a mutilar a autonomia deve ser interpretada restritivamente, como pede a melhor hermenêutica. Assim, é de indagar-se: poderia a lei complementar reduzir, a ponto de excluir, retirar, competência dos Estados-membros (ou dos Municípios)?

Em outras palavras: no caso aqui estudado, a autorização constitucional para que a lei complementar defina semi-elaborados vai até o ponto de permitir que ela exclua a tributação, pelo Estado, desse tipo de produtos? Haveria uma total delegação da Constituição da República à lei complementar? Quer-nos parecer que a resposta somente pode ser negativa.

De fato, uma das características que marcam toda e qualquer Federação é a repartição de competências entre os ente federados. É claro, também, que, ao lado de regras positivas e expressas de competência, há outras que, negativa ou implicitamente, irão limitar essa competência com o objetivo de, a final, ter-se o quadro formado da própria competência ou, melhor dizendo, da sua delimitação.

Se, de um lado, a Constituição outorga competência aos Estados-membros e ao Distrito Federal para instituírem o ICMS, de outro diz, por exemplo, que não podem ser tributados alguns produtos que são, ao mesmo tempo, mercadorias — e deixa que lei complementar diga o que são os chamados produtos "semi-elaborados" os quais podem ser tributados pelos Estados.

Não se pretende simplificar a questão e dizer que constitui tarefa fácil a de "definir" semi-elaborados. Definir, neste caso, seria dizer, dar as características, do que pode ser considerado um produto semi-elaborado? Ou definir estaria a significar enumerar, elencar quais seriam tais produtos? Ambas as possibilidades já foram experimentadas e o sucesso, na verdade, foi muito aquém do pretendido. No entanto, aqui se trata de examinar a questão jurídica subjacente, e não a solução prática possível.

Em rigor, o que a lei complementar cogitada no dispositivo ora analisado fez foi concretizar no Direito Positivo aquilo que até então era hipótese meramente acadêmica. Se não, vejamos.

A Constituição Federal, ao tratar da competência tributária dos Municípios, proclama que eles poderão instituir imposto sobre serviços de qualquer natureza, não compreendidos no art. 155, II, *definidos em lei complementar*. O que seria "definir" os serviços a serem tributados pelo ISS? Seria dizer o que constitui serviço? Seria enumerá-los? Nesta última hipótese, quantos deveriam ser tais serviços?

Como se vê, essa questão é em tudo semelhante àquela ora em exame. A respeito do ISS perguntavam autores tais como Geraldo Ataliba, Souto Maior Borges, Paulo de Barros Carvalho, Roque Carrazza, dentre outros: se a lei complementar pode enumerar os serviços sob a forma de uma lista, pode contemplar uma centena deles, 50, 20, 10, 2, ou nenhum. Seria concebível que, a despeito da competência outorgada pela Carta Magna aos Municípios para tributarem via ISS, viesse a lei complementar e simplesmente dissesse que não há serviço a ser tributado pelos Municípios? Parece evidente que não, até porque se tivesse acontecido isso a grita teria sido geral e a revogação da lei provavelmente seria imediata.

Ora, veja-se que o exemplo apontado era até há pouco simples argumento utilizado em aula para esclarecer a visão dos mencionados professores com relação ao papel a ser desempenhado pela lei complementar, sendo que — estamos convencidos — nenhum deles jamais imaginou que efetivamente fosse dada à luz tal lei. Entretanto, foi justamente isso o que ocorreu com o dispositivo sob comento.

Outro argumento que poderia ser utilizado para ser contraposto às presentes razões é o art. 155, § 2º, XII, "e", que tem a seguinte redação: "XII — cabe à lei complementar: (...) e) excluir da incidência do imposto, nas exportações para o exterior, serviços e outros produtos além dos mencionados no inciso X, 'a'; (...)".

Poder-se-ia argumentar que esse dispositivo estaria a apontar para uma interpretação generosa quanto à possibilidade de a União, mediante lei complementar, isentar, tendo em mira os interesses globalizantes ora em voga, todos os produtos destinados a exportação. No entanto, quer-me parecer ser esta conclusão um pouco açodada, pois ela não leva em consideração o sistema constitucional tributário como um todo.

É fato que o constituinte preocupou-se com o papel do Estado brasileiro dentro do contexto internacional e os reflexos que as situações criadas nesse contexto produziriam em nosso país, tanto assim que previu que a União — desempenhando o papel de Estado brasileiro —, por seu legislador, dispusesse sobre certos aspectos de assuntos que somente diriam respeito, em princípio, às ordens parciais. Contudo, daí até entender que esse argumento justifica qualquer intenção que o legislador da União queira pôr em prática vai uma longa distância.

"Serviços" e "outros produtos" não podem querer significar, segundo penso, "todos os serviços" e "todos os outros produtos", ao talante do legislador. Por razões de conveniência e necessidade, ditadas pelas circunstâncias internacionais, é imaginável, num determinado momento, a necessidade de "excluir da incidência" determinados tipos de serviços e de produtos, o que não significa a possibilidade de a lei complementar anular a competência que a Constituição outorgou aos Municípios e aos Estados.

O que deve ser sempre lembrado, apesar de óbvio, é que lei complementar não é Constituição. Qualquer que seja o entendimento que se tenha acerca do papel da lei complementar, o fato é que ela é norma infraconstitucional. Assim, ela não pode ir além daquilo que a Constituição lhe autorizou a fazer; não pode ir além da própria Constituição.

Demais disso, o princípio que rege as isenções é aquele segundo o qual quem tem competência para tributar é que terá competência para isentar. Assim, constituem exceções a esse postulado tanto o inciso X, "a", quanto o inciso XII, "e", ambos do § 2º do art. 155 da Carta Magna — e, como tais, devem ser interpretadas restritivamente. Lembramos aqui uma passagem do genial Souto Maior Borges, que, ao tratar da lei complementar, ainda que sob o pálio da Constituição de 1967/1969, ensina: "Em princípio, só quem tributa tem competência para isentar. Logo, a competência da União para isentar de impostos Estados e Municípios é excepcional no sistema da Constituição Federal" (de 1967). Ora, se assim era debaixo de uma Constituição outorgada, com muito mais razão haverá de sê-lo na vigência de uma Constituição democrática.

Em outras palavras: pode-se afirmar que a restrição sob comento — a anulação, advinda da Lei Complementar 87/96, da competência dos Estados para tributarem produtos semi-elaborados — somente poderia ocorrer caso tivesse ingressado no sistema jurídico por meio de emenda constitucional.

No bojo dessa controvérsia não se pode deixar de mencionar o fato de estar presente o fenômeno da denominada "globalização". Compreende-se a preocupação de todos — Governo, Legislativo, Sociedade — em não querer que esse fenômeno os engula, que a globalização passe como um trator por cima daqueles que a ela não se adaptarem. No entanto, creio que não se deve radicalizar e simplesmente, sem maior reflexão, aplicar o que parece ser imposto pela "mundialização", independentemente dos danos que isso pode causar em toda a sociedade e, mais de perto, no que ora nos interessa, no sistema constitucional positivo. Em resumo, deve-se fazer a seguinte pergunta: razões de globalização são aptas e suficientes para se sobreporem às normas constitucionais? Onde fica a segurança jurídica?

Por fim, sei que um argumento será de pronto esgrimido por quem queira defender o dispositivo aqui atacado: o de que os Estados, por intermédio de seus representantes parlamentares — e parece que mesmo pelo seus governadores —, em sua maioria, apoiaram o projeto e propiciaram condições para sua aprovação. Ainda que assim seja, isso não valida a lei complementar quando contrastada com o texto constitucional. Acresça-se, também, que tais representantes, por mais importantes que sejam, não possuem poder constituinte originário (e, nessa hipótese, nem mesmo derivado) apto a alterar a Lei das Leis.

Assim, essa argumentação, se importa do ponto de vista político, não tem a menor relevância pelo prisma estritamente jurídico.

Sei que é uma questão polêmica, mas, não me conformando com o silêncio que sobre ela recai, trago à meditação dos colegas congressistas. Muito obrigado.

A INCONSTITUCIONALIDADE DO NOVO SALÁRIO-EDUCAÇÃO*

HERON ARZUA
Advogado especializado em Direito Tributário, Política e Administração Tributária

A Constituição de 1988, seguindo o que a doutrina de há muito já assentara à comovedora unanimidade (Geraldo Ataliba, por todos), optou expressa e explicitamente pelo caráter tributário das denominadas contribuições especiais, oferecendo cuidados específicos a algumas delas (contribuições para o seguro social — art. 195) e tratamento genérico às demais (art. 149).

E do exame dos mencionados textos dessume-se ter a Constituição demarcado três categorias de contribuições, a saber: 1. sociais, subdivididas em duas modalidades: 1.1 as atinentes ao seguro social (art. 195) e 1.2 as sociais gerais (art. 149); 2. de intervenção no domínio econômico (art. 149); 3. de interesse de categorias profissionais ou econômicas (art. 149).

O próprio corpo do art. 149 submete as contribuições aos princípios da legalidade e da anterioridade e denota exigência de lei complementar para as contribuições sociais gerais e às instituídas com vistas à intervenção no domínio econômico e no interesse de categorias profissionais. Há ressalvas de regramento por lei ordinária para as contribuições sociais de seguridade (art. 195) e a contribuição ao salário-educação (art. 212, § 5º).

Aspecto fulcral do problema é que o tributo "salário-educação" não é destinado à seguridade social. Esta classificação não é só opinião dos doutrinadores, mas deriva de decisão do STF, por intermédio do voto do Min. Carlos Velloso, por ocasião do julgamento da contribuição ao PIS (RE 148.754). Na sua decisão o ilustre Ministro apartou a contribuição do salário-educação das contribuições para o seguro social, incluindo-a no rol das contribuições sociais gerais.

Aliás, como se depreende do texto do § 5º do art. 212 da CF, a contribuição do salário-educação veste a roupagem de típica contribuição educacional, como tal inteiramente dissociada da seguridade social.

Esta distinção é nuclear porque, primeiramente, tem a ver com a questão da anterioridade da lei criadora ou majoradora das contribuições, uma vez que as contribuições ao seguro social são subordinadas à anterioridade do art. 195, § 6º, da CF (exigência após 90 dias da publicação da lei), ao passo que as contribuições sociais gerais estão sujeitas à anterioridade do art. 150, III, "a" (vedação de cobrança no mesmo exercício da publicação da lei).

Num segundo lance, a dessemelhança entre a contribuição do salário-educação e as contribuições previdenciárias e de saúde é também importante porque o instituto da compensação é regido por leis diferentes (ou o art. 89 da Lei 8.212/91 e alterações posteriores; ou o art. 66 da Lei 8.383/91 e modificações ulteriores).

Mas, fundamentalmente, a não-inclusão da contribuição ao salário-educação dentre as de seguridade social é vital em razão de que, pela Constituição de 1988, somente estas podem tomar como base de cálculo a folha de salários (art. 195, I, da CF), com a única e exclusiva ressalva das "atuais contribuições compulsórias dos empregadores sobre a folha de salários, destinadas às entidades privadas de serviço social e de formação profissional vinculadas ao sistema sindical" (art. 240 da CF).

* Participação em Mesa de Debates.

Em corolário, fora as contribuições para o SESI, SENAI, SENAC e SENAR, somente as contribuições destinadas ao seguro social (em particular, à previdência social) têm permissão constitucional para escolher a folha de salários como aspecto financeiro da hipótese de incidência.

Ao depois da Constituição de 1988, todos os diplomas legais determinantes da folha de salários, no conceito de remuneração paga aos empregados, como assento para o cálculo da contribuição do salário-educação não têm foros de legitimidade diante do Texto Magno.

Ocorre que a Lei 9.424, de 24.12.96, a qual por último cuidou da contribuição educacional, com vigência desde 1º de janeiro de 1997, consignou no seu art. 15 que "o salário-educação, previsto no art. 212, § 5º, da Constituição Federal e devido pelas empresas, na forma do que vier a ser disposto em regulamento, é calculado com base na alíquota de 2,5% (dois e meio por cento) sobre o total das remunerações pagas ou creditadas, a qualquer título, aos segurados empregados, assim definidos no art. 12, inciso I, da Lei n. 8.212, de 24 de julho de 1981". Ou seja: fixou a folha de salários como base de cálculo do novo salário-educação.

Destarte, o aludido art. 15 da Lei 9.424/96 violou frontalmente os arts. 195, I, e 240 da CF. Numa palavra: o diploma, no tocante à dicção que elegeu a folha de salários como base de medida da contribuição do salário-educação, é inconstitucional. Devem, pois, os contribuintes continuar a se socorrer da Justiça para ver proclamado o seu direito de não recolher exação mais uma vez maculada pela lei ordinária.

Averbe-se, por fim, que a ação de declaração de constitucionalidade do art. 15 da Lei 9.424/96, que tem curso no Supremo, de iniciativa da Procuradoria-Geral da República, não tocou nesta questão primordial do salárío-educação, pelo quê corre-se o risco de vermos proclamada sua constitucionalidade sem a apreciação de ponto estrutural de sua hipótese de incidência.

REFORMA TRIBUTÁRIA NÃO CONSTITUCIONAL*

HERON ARZUA
Advogado especializado em Direito Tributário, Política e Administração Tributária

Uma reforma tributária voltada para a simplificação, justiça (atendimento ao princípio da capacidade contributiva), neutralidade e equilíbrio das contas públicas não implica alteração do sistema tributário da Constituição de 1988.

Esta não fixa alíquota, não impõe a criação de contribuições em "cascata" (ou de quaisquer outras), não estipula a carga tributária, não é responsável pela "guerra fiscal" entre federadas, não obriga à criação ou cobrança de qualquer tributo (apenas outorga competências), não impede a integração com o MERCOSUL e não é culpada pela volúpia de deveres acessórios que acompanham toda exação no Brasil.

O que se quer acentuar, no particular, é que para tornar o nosso conjunto de impostos racional e moderno não é preciso mudar uma vírgula da Constituição de 1988, até porque, com nove anos de idade, ela nunca chegou a ser aplicada.

Princípios geralmente aceitos de tributação — simplicidade, justiça e neutralidade econômica — recomendam a extinção de inúmeros tributos existentes, a saber: a) imposto sobre operações financeiras (IOF), sobre produtos industrializados (IPI) e sobre transações financeiras (CPMF); b) contribuições ao PIS-PASEP, COFINS e contribuição social sobre o lucro. Tais exações complicam a vida do contribuinte, estimulam a sonegação, distorcem preços relativos, forçam a integração vertical das empresas e acentuam a regressividade do sistema. Mas para extirpá-los do mundo normativo não se faz mister alterar o Texto Básico. Por lei ordinária isso é possível.

* Participação em Mesa de Debates.

No caso do IPI, ao invés de erradicado, poderia ser limitado (até por decreto do Executivo Federal), para apanhar uns poucos produtos nobres (cigarros, veículos, bebidas, jóias etc.), reduzindo sua extrema abrangência e complexidade de hoje, com notórios percalços para os contribuintes, Fazenda Pública e Justiça.

A incidência das contribuições sobre a folha de salários e faturamento poderia ser minorada por veículo ordinário congressual. Aliás, a instituição, recente, da lei fiscal das microempresas e empresas de pequeno porte (Lei 9.317, de 5.12.96), conhecida como "SIMPLES", com pagamento unificado de vários tributos — imposto de renda das pessoas jurídicas (IRPJ), PIS-PASEP, contribuição social sobre o lucro líquido, COFINS, IPI, contribuições para o seguro social a cargo das pessoas jurídicas —, com alíquotas que variam de 3% a 7% sobre a receita bruta mensal, é uma prova eloqüente de como se pode fazer uma reforma tributária profunda sem mexer no Estatuto Maior.

Na área do imposto de renda (IR) — o tributo mais racional que se conhece, gozando de larga preferência no plano tributário dos países desenvolvidos — alguns ajustes careciam ser realizados. Na generalidade das nações fiscalmente civilizadas o IR tem como princípio incidir sobre pessoas físicas na estrita conformidade com a capacidade contributiva aferida nas declarações individuais de rendimento. No Brasil o IR, para se integrar aos padrões do Primeiro Mundo, teria de sofrer radicais alterações, tais como a imputação do imposto de pessoa jurídica ao imposto de pessoa física, o fim da imposição exclusiva na fonte (como sói acontecer com a tributação do mercado financeiro) e o aumento do universo dos contribuintes pessoas físicas.

Com o passar dos anos, por razões de ordem administrativa e de facilidade de arrecadação, esse tributo se converteu num imposto recolhido preponderantemente pelas grandes empresas, onerando a renda das pessoas jurídicas e os rendimentos da mão-de-obra. Hoje, na medida em que uma parcela desprezível do IR é aplicável à base de cálculo apurada na declaração de rendimentos das pessoas físicas, o imposto afasta-se da capacidade contributiva e acaba onerando a produção e o consumo. Em rigor, a facilidade no lançamento e arrecadação do IR implica torná-lo distante dos princípios de justiça fiscal.

É pressuposto, pois, de uma reforma tributária séria modificar a legislação ordinária desse imposto, com o objetivo não só de alcançar a riqueza individual, mas de torná-lo adequado à capacidade econômica das pessoas. A tributação na fonte há de ser toda ela integrada com a declaração de rendas individual. Todo esse cabedal de iniciativas a Constituição não obstaculiza, antes as requer, as ordena.

O imposto sobre a propriedade territorial rural (ITR), nada obstante concebido como instrumento de reforma agrária, pode ser descomplicado em patamar infraconstitucional (como já vem sendo), a ensejar considerável volume de recursos à União, sem prejuízo de seus objetivos extrafiscais.

Quanto aos Estados, pode-se dizer que o ICMS, que é o principal imposto nacional, só recentemente foi objeto de regulação (Lei Complementar 87, de 13.9.96), a qual afeiçoou o imposto às suas premissas originárias — de ser um imposto amplo sobre o consumo interno de natureza polifásica e não-cumulativa. É que a Lei Complementar 87 reconheceu, em coerência absoluta com o texto constitucional, créditos praticamente para todas as aquisições de mercadorias, inclusive de bens de produção e de uso e consumo, e livrou do ônus fiscal a exportação de produtos primários e semi-elaborados (os industrializados já estavam imunes).

Questão não resolvida satisfatoriamente no âmbito do ICMS é a da divisão da receita entre o Estado de origem (da produção da mercadoria) e o do destino (onde se verifica o consumo final). No Brasil adotou-se esquema de repartição mista, por intermédio de alíquotas interestaduais menores que as praticadas no mercado interno. A principal admoestação é a de que essa concepção tem oferecido facilidades para o incremento da denominada "guerra fiscal", que é o uso do ICMS para atrair investimentos. Todavia, para coibir os excessos dos Estados não é preciso bulir na Constituição, bastando que ela seja implementada (o Senado, por via de resoluções, pode fixar as alíquotas do imposto e tomar outras medidas saneadoras).

Enfim, muito há a fazer com os 13 impostos do desenho normativo brasileiro no chão das leis infraconstitucionais (sem olvidar que uma Administração Fazendária ágil e eficiente é pressuposto do êxito de qualquer arcabouço fiscal). E tudo isso independe de reforma da Constituição. Mas dá trabalho!

ISS — PROBLEMAS ATUAIS*

EDUARDO D. BOTTALLO
Professor de Direito Financeiro e Direito Constitucional das Faculdades de Direito da Universidade de São Paulo e de São Bernardo do Campo — Juiz — Jurista do TRE/SP — Advogado

Em primeiro lugar, saúdo os presentes e manifesto minha satisfação em, mais uma vez, poder participar deste Congresso e desta Mesa, composta de fraternais amigos.

Como a mim coube a tarefa de iniciar os debates, vou direcionar minha participação no sentido de trazer à baila alguns temas que me parece estar claramente inseridos entre os mais relevantes e importantes no que diz respeito ao ISS.

1. Normas gerais em matéria de ISS

Com o advento da Constituição de 1988, que se preocupou em resgatar, na sua plenitude, a autonomia dos Municípios, coloca-se questão a respeito da subsistência, ou não, de preceitos do Decreto-lei 834/69, que veiculou normas gerais sobre ISS.

Nesta oportunidade quero referir-me, especificamente, a dois polêmicos dispositivos inseridos nesse diploma.

O primeiro deles é o art. 9º, §§ 1º e 3º, dispondo sobre a base imponível do tributo quando se trata de profissionais autônomos e sociedades destinadas à prestação de serviços reservados a profissões regulamentadas, como médicos, advogados, engenheiros, economistas, dentistas etc.

Como se recorda, ali está previsto que, em tais casos, o ISS deve ser calculado mediante adoção do sistema de alíquotas fixas ou variáveis, não compreendida a importância paga a título de remuneração ao próprio trabalho.

O outro é o art. 12, que define o "local de prestação dos serviços" para efeitos de fixação da competência territorial para tributá-los.

Segundo o preceito, a regra é a de que Município competente é aquele onde o prestador mantém seu estabelecimento ou domicílio, ressalvada a situação particular da construção civil, em relação à qual prevalece, para efeitos de tributação, o local onde se efetuar a prestação.

Tanto um caso (serviços prestados por autônomos ou sociedades uniprofissionais) como o outro (local de prestação dos serviços) têm sido agitados pela doutrina e pela jurisprudência, sob a perspectiva de se questionar se os dispositivos a que correspondem teriam sido recepcionados pela Constituição de 1988.

É que, ao contrário de sua predecessora (sob cuja égide o Decreto-lei 834/69 foi editado), a Carta em vigor não abre campo a interpretações elásticas ou complacentes quando se trata de restringir competências tributárias por meio das denominadas normas gerais.

Todavia — e já antecipando, sucintamente, o meu entendimento pessoal a respeito —, tenho para mim que os preceitos citados permanecem vigentes, posto não estarem em desacordo com o ordenamento constitucional em vigor.

O art. 146 da CF declarou caber à lei complementar dispor sobre conflitos de competência entre os entes da Federação (inciso I) e, também, estabelecer normas gerais sobre a base de cálculo dos impostos nela discriminados (inciso III).

Ora, o art. 9º, §§ 1º e 3º, do Decreto-lei 834/69 observa este comando (art. 146, III), na medida em que trata da base imponível a ser considerada para a tributação

* Participação em Mesa de Debates.

de uma categoria própria de contribuintes (os profissionais liberais, autônomos e as sociedades de prestação de serviços das profissões regulamentadas).

Por igual forma, o art. 12 afina-se com o preceito do art. 146, I, pois, ao estabelecer critérios para determinação do local de prestação de serviços, está, inegavelmente, prevenindo a ocorrência de conflitos de competência.

Porém — e sem prejuízo do entendimento aqui esposado —, admito, como não poderia deixar de ser, que a matéria é aberta a polêmicas.

2. *Base imponível do ISS e despesas reembolsáveis*

Outro tema bastante discutido é o atinente à determinação do "preço do serviço".

Dispõe o art. 9º, *caput,* do Decreto-lei 834/69 que a base de cálculo do ISS é o "preço do serviço".

Neste contexto, a questão se coloca: o que deve ser entendido por "preço do serviço"?

Diga-se, desde logo, que o conceito de "preço do serviço" não se confunde e nem pode compreender todo o conjunto das entradas de caixa que venham a ocorrer no curso das atividades desempenhadas pelos contribuintes, na medida em que estas se revestem de distintos fundamentos e origens, cada qual sujeita a apreciação própria.

Assim, estão excluídas, por exemplo, as receitas ditas financeiras, que, como tais, não têm conexão com o objeto que corresponde ao exercício do labor profissional.

Da mesma forma, não guardam passo com o conceito referido os ingressos que traduzem, apenas e tão-somente, ressarcimentos feitos ao prestador de serviços, pelos seus contratantes, de despesas havidas no exclusivo interesse destes.

Tais entradas, por não se caracterizarem como fatores de remuneração de atividade econômica desenvolvida, obviamente, não servem de parâmetros para a adequada identificação da contrapartida que o "preço dos serviços" deve representar; por outras palavras, eles não compartilham da natureza comum dos valores que irão compor, em conjunto, a base de cálculo do tributo de que se cuida.

O delicado ponto de distinção entre o que constitui receita tributável para o contribuinte do ISS e aqueles valores que, embora transitando pelo seu caixa, não guardam tal configuração foi muito bem demonstrado pelo saudoso e pranteado Geraldo Ataliba, para quem entrada é todo dinheiro que ingressa nos cofres de determinada entidade; receita é a entrada que passa a pertencer à entidade. Assim, só se considera receita o ingresso de dinheiro que venha a integrar o patrimônio da entidade que o recebe.

Assim, ressalta, como elemento comum, a compreensão de que o contribuinte do ISS, no exercício da prestação de seus serviços, a par de incorrer em despesas próprias, pode, igualmente, ser ressarcido por valores, ou gastos, que antecipa, ou em que incorre, no exclusivo interesse de seu contratante.

As despesas próprias fazem parte integrante do exercício profissional e, como tal, correspondem a dimensão ínsita ao "preço do serviço".

Já os valores reembolsados nas condições assinaladas não têm tal dimensão; não remuneram serviços, e, assim, não exprimem qualquer parcela de capacidade contributiva por parte do prestador. Não compõem, em conseqüência, o "preço do serviço" na acepção jurídico-tributária dessa expressão.

Em suma, uma vez fixado que o "preço do serviço", base de cálculo do ISS, deve corresponder à exata medida da receita própria auferida pelo contribuinte em consonância com o desempenho específico de sua atividade profissional, tudo quanto não estiver contido neste rigoroso parâmetro, refletindo valores contratualmente submetidos a regime de mero reembolso, deve ser tido como irrelevante sob a ótica tributária.

Importâncias apenas ressarcidas ao prestador de serviços, por não serem aptas a dimensionar esta prestação, não fazem parte do conceito de "preço do serviço", pelo quê estão excluídas da composição da base de cálculo do tributo em consideração.

3. *Solidariedade e ISS*

Prática que vem se disseminando no plano municipal é a que consiste em erigir em devedor solidário com o fornecedor de serviços o tomador destes, tornando-o co-responsável pelo inadimplemento de obrigações fiscais a cargo daquele.

Com tal expediente a Fazenda Pública transfere ao referido tomador encargo que a ela cabe com exclusividade, como seja o de fiscalizar os contribuintes e exigir o cumprimento das prestações a seu cargo.

As normas do Código Tributário Nacional a respeito de solidariedade (art. 124) podem ser sintetizadas, na parte que ora cabe destacar, da seguinte forma: a) solidária é a pessoa que tenha interesse comum na situação que constitua o fato gerador da obrigação principal; ou b) solidária é a pessoa assim expressamente designada em lei.

Quanto à primeira hipótese, é de se salientar que "interesse comum" corresponde, apenas, àquela situação que coloca o solidário na mesma posição do contribuinte originário perante o fato que constitui a hipótese de incidência tributária.

Assim, por exemplo, empreiteiros e subempreiteiros dos mesmos serviços tributáveis, em tese, são solidários para fins do ISS.

Por oposição, não se configura o reclamado "interesse comum" nas situações denominadas de "antagonismo jurídico", que são aquelas em que se encontra, *v.g.*, o tomador dos serviços em face do respectivo prestador.

Aliás, isso é de compreensão intuitiva, pois, fosse de outro modo, os pacientes de um hospital, por exemplo, seriam solidários com esse estabelecimento em caso de não-pagamento do ISS pelos serviços que receberam.

Mas, considerando a segunda hipótese contemplada pelo Código Tributário Nacional (item "b", retro), a questão é saber se *a lei* poderia, expressamente, designar como solidário o tomador de serviços.

Em meu entendimento esta possibilidade existe, mas apenas se a solidariedade em causa estiver presa não ao fato de alguém simplesmente contratar serviços, e sim de agir, comissiva ou omissivamente, no sentido de se vincular, por outras causas, à obrigação que cabe ao contribuinte originário.

Embora tratando de outro tributo, um bom exemplo para ilustrar este raciocínio está no art. 9º, parágrafo único, da Lei do ICMS de São Paulo (Lei 6.374/89), que presume terem interesse comum o adquirente das mercadorias ou o tomador dos serviços em operações ou prestações realizadas *sem documentação fiscal*.

Tal preceito ajuda a aclarar a idéia de que, embora a fórmula adotada pelo Código Tributário Nacional para definir responsabilidade solidária seja bastante ampla, ela não prescinde da ocorrência de inafastáveis elementos de conexão que, de algum modo, venham a associar a responsabilidade do devedor erigido em solidário com aquela que é própria do devedor originário (o contribuinte).

Sintetizando, temos, a propósito do tema:

1º. O tomador de serviços, em princípio, não é responsável solidário pela regularidade fiscal das operações praticadas pelo prestador desses serviços.

2º. Já que solidariedade não se presume (CC, arts. 896 e ss.), cabe à lei fiscal (municipal, no caso) atribuir a condição de responsável, por solidariedade, ao tomador de serviços, desde que o faça de modo expresso, fixando, também, em minúcias, as condições e os requisitos sob os quais a mesma se caracterizará.

3º. Tais condições ou requisitos não podem (nem mesmo na lei) ser fixados de forma arbitrária ou aleatória, mas devem, sim, levar em conta atributos ou comportamentos do devedor solidário aptos a apresentar conexão com as características da hipótese de incidência do ISS.

Por último, não é demais recordar que, tratando-se de penalidades, a lei não poderá atribuir responsabilidade solidária a terceiros que não hajam concorrido para o cometimento da infração que lhes tenha dado causa.

O secular e universal princípio da pessoalidade e da incomunicabilidade da pena tem ampla aceitação no campo do Direito Tributário.

São estas as observações iniciais que me ocorrem a respeito do tema desta Mesa de Debates. Muito obrigado.

DEBATES
(Questões apresentadas ao Prof. Eduardo Bottallo por participantes do XI Congresso Brasileiro de Direito Tributário)

Normas gerais e ISS

DR. MARCIANO SEABRA DE GODOI: A norma do art. 9º, § 1º, do Decreto-lei 834/69 foi recebida pela atual Constituição? Poderiam os Municípios invocar o princípio da isonomia para eleger o faturamento como base de cálculo das sociedades de profissões regulamentadas?

PROF. EDUARDO BOTTALLO: Já antecipei meu entendimento segundo o qual a norma a que alude a pergunta foi recepcionada, posto que encontra fundamento de validade no art. 146, III, da CF, que reserva à lei complementar a atribuição para definir as bases de cálculo dos impostos discriminados.

Admito, porém, que a questão não é pacífica, tendo presente a circunstância também apontada na exposição inicial (valorização da autonomia dos Municípios).

DR. MARCIANO SEABRA DE GODOI: A tendência jurisprudencial de se identificar o aspecto espacial da hipótese de incidência do ISS no local da efetiva prestação dos serviços poderia ser entendida como expressiva da não-recepção do art. 12 do Decreto-lei 834/69?

PROF. EDUARDO BOTTALLO: A mim parece que a jurisprudência tem buscado dar maior elasticidade ao preceito do art. 12, "a", do Decreto-lei 834/69, sobretudo no tocante aos conceitos de "estabelecimento" ou "domicílio" do prestador. Isto é bom porque se presta, inclusive, a desestimular posturas pouco sadias. Alguns Municípios, com efeito, a pretexto de oferecerem "incentivos fiscais", têm propiciado a concentração de um grande número de empresas de serviços em seus territórios, que neles mantêm pouco mais que a inscrição fiscal e um endereço. Isto não é bom nem para estes Municípios e muito menos para aqueles onde os serviços são efetivamente prestados, sem contrapartida fiscal. Portanto, em última análise, o que se busca é coibir prática simulatória quanto ao real domicílio do prestador.

Mas, no tocante ao art. 12 do Decreto-lei 834/69, tenho para mim que continua em vigor.

DRS. ABELARDO LEMOS E NÉLSON SUGUIMOTO: Como fica o ISS nos casos de terceirização dos serviços? Em caso de múltiplas incidências fiscais é viável a compensação?

PROF. EDUARDO BOTTALLO: Indagam os Colegas sobre os casos em que uma sociedade de prestação de serviços de profissão regulamentada contrata profissional autônomo para, em nome dela, contratante, prestar serviços a terceiro. Deseja-se saber se há uma só ou duas incidências do ISS neste caso. A meu ver, existem duas relações tributárias distintas: a) a que se estabelece entre o profissional autônomo e a sociedade prestadora de serviços, que o contrata; b) a que se estabelece entre esta sociedade e o tomador dos serviços. Portanto, ainda que, comercialmente, a operação se revele como única, juridicamente, há uma clara distinção entre ambas, o que justifica a ocorrência de incidências fiscais autônomas. Quanto à possibilidade de compensação, acenada em uma das perguntas, parece-me inteiramente plausível em termos de política fiscal.

Taxatividade da Lista de Serviços

DR. EDUARDO PERES SALUSSE: Pode-se excluir da incidência do ISS serviços não relacionados na Lista anexa à Lei Complementar 56/87, como, por exemplo, blindagem de veículos e pesquisa de mercado?

DR. EDUARDO BOTTALLO: A questão da taxatividade da Lista de Serviços veiculada por lei complementar foi — e continua sendo — um dos mais tormentosos temas pertinentes ao ISS. Na esteira de ensinamento de grandes juristas pátrios (por todos, cito o Prof. Roque Carrazza), entendo que a Lista aqui referida é meramente sugestiva, pelo quê pode ou não ser levada em conta pelos Municípios. Assim, e desde que a lei municipal a tanto autorize, tenho por perfeitamente tributáveis os serviços mencionados na pergunta.

Base de cálculo do ISS

DR. EDUARDO PERES SALUSSE: Agências de publicidade , de pesquisa de mercado, de promoção de eventos, de trabalho temporário, dentre outras, poderiam excluir as "despesas reembolsáveis" na base de cálculo do ISS?

PROF. EDUARDO BOTTALLO: Não tenho dúvidas em responder afirmativamente, reportando-me, para tanto, ao que, a propósito, expus na fase inicial dos debates.

Solidariedade e ISS

DRA. MARILENE DE MORAES: Nos serviços de construção civil, o "dono da obra" pode ser erigido em responsável solidário com a empreiteira pelo ISS correspondente? Pode-se cobrar multas da contratante a título de solidariedade?

PROF. EDUARDO BOTTALLO: Estas questões já foram, também, por mim abordadas. Para ambas as perguntas entendo que a resposta deve ser negativa. À primeira porque o mero tomador dos serviços não tem qualquer interesse comum na situação que constitui o fato gerador do tributo, e à segunda pelas mesmas razões e, ainda, por demasia, porque não pode haver solidariedade em matéria de penalidades.

Assim respondo às questões que me foram dirigidas.

PLANEJAMENTO TRIBUTÁRIO
(Trecho da participação em Mesa de Debates do XI Congresso Brasileiro de Direito Tributário)

SIDNEY SARAIVA APOCALYPSE
Advogado em São Paulo

Podem os Srs. Congressistas verificar que ao menos nesta Mesa há consenso quanto aos limites legais do planejamento tributário. Pudemos sentir nas exposições que me antecederam o especial relevo que os mesmos emprestaram ao princípio da estrita legalidade. Demonstrou-se — e a isto não precisamos mais voltar — a aversão com que o sistema constitucional tributário brasileiro trata quer os cânones da interpretação econômica de Direito Tributário, quer as teorias que buscam alçar à categoria de defeito de ato jurídico os espectros do abuso de forma e do abuso de direito. Figuras, essas, que, na busca de economia tributária, consistiriam na utilização de formas anormais para atingir um fim que normalmente é atingido segundo diverso negócio jurídico, ou na utilização de negócios jurídicos apenas para atingir a economia pretendida, e não o fim para o qual os mesmos se destinariam. Tais teorias, como já firmado, distanciam-se do exame da licitude dos atos praticados, unicamente com o fim de inquinar de prática ilegítima, abusiva, a utilização, pelo contribuinte, de formas lícitas com o único fim de economizar tributos.

Inevitável reconhecer estarem os ideólogos do abuso de forma e do abuso de direito a buscar pôr cobro, fulminando-a, à questão da legitimidade do planejamento tributário; inevitável reconhecer o caráter ideológico de tal posição, calcada que está no sentimento de incompletude do Direito. Melhor dizendo, deste Direito: o brasileiro. Reconhecimento, esse, que se faz no embate entre a corrente que — sem se esquivar da questão — insiste em afirmar o primado da legalidade e a que, contraposta, pretende, em nome de uma norma aprioristicamente tida por social, sem sanção material, sem coerção, que o indivíduo deva sempre se submeter à onerosidade caso venha a utilizar alternativa legítima que tenha por único escopo alcançar economia tributária.

Enfim, Senhores, até mesmo para não repetir o que aqui já se disse com clareza, tem-se que, diante do sistema jurídico-tributário brasileiro, se o particular estiver diante de dois comportamentos (um que, por força de lei, gera conseqüência tributária mais onerosa que o outro), poderá adotar o comportamento menos oneroso (ou, mesmo, isento de conseqüência tributária), observando, para tanto, os limites impostos pela lei. Finalizo — e creio aqui ser adequado — com um texto extraído de sentença do então Juiz Federal Prof. Sacha Calmon Navarro Coêlho: "(...) em Direito Tributário, tão marcado pelo princípio da legalidade, não deve o intérprete aplicador, mesmo diante de casos de elisão, superpor-se à lei. A função de reprimir a evasão em razão de lacunas é do legislador, nunca do administrador. (...) penso que as lacunas da lei, os *loopholes*, como dizem os americanos, só devem ser suprimidos pela lei, para o bem de todos. Ainda que alguns estejam levando vantagem, é preferível manter o princípio da legalidade do que estender ao administrador poderes que amanhã se tornariam muito difíceis de controlar, além de impor ao Judiciário, como Poder revisor do ato administrativo, a obrigação de estar a verificar, caso a caso, a razoabilidade fiscal dos contratos. Haveria, neste caso, grandes divérbios, pois cada juiz julgaria com seu próprio subjetivismo as situações e os interesses dos justiçáveis".

Era o que tinha para comentar. Muito obrigado pela atenção.

PLANEJAMENTO TRIBUTÁRIO
(IR: limites da economia fiscal — Planejamento tributário)*

LUCIANO DA SILVA AMARO

Vamos, em nossa palestra, tecer algumas considerações teóricas a propósito do planejamento tributário que me parecem úteis para o exame da casuística, que, neste setor do Direito Tributário, tem sido bastante rica.

Planejamento tributário "versus" evasão

Com o chamado *planejamento tributário* busca-se aquilo que tradicionalmente se conhece como *economia de imposto* ou *evasão legal*, ou seja, o caminho lícito para realizar atos ou negócios de modo a pagar menos imposto ou, mesmo, evitar o pagamento do imposto. Modernamente, a economia de imposto se busca através de sofisticada engenharia tributária, que, geralmente, se desenvolve em projetos de alta complexidade, envolvendo avançada tecnologia fiscal, financeira e societária.

É óbvio que o planejamento tributário não pode ser uma preocupação isolada na empresa, da mesma maneira que não o é na vida fiscal do indivíduo. Se a empresa, por definição, visa ao lucro (e o empresário tem de maximizá-lo), o planejamento tributário, associado a um sem-número de decisões que o empresário deve tomar ao planejar suas atividades, é apenas mais um entre variados mecanismos de redução de encargos que podem, direta ou indiretamente, melhorar o resultado da empresa.

O legislador tributário sabe que a tributação não é neutra no que respeita às decisões empresariais, e, por isso, ele próprio utiliza o tributo como instrumento indutor de comportamentos comissivos ou omissivos. É aquilo que conhecemos como extrafiscalidade dos tributos e que — todos sabem — está presente não apenas no capítulo das isenções e dos diferentes estímulos fiscais a certas atividades ou setores ou regiões, mas acaba permeando todo o sistema tributário, porque o simples fato de haver uma incidência (mesmo dos chamados tributos de fins marcadamente arrecadatórios) influencia, obviamente, as decisões dos agentes econômicos.

É por isso que, teoricamente, não se questiona a licitude dos comportamentos que visam à *economia de imposto*. Podemos afirmar que há um consenso entre os autores quanto à premissa de que ninguém é obrigado a escolher caminhos que sejam fiscalmente mais onerados quando existam outros meios de ordenar suas atividades com a submissão a uma tributação mais branda. É também ensinamento generalizado na doutrina que a fraude, o ardil, a ocultação do fato gerador, configuram comportamentos condenáveis.

Limites do planejamento tributário

Aí é que se põe a grande questão que está presente em qualquer discussão sobre planejamento tributário. Como fixar os limites entre a *economia lícita de tributo* e o campo da *evasão*? Essa fronteira, dogmaticamente, existe. O que a doutrina tem discutido — e que representa a grande questão nos debates sobre o tema — é como estabelecer critérios teóricos que permitam demarcar concretamente essa fronteira.

Rubens Gomes de Sousa pôs uma premissa que me parece inquestionável. Ele disse que a diferença entre a economia de

* Participação em Mesa de Debates.

imposto e a evasão se resolve com a pesquisa para determinar se os atos ou negócios praticados *evitaram* a ocorrência do fato gerador (e aí teríamos a legítima *economia do tributo*) ou se eles *ocultaram* o fato gerador ocorrido (hipótese na qual estaria configurada a *evasão*).

Acho que, do ponto de vista teórico, não dá para discordar do grande Mestre. O fato gerador é necessário para dar nascimento à obrigação tributário. Ora, se o fato gerador não ocorre, porque o indivíduo consegue evitá-lo, não se pode falar de evasão de tributo. Do mesmo modo, se o fato gerador ocorre — e, portanto, dá nascimento à obrigação tributária —, o que o indivíduo fizer no sentido de ocultar do fisco o conhecimento do fato gerador e do conseqüente nascimento da obrigação tributária obviamente não poderá ter o condão de afastar (legitimamente) o dever de recolher o tributo. Se lograr êxito no intento de acobertar o fato gerador, poderá o indivíduo, praticamente, furtar-se ao pagamento do tributo, mas o caso será de evasão, e não de economia legal do tributo.

Licitude dos meios empregados

Fica, porém, uma outra indagação. Como saber se determinada conduta adotada pelo indivíduo efetivamente evita a ocorrência do fato gerador ou apenas oculta, dissimula, o fato gerador, que efetivamente ocorre, e, por isso, a conduta não consegue evitar a concretização da obrigação tributária?

Põe-se, aí, a discussão sobre a licitude dos meios empregados. Será legal a conduta adotada pelo indivíduo? Se for legal, a hipótese seria de economia de tributo, e não de evasão.

Licitude de direito privado "versus" licitude fiscal

Mas, aí, vem nova pergunta: será que é suficiente para caracterizar a economia do imposto a legalidade dos atos praticados pelo indivíduo em face do Direito *Privado*? Ou, ao contrário, para definir a licitude *tributária* teríamos que *reformular* ou *reclassificar* os atos ou negócios praticados, para descobrir a *realidade tributária* "escondida" sob a cobertura da forma jurídica empregada, que deixaria entrever apenas uma aparência de realidade?

Ao sustentarmos, em nosso livro *Direito Tributário Brasileiro*, que a questão da dita "autonomia" do Direito Tributário ultrapassa os limites de uma simples discussão acadêmica, questionamos se as categorias jurídicas reguladas noutros ramos do Direito, quando referidas na norma tributária, passam por um processo de automática *transformação* ou *transubstanciação*, mesmo na ausência de explícita modificação conceitual na lei tributária. Noutras palavras: a licitude *civil* das formas empregadas é suficiente para assegurar a licitude *tributária*? Demandaria, por acaso, o Direito Tributário uma diferente valoração (ou interpretação) dos atos ou negócios privados? Será que esses atos, quando ingressam nos domínios tributários, assumem uma roupagem ou, mais do que isso, um *conteúdo* diverso?

Interpretação econômica do Direito Tributário

Na tentativa de dar uma resposta positiva a essas indagações (ou seja, para sustentar que a *realidade* pode e deve abstrair as formas jurídicas adotadas), surgem a *interpretação econômica do Direito Tributário*, a teoria do *abuso de formas*, a teoria do *abuso de direito*, a *desconsideração da pessoa jurídica*.

A *consideração econômica do fato gerador* procura *abstrair a forma jurídica empregada*, de modo que diferentes configurações jurídico-formais dos atos ou negócios possam ser reduzidas a uma única "substância econômica". As diferentes configurações teriam, desse modo, o mesmo tratamento fiscal, dada a identidade "substancial" por elas encoberta.

Vários são os fundamentos que têm sido invocados na tentativa de justificar a chamada *interpretação econômica* do Direito Tributário. Ora é o art. 109 do CTN, ora o *princípio da capacidade contributiva*, ora o *princípio da igualdade*. Com isso, situações que revelem o mesmo conteúdo econômico — afirmam os defensores da *consideração econômica do fato gerador* — deveriam ter o mesmo tratamento tributário.

Isso levaria, com apoio na lei que determinasse a incidência sobre certo negócio jurídico, a tributar outros negócios, não previstos na lei mas reveladores de igual ou análogo conteúdo econômico.

Alfredo Augusto Becker criticou essa doutrina, afirmando — a par de outras razões — que ela destrói a certeza e a praticabilidade do Direito.

Dissemos há pouco que o art. 109 do CTN tem sido invocado para justificar a interpretação econômica do Direito Tributário brasileiro. Esse dispositivo, segundo se invoca, teria autorizado que os efeitos *tributários* dos institutos de Direito Privado pudessem ser pesquisados pelo intérprete com abstração da *forma* jurídica adotada.

Penso que a interpretação econômica não pode ser fundada nesse artigo; ademais, ela se choca com outros preceitos da Constituição e do próprio Código.

A "autonomia" do Direito Tributário

As discussões sobre a autonomia do Direito Tributário geralmente mal disfarçam preocupações meramente acadêmicas a propósito da maior ou menor importância da disciplina no contexto das ciências jurídicas.

Não é, porém, nesse plano meramente acadêmico que a questão deve ser discutida. Há problemas de maior relevo a merecer exame. Um deles diz respeito à possibilidade de a lei tributária modificar (para efeitos tributários, obviamente) conceitos postos noutros ramos do Direito; o outro tem a ver com a interpretação, para efeitos tributários, das formas ou conceitos estatuídos noutros ramos do Direito quando sejam referidos na lei fiscal.

Os arts. 109 e 110 do CTN cuidam dessas questões. Vamos examiná-los, começando pelo art. 110.

Modificação de conceitos do Direito Privado

O art. 110 do CTN diz o seguinte: "A lei tributária não pode alterar a definição, o conteúdo e o alcance de institutos, conceitos e formas de Direito Privado utilizados, expressa ou implicitamente, pela Constituição Federal, pelas Constituições dos Estados, ou pelas Leis Orgânicas do Distrito Federal ou dos Municípios, para definir ou limitar competências tributárias".

Temos criticado o posicionamento desse artigo entre as regras de *interpretação* do Direito Tributário. Ele, na verdade, não traça preceito sobre *interpretação* que pudesse ter sido dirigido ao *aplicador* da lei. Ao contrário, o comando é dirigido ao *legislador*. A matéria é de *definição de competência*. O que diz o Código é que o legislador não pode *expandir o campo de competência tributária* que lhe foi atribuído mediante o artifício de ampliar a definição, o conteúdo ou o alcance de institutos de Direito Privado utilizados para definir aquele campo. Também é verdade que o Código Tributário Nacional não esgota a questão. Realmente, não são apenas os conceitos de Direito Privado, mas também os de outros ramos do Direito, e os próprios conceitos léxicos, que, quando usados para definição da competência tributária, não podem ser ampliados pela lei do tributo. Por decorrência lógica do que estamos dizendo, os conceitos jurídicos ou lexicográficos *não utilizados* para definir a competência tributária podem, *a contrario sensu*, ser alterados (para fins fiscais, obviamente) pela lei tributária.

À vista do que (incompletamente, embora) diz o art. 110, fica claro que o legislador tributário pode modificar (com as restrições apontadas) a definição, o conteúdo e o alcance de conceitos jurídico-privados, desde que isso seja expresso na lei de incidência. Parece-me também inquestionável que o dispositivo *não está autorizando* (muito menos obrigando) *o intérprete ou aplicador* da lei a modificar a forma ou a substância dos atos ou negócios jurídico-privados para fim de lhes atribuir as mesmas conseqüências tributárias de outros atos ou negócios — estes, sim — referidos pela lei tributária como geradores de obrigação fiscal.

Conceitos e princípios privados e efeitos tributários

Ouçam, agora, o que diz o art. 109 do CTN: "Os princípios gerais de Direito Privado utilizam-se para pesquisa da definição, do conteúdo e do alcance de seus institutos, conceitos e formas, mas não para definição dos respectivos efeitos tributários".

Não vejo nesse dispositivo autorização para que o intérprete da lei tributária abandone a formulação jurídico-privada adotada e "reconstrua", tributariamente, o ato ou negócio praticado, tendo em vista seu conteúdo econômico. O que o Código Tributário Nacional quer é que os institutos de Direito Privado tenham sua definição, seu conteúdo e seu alcance pesquisados com o instrumental técnico fornecido pelo Direito Privado *não para efeitos privados* (o que seria óbvio e não precisaria, nem caberia, ser dito num código tributário), mas sim *para efeitos tributários*. E em que hipóteses isso se daria? Nas hipóteses em que tais institutos sejam referidos pela lei tributária na definição de pressupostos de fato de aplicação de normas tributárias.

Por isso, tenho sustentado que o instituto de Direito Privado "importado" pelo Direito Tributário vem com a mesma conformação e o mesmo conteúdo que lhe dá o Direito Privado, sem deformações, nem transfigurações. A compra e venda, a locação, a prestação de serviço, a doação, a sociedade, a fusão de sociedades, o sócio, o gerente, a sucessão *causa mortis*, o herdeiro, o legatário, o meeiro, o pai, o filho, o interdito, o empregador, o empregado, o salário etc. têm conceitos postos no Direito Privado que ingressam na cidadela do Direito Tributário sem mudar de roupa e sem outro passaporte que não o preceito da lei tributária que os "importou".

Conjugando os dois dispositivos (os arts. 109 e 110, que vimos há pouco), concluímos que a *identidade do instituto* no Direito Privado e no Direito Tributário dá-se sempre que o Direito Tributário não queira modificá-lo para fins fiscais, bastando, para que haja essa identidade, que ele se reporte ao instituto sem ressalvas. Caso deseje a lei tributária determinar alguma modificação (evidentemente, para fins fiscais), urge que o diga de modo expresso (com as ressalvas decorrentes do próprio art. 110). Se, portanto, o instituto de Direito Privado é referido sem modificações pela lei tributária (porque ela não quis ou não pôde expressar tais modificações), ele ingressa no campo fiscal com a mesma vestimenta que possuía no território de origem. A locação de coisas continua sendo locação de coisas, e não compra e venda ou prestação de serviços. Sócio continua sendo sócio, e não administrador. Doação permanece como tal, sem se travestir de compra e venda — e assim por diante. Só quando o queira é que a lei tributária irá, de modo expresso, modificar esses institutos ou conceitos (para fins tributários, obviamente).

Agora, vem uma outra questão: "importado" o instituto de Direito Privado (com ou sem alterações determinadas pela lei tributária), como serão os seus efeitos tributários? Por exemplo, qual é o efeito *tributário* decorrente da realização de uma compra e venda imobiliária? Conforme diz o art. 109, ao final, os efeitos tributários desse negócio jurídico *não* deverão ser pesquisados com o emprego de "princípios gerais de Direito Privado".

Acontece que no Direito Privado podem atuar certos princípios que ora procuram proteger uma das partes no negócio, ora definem certas presunções, ora indicam critérios de interpretação, ora cominam pena de nulidade ou ensejam anulabilidade; o Direito do Trabalho é rico de preceitos tuitivos, de proteção ao hipossuficiente, o que direciona os efeitos das relações trabalhistas. Ora, no Direito Tributário, quando "importados" conceitos ou institutos civis, comerciais, trabalhistas, não são invocáveis tais princípios (cuja aplicação se exaure no plano jurídico de origem) para o efeito de regular a relação jurídico-tributária entre o fisco e o partícipe da relação privada que seja eleito como sujeito passivo pela lei tributária.

Esses princípios (de Direito Privado) são usados para a definição dos efeitos jurídicos privados. Já as conseqüências tributárias (efeitos jurídicos tributários) são determinadas *sem submissão a tais princípios*. Se alguém, por exemplo, é o aderente, num contrato de massa, e desfruta, por isso, de uma posição legalmente privilegiada no plano do Direito Privado (no sentido, por exemplo, de que o contrato deve, em regra, ser interpretado a seu favor), nem por isso goza de vantagem perante o fisco no que respeita à definição dos efeitos tributários oriundos daquele negócio. Noutro exemplo, o empregado, hipossuficiente na relação trabalhista, não pode invocar essa condição na relação tributária cujo pólo passivo venha a ocupar. Os efeitos *tributários* produzidos por negócios estruturados pelo Direito Privado são definidos com abstração de considerações de Direito Privado; essas considerações terão sido utilizadas para a identificação, no campo privado, dos negócios em causa, mas sua aplicação se esgota lá, embora tais negócios sejam "importados" pelo Direito Tributário e venham a irradiar, neste setor, outros efeitos, além dos que possam ter produzido na sua província de origem. Para estes efeitos é que não são aplicáveis os princípios de Direito Privado.

Tudo isso — e apenas isso — é o que diz o art. 109 do CTN. Depois de caracterizado um ato ou negócio jurídico de Direito Privado (*com o emprego dos princípios de Direito Privado* — segundo o próprio dispositivo determina, imperativamente), devem ser definidos os efeitos tributários desse ato ou negócio, mas: a) nem está dito que os atos ou negócios jurídico-privados devam ser *redefinidos* ou *transformados* por força de princípios fiscais; b) nem se indica quais "princípios" ou "instrumentos" tributários devam ser utilizados para essa suposta transformação; c) nem se diz que os atos ou negócios em questão devam ser avaliados apenas pelo seu conteúdo econômico, com abstração da forma e da substância jurídica que lhes deu o Direito Privado e que o próprio Código Tributário Nacional insiste em invocar para a determinação da contextura formal e substancial desses atos ou negócios.

Não se concebe que o dispositivo fosse obrigar o intérprete tributário a utilizar os princípios do Direito Privado para pesquisar a definição, o conteúdo e o alcance de certo instituto de Direito Privado (por exemplo, a compra e venda) apenas para, concluído esse trabalho, atirá-lo ao lixo. Realmente, a pesquisa imposta pelo preceito legal, como tarefa do intérprete tributário, seria inútil se, para apreender os efeitos tributários, o intérprete devesse buscar outra definição, outro conteúdo e outro alcance da compra e venda que não fossem os que tivesse pesquisado no Direito Privado, mas sim aqueles que, à vista da manifestação de capacidade contributiva, devessem ser "economicamente" considerados como compra e venda.

Se a lei tributária, referindo um instituto de Direito Privado, quiser dar *efeitos iguais* para *outros* institutos de Direito Privado (por exemplo, menciona a compra e venda e quer dar os mesmos efeitos fiscais à doação, ao aporte na integralização de capital etc.), isso é possível. Mas é a *lei tributária* que (se quiser e quando *puder*) deve dá-los, e não o *intérprete*.

O intérprete da lei tributária não pode *modificar* o instituto de Direito Privado referido pela lei tributária, nem pode *substituí-lo* por outro, a pretexto de que este produza maiores (ou menores, tanto faz) efeitos fiscais. Se, por exemplo, a incidência é menos onerosa na alienação do que na doação ou na transmissão *mortis causa*, o fisco não pode, diante da venda de imóvel pelo pai ao próprio filho, alegar que, para efeitos tributários, a operação deve ser considerada como doação, sob o pretexto de que o pai é idoso e enfermo e o filho é herdeiro necessário do preço de venda. Nem pode a fiscalização, caso o pai doe o imóvel ao filho, que, posteriormente, venha a aliená-lo, alegar que o pai é que vendeu o imóvel, doando o produto da venda ao filho (situação que, fiscalmente, seria mais onerosa, sob o ângulo da legislação do IR), com apoio em que, *economicamente*, as duas situações são equivalentes.

A recíproca é verdadeira. Quem vendeu imóvel a seu filho não pode pretender a não-incidência do imposto sobre o ganho de capital apurado com o argumento de que o filho é herdeiro necessário e, portanto, a operação deveria, fiscalmente, ter o tratamento de uma sucessão *causa mortis*, na qual, à vista da legislação hoje vigente, inexiste a incidência daquele tributo.

O próprio legislador constitucional dá o exemplo a ser seguido quando, ao estatuir a competência tributária sobre a transmissão de imóveis, refere expressamente a cessão de direitos à sua aquisição (art. 156, II), quando, segundo a consideração econômica, isso não seria necessário. No mesmo sentido tem sido a prática de nosso legislador ordinário do imposto de renda (IR) quando prevê a tributação do ganho de capital na venda de bens e na realização de outros contratos que têm o mesmo conteúdo econômico. Insisto, porém, em que esses outros contratos são atingidos não por terem *igual conteúdo econômico*, mas sim porque *a lei* lhes deu *igual tratamento jurídico*.

Por outro lado, se o intérprete pudesse pesquisar o conteúdo econômico de um dado negócio jurídico para, à vista de sua similitude com o conteúdo econômico de outro negócio, estender para o primeiro a regra de incidência do segundo, o fato gerador do tributo deixaria de corresponder à *previsão abstrata posta na lei* (princípio da reserva de lei); contra normas expressas do nosso sistema tributário, a *analogia* para tributar (ou para isentar) seria invocável, com base em que, sendo igual o conteúdo econômico, a norma a aplicar seria também a mesma.

Em suma, a interpretação do art. 109 do CTN não pode ser feita contra a própria letra do dispositivo e com sacrifício do princípio da *legalidade*, do princípio da *segurança* e *certeza do direito aplicável*, e, ainda, em contradição com preceitos do próprio Código, que vedam (como desdobramentos daqueles princípios) a tributação e a isenção por *analogia* (CTN, arts. 108, § 1º, e 111, II).

A invocação dos princípios da *igualdade* e da *capacidade contributiva* também não ampara a consideração econômica. Não se admite, por exemplo, que a lei instituidora de imposto de transmissão sobre a venda de uma casa possa ser aplicada à venda de uma jóia de igual valor, sob o pretexto de que a operação revela igual capacidade contributiva. O princípio da *igualdade* (associado ao da *capacidade contributiva*) não é ferido quando se veda a tributação (ou a isenção) por analogia. É outra a discussão que se põe. Em primeiro lugar, se, à vista de duas situações, "A" e "B", existir razão legítima para tratamento diferenciado, não há por que equipará-las, por meio de construção exegética; por outro lado, se *inexistir* razão legítima de discrímen e a lei só tiver tributado o fato "A", o contribuinte (na situação "A") é que pode invocar a igualdade para receber tratamento isonômico com o indivíduo que esteja na situação "B". A igualdade não é prerrogativa do Estado que pudesse ser invocada para (sem lei) tributar também o fato "B". A mesma ordem de idéias vale para a isenção.

Afinal, o princípio da igualdade é preceito constitucional de proteção do *indivíduo*, posto entre as limitações do poder de tributar. Não se trata de direito *do Estado*, e sim de direito *do indivíduo*.

Abuso de forma

Tema conexo é o ligado ao questionamento do *abuso de forma*, que traduziria modo de *evasão* de tributo. O *abuso de forma* consistiria na utilização de uma forma jurídica *atípica, anormal ou desnecessária* para a realização de um negócio jurídico que, se fosse adotada a forma "normal", teria tratamento tributário mais oneroso. Para não haver o alegado abuso, a instrumentação utilizada para o negócio jurídico deveria conter-se dentro dos limites "normais" de uso do instrumento adotado.

Essa posição deixa ao *arbítrio do aplicador da lei* a decisão sobre a "normalidade" da forma utilizada. O problema deixa de ser de *legalidade* da forma, mas de "normalidade", o que agride os postulados da certeza e da segurança do Direito, pois sempre que certa forma fosse adotada pelo contribuinte para implementar um negócio ele teria que verificar se aquele modelo é o que mais *freqüentemente* se utiliza para a realização daquele negócio. O critério *jurídico* seria substituído pelo critério *estatístico* e as variadas formas que o Direito criou para instrumentar as atividades econômicas dos indivíduos seriam reduzidas a alguns poucos modelos que fossem "validados" fiscalmente. Dizer que a forma lícita utilizada pelo contribuinte é *abusiva* mal disfarça uma *contradição*.

Não se pode, por exemplo, obrigar alguém a utilizar a forma da compra e venda para transferir um imóvel para uma empresa se o indivíduo tem o direito de utilizar outra forma (igualmente lícita), que é a conferência do imóvel na integralização de capital da sociedade (operação que não estaria sujeita ao imposto incidente na operação de venda).

Abuso de direito

A teoria do *abuso de direito* chega a conclusões semelhantes às da teoria do abuso de forma. Se o direito é utilizado para atingir os fins civis ou comerciais que normalmente a ele estão associados não se questionariam seus efeitos fiscais, ainda que levem à economia do imposto. Mas se o objetivo visado é obter uma vantagem fiscal que de outro modo não estaria presente, ter-se-ia o uso abusivo do direito e, portanto, o fisco não estaria sujeito a respeitar os efeitos fiscais decorrentes da conduta abusiva.

Marco Aurélio Greco, recentemente, retomou esse tema, averbando que, se a "finalidade exclusiva" de um determinado ato é pagar menos imposto, estaríamos diante de abuso de direito, não oponível ao fisco. Marco Aurélio busca, também, fundamento na *capacidade contributiva*, ao sustentar que a eficácia do princípio estaria em assegurar que todas as manifestações dessa capacidade sejam efetivamente atingidas pelo tributo. Nessa linha, ele conclui que só haverá isonomia tributária se todos aqueles que se encontrarem na mesma condição tiverem de suportar a mesma carga fiscal.

Nessa perspectiva, diante do princípio da capacidade contributiva e da isonomia a serviço do Estado, *o indivíduo ficaria impedido de invocar, para escapar ao tributo, seu direito de auto-organizar-se de modo tal que lhe permita não pagar tributo ou pagar menos tributo*.

Marco Aurélio ressalva que o abuso só se caracterizaria quando a economia do tributo fosse a única razão determinante da conduta do indivíduo. Mas isso levaria a duas "distorções": a) primeiro, desde que o indivíduo, ainda que por um feliz acaso, tenha um motivo comercial para justificar a conduta, sua capacidade econômica seria ignorada e a isonomia não o afetaria; b) segundo, se sua decisão tiver sido a escolha, entre dois caminhos lícitos, do que seja fiscalmente menos oneroso, e essa tenha sido a única razão da escolha, ele sempre será reconduzido compulsoriamente para o caminho que licitamente deixou de trilhar, o que prova demais, contrariando o único consenso que existe na matéria (opção pelo caminho de menor ônus fiscal, entre os vários caminhos lícitos possíveis).

Em suma, parece-me que a escolha de determinada conduta, entre várias condutas lícitas, pode ser motivada, de modo legítimo, exatamente pela menor incidência de tributo. Freqüentemente o próprio legislador estimula certas condutas, dando-lhes um tratamento fiscal menos oneroso. Como negar, em tais casos, o direito de optar pelo caminho incentivado? Mas a solução deve ser a mesma, independentemente de se indagar se a menor onerosidade da via escolhida decorre de incentivo do Estado ou simplesmente configura uma conduta que o legislador não quis ou esqueceu-se de incluir na norma de incidência.

Desconsideração da pessoa jurídica

A doutrina da desconsideração da pessoa jurídica (*disregard of legal entity*) pretende que em determinadas situações, onde a pessoa jurídica seja utilizada como simples "instrumento de fraude ou abuso", ela deve ser desconsiderada, imputando-se o ato praticado aos seus sócios.

Parece-me que não cabe em nosso Direito Tributário a desconsideração da pessoa jurídica nos termos em que a entendemos. A doutrina costuma distinguir duas diferentes situações em que o problema se pode colocar: a desconsideração feita *pelo legislador* e a feita *pelo juiz*. Com base nessa distinção têm-se procurado exemplos de desconsideração no Direito Positivo brasileiro nas situações em que o *legislador* prevê a responsabilidade solidária ou subsidiária de terceiros. Ora, nesses casos não há desconsideração da pessoa jurídica. É importante referir essa distinção porque nossa lei tributária apresenta vários exemplos em que a responsabilidade de uma pessoa jurídica é imputada a terceiros, solidária ou subsidiariamente. Não existe, aí, desconsideração da pessoa jurídica. O que se dá é que, independentemente da forma societária adotada (por exemplo, sociedade cujo sócio seja *ilimitadamente* responsável, ou sociedade onde ele tenha sua responsabilidade *limitada* ao capital), a lei tributária, em certas situações, atribui, de modo expresso, a responsabilidade tributária (subsidiária, solidária ou exclusiva) à pessoa do sócio.

Resta, portanto, examinar a desconsideração da pessoa jurídica (propriamente dita), que é a executada *pelo juiz*, para responsabilizar outra pessoa (o sócio), supondo, é claro, a *inexistência de prévia disposição legal* que responsabilize esse terceiro em hipótese à qual a situação concreta pudesse corresponder. Nessa formulação teórica da doutrina da desconsideração não vemos possibilidade de sua aplicação em nosso Direito Tributário. Nas diversas situações em que o legislador quer levar a responsabilidade tributária além dos limites da pessoa jurídica ele descreve as demais pessoas vinculadas ao cumprimento da obrigação tributária. Trata-se, ademais, de preceito do próprio Código Tributário Nacional, que, na definição do responsável tributário, exige *norma expressa de lei* (arts. 121, parágrafo único, "b", e 128) — o que, aliás, representa decorrência do *princípio da legalidade*. Sem expressa disposição de lei que eleja terceiro como responsável em dadas hipóteses descritas pelo legislador não é lícito ao aplicador da lei ignorar (ou desconsiderar) o sujeito passivo legalmente definido e imputar a responsabilidade tributária a terceiro.

Simulação, fraude e evasão

Parece-me, enfim, que o divisor de águas entre a evasão e a economia de imposto tem mesmo que ser pesquisado a partir da *licitude dos meios* utilizados pelo indivíduo para evitar o pagamento de tributo.

Não se discute, é claro, que a fraude ou o artifício para mascarar ou dissimular o fato gerador tipificam formas de evasão. Se alguém rasura documentos fiscais, ou registra fatos inverídicos (notas ou recibos "frios"), a ilicitude é evidente. Mas, certamente, há mecanismos menos grosseiros de ocultar ou dissimular os fatos, manipulando esquemas formais não coincidentes com a realidade dos fatos. E esses mecanismos também não são legítimos.

O problema resvala, em última análise, para a apreciação do *fato concreto* (*fato real*) e de sua correspondência com o modelo abstrato (forma) utilizado. Se a *forma* não refletir o *fato concreto*, ela deve ser desqualificada. Isso nos leva — com Sampaio Dória — para o campo da *simulação*. Na *simulação* inexiste correspondência entre o negócio que as partes *realmente* estão praticando e aquele que elas *formalizam*. As partes querem, por exemplo, realizar uma compra e venda, mas formalizam (simulam) uma doação, ocultando o pagamento do preço. Ou, ao contrário, querem este contrato, e formalizam o de compra e venda, devolvendo-se (de modo oculto) o preço formalmente pago.

Uma vez *comprovada* a simulação, pode o fisco determinar os efeitos tributários decorrentes do negócio *realmente realizado*, no lugar daqueles que seriam produzidos pelo negócio retratado na forma simulada pelas partes.

Saber se, em determinada situação, ocorreu evasão ou elisão depende, em suma, do *exame das circunstâncias do caso*, para podermos distinguir, concretamente, os casos de economia legal de imposto e os de evasão fraudulenta, identificados a partir da verificação de que nos primeiros o indivíduo evitou a *ocorrência do fato gerador* (através dos meios formais que tenha engendrado), e nos segundos ele ocultou (disfarçou, mascarou) o *fato* (*gerador*) efetivamente ocorrido, mediante o emprego de certos instrumentos formais que não retratam os fatos reais.

Não é preciso para haver economia lícita de tributo que os fatos ocorram naturalmente, de acordo com a "ordem natural das coisas". É legítima a eleição propositada de formas jurídicas (lícitas, obviamente) que resultem ou possam resultar em menor incidência tributária. Se, por exemplo, a lei tributar a transmissão *causa mortis* de *imóveis* e não gravar a de *móveis*, nada impede que uma pessoa (ainda que de idade avançada) confira imóveis na integralização de capital de uma sociedade tendo em vista que na sucessão serão transmitidos os direitos de sócio (não tributáveis), ao invés dos imóveis (que seriam tributáveis). Se são diferentes os efeitos fiscais da incorporação da sociedade "A" pela sociedade "B" e os da incorporação da segunda pela primeira, a opção por uma dessas formas é legítima economia de tributo, não podendo o fisco alterar os atos societários legitimamente praticados para impor os efeitos fiscais de outros atos que corresponderiam à sua preferência.

Como disse há pouco, se o legislador quiser que duas condutas jurídicas diferentes tenham os mesmos efeitos fiscais, deve assim dispor de modo expresso, sem deixar para o intérprete a tarefa (ilegal) de estender o tributo para situações não previstas.

IMUNIDADE (ART. 155, § 3º, DA CF)*

Roque Antonio Carrazza
Professor Titular de Direito Tributário
da Faculdade de Direito da Pontifícia Universidade Católica de São Paulo

Minhas primeiras palavras são de agradecimento, pela honra que me é dada de poder participar, como debatedor, deste XI Congresso Brasileiro de Direito Tributário, que está sendo promovido pelo prestigioso *Instituto Geraldo Ataliba-IDEPE*.

Ao mesmo tempo, quero saudar, de público, o Presidente deste conclave, o Prof. Estevão Horvath, bem assim o Presidente da Entidade Organizadora, o Prof. Aires Barreto, por mais este empreendimento vitorioso.

Nesta Mesa de Debates estamos fazendo a exegese do § 3º do art. 155 da CF: "À exceção dos impostos de que tratam o inciso II do *caput* deste artigo e o art. 153, I e II, nenhum outro tributo poderá incidir sobre operações relativas a energia elétrica, serviços de telecomunicações, derivados de petróleo, combustíveis e minerais do país".

Confesso que não tenho opinião fechada sobre o assunto. Pelo contrário, várias dúvidas afligem meu espírito sobre o alcance deste parágrafo. Isto, no entanto, não me preocupa muito, seja porque de dúvidas só estão libertos os ignorantes, seja porque a dúvida é um dos grandes recursos metodológicos para chegar-se à verdade. Como diziam os antigos romanos, *dubitando ad veritatem pervenimus*.

Num primeiro momento entendi — e registrei isto em meu livro *ICMS* — que:

"Este artigo explicou que 'apenas' o ICMS, o imposto sobre a importação e o imposto sobre a exportação poderão incidir sobre 'operações relativas a energia elétrica, combustíveis líquidos e gasosos, lubrificantes e minerais'. Não foi criada, neste ponto, nenhuma imunidade tributária, mas, apenas, o constituinte teve o cuidado de declarar que as precitadas operações, dependendo do caso, serão alcançadas tão-somente pelos referidos impostos. Ainda que inexistisse este dispositivo, o sistema constitucional apontaria para a mesma solução.

"Obviamente, o dispositivo diz respeito, apenas e tão-somente, a impostos (tributos não-vinculados); não a taxas ou contribuições (tributos vinculados). Assim, nada impede que taxas (de polícia ou de serviço) ou contribuições (*v.g.*, contribuições sociais para a seguridade social) venham a alcançar pessoas que eventualmente pratiquem as mencionadas operações. Talvez fosse interessante, para afastar possíveis dúvidas e controvérsias, a edição de uma lei complementar, aclarando a matéria" (*ICMS*, 3ª ed., Malheiros Editores, 1997, p. 273).

Realmente, sustentei — o que agora reitero — que as empresas que praticam operações relativas a energia elétrica, combustíveis líquidos e gasosos, lubrificantes e minerais do país podem, em tese, sujeitar-se às espécies tributárias, tanto quanto se sujeitam ao ICMS, ao imposto sobre a importação e ao imposto sobre a exportação. Noutras palavras, afirmei que a expressão "nenhum outro tributo" foi empregada no Texto Magno na acepção de "nenhum outro imposto".

De fato, parecia inaceitável — e ainda me parece — que as empresas que praticam tais operações não possam ser compelidas a pagar impostos sobre a renda, IPTU, taxa de água, taxa de esgoto, taxa de

* Participação em Mesa de Debates.

varrição, taxa de energia elétrica, contribuição de melhoria etc.

Outro atendimento, a meu ver, fere o próprio princípio da isonomia, que, em síntese, exige que as pessoas que se encontram na mesma situação jurídica devam receber o mesmo tratamento tributário.

Recentemente, porém, o Prof. Eduardo Bottallo — por ocasião de um trabalho profissional que juntos fizemos — levantou, com o brilho inexcedível de sua inteligência, alguns pontos que me fizeram avançar em minha opinião a respeito do assunto que ora faz nossos cuidados. Aliás — abrindo um ligeiro parêntese —, em ciência tudo é provisório. Como sempre enfatiza o Prof. Souto Maior Borges, "em ciência, a única coisa definitiva é a provisoriedade".

Animado por esta sábia ponderação, torno a dizer que as empresas que praticam operações relativas a energia elétrica, serviços de telecomunicações, derivados de petróleo, combustíveis e minerais do país podem sujeitar-se a taxas e contribuições (inclusive às contribuições sociais que incidem sobre a folha de salários e o lucro).

Acrescento, agora, porém, que estão a salvo das contribuições que têm por *hipótese de incidência* (*fato gerador in abstracto*) a *prática destas operações* ou quaisquer atos delas resultantes.

Tais empresas, enquanto praticam as aludidas operações, só poderão ser alvo do *ICMS e dos impostos sobre a importação e a exportação*.

É claro que estas empresas poderão ser sujeitadas à tributação até de impostos. De fato, como a imunidade em tela é objetiva (e não subjetiva), nada impede sejam alcançadas pelo *imposto sobre a renda* (IR), enquanto auferem rendimento; pelo IPTU, enquanto são proprietárias de imóveis localizados na zona urbana do Município; pelo ITBI, enquanto adquirem bens imóveis; e assim avante.

Só não podem, enquanto praticam *operações relativas a energia elétrica, serviços de telecomunicações, derivados de petróleo, combustíveis e minerais do país*, ser alcançadas por outros tributos que tenham hipótese de incidência correlata ou que tenham base de cálculo dimensionada por grandeza ínsita a esta mesma hipótese (por exemplo, o *faturamento* decorrente da prática de negócios jurídicos com lubrificantes e combustíveis líquidos e gasosos).

E é precisamente esta *limitação constitucional ao poder de tributar* que me leva, agora, a sustentar que não podem sofrer a incidência da COFINS e do PIS quando estes tributos se originam da prática das preditas operações (operações relativas a energia elétrica, serviços de telecomunicações, derivados de petróleo, combustíveis e minerais do país).

É que a COFINS e o PIS são contribuições sociais (providenciárias) que tomam por base de cálculo o *faturamento* (*renda bruta*) da empresa. Ora, quando o faturamento deriva da prática de tais operações, o § 3º do art. 155 da CF impede a incidência destas contribuições sociais.

Explicitando a idéia, quando a Constituição traçou a competência tributária das pessoas políticas estabeleceu que sobre a prática de operações relativas a energia elétrica, serviços de telecomunicações, derivados de petróleo, combustíveis e minerais do país só poderão incidir — quando ocorrerem, evidentemente, seus *fatos imponíveis* — o *ICMS* e os *impostos aduaneiros*. Nenhum outro tributo (tenha a natureza jurídica que tiver) as poderá alcançar.

Lembramos que as *contribuições* em foco (PIS e COFINS) assumiram nitidamente o caráter de imposto. Deveras, a análise de fatos jurígenos que as fazem nascer revela que elas têm por *hipótese* de *incidência* comportamento do contribuinte independente de qualquer atuação estatal: o fato de a empresa *faturar* ou, se preferirmos, de obter *receita bruta*. E por *base de cálculo* uma dimensão deste fato (o *faturamento* obtido em cada período de apuração).

Como vemos, o cotejo da *hipótese de incidência* e da *base de cálculo* das exações em análise confirma-nos sua natureza de imposto (tributo não-vinculado), sob a modalidade de *contribuição para o custeio da Seguridade Social*.

Ora, quando os tributos têm por *hipótese de incidência* a prática das operações de que aqui estamos cogitando — ou quando haja uma correlação com elas —, a pessoa que as realiza pode ter contra si lançados apenas o *ICMS*, o *imposto sobre a importação* e o *imposto sobre a exportação*, nos precisos limites do § 3º do art. 155 da CF.

Na medida em que o *PIS* e a *COFINS* nascem do *faturamento* (ou da *receita bruta*) das empresas, são a eles imunes aquelas que os obtêm por via de operações relativas a energia elétrica, serviços de telecomunicações, derivados de petróleo, combustíveis e minerais do país.

Depois, a *ratio essendi* da imunidade albergada no § 3º do art. 155 da CF é beneficiar as operações relativas a energia elétrica, serviços de telecomunicações, derivados de petróleo, combustíveis e minerais do país.

Parece-nos bem dizer que estamos, *in casu*, diante de uma *imunidade objetiva* (tanto quanto a do livro, do jornal, do periódico e do papel destinado à sua impressão).

Só para nos situarmos melhor no assunto, este tipo de imunidade — como leciona Aliomar Baleeiro — "protege objetivamente a coisa apta ao fim, sem referir-se à pessoa ou entidade".

Portanto, o § 3º do art. 155 da CF veda outros impostos (mesmo os que recebem o tratamento de contribuições) sobre as aludidas operações, mas não exclui o *IR*, o *IPTU*, o *imposto sobre a transmissão de bens imóveis e de direitos a eles relativos*, que nascem de outros fatos econômicos e — mais do que isso — são pessoais.

A norma constitucional em foco colima reduzir o custo da energia elétrica, dos serviços de telecomunicações, dos derivados de petróleo, dos combustíveis e dos minerais, que, como se sabe, acaba suportado pelo *consumidor final*. Isto favorece o progresso do país, que depende, em boa dose, destas operações e serviços para ingressar no chamado *Primeiro Mundo*.

Não é preciso ter conhecimentos econômicos mais sólidos para saber que o *consumidor final* é quem sofre, pelo mecanismo dos preços, a transferência da carga financeira suportada em tais operações. Esta transferência, embora não seja tributariamente relevante, assume invulgar destaque no que concerne à *Política Fiscal* que orientou o Constituinte na concessão do benefício de que aqui se cogita.

Muito bem, reduzindo o custo da energia elétrica, dos serviços de telecomunicações, dos derivados de petróleo, dos combustíveis e dos minerais do país, ficam favorecidos os transportes (que permitem o pleno exercício do *direito de ir e vir*), a indústria (cujas máquinas deles dependem para serem movimentadas) e a própria alimentação do povo (porquanto os alimentos, quase que invariavelmente, são transportados em veículos automotores). A exceção constitucional, como vemos, considera um interesse superior do país: o de progredir, em todos os sentidos, rumo ao *bem-estar geral*, tal como preconizado no "Preâmbulo" de nossa Magna.

A Constituição, neste passo, veda, em síntese, que terceiros suportem, ao consumir estes serviços ou produtos, outros encargos financeiros que não os oriundos do ICMS e dos *impostos alfandegários*. Em atenção à *repercussão econômica*, exige o Texto Supremo que a imunidade em estudo seja ampla, abrangendo, pois, todos os demais tributos que, direta ou indiretamente, derivem de consumo de energia elétrica, serviços de telecomunicações, derivados de petróleo, combustíveis e minerais do país. Como, economicamente, tais tributos acabariam transferidos para os adquirentes, pelo mecanismo dos preços, não podem ser validamente exigidos.

Em suma, exigir *COFINS e PIS* de empresas cujo *faturamento* (receita bruta) é obtido por meio de uma das mencionadas operações equivale a malferir o texto constitucional, extrapassando as raias da competência tributária da União.

Do contrário, apesar da imunidade ampla e irrestrita que o § 3º do art. 155 da Carta Magna lhes confere, estariam sob abrigo constitucional enganoso, que protege sem proteger, que restringe para ampliar.

A imunidade de que aqui se cogita não pode ser anulada, mas, pelo contrário, deve ser neutra, concreta e efetiva, irradiando efeito sobre todos os outros tributos (tenham a denominação e a destinação que tiverem) que derivam da prática de operações relativas a energia elétrica, combustíveis líquidos e gasosos, lubrificantes e minerais do país.

Enfatizo, à derradeira, que a interpretação dos preceitos imunizantes da Constituição há de ser sempre *generosa*, como ensinava o pranteado mestre Geraldo Ataliba, que dá nome ao nosso *Instituto*.

Estas as idéias que julguei oportuno submeter à douta apreciação dos Colegas congressistas. Muito obrigado.

XII CONGRESSO BRASILEIRO DE DIREITO TRIBUTÁRIO

DO CONTROLE DE CONSTITUCIONALIDADE PELO TRIBUNAL FISCAL

WAGNER BALERA
Doutor em Direito — Professor de Direito Previdenciário na Faculdade de Direito
da Pontifícia Universidade Católica de São Paulo — Presidente da Academia Paulista de Direito

1. O Estatuto Processual do Contribuinte. 2. A legalidade. 3. O devido processo legal. 4. O contraditório e a ampla defesa.

1. O Estatuto Processual do Contribuinte

A fim de designar o conjunto de poderes e deveres que, expressa ou implicitamente, são conferidos pela Lei Fundamental aos sujeitos das relações tributárias foi cunhada a expressão *Estatuto do Contribuinte*.

Sintetizando, de forma organizada e racional, diretrizes do sistema que tendem ao mesmo objetivo, a fórmula, conquanto tenha sido proposta há mais de 30 anos, por seu poder de síntese ganhou o favor permanente dos que se dedicam aos temas tributários.

Advirta-se, porém, que os próprios termos por meio dos quais o festejado conceito é lançado não apontam na direção de um catálogo completo de garantias, organizado de modo objetivo e racional.

De feito, o autor da idéia, Louis Trotabas, afirmava: "Le caractère légal de l'impôt détermine la nature des rapports qui existent entre le contribuable et le fisc en fixant le statut du contribuable que est du type *général* et *impersonnel*, comme pour toutes les situations légales ou réglementaires" (*Précis de Science et Téchnique Fiscales*, Paris, Dalloz, 1958, p. 259).

Há em todo e qualquer Direito preceitos que governam as relações materiais e as relações formais.

Ocorre o mesmo, como não poderia deixar de ser, no âmbito tributário.

Tudo é dominado pela diretriz maior da legalidade.

Eis a razão pela qual Frederico Marques assinala: "(...) o princípio da legalidade tributária domina não só a definição jurídica dos fatos geradores e das infrações fiscais, mas também a fixação dos meios de convicção administrativa, apontados imperativa ou facultativamente pelo legislador (...)" (" Processo tributário", *RDP*, São Paulo, Ed. RT, 1968, p. 76).

Integram o Estatuto do Contribuinte, pois, não apenas as regras do Direito Tributário Material, mas também o preceituário processual que concretiza a exigência fiscal em toda a sua extensão.

Cumpre-nos, agora, examinar os princípios que, entrelaçando regras formais com o Direito Material a ser identificado, integram o Estatuto do Contribuinte, tomado o termo no sentido amplo, para compreender toda a dinâmica da relação tributária.

É nesse sentido que se pode falar, com propriedade, no Estatuto Processual do Contribuinte, meio idôneo para apuração do conteúdo objetivo-formal do Direito Tributário Material que lhe diz respeito.

2. A legalidade

Quando cogito sobre o princípio da legalidade, que o Diploma Fundamental define como direito e como garantia (art. 5º, II), estou diante do comando que predomina como fundamento de toda a tributação e de toda a administração tributária.

Sem lei que defina a respectiva obrigação estará a pessoa a salvo do dever de colaborar com o Estado para a satisfação das necessidades gerais da população. E, ainda que haja tal lei, sem outra norma que delineie o procedimento de cobrança de seus créditos estará o Estado desprovido da legitimação formal para exigir que parcela dos bens pertencentes às pessoas sirva para o cumprimento das finalidades públicas.

Há, pois, uma reserva de lei tanto para os aspectos materiais quanto para os aspectos formais que conformam a obrigação tributária.

Escrevíamos, em outra oportunidade: "podemos considerar a reserva de lei como o conteúdo mínimo do princípio da legalidade, a significar que somente a lei (ato emanado do Poder Legislativo) pode obrigar os cidadãos a cumprirem determinadas prestações que possam representar restrições à sua liberdade, à sua segurança e ao seu patrimônio" (Wagner Balera, "O princípio da legalidade no Direito Tributário", *Caderno de Pesquisas Tributárias*, São Paulo, Centro de Extensão Universitária/Resenha Tributária, 1981, p. 410).

A legalidade, atributo inerente ao moderno Estado de Direito, impondo o dever de prestação ao súdito, também fixa os limites processuais de que se pode valer o Fisco para obrigar a pessoa ao cumprimento de tal dever.

A legalidade, entendida assim na dimensão substancial quanto na formal, é definida pela Lei Maior como limitação ao poder de tributar (v. Seção II do Título VI da CF de 1988).

Tanto as regras de Direito Material — definidoras da hipótese de incidência do tributo — quanto as regras de Direito Processual — que configuram o procedimento de identificação e cobrança do tributo — devem ser estampadas na legislação tributária.

Eis a razão pela qual Celso Antônio Bandeira de Mello explica: "(...) a lei, ou, mais precisamente, o sistema legal, é o fundamento jurídico de toda e qualquer ação administrativa. A expressão 'legalidade' deve, pois, ser entendida como 'conformidade ao Direito', adquirindo então um sentido mais extenso" (*Curso de Direito Administrativo*, 10ª ed., São Paulo, Malheiros Editores, 1998, p. 36).

3. O devido processo legal

A relação tributária nasce, é mantida e se extingue — vale dizer, ganha dimensões — no mundo jurídico mediante o processo administrativo.

Entendida a função administrativa em sentido positivo, como nota Renato Alessi, tanto pode estar vinculada pela finalidade como por determinado meio ou por certa forma. Donde conclui, com acerto, que: "l'Amministrazione, particolarmente per quanto concerne l'attività di carattere giuridico, può fare soltanto ciò che la legge consente (...)" (*Sistema Istituzionale del Diritto Amministrativo Italiano*, Milão, Giuffrè, 1953, p. 8).

O princípio do devido processo legal estabelece o desenvolvimento necessário da função administrativa. Toda essa função, tratando-se da matéria tributária, subsume-se aos rigores formais de certo procedimento.

Assim é que em cada fase do itinerário jurídico da obrigação tributária se manifesta a diretriz do devido processo legal. Está correto, destarte, o eminente Roger Bonnard ao afirmar que a condição formal (processo de produção do ato) é atributo da legalidade (*Précis de Droit Administratif*, cit. por Caio Tácito, *Direito Administrativo*, São Paulo, Saraiva, 1975, p. 59).

Princípio que ganha especial relevo no ambiente tributário, a cláusula traduz as exigências da conhecida luta política que os barões feudais travaram contra o arbítrio real. Forçado a admitir que os direitos relativos à vida, à liberdade e à propriedade do baronato somente poderiam ser suprimidos pela *lei da terra* (*law of the land*), o rei João-Sem-Terra decidiu outorgar, em 1215, a Magna Carta. Como anota Antônio Roberto Sampaio Dória, é no ano de 1354 que se cunha a expressão *due process of law* (*Direito Constitucional Tributário e "Due Process of Law"*, 2ª ed. revista, Rio de Janeiro, Forense, 1986, pp. 9-11).

Advirta-se que a moderna reflexão sobre o tema identifica na cláusula dois termos de referência, consoante lição de Carlos Roberto de Siqueira Castro.

De um lado, fala-se em *substantive due process*. Mas é ainda necessário mencionar o *procedural due process*.

Originariamente restrita ao terreno processual, tanto o penal como o civil, a cláusula é de ser interpretada, também, em conspecto material (Carlos Roberto de Siqueira Castro, *O Devido Processo Legal e a Razoabilidade das Leis na Nova Constituição do Brasil*, 2ª ed., Rio de Janeiro, Forense, 1989, pp. 34-78).

O autor citado reconhece — e com ele concordamos nós outros — que o devido processo legal é "princípio vetor das manifestações do Estado contemporâneo e das relações de toda ordem entre o Poder Público, de um lado, e a sociedade e os indivíduos, de outro" (ob. cit., p. 41).

A legalidade, da qual é signo especial o mandamento do devido processo legal, estabelece padrão de conduta e modelo de procedimento para o agir dos Poderes Públicos. O eminente Nélson Nery Jr. percebe, assim, que: "No Direito Administrativo, por exemplo, o princípio da legalidade nada mais é do que manifestação da cláusula *substantive due process*" (*Princípios do Processo Civil na Constituição Federal*, São Paulo, Ed. RT, 1992, p. 32).

É lógico e racional, pois, percebermos o entramado existente entre legalidade e devido processo, integral sentido normativo dessa cópia de diretrizes.

Aliás, José Frederico Marques assevera que o devido processo deflui do próprio sistema jurídico, e comentando o assunto na vigência da Lei Magna anterior afirma que esse princípio poderia ser arrolado dentre os princípios implícitos a que fazem referência habitual as Normas Fundamentais (*Manual de Direito Processual Civil*, v. 1º, São Paulo, Saraiva, 1974, p. 366).

Explicitada na CF de 1988, é por meio do art. 5º, LIV, que a afamada cláusula integra o ordenamento jurídico pátrio, sendo enunciada nos seguintes termos: "ninguém será privado da liberdade ou de seus bens sem o devido processo legal".

O Direito Tributário é modo lícito de invasão nos bens que integram o patrimônio do contribuinte.

Sem o devido processo — que se inicia com o lançamento e que culmina com a decisão final proferida pela jurisdição administrativa — não pode o Poder Fiscal preparar-se para, mediante execução forçada, assenhorear-se de parcela do patrimônio do administrado.

Pode-se dizer que, para garantir a igualdade, a segurança e a propriedade, fixando o equilíbrio social, o Estado atua, valendo-se, dentre outros instrumentos, da tributação.

Tributação que, conforme com a legalidade, fixará o *standard* de justiça fiscal para a comunidade.

Eis como — observa Siqueira Castro — a cláusula do devido processo, em seu sentido substantivo, se metamorfoseia: "de garantia processual em princípio de 'justiça' nas relações entre o Estado e indivíduo e entre o Estado e a sociedade (...)" (ob. cit., p. 58).

No itinerário do lançamento restará definida, por estar normativamente fixado, a parcela que cabe ao contribuinte verter em favor da comunidade representada pelo Estado.

4. O contraditório e a ampla defesa

O Texto Máximo utiliza-se do preceito que veicula a diretriz do contraditório e da ampla defesa para elevar à dignidade constitucional a figura jurídica do processo administrativo, que nossa pobre cultura teimava em colocar no segundo plano.

Tanto que promulgada a Carta Magna, o processo que tramita perante a Administração Pública passa a integrar o ambiente do processo em geral (da legislação processual, objeto da teoria geral do processo, tão reclamada por Francesco Carnelutti). Sob esta perspectiva, pode-se afirmar que ao processo administrativo foram adjudicados os mesmos princípios e normas que, até então, eram reconhecidos como categorias específicas do processo civil e/ou do processo penal.

Todas essas considerações defluem da seguinte estipulação constitucional, catalogada dentre as garantias fundamentais: "Art. 5º. (...) LV — aos litigantes, em processo judicial ou administrativo, e aos acusados em geral são assegurados o contraditório e ampla defesa, com os meios e recursos a ela inerentes; (...)".

O versículo em foco admite a existência, assim no âmbito judiciário como na órbita administrativa, de *litígios*. E nas duas esferas a *res* litigiosa será solucionada por intermédio do *processo*.

Tomada nos estreitos limites deste estudo, a expressão "litígio" quer significar aquela controvérsia que acaba por colocar em campos opostos os contribuintes ou responsáveis e o Fisco. O objeto da disputa jurídica será, quando se cogita da lide tributária, o tributo ou a penalidade pecuniária.

O ordenamento jurídico prepara-se para exalçar a relação jurídica à sua plena eficácia quando aparelha o sujeito de direitos com os meios e instrumentos aptos a impor a satisfação coativa da obrigação.

É bom que se diga que o Estatuto Supremo retira da palavra "processo" o respectivo conteúdo jurídico, estabelecendo — no âmbito tributário — certa conexão entre a via administrativa e a via judiciária que, a seu modo, exercem a jurisdição.

É que — vislumbrou, com propriedade, o grande Min. Castro Nunes — o conceito de jurisdição é de Direito Público e não se pode limitar "nas estreitezas do Direito Judiciário" (*Teoria e Prática do Poder Judiciário*, Rio de Janeiro, 1943, n. 1).

A atividade de lançamento culmina — convém recordar — com a inscrição na dívida ativa do crédito tributário, cuja certidão é título executivo líquido, certo e exigível, constituído pelo próprio Estado-credor.

Havendo controvérsia sobre o tributo — e por que não poderia versar essa controvérsia sobre a constitucionalidade da lei que instituiu o tributo? —, instaura-se o processo, que respeitará as normas de Direito Material e de Direito Formal, insculpidas em conformidade com a legalidade, ritualizadas em estrita observância do devido processo legal e dinamizadas, a partir desse instante, pelas diretrizes superiores do contraditório e da ampla defesa, deverá dirimir a *quaestio* litigiosa.

Na perspectiva jurídica, aliás, quando tratamos do fenômeno processual do contraditório estamos diante de mais um dos atributos da isonomia. Assim assinala, com a clarividência de sempre, Ada Pellegrini Grinover (*Os Princípios Constitucionais...*, p. 91, afirmando que a isonomia é o fundamento político do princípio do contraditório).

Para que se atinja a verdade é necessário que fique assegurado igual tratamento processual às partes.

Todos os aspectos jurídicos que envolvem a questão merecem ser considerados. Ora, como excluir dentre os aspectos a serem apreciados no processo administrativo aquele que ressalta à evidência como o mais importante: o que envolve a questão da constitucionalidade do tributo?

Se ignorasse o tema, estaria o julgador cerceando a imprescindível aproximação dialética que se deve estabelecer entre partes no processo.

O contraditório é aquele atributo processual que habilita o sujeito da relação processual a invocar perante a autoridade judicante todas as razões de mérito — inclusive, obviamente, as de índole constitucional — que a controvérsia põe de manifesto.

Waldemar Mariz de Oliveira Jr., Catedrático da Universidade Católica de São Paulo, afirma que o contraditório é inspirado pela impossibilidade jurídica de alguém ser condenado sem se defender (*Curso de Direito Processual Civil*, v. I, São Paulo, Ed. RT, 1971, p. 214).

Como pode alguém ser condenado a pagar tributo — e a decisão administrativa, encerrando a contenda e preparando a expedição do título executivo extrajudicial, vale como condenação — sem que se aprecie a certeza do direito material, só existente se a tributação vier revestida de constitucionalidade, que, no particular, é expressão suprema de legalidade?

A controvérsia existente, pois, só se encerra na esfera procedimental administrativa, que "tem por substrato o contraditório" e se reveste "de feição nitidamente dialética", como notou José Frederico Marques (*Instituições de Direito Processual Civil*, 4ª ed., v. III, Rio de Janeiro, Forense, 1972, p. 113), quando todos os pontos controvertidos merecem deslinde.

Por força da dialética, regra inerente à lógica do processo, pode-se dizer que o contraditório carrega implícita consigo a idéia da busca da verdade. O constante vir-a-ser — dizia Hegel — obedece à dialética e é mediante o confronto entre opostos que se chega à verdade.

Mediante o contraditório se chega à versão processual da verdade, que, no feito, é a reconstrução dos fatos efetivamente acontecidos segundo o modo de ver das partes e a prudente avaliação do julgador.

Para alguns pareceu que seria conveniente a qualificação da busca da verdade como princípio do processo administrativo — o princípio da verdade material. Essa é a posição que, com o brilho costumeiro, sustenta o nosso mestre Celso Antônio Bandeira de Mello ("Procedimento administrativo", in *Direito Administrativo na Constituição de 1988*, São Paulo, Ed. RT, 1991, p. 31).

De todo modo, faltando consideração do julgador a respeito de qualquer dos aspectos que a dialética processual desvela, já não se pode sustentar que a verdade será encontrada e que o instrumento instituído pela Superlei se conforme com ela, na medida em que se coloca como guardião formal de seus superiores preceitos.

Aliás, deve a Administração Pública obrar com verdade, e o procedimento administrativo só pode existir como expressão formal da verdade.

Há quem afirme, com segurança e propriedade, que "o núcleo de todas as teorias clássicas do procedimento é a relação com a verdade (...)" (Niklas Luhmann, *Legitimação pelo Procedimento*, trad. de Maria da Conceição Corte-Real, Brasília, Ed. UnB, 1980, p. 21).

De que adiantaria o contraditório se somente os aspectos legais, que nem podem ser os que mais ofendem o direito da parte, pudessem ser suscitados pela parte?

Temos — os brasileiros — direito ao processo administrativo, instrumento formal que integra o nosso Estatuto Processual do Contribuinte.

Sendo assim, meu inconformismo — quanto ao conteúdo e à medida constitucional do tributo que se me quer impor — *não pode deixar de ser apreciado pelos integrantes do Tribunal Administrativo*.

É que no Estado Democrático de Direito a dialética processual é parte integrante do jogo democrático, bem o percebeu certo autor (Elio Fazzalari, "Processo (teoria generale)", verbete no *Novissimo Digesto Italiano*, v. 13, Turim, 1966, p. 1.074).

Considerando que a finalidade do processo será, no plano formal, a de manter íntegro o direito material, não se pode denegar exame da substância constitucional que, eventualmente, envolva a lide.

O desconhecimento da questão jurídica, sobretudo a constitucional, que justifica a resistência do contribuinte, viola, além do mais, a segunda parte da ampla fórmula constitucional consubstanciada no transcrito inciso LV do art. 5º do Código Supremo.

Forçoso consectário da dialética processual, é de ser observado o requisito da *ampla defesa*.

Essa garantia é apta a pôr ordem ao processo, a fim de que todos os aspectos do litígio possam merecer a devida (*due process of law*) apreciação, na defesa do direito de quem está questionando a tributação.

Na fórmula exata de Vicente Greco Filho: "A ampla defesa se traduz, em termos objetivos, englobando a instrução contraditória, em algumas soluções técnicas dentro do processo, as quais, na verdade, tornam efetiva a garantia" (*Direito Processual Civil Brasileiro*, v. 1º, São Paulo, Saraiva, 1981, p. 51).

A solução técnica habilita o julgador a conhecer os termos integrais da defesa daquele que resiste à cobrança do tributo.

Se a Constituição, cuidadosamente, utilizou-se da expressão "ampla" é manifesto que não delimitou o teor normativo da controvérsia ao nível das normas que se situam nos escalões inferiores da pirâmide normativa.

Defesa, em sentido amplo, é o poder jurídico de que se acha investido o litigante para arrazoar, com o armamento que o sistema jurídico lhe confere, todos os argumentos aptos a evidenciar seu ponto de vista.

Dado que "un órgano administrativo no puede pues violar sus propias reglamentaciones" — como bem assinala Gordillo (*Tratado de Derecho Administrativo*, t. I, pp. V-51) —, é a estrita legalidade que exige o exame, pelo Tribunal Administrativo, do tema constitucional eventualmente invocado pela parte.

O relator do processo administrativo, investido pela lei de função administrativa judicante, deve examinar os argumentos de inconstitucionalidade opostos pela parte e, mediante voto fundamentado, decidir a respeito da matéria.

Aliás, a condução do processo administrativo está sempre entre mãos da autoridade controladora (Marcello Caetano explica por quê: "... mesmo quando dinamizada por um interesse particular, a actividade administrativa tem sempre de visar o interesse púbico" — *Manual de Direito Administrativo*, 10ª ed., t. II, Lisboa, 1973, p. 1.271), que conta com poderes suficientes, sim, para conhecer da questão constitucional que envolva a lide.

A principal preocupação do julgador não será a de, por economia processual, afastar a apreciação do tema, alegando que a última palavra caberá, nessa matéria, ao Poder Judiciário.

Ninguém contesta que a guarda da Lei Suprema é mister do Poder Judiciário.

Entretanto, quem integra Colégio Julgador e, no julgamento de um feito, acaba reconhecendo existir vício de inconstitucionalidade em determinada norma que institui obrigação tributária adstrito se acha, pelas prerrogativas inerentes à função administrativa de controle, a desde logo agir em conseqüência. Atitude que se lhe impõe não apenas pela tutela institucional do sistema tributário de que se acha investido, mas como corolário natural da função de *garante* do direito de defesa do administrado cujo pleito detém entre mãos.

Jaz a Administração sob a legislação — dizia Cirne Lima. Não pode ela deixar de reconhecer a hierarquia normativa e nem a discrepância entre a lei e a Constituição, sob pena de estar provocando a desordem no sistema jurídico que lhe cumpre defender.

Aliás, Themístocles Brandão Cavalcanti focalizou magistralmente a questão, em ensinança que não merece qualquer reparo: "O que se tem admitido é permitir aos responsáveis pela política administrativa a não-aplicação de leis inconstitucionais, usando do processo usual de interpretação, que consiste na aplicação da lei hierarquicamente superior, que exclui, desde logo, a aplicação da lei menor que com ela vem colidir" (*Do Controle de Constitucionalidade*, Rio de Janeiro, Forense, 1966, p. 180).

Assim, cabe ao julgador administrativo interpretar e fundamentar sua decisão na Lei Magna sempre que a norma tributária se encontre em manifesta rebelião contra o Texto Fundamental.

Só quem não percebe a eminência constitucional a que foi exalçado o processo administrativo, já sublinhada nestas linhas, e que não logra carregar conseqüências a esse desiderato do constituinte, segue restringindo e discriminando o agir de quem exercita as funções de julgamento nos Tribunais Administrativos.

Firmando entendimento, deliberando sobre o tema constitucional, o Tribunal Administrativo estará proferindo ato decisório, mediante o qual demonstrará, na fundamentação, que dispositivo constitucional foi violado pela lei de tributação.

Conclui Themístocles Cavalcanti, no estudo há pouco citado: "Nenhum Tribunal poderia considerar o ato do Executivo inconstitucional, de momento em que o responsável pelo cumprimento da lei venha a justificar o seu procedimento, pelo manifesto atrito entre a lei ou leis em questão e as normas constitucionais vigentes" (ob. cit., p. 182).

Note-se, por fim, que ao concluir motivado pela legalidade, que exige adequação da norma legal ao fundamento que lhe dá sustentação, amparado no devido processo legal, que exige tratamento cuidadoso da matéria processual posta sob seu controle, e na estrita aplicação do princípio do contraditório e da ampla defesa, o Tribunal Administrativo estará bem e fielmente cumprindo a missão institucional que lhe confere a ordem jurídica e prestigiando o Estatuto Processual do Contribuinte.

Anulando o lançamento ou declarando, em processo de consulta, que o confronto com a Constituição torna inviável a incidência tributária, os julgadores do Tribunal Administrativo não invadem as funções e nem as prerrogativas do Poder Judiciário, que, uma vez acionado, irá dirimir a controvérsia em definitivo.

ASPECTOS DO PROCEDIMENTO ADMINISTRATIVO FISCAL

HERON ARZUA

Advogado, especializado em Direito Tributário, Política e Administração Tributária

Em relação ao procedimento administrativo fiscal anotei, em palestra realizada na cidade de São Paulo em abril deste ano, alguns prismas relevantes dessa matéria, ligados à função, hierarquia, imparcialidade e responsabilidade do julgador administrativo, que penso terem inteira cabida ao tema de que ora se cogita.

Na oportunidade, averbara:

No tema proposto, penso que não posso trazer nenhuma contribuição teórica que melhore a sua compreensão jurídica. De logo, porque seria preciso conhecer o Direito Administrativo instrumental, o que não conheço.

Ao depois, em razão de não ter havido modificações de monta nas leis do procedimento administrativo desde a Constituição de 1988, salvo ajustes tópicos na legislação da União e de algumas federadas, todos eles na direção contrária às normas constitucionais.

A Constituição, é sabido, explicitou alguns princípios aplicáveis a toda a atividade administrativa, a todo o Poder Público, compreendidos no seu art. 37 (legalidade, impessoalidade, moralidade, publicidade, responsabilidade etc.).

E o art. 37 há de ser interpretado na conformidade com o art. 1º, que erige o Brasil em República Federativa e estatui que o Brasil constitui-se num Estado Democrático de Direito.

Diante desses postulados, o Poder Público deve subserviência à lei e à jurisdição, como ensinou o saudoso mestre Geraldo Ataliba, com arrimo no magistério do Prof. Balladore Pallieri, em conferência realizada em São Paulo (aula proferida no Centro de Estudos da Procuradoria-Geral do Estado).

A observância da lei e da jurisdição indica que o Estado existe para cumprir as exigências básicas de seus cidadãos e que exercita suas competências dentro do ideal republicano com vistas a promover o interesse coletivo e o interesse público.

Mas não só isso. Essas competências, que lhe foram outorgadas pelo povo — "todo o poder emana do povo" (art. 1º, parágrafo único, da CF) —, têm por finalidade assegurar os direitos sociais e individuais, a liberdade, a segurança, o bem-estar, o desenvolvimento, a igualdade e a justiça como valores supremos de uma sociedade. E não podem jamais voltar-se contra eles.

E a garantia máxima do cidadão se encontra num Poder Judiciário dotado de condições de independência em relação ao poder político e imparcialidade na solução dos litígios que venha a realizar.

"A lei não excluirá da apreciação do Poder Judiciário lesão ou ameaça a direito" — é divisa que consagra as garantias do administrado no Estado Democrático brasileiro (art. 5º, XXXV).

É o motivo maior de o Estado, perante a jurisdição, comparecer diante dela como parte, em igualdade de condição com outra parte qualquer.

No sistema constitucional brasileiro o Poder Judiciário é autônomo e independente, figurando em plano igual ao do Poder Legislativo e do Executivo.

Cabe-lhe, no contexto da Lei Magna, uma missão que lhe permite se sobrepor ao Poder Legislativo — declarando a inconstitucionalidade das leis — e ao Poder Executivo — anulando atos administrativos contrários ao Direito.

A doutrina da separação dos Poderes, atribuída a Montesquieu, trouxe como conseqüência o princípio do monopólio jurisdicional do Poder Judiciário.

A função de declarar o Direito aplicável aos fatos de modo definitivo e imutável — função de dizer o Direito por último — é da competência do Poder Judiciário.

Sendo o único órgão jurisdicional, os atos administrativos realizados pelo Poder Executivo ficam sujeitos à revisão do Poder Judiciário.

"O ato jurisdicional tem, por definição, o fim de declarar o Direito (*ius dicere*) num caso concreto. Mas não se limita a uma função puramente cognoscitiva; ordena de um modo autoritário a uma pessoa determinada o respeito da situação por ele definida. Ora, é precisamente nesta declaração e nesta ordem que está a essência da coisa julgada. A primeira marca-lhe os limites objetivos; a segunda, os subjetivos" (Alberto Xavier, *Do Lançamento — Teoria Geral do Ato do Procedimento e do Processo Tributário*, 2ª ed., Rio de Janeiro, Forense, 1997, p. 297).

No sistema brasileiro, pois, existe a jurisdição una, a do Poder Judiciário, com efetivas garantias aos administrados.

Destarte, a existência de órgãos administrativos, singulares e colegiados, que examinam as questões tributárias e oferecem decisões em feitos administrativos não configura qualquer modalidade de tutela jurisdicional. As suas decisões não são verdadeiros atos jurisdicionais, continuando como simples atos administrativos.

(É de se anotar que a tese do caráter jurisdicional da função dos órgãos administrativos tem sido sustentada por administrativistas de escol — Hely Lopes Meirelles, Contreiras de Carvalho, Silva Cabral e outros.)

Nada obstante a ausência da jurisdição, não é só no Poder Judiciário que o cidadão deve encontrar as garantias constitucionais, mas igualmente na Administração Pública.

Os princípios do art. 37, por terem efetiva cabida à Administração Pública, são de aplicação necessária ao procedimento administrativo.

Assim, a legalidade significa que a Administração há de ser obediente, em primeiro lugar, à lei. E quando se menciona lei está-se referindo, inclusive, a Lei das Leis. Vale dizer: nos procedimentos administrativos, seja na fase interna — aquela que efetivamente formaliza o lançamento tributário —, seja na fase do contraditório — na revisão do ato administrativo já com a participação do administrado —, a audiência ao Estatuto Fundamental é da essência do primado da lei.

A função administrativa é uma função não legiferante — portanto, está fora do Poder Legislativo em sua atividade fulcral — e também não jurisdicional, nada tendo a ver com o Poder Judiciário, mas é função essencialmente de aplicar a lei, tendo como norte o caráter dogmático do Direito.

Na matéria tributária, toda ela delineada pela Constituição, é sensível que a aplicação da lei comece sempre com audiência aos princípios e normas constitucionais.

A negativa dos julgadores administrativos, principalmente os de primeiro grau, de serem submissos à Constituição, que se observa com muita freqüência na prática de nossos contraditórios administrativos, revela não só a deliberada vontade superior de não cumprir princípios básicos do Texto Maior, como desnuda a prevalência do interesse arrecadatório do Estado sobre o interesse substancial, qual seja, a aplicação objetiva e vinculada da lei.

E essa vontade é fundada no poder hierárquico existente nos órgãos do Executivo — a hierarquia, aliás, é reserva exclusiva do Poder Executivo —, que retira desses julgadores a necessária imparcialidade na aplicação da lei, que, como ato cognoscitivo, envolve necessariamente a interpretação dessas mesmas leis.

A estrutura vigente de instâncias administrativas do Poder Público continua, dessa forma, apresentando as imperfeições apontadas por Gilberto de Ulhôa Canto, formuladas por ocasião da apresentação de seu primeiro projeto de Lei Federal Orgânica do Processo Tributário (*RDP* 7-69, pp. 168 e ss.; *RDP* 8-69, pp. 138 e ss.).

No primeiro grau administrativo — anotava o saudoso jurista — a atribuição à mesma autoridade que supervisiona as atividades de fiscalização e arrecadação de poderes e incumbências de julgar os litígios fiscais as coloca em irreconciliável antinomia consigo próprias, já que não podem, ao mesmo tempo, fazer justiça e incrementar a cobrança de tributos sob seu controle. É um encargo absurdo que a lei lhes comete de serem, a uma só vez, juiz e representante de uma das partes (*RDP* 8-69, p. 144).

Por idêntico, de nada adianta encarregar outros funcionários, do próprio quadro fiscal, subordinados à mesma autoridade administrativa, para decidir os litígios tributários, como vem ocorrendo no âmbito da Secretaria da Receita Federal.

A controvérsia que enseja o dissídio ou se funda em distinta interpretação da norma jurídica cabível ou na diferente qualificação dos fatos, o que exige total isenção de ânimo da autoridade julgadora.

Sem estarem ornados em lei com estabilidade e independência hierárquica no exercício de sua função, os julgadores administrativos de primeira instância jamais poderão atuar com imparcialidade.

Na segunda instância, em que atuam os denominados "Conselhos de Contribuintes", os vícios estruturais não são menores.

É que eles se constituem em verdadeiros "Conselhos da Fazenda", à vista de que, embora com composição paritária (metade de representantes da Fazenda e metade dos contribuintes), o Presidente (do Conselho ou das Câmaras) é sempre funcionário de confiança da Administração, por ela nomeado, tendo o voto de Minerva no caso de empate no julgamento.

E se o contribuinte sai vitorioso na contenda, ainda resta o recurso hierárquico à autoridade singular superior (Secretário da Receita, Secretários da Fazenda de Estados e Municípios etc.)

Por essa razão, Gilberto de Ulhôa Canto considerava imprescindível a supressão desse tipo de recurso, pois não compreendia como era possível uma autoridade isolada cassar o aresto de um órgão colegiado.

Isso — enfatizava o notável jurista — "humilha e desdoura o Tribunal Administrativo, (e) é aberrante da lógica que o responsável primordial pela arrecadação da receita tributária seja erigido em juiz de litígios de cujo deslinde ela depende" (*RDP* 8-69, p. 141).

É evidente que a contrapartida das garantias da Fazenda Pública seria a possibilidade de o Estado também ir ao Judiciário pedir a revisão do ato administrativo que considera ilegítimo, como, aliás, sugere o projeto da Lei Orgânica do Processo Administrativo Federal.

"Órgãos administrativos subordinados que terão de ser ao Poder Executivo, sofrem toda a inevitável sorte de pressões e desvirtuamentos que esse Poder, eminentemente político, costuma exercer sobre o que lhe é submisso. E a função jurisdicional não pode ficar sujeita a flutuações dessa modalidade de atuação" (*RDP* 7-69, p. 182).

Se, teoricamente, no exercício de sua atividade de lançamento e de revisão desse ato, a Administração Tributária deve ser órgão de justiça e parte imparcial, porquanto há de prevalecer sempre o interesse de aplicação objetiva da lei, o que se observa, no cotidiano da vida administrativa, é a absoluta ausência desses requisitos em ambas as funções (administrativa propriamente dita e judicante).

E, no que diz respeito à Administração judicante — aquela que goza de competência para reapreciar atos praticados pela Administração ativa (órgãos de lançamento integrados na mesma estrutura hierárquica) —, a distorção é mais grave, à vista de que, por definição, ela é dotada de imparcialidade orgânica. E é essa imparcialidade, segundo os doutos, que permite a construção do procedimento tributário administrativo como processo triangular de partes, pelo menos numa de suas instâncias — a segunda instância.

Os demais princípios que se aplicam ao procedimento administrativo — a impessoalidade (os assuntos tratados pelos agentes administrativos o serão de modo impessoal, com a máxima objetividade); a indisponibilidade, a verdade material e o princípio do informalismo a favor do administrado (princípio que vem perdendo força diante da crescente jurisdicionalização do procedimento administrativo); a moralidade (os atos de improbidade administrativa importam uma série de sanções: § 4º do art. 37); o direito de petição (art. 5º, XXXIV, "a" da CF); o contraditório e a ampla defesa (art. 5º, LV, da CF); o *due process of law*; e a essência subordinada dos regulamentos (art. 84, IV, *in fine* — a expedição de decretos e regulamentos é para a fiel execução da lei) — reforçam ou são desdobramentos do Estado Democrático de Direito que corroboram para que as questões tributárias sejam tratadas no âmbito da Administração de modo imparcial e com vistas às garantias constitucionais dos administrados.

O princípio da responsabilidade dos agentes dos Estados igualmente vem enfatizado pela Constituição (art. 37, § 6º). Todos os agentes públicos são plenamente responsáveis pelos danos que, com dolo ou culpa, causarem a terceiros, ainda que indiretamente, por meio do direito de regresso que tem a Administração.

A responsabilidade dos agentes políticos é objeto, por igual, dos cuidados da Constituição, porquanto são aqueles que podem tomar as decisões mais danosas ao interesse público.

Corolário da legalidade é o princípio da isonomia (art. 5º, *caput*, da CF), que vive nas dobras da Constituição e que, consoante Geraldo Ataliba, é o princípio dos princípios constitucionais.

Na Administração judicante ele se espraiaria não só na rigorosa igualdade das partes, como contaminaria todo o procedimento administrativo.

Todavia, esse vetor constitucional não só não tem presença nos códigos de procedimento tributário vigentes, como está ficando cada vez mais distante da legislação administrativa da União, na medida em que novas restrições ao amplo direito de defesa do contribuinte vêm-se esboçando.

(A exigência de depósito de 30% do valor do débito em discussão para recurso à segunda instância é um exemplo desses recentes amesquinhamentos procedidos pelo Governo Federal.)

Para finalizar, é de se lembrar que o procedimento administrativo tributário na sua etapa litigiosa integra o que se costuma denominar de "contencioso administrativo" (do Latim *contendere*, pleitear, litigar).

Da ótica objetiva, seria um sistema de solução de litígios entre a Administração e o administrado, sob a forma processual. Do ângulo subjetivo, seria o organismo que exerce tal finalidade.

Mas no Brasil não é próprio se denominar tal sistema de "contencioso tributário". Este só seria encontradiço nos regimes jurídicos que atribuem a tal organismo parcelas de competência quase-judicial, que se notabilizam pela definitividade de suas decisões, ou seja, que fazem coisa julgada.

(Por coisa julgada tem-se o "fato ou direito tornado certo por sentença, de que já não há recurso" — art. 2.502 do CC português de 1867, cit. por Alberto Xavier, ob. cit., p. 299.)

Nesta hipótese, é requisito essencial, segundo postulados próprios do Estado de Direito, que os julgadores gozem de condições objetivas e subjetivas de atuação imparcial, que seus cargos sejam ornados com os predicados da Magistratura.

É preciso sublinhar que, como denotou Gilberto de Ulhôa Canto, no seu trabalho várias vezes citado, a eficiência dos juízes administrativos europeus resulta de longa tradição de seriedade e atitude, que levam os administrados a neles confiarem e a depositarem a mesma esperança deferida aos juízes togados.

No Brasil, de conseguinte, inexiste "contencioso tributário" no rigor do conceito; quando muito há um "contraditório tributário", em que as controvérsias são deduzidas sob a forma processual, obedecendo a solenidades que asseguram o amplo contraditório, mas com os órgãos julgadores subordinados ao Poder Executivo e, como tais, incapazes de prestar a tutela constitucional requerida pelos contribuintes.

Continua o julgador administrativo sendo "um juiz da Administração", e não, como ocorre com o contencioso francês, "um juiz na Administração".

Numa palavra: continuam válidas as sugestões do mestre Gilberto para o aperfeiçoamento do procedimento tributário contencioso, que colocaria da seguinte maneira:

a) mantença da exclusividade jurisdicional do Poder Judiciário, assegurada, assim, a revisão de qualquer decisão administrativa;

b) regulação do procedimento administrativo de modo a preservar e observar os princípios constitucionais;

c) reconhecimento aos julgadores administrativos de primeira instância dos predicados da Magistratura, especialmente referente à estabilidade e independência hierárquica;

d) do mesmo modo, atribuição aos integrantes dos órgãos colegiados de segunda instância dos requisitos de independência e aptidão;

e) supressão de qualquer recurso das decisões administrativas dos colegiados para outra autoridade do Poder Executivo, com a outorga do direito de a Fazenda pedir a revisão judicial das decisões que considere inconstitucionais ou ilegais.

Logo ao depois, por reflexões provocadas por Dirceu Galdino — advogado em Maringá/PR e estudioso da matéria —, novas idéias vieram à tona, desta feita especificamente sobre se a constituição orgânica dos Conselhos de Contribuintes (ou Tribunal de Impostos e Taxas, como são conhecidos em alguns Estados brasileiros) não malferia princípios stituição.

Daí, produzimos o seguinte trabalho, que de algum modo complementa o estudo inicial:

As leis brasileiras que versam sobre os denominados "Conselhos de Contribuintes" — órgãos administrativos de julgamento de matéria tributária em segunda instância, existentes nas esferas federal, estadual e municipal — podem ser tidas como discrepantes dos princípios que informam o Estado Democrático de Direito.

É que no aspecto fulcral da constituição desses Tribunais Administrativos não é adotado o democratismo, mas sim um sistema burocrático e autoritário.

Retirando o véu do *nomen iuris*, depreende-se que, em rigor jurídico, não se trata de Conselhos de Contribuintes, mas Conselhos do Estado ou das Fazendas Públicas (Conselho da Previdência Social, da União, das Federadas e dos Municípios), uma vez que as palavras não mudam a natureza das coisas: *verba non mutant substanciam rei*.

Sob o pressuposto da mantença dos "superiores interesses públicos" — legítimo princípio de Direito Administrativo —, a legislação dos Conselhos amesquinha e restringe direitos e garantias individuais, como consagrados na Constituição.

A República Federativa do Brasil constitui-se em Estado Democrático de Direito embasada em sólidos fundamentos, entre eles a cidadania (art. 1º, II, da CF) e a soberania popular ("todo o poder emana do povo" — art. 1º, parágrafo único).

Conseqüentemente, se a Constituição Federal adota esses valores já no preâmbulo do seu conteúdo normativo, expressando com relevância a soberania popular e a cidadania, seria incoerente o órgão colegiado fiscal judicante apresentar, na sua formação orgânica, estrutura autoritária e antidemocrática.

Não basta que haja uma aparência de constitucionalidade, mas é imprescindível que a norma infraconstitucional seja fixada sob os aspectos formal e material.

O rótulo *Conselho de Contribuintes*, no prisma formal, aparentemente demonstra um organismo erigido democraticamente, em que, inclusive, há uma preponderância e, mesmo, hegemonia dos contribuintes. É apenas cobre querendo reluzir ouro.

Já, do ângulo material, verifica-se o contrário: a prevalência dos interesses do Estado, a preponderância de seu poder de império, a supremacia do autoritarismo. Relembra, inclusive, os falecidos regimes socialistas, que se intitulavam "Repúblicas Populares Democráticas", quando era notório o predomínio da vontade da classe político-administrativa dirigente.

Com agudez adverte Canotilho que: "O princípio da constitucionalidade é mais amplo que o princípio da constitucionalidade das leis. Por um lado, ele exige conformidade intrínseca e formal com a Constituição de todos os actos dos Poderes Públicos, expressão essa aceita no seu sentido mais amplo, a abranger o próprio Estado, os poderes autónomos, as entidades públicas etc." (José Joaquim Gomes Canotilho, *Direito Constitucional*, 4ª ed., Coimbra, Livraria Almeida, 1987, p. 287).

O princípio democrático não se atém unicamente na forma de eleição para Presidente da República ou deputados, mas se amplia a Nação nos prismas econômicos, sociais e culturais. Numa síntese feliz, Canotilho se expressa: "A democracia é, no sentido constitucional, democratização da democracia" (ob. cit., p. 342).

Mais adiante, amparado em Villmar, complementa a idéia: "Democratizar a democracia através da participação significa, em termos gerais, intensificar a optimização das participações dos homens no processo de decisão" (ob. cit., p. 365).

Pode-se dizer que há um interesse público em que o cidadão tenha participação acentuada nas decisões, ou que possa escolher com liberdade seus representantes para tanto, a fim de que seus direitos fundamentais, sendo essencial o direito de liberdade, possam preencher os espaços do poder antidemocrático.

Assim, é de perguntar: como pode o contribuinte ter segurança jurídica perante os Conselhos de Contribuintes se, ao exercer o direito de ampla defesa e do contraditório, assegurados no art. 5º, LV, da CF, só o está fazendo no aspecto formal, pois no material ele não está em paridade de condições com a Fazenda Pública, em sua acepção ampla?

Observa-se, de fato, ficar a igualdade, imprescindível nessa relação jurídica, constrangida, amesquinhada, eliminada, suprimida; é que o poder estatal tem privilégios no sentido de abafar, no aspecto substantivo, não só o princípio do contraditório e da ampla defesa, integrantes do *due process of law*, mas praticamente aniquilar com o princípio isonômico que deveria existir entre a Administração Pública e o contribuinte.

Anota o nunca por demais citado Canotilho o que se costuma designar por democratização da Administração: "Democratização da Administração pode significar: 1) substituição das estruturas hierárquico-autoritárias por formas de deliberação colegial (exemplo: gestão democrática das escola, onde os conselhos de gestão substituíram os diretores — cf. art. 77º); 2) introdução do voto na selecção das pessoas a quem foram confiados cargos de direcção individual; 3) participação paritária de todos os elementos que exercem a sua actividade em determinados sectores da Administração (exemplo: a questão da paridade de professores, estudantes e funcionários na gestão das escolas superiores); 4) transparência ou publicidade do processo administrativo (direito de informação dos cidadãos sobre o andamento dos processos em que sejam directamente interessados — cf. art. 268º/1). Esta dimensão da democratização traduz-se, entre outras coisas, na estruturação do procedimento administrativo, como foi referido a propósito do princípio do Estado de Direito; 5) gestão participada, ou seja, participação dos administrados através de organizações populares de base e de outras formas de representação na gestão da Administração Pública (arts. 9º/*c*, 48º, 65º/2/*b*, 66º, 70º/3, 73º/3 e 263º). A gestão participada, juntamente com a exigência da transparência, são elementos de democratização contra a opacidade burocrático-tecnocrática" (ob. cit., pp. 368 e 369).

Aplicando essas noções, ínsitas à democracia, aos Conselhos de Contribuintes, depreende-se, num rápido exame, a falta do voto democrático, da participação paritária nos julgamentos e da gestão participativa.

Colocados aqueles pressupostos e averiguada a organização dos Conselhos de Contribuintes, de logo se percebe ser ela autoritária e antidemocrática. Atrelam-se eles à Administração ativa, quando deveriam ser independentes ou autônomos (a exemplo dos Tribunais de Contas), ou vinculados ao Poder Judiciário, ou mesmo ao Congresso Nacional, propiciando parecença entre contribuintes e a Fazenda Pública.

Não se deve olvidar que o Poder Executivo, órgão político por definição, tem a singularidade de coagir todos os que lhe são subordinados e submissos, fazendo sempre prevalecer interesses que, inobstante possam ser legítimos (como sói ser o incremento da arrecadação), nada têm com justiça fiscal.

É de se pôr em relevo que, embora a composição dos Conselhos de Contribuintes seja formalmente paritária (entre membros indicados pelas entidades representativas dos contribuintes e pela Administração), o Presidente desses organismos, quer no âmbito federal, quer no estadual ou no municipal, é sempre de escolha e nomeação da autoridade fazendária superior.

Como, em caso de empate na votação dos membros dos Conselhos, é o Presidente do Conselho que tem o voto de Minerva, a participação paritária, na prática, perde substância. Como elemento de confiança da Administração, dificilmente esse julgador tributário pode agir com imparcialidade.

Registre-se, a bem da verdade, que às vezes há aqueles — como sempre, uma minoria — que cumprem o dever de consciência e aplicam a lei de ofício. Mas os Conselhos devem ser constituídos para o *homo medius* e os juízes fazendários imparciais são exceções.

(Se não fora essa a regra do procedimento, na hipótese de o contribuinte ter ganho de causa, por maioria ou por voto de desempate do Presidente, cabe ainda recurso unilateral da Fazenda para a autoridade administrativa superior, a qual, na quase-unanimidade das situações, anula o juízo do Colegiado. Averbe-se que o mencionado apelo ao chefe hierárquico é privativo da Fazenda, não ensejando o mesmo direito ao administrado.)

Em corolário, a paridade que existe na composição inicial desses órgãos administrativos cede lugar, num passo seguinte, à supremacia da Fazenda Pública. A solução democrática seria a eleição do presidente do Conselho entre seus pares, e não a nomeação pela autoridade.

(De mesmo teor, a supressão do recurso hierárquico — ou outra alcunha que se lhe dê — é medida que se impõe até em homenagem aos princípios estatuídos no art. 37 da CF: legalidade, imparcialidade, moralidade, responsabilidade etc. Como contraface, sob pena de se instituir nova desigualdade, desta feita em desfavor do Poder Público, o direito de a Fazenda ir ao Judiciário, para pleitear o desfazimento da decisão administrativa, teria de ser reconhecido.)

No estádio atual de elaboração legislativa, os diplomas normativos dos Conselhos de Contribuintes maltratam os princípios do Estado Democrático de Direito, omitindo-se quanto à cláusula do art. 5º, § 2º, LXXVII, da CF, que afirma não excluírem os direitos e garantias expressos na Constituição outros decorrentes do regime e dos princípios por ela adotados.

No cotejo da estrutura e modo de atuação dos Conselhos de Contribuintes com os princípios adotados pela Constituição, resulta serem aqueles antidemocráticos, autoritários, verdadeiros resquícios da Ditadura. Em rigor, tripudiam sobre a liberdade do cidadão, que tem o direito constitucional de se defender no âmbito administrativo, consagrando procedimento que não leva a um julgamento imparcial. A posição do contribuinte perante esses Tribunais é a mesma da ovelha frente ao lobo.

Não seria por demais observar, ainda, que, "na evolução histórica do contencioso administrativo, foi sentida a necessidade de não ser a Administração, ao mesmo tempo, parte e juiz. Daí a outorga paulatina da mais ampla autonomia da Justiça Administrativa frente àquela" (Sérgio de Andréa Ferreira, "Aspectos da autotutela da Administração Pública", *RDP* 15/62).

Isto porque, como ressalta ainda Sérgio de Andréa Ferreira: "Assim, verificamos que o Direito Administrativo nasceu, exatamente, quando a Administração deixou de ser seu próprio juiz" (ob. cit., p. 60).

É a razão de ter passado a viger o princípio da imparcialidade da Administração, uma vez que, como observou Fernando Garrido Falla: "(...) la Administración actúa ante el Tribunal con la consideración de parte, colocada en el mismo plano del particular recurrente" ("La protección jurisdiccional del particular contra el Poder Ejecutivo en el Derecho Español", *RDP* 15/19). No mesmo sentido Caio Tácito ("Contencioso administrativo", *RDA* 133/60).

Embora esses postulados estejam voltados ao Direito Administrativo, com igual razão eles se aplicam ao Direito Tributário (mero capítulo do Direito Administrativo, no ensinar de Geraldo Ataliba), no qual se erigem princípios de extrema importância ao cidadão: segurança jurídica, legalidade, tipicidade cerrada etc.

Entretanto, como se viu, o vetor da igualdade da Administração frente ao contribuinte torna-se utopia, porque há supremacia daquela perante este, não havendo, assim, neutralidade nas decisões, como era de se esperar.

A isonomia constitucional passa a ser apenas ilusão constitucional, pois na prática o que ocorre é que a Fazenda Pública encarna o papel de parte e juiz em todas as fases do processo administrativo tributário. A distinção que os teóricos postulam haver entre a Administração ativa e a Administração judicante inexiste na realidade administrativa brasileira.

De outra parte, os agentes do Fisco, com assento nos Conselhos de Contribuintes, muitas vezes atêm-se a normas infralegais (decretos, regulamentos, instruções, portarias etc.), em detrimento da Constituição e da lei. O dever de lealdade à Administração faz com que tais julgadores esqueçam de que essas normas existem tão-só para a fiel execução da lei (art. 84, IV, da CF), porquanto no Direito brasileiro, conforme lição nunca esquecida de Geraldo Ataliba ao dar trato ao princípio da legalidade, não há a categoria de regulamentos autônomos.

Não se pode deixar de observar que, da ótica processual — e o processo administrativo fiscal absorve os princípios do Código de Processo Civil —, observou Bülow que "o Estado organiza o processo não propriamente no interesse das partes, mas por meio do interesse de ambas para alcançar o verdadeiro interesse público, que é o de dar razão a quem a tem a fim de que se realize o ideal de justiça" (Antônio da Silva Cabral, *Processo Administrativo Fiscal*, São Paulo, Saraiva, 1993, p. 4).

Com aguda perspicácia, magistra o eminente jurista que: "A relação jurídica processual é de Direito Público, por ser um vínculo de Direito Público. Uma vez que o Estado é obrigado a fazer justiça, a prestação jurisdicional adquire um caráter público. Além disso, o interesse protegido, no caso, não é o interesse particular, como pode parecer num primeiro momento, mas o interesse público, já que a relação processual objetiva a aplicação da lei ao caso concreto" (ob. cit., p. 17).

E, adiante, complementa: "A mesma coisa se diga quanto ao processo administrativo. Ele não existe para expressar a vontade da Administração, mas para a solução de uma controvérsia, pela Administração. Pouco importa a vontade da Administração. Esta deve submeter-se à vontade da lei. Afinal, o que importa, em matéria processual, é a manutenção da ordem jurídica" (ob. cit., p. 23).

Portanto, o interesse público se consubstancia na efetividade da Justiça, sendo de se frisar que a jurisprudência assentou que: "'O interesse público não se identifica com o da Fazenda Pública' (*RTJ* 93/226, 94/395, 94/899, 133/345; STF, *RePro* 25/324; *RTFR* 143/97, *RJTJESP* 113/237)" (Theotônio Negrão, *Código de Processo Civil e Legislação Processual em Vigor*, 28ª ed., São Paulo, Saraiva, 1997, p. 138).

Corolário do exposto é que para a concretização da Justiça, permeada pelo interesse público, somente quando há autêntica paridade do contribuinte frente à Fazenda Pública nos Conselhos de Contribuintes é que se estará cumprindo o comando constitucional do princípio de isonomia e da cidadania.

Conclui-se, de conseguinte, que a lei de organização dos Conselhos de Contribuintes infirma, irreversivelmente, os princípios do Estado Democrático de Direito. Em verdade, tais Colegiados vestem tão-só a roupagem de democracia, mas sua formação e modo de agir são antagônicos à legítima cidadania e à soberania popular.

Sendo a forma orgânica dos Conselhos de Contribuintes contrária ao Direito, suas decisões, no particular aspecto de negativa dos direitos dos contribuintes, estão pejadas de inconstitucionalidades, maculadas "ab ovo", uma vez que de poder ilegítimo não pode nascer decisão legítima.

Numa palavra, são destituídas de validade. São nulas.

Maio de 1998

SOBRE A DECADÊNCIA DO CRÉDITO TRIBUTÁRIO

TERCIO SAMPAIO FERRAZ JUNIOR
Titular da Faculdade de Direito da Universidade de São Paulo

O objeto destas reflexões tem por base a seguinte decisão proferida pela 1ª Turma do egrégio STJ:

"Tributário — Contribuição previdenciária — Constituição do crédito tributário — Decadência — Prazo (CTN, art. 173).

"I — O art. 173, I, do CTN deve ser interpretado em conjunto com seu art. 150, § 4º.

"II — O termo inicial da decadência prevista no art. 173, I, do CTN não é a data em que ocorreu o fato gerador.

"III — *A decadência relativa ao direito de constituir crédito tributário somente ocorre depois de cinco anos, contados do exercício seguinte àquele em que se extinguiu o direito potestativo de o Estado rever e homologar o lançamento (CTN, art. 150, § 4º).*

"IV — Se o fato gerador ocorreu em outubro de 1974, a decadência opera-se em 1º de janeiro de 1985" (REsp 58.918-5, rel. Min. Humberto Gomes de Barros).

Este entendimento jurisprudencial coloca um problema relativo à relação entre o disposto nos arts. 173, I, e 150, § 4º, do CTN. Referindo-se ao primeiro dos artigos, começa por admitir que o prazo mencionado no inciso I, ao reportar-se ao primeiro dia do exercício seguinte àquele em que o lançamento *poderia ter sido efetuado*, conduz a uma incerteza em face da equivocidade do termo "poderia", que significaria tanto *o momento a partir do qual passa a ser lícito fazer o lançamento* quanto *o momento a partir do qual deixaria de ser lícito fazê-lo*. E, ao solucionar a dificuldade, propõe a leitura conjugada dos arts. 173, I, e 150, § 4º, de tal modo que o prazo decadencial do art. 173 começaria a correr cinco anos depois do primeiro dia do exercício seguinte ao prazo "da faculdade de rever" o lançamento por homologação expressa — isto é, a autoridade teria cinco anos para efetuar a homologação expressa, e, não o fazendo, sua faculdade de revisão terminaria com o lançamento tácito, mas, após este prazo, ainda haveria mais cinco anos decadenciais para um outro lançamento. Ao somar os dois prazos, aquele entendimento jurisprudencial supõe estar aplicando coerentemente o disposto no art. 173 ao disposto no art. 150.

Prescrição e decadência são conceitos operacionais da dogmática jurídica com os quais se enfrentam situações caracterizadas por formas de ineficácia normativa que afetam a incidência dos comandos. Eficácia das normas é uma qualidade referida à produção de efeitos. Assim, uma norma válida, isto é, integrada no ordenamento por obediência aos requisitos de sua formação, permite a exigência dos comportamentos prescritos desde o momento em que é publicada até que seja revogada ou que se esgote o período por ela prescrito. Durante o tempo de validade diz-se que a norma é vigente. Assim, a vigência pode ser imediata, ter seu início postergado ou pode ser suspensa. Já a eficácia diz respeito à produção concreta de efeitos. Trata-se de uma *potencialidade*. Eficácia é possibilidade de produzir efeitos, ou porque estão presentes condições fáticas (eficácia social), ou porque estão presentes condições técnicas (eficácia técnica). Quando uma norma eficaz concretiza seus efeitos temos a sua incidência. A incidência é uma *atualização* dos efeitos. Assim, pode ocorrer que uma norma válida, vigente e eficaz não incida porque não se realizaram as condições concretas de sua atualização. Por exemplo, uma norma sobre a aquisição do direito de propriedade imóvel pode ser válida, vigente e eficaz, mas só pela realização do negócio jurídico e pela transcrição da escritura ocorrerá a incidência, constituindo-se o direito correspondente (cf. o meu *Introdução ao Estudo do Direito*, São Paulo, 1994, pp. 202 e 249). Distinga-se, ademais, dentre as várias modalidades normativas, entre normas de competência e normas de conduta. As primeiras, primariamente, configuram situações subjetivas de poder e sua violação gera nulidade. As segundas, primariamente, configuram obrigação e sua violação gera sanção. Não é necessário que coexistam, isto é, valham simultaneamente, nem que tenham o mesmo grau de eficácia ao mesmo tempo, podendo sua incidência ocorrer em momentos e circunstâncias diferentes. Assim, pode acontecer que uma norma de conduta eficaz incida e gere obrigação sem que a incidência da norma de competência tenha ocorrido, não se constituindo o correspondente direito.

A bilateralidade característica das normas jurídicas (no sentido de alteridade) permite-nos reconhecer que normas de conduta estabelecem relações de coordenação entre os agentes; e as de competência, relações de subordinação. As de coordenação prescrevem a obrigação do agente "A" e, simultaneamente, a correspondente faculdade do agente "B". Mas, *a contrario sensu*, por omissão normativa (ausência de norma de conduta), temos a não-faculdade de "B", a que corresponde a liberdade de "A". Já as relações de subordinação prescritas pela norma de competência ocorrem entre a sujeição de "A" e a correspondente potestade de "B". E, *a contrario sensu*, por omissão normativa teremos a impotência de "A" e a correspondente imunidade (genérica) de "B". A análise das relações, que admite, ademais, outros relacionamentos entre si, nos dá uma medida da complexidade que existe em conceitos como o de direito subjetivo ou de poder jurídico. E, em conseqüência, da dificuldade de uma explicação clara para as noções de decadência e prescrição.

Estas distinções são importantes para o tema sob exame. Dispõe o CTN, no seu art. 113, § 1º, que a obrigação tributária principal surge com a ocorrência do fato gerador. Esta norma estabelece uma condição essencial para a incidência de uma norma de conduta. Sem a ocorrência do fato gerador previsto na norma de conduta, que é eficaz, isto é, *pode* produzir efeitos, a obrigação não se constitui. Por sua vez, o art. 139 determina que o crédito tributário decorre da obrigação principal e tem a mesma natureza desta, isto é, a norma de conduta eficaz que estatui a obrigação estatui simultaneamente o crédito. Estatuído o crédito, ocorre a possibilidade de ele ser exigido (eficácia da sua estatuição). Ou, em outras palavras, a incidência da norma de conduta pela ocorrência do fato gerador cria a obrigação e a correspondente faculdade. O que caracteriza essa faculdade é a possibilidade de exigir, é a exigibilidade, ou, ainda, a possibilidade de exigir a prestação contida na obrigação ou pretensão à prestação.

Temos, assim, constituído o crédito, correlato da obrigação tributária. A exigibilidade ou pretensão nele contido faz parte dele e não se confunde com o correspondente direito de ação (judicial) que o protege. Nesse sentido, constituída a relação obrigação/crédito, este é exigível, a obrigação traz a faculdade. Nesses termos, o art. 139, supramencionado, determina que o crédito *decorre* da obrigação principal. Contudo, esta faculdade que aparece com a obrigação por força da incidência da norma de conduta em face da ocorrência do fato gerador, para se tornar *potestade*, correlata de uma *sujeição* numa relação de subordinação, pede ainda outra norma, uma norma de competência. Nesse sentido, o art. 142 do CTN prescreve competência privativa à autoridade administrativa para *constituir* o crédito tributário.

A expressão "constituir", nesse artigo, tem causado polêmica, produzindo a divergência entre a doutrina que vê no lançamento um fator constitutivo e a que nele vê um fator declaratório do crédito. A meu ver, a expressão, no art. 142, diz respeito a outra relação, a uma relação de subordinação. Enquanto a norma do art. 139 cria uma relação de coordenação (obrigação — dever de pagar/crédito — pretensão à prestação), a do art. 142 cria uma relação de subordinação (potestade — exigência concretizada/sujeição — encargo correspondente). Nestes termos, a faculdade de exigir a prestação, conteúdo de uma norma de conduta, torna-se também conteúdo de uma norma de competência, tornando-se poder, poder de sujeitar. O lançamento é o ato de exercício desse poder. Ou seja, pelo art. 139 o crédito nasce como decorrência da obrigação: a ocorrência do fato gerador provoca a incidência da norma de conduta e o crédito é constituído como relação de coordenação; pelo art. 142 a autoridade, pelo lançamento, constitui o crédito como pretensão exercida, isto é, *exige* o crédito (potestade), ao qual, numa relação de subordinação, corresponde a sujeição do contribuinte. Essa potestade, na linguagem do CTN, art. 173, é um *direito*, direito de constituir o crédito tributário: o crédito tributário é aqui constituído como relação de subordinação.

A incidência da norma de conduta e da norma de competência não é necessariamente simultânea, pois para efeito de constituição da relação de coordenação (obrigação/faculdade, obrigação tributária/crédito tributário) basta a ocorrência do fato gerador. Mas para a constituição da relação de subordinação (exigência potestativa do crédito) exige-se também o lançamento (art. 142), que pode, faticamente, ocorrer depois, havendo, nesse artigo, a previsão de uma série de procedimentos que culmina com o ato de lançar. O direito de exercer aquela potestade e constituir a relação de subordinação nasce com a obrigação, isto é, desde o momento em que se constituiu a relação de coordenação.

Há, portanto, nessa constelação de conceitos a figura da constituição do crédito, a figura da constituição do direito de exercitá-lo por meio do lançamento, no sentido de que ele possa ser cobrado pela ação própria, e a figura do direito de efetuar o lançamento.

A doutrina diverge sobre a natureza do lançamento. Para os objetivos desta análise é mais importante ressaltar que o lançamento é estatuído como condição de incidência da norma de competência: sem ele não há constituição do crédito como relação de subordinação, exercício do poder de exigir o crédito correspondente à obrigação. Por isso faz sentido que "lançar" seja atividade administrativa vinculada e obrigatória: ao lançar, o Fisco está exigindo o crédito, entendendo-se a razão pela qual se prevê uma notificação, não ficando ao arbítrio da autoridade realizá-la ou omiti-la. Tratando-se de uma competência privativa, é um poder (relação de subordinação), não uma faculdade (relação de coordenação). O exercício deste poder de lançar (incidência da norma de competência) está sujeito a condições. Dentre estas condições há uma de natureza temporal cuja violação gera ineficácia: para além de certo prazo a *possibilidade* (eficácia) de exercer o poder de lançar o crédito correspondente ao fato gerador ocorrido não admite mais a incidência concreta: não se pode mais "constituir" o crédito, isto é, verificar a ocorrência do fato gerador, determinar a matéria tributável, calcular o montante devido, identificar o sujeito passivo e, sendo o caso, aplicar a penalidade cabível. Ou seja: a relação de subordinação não mais se efetiva. Por força desta ineficácia, o direito de lançar caduca, gerando, por conseqüência, a extinção do crédito (relação de coordenação). Ou seja: a ineficácia pelo descumprimento de um tempo prescrito na configuração das condições de exercício do poder de exigir o crédito (relação de subordinação) provoca um efeito no plano da validade: o crédito (relação de coordenação) deixa de existir, extingue-se. A isto se aplica o termo "decadência". O que decai, portanto, é o direito de exercer o poder conferido na atribuição de competência administrativa. A questão é, agora, saber a partir de quando se conta o prazo.

Como se sabe, há três modalidades de lançamento, dependendo do papel que a lei atribua ao contribuinte na sua performação. Embora seja competência privativa da Administração, o contribuinte pode concorrer para a sua efetivação. No lançamento por declaração cabe ao contribuinte fornecer os dados sobre a matéria de fato imprescindíveis à efetivação do ato de lançar. No lançamento por homologação o contribuinte, com base nos dados por ele discriminados, antecipa o pagamento, limitando-se o ato de lançar a uma homologação, expressa ou ficta. E no lançamento de ofício a autoridade responde pelas informações e, com base nelas, lança, sem o concurso do contribuinte. O que é diferente, nos três casos, é o procedimento administrativo, suporte fático do *ato* administrativo de lançar.

Ora, o CTN determina, no art. 173, um prazo de cinco anos para que o direito de lançar seja exercido (incidência). A meu ver, este prazo e seu regime valem para o lançamento de ofício e para o lançamento por declaração. No caso de homologação não há que se falar em decadência no sentido do art. 173, pois, decorrido o prazo estipulado no art. 150, § 4º, que é, coincidentemente, de cinco anos, a incidência ocorreu: por ficção legal, o ato foi realizado. Ou seja, o Código Tributário Nacional atribui à omissão de homologação expressa o efeito de homologação por decurso de prazo. E ressalva, para a produção deste efeito da omissão, a inocorrência de dolo, fraude ou simulação. Ou seja: não pode haver decadência do direito de lançar se o direito foi exercido, isto é, se o lançamento, por ficção, já ocorreu.

E o prazo para a homologação ficta conta-se da ocorrência do fato gerador.

Condição para que ocorra a homologação ficta, além da ausência de dolo, fraude ou simulação, é a antecipação do pagamento. Sem esta condição não há o que homologar. Não havendo o que homologar, o ato de lançar exige outro procedimento (cf., nesse sentido, Luciano da Silva Amaro, "Lançamento por homologação e decadência", *Resenha Tributária*, 1975, 1.3, 25-75, p. 335; confirmando essa posição, cf. Carlos Mário da Silva Velloso, "A decadência e a prescrição do crédito tributário — As contribuições previdenciárias — A Lei 6.830, de 22.9.80: disposições inovadoras", *RDT* 9-10/183). Não sendo o caso de declaração, o procedimento exigível é o do lançamento de ofício (CTN, art. 149, V). E como já de priscas datas se reconhece que *dormientibus non sucurrit jus*, cabe à autoridade administrativa providenciar os procedimentos correspondentes e efetuar o lançamento, de ofício, a tempo, isto é, antes do prazo decadencial previsto no art. 173. E como este prazo corre ininterruptamente, mesmo em caso de ajuizamento de ação contra o Fisco e concessão de liminar, entende-se a cautela da Fazenda (e, em especial, o posicionamento reiterado da Procuradoria-Geral da Fazenda Federal) em proceder no sentido de efetuar o lançamento de ofício mesmo estando a questão *sub judice*.

Em suma, pode-se dizer que, no caso de lançamento por homologação, a contar da data da ocorrência do fato gerador o Fisco tem cinco anos para proceder à homologação expressa; e, não o fazendo, homologado está o lançamento e, conseqüentemente, extinto o crédito (art. 156, VII), com a ressalva de dolo, fraude ou simulação. Não se configurando, nos casos ressalvados, o pressuposto do art. 156, VII, a Fazenda pode ainda proceder à revisão. Esta revisão, porém, tem prazo, posto que é da própria sistemática do Código Tributário Nacional a prescritibilidade dos créditos tributários, obrigando-se o contribuinte à guarda de documentos até que ocorra a prescrição (art. 195, parágrafo único). Se os procedimentos de revisão não tivessem prazo, não estando o contribuinte obrigado a conservar os documentos, estaria criada uma situação de insuportável insegurança jurídica. Como, ao contrário, a obrigatoriedade de guarda tem prazo, o prazo da revisão, dentro da mesma sistemática, deverá ser encontrado em suas próprias disposições. A revisão ocorre de ofício e só pode ser iniciada enquanto não se extinguiu o direito da Fazenda (art. 149 e seu parágrafo único). Que significa isto no caso de lançamento por homologação? Por determinação legal, havendo ocorrência de dolo, fraude ou simulação, o prazo de cinco anos a contar do fato gerador não produz o lançamento, não se extinguindo o crédito. Há ainda direito de lançar. Qual seu prazo? Aqui entra, pois, o disposto no art. 173, em virtude do qual o *dies a quo* só pode estar determinado pelo primeiro dia do exercício seguinte àquele em que, feito artificiosamente o pagamento, o Fisco poderia ter procedido ao lançamento de ofício. Considerar o *dies a quo* a partir da tomada de conhecimento, pelo Fisco, do vício seria introduzir na sistemática a mesma insegurança que, então, expulsa pela porta da frente, entraria pela dos fundos. "Tomar conhecimento" não pode ser fato gerador de obrigação, condição para o exercício do direito de lançar.

Se, por outro lado, não houver o devido procedimento, isto é, o recolhimento antecipado não ocorrer, mas em boa-fé do contribuinte, não poderá ter havido homologação, nem expressa nem ficta, por falta de um pressuposto essencial, não se aplicando essa modalidade de lançamento. Nesse caso, o lançamento possível terá de ser de ofício (art. 149, V). Sendo outra a modalidade, no caso, o lançamento de ofício, a ele será aplicado o prazo decadencial do art. 173, que se contará do primeiro dia do exercício seguinte àquele em que o lançamento (de ofício) poderia ser efetuado. E, em conformidade com o disposto no citado art. 149, V, há de se entender que o lançamento poderia ter sido efetuado quando se comprovasse a omissão do recolhimento prévio. Este é o fato gerador da relação de coordenação, pressuposto do ato concreto de exigir. O que regula a contagem é a omissão do pagamento no prazo prescrito para o recolhimento antecipado, que a comprova.

A expressão "poderia ser efetuado" merece uma consideração. No caso de vício, como vimos, leva-se em conta o primeiro dia do exercício seguinte ao do pagamento artificioso. No caso de não-recolhimento, como nunca se aperfeiçoará a condição para o lançamento por homologação, o prazo se conta em conformidade com o parágrafo único do art. 173. Só nesse prazo ele poderia ser efetuado. Mesmo admitindo-se que do fato gerador até a consumação dos cinco anos o contribuinte poderia ter realizado o recolhimento, ainda que com os acréscimos exigíveis por força da mora, se não o fez fundado na boa-fé de seus argumentos, ter-se-ia que admitir também que após os cinco anos não mais haveria lançamento por homologação, por falta de um pressuposto essencial. Ora, se essa hipótese não mais subsiste, tendo o lançamento possível que ser de outra modalidade (de ofício), a omissão do pagamento antecipado, que enseja o lançamento de ofício, teria ocorrido não com o decurso do prazo de cinco anos para a homologação (que nunca se efetuaria), mas no momento em que, obrigado à antecipação, o contribuinte não recolheu. Contar esse prazo a partir dos cinco anos decadenciais para a homologação significaria, de um lado, afirmar que o contribuinte, embora obrigado a antecipar num certo prazo, poderia, a seu alvedrio, deixar de fazê-lo, desde que se sujeitasse às penas correspondentes, o que destruiria a noção de obrigação (afinal, a imposição da pena pressupõe o descumprimento de uma obrigação, prévia e plena); de outro lado, que o Fisco poderia lançar de ofício a partir do momento em que é impossível lançar por homologação, o que é uma contradição, pois, se não é possível o lançamento por homologação, contar o prazo daquela outra modalidade a partir do exercício seguinte àquele em que se consumou o prazo para a realização do lançamento por homologação seria incorrer numa espécie de petição de princípio: se o prazo de uma modalidade ("A") principiasse após o esgotamento do prazo da outra ("B"), nada obstaria a que, esgotado o prazo da primeira ("A"), também principiasse o prazo de um outro lançamento ("C"), e assim ao infinito. Ou seja: o prazo decadencial só principiaria após o prazo decadencial! Esta hipótese só deixaria de ser logicamente viciada se, primeiro, pudesse ser aceito que há lançamentos provisórios e outros definitivos, o que é, obviamente, repudiado pelo Código Tributário Nacional (art. 141, c/c arts. 145, 149 e 174). Entendo que a expressão constante no art. 174 ("constituição definitiva") não autoriza a distinção, referindo-se antes ao lançamento como ato final que tem por suporte um procedimento complexo: antes do ato, o lançamento não se aperfeiçoa; não se aperfeiçoando, não há ainda lançamento, por inocorrência de sua constituição definitiva. Isto é, o processo constituidor é que pode não estar ainda definido. Ademais, podendo os créditos ser impugnados tempestivamente em fase administrativa, ter-se-á, afinal, como crédito definitivamente constituído aquele atingido pela preclusão. Aperfeiçoado este, o lançamento nunca é provisório. Ou então, em segundo lugar, se se admitisse que a expressão "poderia ser efetuado" tivesse um sentido de opção, atribuindo-se à autoridade o poder (discricionário) de lançar por uma modalidade ou deixar de fazê-lo, optando por outra, o que, obviamente também, contraria o Código Tributário Nacional (art. 142 e seu parágrafo único: a atividade do lançamento é vinculada e obrigatória).

A posição assumida por uma das Turmas do STJ identifica, destarte, "poder efetuar" com "poder deixar de efetuar". Ao afirmar que a decadência se conta do exercício seguinte àquele em que não era mais lícito ao Estado homologar, está admitindo que o Estado, naquele prazo, poderia ter deixado de lançar, o que é contraditado pela própria norma que atribui à omissão de homologação o sentido de lançamento por decurso de prazo. Na verdade, após a homologação ficta, havendo dolo, fraude ou simulação, o que pode haver é a revisão, cujo prazo inicial corre do primeiro dia do exercício seguinte àquele em que ocorreu o ato vicioso. E, havendo omissão de lançamento no prazo prescrito, o que a comprova, não haverá o que homologar, devendo a autoridade lançar de ofício, contando-se o prazo a partir do primeiro dia do exercício seguinte àquele em que ocorreu a omissão.

Entendo, nesta ordem de raciocínio, que o deferimento de medida liminar ou sentença suspendendo a exigibilidade do crédito tributário *não* desobriga a Fazenda de promover o lançamento de seu crédito para proteger-se da decadência. A suspensão referida tem a ver com a prescrição da ação de cobrar, não com o direito de constituição do crédito. Ao contrário do que acontece no Direito Privado, o credor fazendário tem a possibilidade de constituir o seu título, apesar do devedor. Quando este, por medida judicial, se antecipa à ação do credor de exigir o crédito, isto não afeta o poder/dever da Fazenda de constituí-lo regularmente. Mesmo constituído, a liminar suspende a possibilidade de exigi-lo (pretensão) por meio de ação própria, o mesmo valendo para o período em que ainda não foi constituído. Mas não suspende o prazo para lançá-lo. A constituição, por meio do lançamento, está sujeita ao prazo decadencial, que não conhece interrupções nem suspensão.

Uma outra conseqüência relevante está em que *suspensão do prazo prescricional* não é a mesma coisa que *suspensão da exigibilidade do crédito*. Para ocorrer a primeira é preciso que o prazo já se tenha iniciado, o que nem sempre ocorre quando da sustação da exigibilidade. Por exemplo, mesmo um lançamento ainda sujeito a recurso não pode ser considerado como constituído definitivamente. Assim, ainda que a autoridade fazendária, por meio de ação cautelar, tivesse tomado ciência do suposto débito, isto não bastaria para dá-lo como constituído. Admitindo-se, porém, que o lançamento fosse já definitivamente constituído, ou mesmo que se aceite o recolhimento antecipado ou a simples declaração como suficiente para a execução, é óbvio que o prazo prescricional teria começado a correr desde aquele momento, isto é, desde o momento em que, decorrido o prazo para a prestação, nasce, para o credor, a pretensão. Com a concessão de liminar, estando suspensa a exigibilidade do crédito, neste caso suspenso estaria o prazo de prescrição, posto que, neste interregno não podendo exigir, não teria a Fazenda como fazer valer a sua pretensão. Mas, deixando a liminar de estar em vigor, voltaria a correr o prazo prescricional a partir do momento em que aquilo ocorresse.

Por sua vez, o inciso IV do parágrafo único do art. 174, que admite a interrupção da prescrição, caso em que a paralisação, ao reiniciar-se a contagem, desprezaria o tempo pregresso, por qualquer ato inequívoco que importe reconhecimento do débito pelo devedor, só se aplica se tiver ocorrido, anteriormente, a constituição definitiva, conforme disciplina o *caput* do mesmo artigo. Por último, há de se convir na especial situação de um crédito lançado por homologação tácita. Embora perfeito o lançamento, não há como executá-lo, posto que, pela homologação, o crédito está extinto. Não se aplica a este caso a prescrição, posto que satisfeita estaria a pretensão, ressalvados casos de dolo, fraude ou simulação.

Um outro aspecto importante diz respeito à homologação tácita, que resulta da omissão da autoridade decorrido o prazo de cinco anos, e que constitui uma presunção legal de que o crédito está constituído definitivamente. O direito de fazer-lhe a revisão, que só pode ser exercido nos casos elencados no art. 149 do CTN, terá de ser iniciado antes de decorrido o prazo decadencial para o lançamento de ofício. Como no lançamento por homologação tácita o crédito se extingue, a revisão só se efetua caso não tenha havido aquela extinção, o que ocorre nos casos de dolo, fraude, simulação (art. 149, IV) ou se se comprove omissão de recolhimento antecipado (art. 149, V). Em ambos os casos o prazo decadencial conta-se a partir do primeiro dia do exercício seguinte ao em que ocorre a hipótese quer do inciso IV, quer do inciso V, conforme os argumentos expostos nas observações preliminares.

Por fim, reafirme-se, em conclusão, que, no caso de homologação, expressa ou ficta, há, nesta última por presunção legal, homologação efetuada (incidência). O crédito extingue-se, nos termos do art. 156, VII, do CTN, ocorrida a homologação expressa, ou decorrido o prazo de cinco anos a contar da ocorrência do fato gerador da obrigação principal. No caso de dolo, fraude ou simulação e no caso de omissão comprovada, o prazo é para o lançamento de ofício, que corre do primeiro dia do exercício seguinte àquele em que ocorreu o pagamento artificioso ou a omissão comprovada, tendo o Fisco, então, cinco anos para procedê-lo, conforme o art. 173 do CTN, a contar do primeiro dia do exercício seguinte às respectivas ocorrências. Assim, se, pela natureza do tributo, o lançamento devesse ser por homologação, mas o recolhimento antecipado, sua condição essencial, não ocorreu, o Fisco deveria lançar de ofício o crédito, no prazo de cinco anos, a contar do primeiro dia do exercício seguinte ao em que ocorreu o fato omissivo. Já o prazo prescricional no lançamento de ofício corre a partir da sua constituição definitiva, e, admitindo-se a possibilidade de execução só com base em conhecimento, pelo Fisco, de omissão de recolhimento antecipado obrigatório, quando nasce a pretensão de exigi-lo, a partir do momento em que a pretensão não foi satisfeita. Quanto ao lançamento por homologação, ocorrida esta e estando extinto o crédito, não há como executá-lo, posto que a pretensão já foi satisfeita, salvo em caso de dolo, fraude ou simulação, quando o prazo começará a correr a partir do momento em que, constituído o crédito, a pretensão não é satisfeita.

Maio de 1998

PRESCRIÇÃO E DECADÊNCIA NO DIREITO TRIBUTÁRIO BRASILEIRO

SACHA CALMON NAVARRO COELHO

Professor Titular de Direito Financeiro e Tributário da Universidade Federal de Minas Gerais

1. A prescrição e a decadência. 2. Pagamento indevido — Repetição do indébito. 3. Restituição de tributos indiretos dotados de repercussão jurídica obrigatória. 4. Decadência do direito de pleitear a restituição. 5. Prescrição da ação para anular a decisão administrativa que denega restituição.

1. A prescrição e a decadência

Os atos jurídicos sujeitados a tempo certo, se não praticados, precluem. Os direitos, se não exercidos no prazo assinalado aos seus titulares pela lei, caducam ou decaem. As ações judiciais, quando não propostas no espaço de tempo prefixado legalmente, prescrevem. Se um direito, para aperfeiçoar-se, depende de um ato jurídico que não é praticado (preclusão), acaba por perecer (caducidade ou decadência). Se um direito não auto-executável precisa de uma ação judicial para efetivar-se, não proposta esta, ou proposta a destempo, ocorre a prescrição, gerando a oclusão do direito, já que desvestido da possibilidade de ação. E a cada direito corresponde uma ação...

O crédito tributário nasce com a ocorrência do fato gerador. Salvo os casos em que o contribuinte, sem interferência do Estado, ele próprio, recolhe o tributo, o direito de crédito da Fazenda Pública, para aperfeiçoar-se e tornar-se exigível, depende do *ato jurídico do lançamento*. Se este não é praticado a tempo (preclusão), ocorre a *decadência daquele direito*. Ocorrendo, porém, o lançamento, e formalizando-se o crédito, com ou sem discussão, pode a Fazenda Pública *exigi-lo* do sujeito passivo da obrigação tributária. Na hipótese de este último não pagar, só resta à Fazenda ir ao Judiciário com uma ação de execução lastreada numa certidão de dívida ativa (título executivo extrajudicial) para obrigá-lo a pagar dentro de 24 horas, sob pena de penhora em seus bens disponíveis.

Pelo sistema do Código Tributário Nacional, *a decadência e a prescrição extinguem, sem pagamento*, o crédito tributário.

Dispõe o art. 173 do CTN, cuidando da decadência do crédito tributário:

"Art. 173. O direito de a Fazenda Pública constituir o crédito tributário extingue-se após 5 (cinco) anos, contados:

"I — do primeiro dia do exercício seguinte àquele em que o lançamento poderia ter sido efetuado;

"II — da data em que se tornar definitiva a decisão que houver anulado, por vício formal, o lançamento anteriormente efetuado.

"(...)."

Este artigo se coaduna com o § 4º do art. 150: "§ 4º. Se a lei não fixar prazo à homologação, será ele de 5 (cinco) anos, a contar da ocorrência do fato gerador; expirado esse prazo sem que a Fazenda Pública se tenha pronunciado, considera-se homologado o lançamento e definitivamente extinto o crédito, salvo se comprovada a ocorrência de dolo, fraude ou simulação".

Temos, então, quatro pontos de partida, *dies a quo*, para contar os cinco anos que fazem decair o direito de crédito da Fazenda Pública em decorrência de preclusão do ato jurídico do lançamento.

a) A regra geral — ligada à anualidade do exercício fiscal — é a do art. 173, I: o primeiro dia do exercício seguinte àquele em que o lançamento poderia ter sido efetuado.

O fato gerador ocorre em março de 1997. Começa-se a contar o prazo decadencial em 1º de janeiro de 1998. Cinco anos depois ocorrerá a decadência.

b) Todavia, o *dies a quo* acima referido pode ser antecipado caso a Fazenda Pública se apresse ao primeiro dia do exercício seguinte, praticando, sem lhes dar seguimento, atos necessários ao lançamento. É precisamente o que dispõe o parágrafo único do artigo sob comentário.

A Fazenda, já em junho de 1997, expede notificação requerendo documentos ligados ao fato tributável. Da data do recebimento da notificação começa-se a contar o prazo de decadência do crédito.

c) Nos impostos sujeitos a "lançamento por homologação", contudo — desde que haja pagamento, ainda que insuficiente para pagar todo crédito tributário —, o dia inicial da decadência é o da ocorrência do fato gerador da correspectiva obrigação, a teor do § 4º do art. 150, retrotranscrito.

É que a Fazenda tem cinco anos para verificar se o pagamento é suficiente para exaurir o objeto da obrigação tributária, isto é, o crédito tributário. Mantendo-se inerte, o Código considera esta inércia como *homologação tácita*, perdendo a Fazenda a oportunidade de operar lançamentos suplementares em caso de insuficiência de pagamento (preclusão). Daí que no termo do qüinqüênio ocorre a decadência do direito de crédito da Fazenda Pública, extinguindo-se a obrigação.

Ocorrendo, todavia, fraude ou simulação, *devidamente comprovadas pela Fazenda Pública*, imputáveis ao sujeito passivo da obrigação tributária do imposto sujeito a "lançamento por homologação", a data do fato gerador deixa de ser o dia inicial da decadência. Prevalece o *dies a quo* do art. 173, o primeiro dia do exercício seguinte àquele em que o lançamento poderia ter sido efetivado. A solução está conforme ao sistema do Código Tributário Nacional. O que se não pode admitir é direito patrimonial incaducável. Afora esta solução para os casos de decadência, ocorrendo dolo ou simulação na antecipação do pagamento, somente uma outra é pensável — qual seja, a da adoção da regra do Código Civil que cuida da prescrição das ações pessoais. Ao que nos consta, os Tribunais não enveredaram por este caminho, exigente de analogia para ser trilhado e de difícil adoção, porque aqui a espécie é de decadência, e não de prescrição, a exigir crédito já formalizado, certo, líquido e exigível (princípio da *actio nata*).

A solução do primeiro dia do exercício seguinte àquele em que o lançamento poderia ter sido efetuado aplica-se ainda aos impostos sujeitos a homologação do pagamento na hipótese de não ter ocorrido pagamento antecipado... Se tal não houve, não há o que homologar...

d) Finalmente, prescreve o *Digesto* Tributário que o dia inicial para a contagem do qüinqüênio decadencial nos casos de anulação do lançamento inicial por *vício de forma* é aquele em que se tornar definitiva (*rectius*: irrecorrível) a decisão anulatória. Por suposto, esta decisão só pode ser de natureza administrativa, ocorrente no bojo de um processo de revisão de lançamento (autocontrole do ato administrativo do lançamento pela própria Administração). É que, se a decisão fosse judicial, já não se trataria mais de *decadência*. O crédito já estaria formalizado. O direito de crédito já estaria incorporado ao patrimônio jurídico da Fazenda Pública. A tese é fácil de provar se atentarmos para a *imutabilidade do lançamento efetivado com erro de direito* pela Fazenda Pública. Diz o art. 146 do CTN: "Art. 146. A modificação introduzida, de ofício ou em conseqüência de decisão administrativa ou judicial, nos critérios jurídicos adotados pela autoridade administrativa no exercício do lançamento somente pode ser efetivada, em relação a um mesmo sujeito passivo, quanto a fato gerador ocorrido posteriormente à sua introdução".

Ora, se por erro de direito se não permite à Fazenda Pública alterar lançamento efetivado, como admitir que possa fazê-lo, *sem limite de tempo*, por erro meramente formal?

O erro nunca pode beneficiar o seu fautor. É princípio geral de Direito, aplicável ao Direito Tributário por expressa determinação do art. 108 do CTN, que cuida da interpretação da legislação tributária.

Ademais disso, com visão sistemática, não se pode descurar do art. 149 do mesmo CTN, parágrafo único: "A revisão do lançamento só pode ser iniciada enquanto não extinto o direito da Fazenda Pública".

Em síntese, embora anômalo em relação à teoria geral da decadência, que não admite interrupções, pois que sua marcha é fatal e peremptória, o sistema do Código adotou uma hipótese de interrupção da caducidade. Mas há que entendê-la com temperamentos. Em rigor, já terá ocorrido um lançamento, e, pois, o direito de crédito da Fazenda já estaria formalizado. Não há mais falar em decadência. Em real verdade, está a se falar é em *anulação de lançamento* — por isso que inaproveitável — e sua substituição por outro, hipótese, por exemplo, de lançamento feito por autoridade incompetente para fazê-lo (o SERPRO, *v.g.*, e não o funcionário fiscal da Receita Federal).

Em rigor, há, aqui, um tremendo equívoco, tanto que esta revisão anulatória só pode ser feita dentro do prazo decadencial (art. 149 do CTN). Como entre a anulação e a efetivação do novo lançamento poderia transcorrer tempo apertado, já perto do fim do período decadencial, "inventou-se" este novo *dies a quo* para operá-lo, alargando-se em prol da Fazenda o qüinqüênio decadencial, com esforço na teoria da nulidade do ato jurídico. Lançamento nulo é lançamento inexistente. Outro há de ser feito para assegurar o direito da Fazenda ao crédito tributário.

Mais um privilégio!

O art. 174 do CTN cura da prescrição da ação de cobrança do crédito tributário, a qual, se não exercitada tempestivamente, leva à sua extinção:

"Art. 174. A ação para cobrança do crédito tributário prescreve em 5 (cinco) anos, contados da data da sua constituição definitiva.

"Parágrafo único. A prescrição se interrompe:

"I — pela citação pessoal feita ao devedor;

"II — pelo protesto judicial;

"III — por qualquer ato judicial que constitua em mora o devedor;

"IV — por qualquer ato inequívoco ainda que extrajudicial, que importe em reconhecimento do débito pelo devedor."

A questão, aqui, reside em saber o que é *constituição definitiva do crédito tributário*. Noutro giro, ela ocorre com a comunicação ao sujeito passivo, pessoal ou por publicação, do ato administrativo do lançamento em sua versão imodificável (do ponto de vista da Fazenda Pública), ou ocorre com a inscrição em dívida ativa do crédito tributário da Fazenda Pública?

Não negamos que o autocontrole da Administração se estenda ao ato de inscrição do crédito tributário em dívida ativa.

Os funcionários públicos legalmente investidos dessa específica competência podem decidir que o crédito não é bom e anulá-lo *ex officio*. Veja-se, só para exemplificar, a inscrição de um crédito já lançado e revisado em regular processo administrativo, porém eivado de inconstitucionalidade por decisão posterior, mas tempestiva, do STF considerando nula a lei ou artigo de lei em que se baseara.

É natural que a Administração anule o crédito ou, pelo menos, o inscreva em dívida ativa, mas não extraia a *certidão de dívida ativa*, à espera de uma — sempre possível, ainda que improvável — ação rescisória do julgado.

O crédito, nesse caso, já está constituído?

A resposta é afirmativa; só falta o título executivo.

Imagine-se, ainda, que, depois de efetivado o lançamento e formalizado o crédito para a Administração, esta postergue a sua inscrição, delongando, assim, a fixação do *dies a quo* do prazo prescricional. A inscrição em dívida ativa poderia ser utilizada maleficamente.

A tese a adotar é simples. Não pode ficar ao arbítrio da Administração decidir o *dies a quo* do prazo prescricional que a prejudica.

A data da constituição definitiva do crédito tributário devemos entendê-la como sendo aquela em que o lançamento tornou-se definitivo, insuscetível de modificação pelos *órgãos incumbidos* de fazê-lo.

Um lançamento é definitivo quando efetivado, quando não mais possa ser objeto de recurso por parte do sujeito passivo ou de revisão por parte da Administração. Isto pode ocorrer em pontos vários de tempo, dependendo das leis de cada ordem de governo e das vicissitudes do próprio processo de efetivação e revisão do ato jurídico do lançamento.

O ato de inscrição do crédito tributário decorrente do lançamento insere-se noutra dimensão, a da formalização do *título executivo extrajudicial* da Fazenda Pública, sem o qual não é possível manejar a ação de execução fiscal. Não há execução sem título. O brocardo é velho de séculos.

A constituição definitiva do crédito tributário dá-se antes. A sua desconstituição é que pode ser:

a) *administrativa* (unilateral) — no momento do autocontrole, à hora da formalização do título executivo; ou

b) *judicial* — em decorrência do controle jurisdicional, mediante pronunciamento judicial no bojo de ações postas à apreciação dos juízes.

Diferentemente da decadência, a prescrição pode ser interrompida e suspensa, podendo, inclusive, dar-se a chamada prescrição "intercorrente", já iniciado o processo judicial, por inércia ou descaso da parte (perda do direito de ação já posta em juízo) — não cabendo, aqui, adentrar o tema, cuja sede é estritamente de Direito Processual, de grande utilidade, *v.g.*, no Direito Penal.

O Código Tributário Nacional regula, em sede de Direito Tributário, apenas os casos de interrupção da prescrição, valendo-se do Direito Civil.

A citação pessoal do devedor é a forma clássica de interrupção da prescrição. É consolidado que a citação válida torna a coisa litigiosa, previne a jurisdição, constitui o devedor em mora, inaugura a instância e interrompe a prescrição. Por aí o Código Tributário Nacional põe-se de acordo com a teoria do processo (inciso I). Mas admitir *protesto judicial* por parte da Fazenda Pública é, no mínimo, um exagero (inciso II). O inciso IV, todavia, enseja considerações adicionais. Quando os contribuintes confessam a dívida fiscal para requererem moratórias, parcelamentos, estarão interrompendo a prescrição? Nem se olvide que a confissão em Direito Tributário é relativa. A obrigação é *ex lege*. Depende da lei, e não da confissão do sujeito passivo. Este o momento adequado para inserir a figura do lançamento, em Direito Tributário, como ponto de separação (*divorcium aquarium*) entre os prazos de decadência e os prazos de prescrição.

Da seguinte forma:

• Do fato gerador da obrigação até o ato jurídico do lançamento ou até o dia previsto para a homologação do pagamento *correm* os prazos decadenciais.

• Depois do lançamento e/ou durante todo o tempo de sua revisão (se houver) já não correm os prazos de decadência, nem podem correr os prazos de prescrição, que só há prescrição se inexistirem obstáculos *ab extra*. Pelo princípio da *actio nata*, ou seja, para que prescreva o direito de ação é necessário que o autor possa exercê-lo livremente. A sua inércia e mais o fugir do tempo redundam na prescrição. O Direito não socorre aos que dormem.

• Isto posto, *definitivo o lançamento*, começam a correr os prazos da prescrição.

O que se tem que verificar é simples. As hipóteses legais de suspensão do crédito tributário *impedem o curso dos prazos de prescrição*, favorecendo a Fazenda Pública.

Com efeito, durante todo o processo administrativo de discussão do crédito tributário (reclamações e recursos) não corre a prescrição. Do mesmo modo, as liminares em mandado de segurança e o depósito integral do crédito tributário suspendem a sua exigibilidade e, portanto, a prescrição, sem falar nos parcelamentos para pagamento do crédito tributário, estes últimos com as nuanças que vimos de ver quando tratamos do assunto.

Ademais, o depósito do crédito tributário favorece a Fazenda, pois se converte em renda, sem necessidade de execução, na hipótese de o sujeito passivo perder a ação a que se liga o dinheiro posto à disposição do juízo, para garantir a instância em prol do sujeito ativo da obrigação tributária.

Por isso, afiguram-se-nos inconstitucionais, por afrontar a isonomia, todas as leis extravagantes que criam e ampliam os princípios e garantias materiais e processuais da Fazenda Pública, já suficientemente protegida.

Finalmente, de fazer observação de razoável importância.

É cediço afirmar que a prescrição do direito de ação somente a extingue, deixando intacto o direito material que lhe conferia substrato.

Comumente se diz: a obrigação, de legal, torna-se moral. Se o devedor paga, não pode demandar a restituição do que pagou, embora prescrita a ação. Esta era para obrigá-lo a pagar, dobrando a sua vontade, se recalcitrante, substituindo-a pela do juiz, a determinar o pagamento ou a entrega da coisa. A decadência mata o direito material. Nesse caso, pode-se repetir o indébito, diferentemente da prescrição, que só mata a ação, sem afetar o direito material. São lugares-comuns, e em Direito Privado até admissíveis.

Ocorre que no Direito Tributário pátrio, a teor do Código Tributário Nacional, tanto a decadência quanto a prescrição *extinguem o crédito tributário*.

Quem paga dívida fiscal em relação à qual já estava a ação prescrita tem direito à restituição, sem mais nem menos.

"Decadência e prescrição — Notificação do contribuinte — Impugnação — Perempção.

"Tributário — Lançamento fiscal. 1. *Decadência*. A partir da notificação do contribuinte (CTN, art. 145, I), o crédito tributário já existe — e não se pode falar em decadência do direito de constituí-lo, porque o direito foi exercido — mas ainda está sujeito à desconstituição na própria via administrativa, se for *impugnado*. A impugnação torna litigioso o crédito, tirando-lhe a *exeqüibilidade* (CTN, art. 151, III); quer dizer, o crédito tributário pendente de discussão não pode ser cobrado, razão pela qual também não se pode cogitar de prescrição, cujo prazo só inicia na data da sua constituição *definitiva* (CTN, art. 174). 2. *Perempção*. O tempo que decorre entre a notificação do lançamento fiscal e a decisão final da impugnação ou do recurso administrativo corre contra o contribuinte, que, mantida a exigência fazendária, responderá pelo débito originário acrescido dos juros e da correção monetária; a demora na tramitação do processo administrativo fiscal não implica a *perempção* do direito de constituir definitivamente o crédito tributário, instituto não previsto no Código Tributário Nacional. Recurso especial não conhecido" (ac. un. da 2ª T. do STJ, REsp 53.467-SP, rel. Min. Ary Pargendler, j. 5.9.96, recte.: Iguatemy Operacional Indústria, Comércio e Transportes Ltda., recda.: Fazenda do Estado de São Paulo, *DJU*-I 30.9.96, p. 36.613, ementa oficial — *Repertório IOB de Jurisprudência* 1/10.398, novembro/96, p. 484).

2. *Pagamento indevido — Repetição do indébito*

O art. 165 do CTN dispõe:

"Art. 165. O sujeito passivo tem direito, independentemente de prévio protesto, à restituição total ou parcial do tributo, seja qual for a modalidade do seu pagamento, ressalvado o disposto no § 4º do art. 162, nos seguintes casos:

"I — cobrança ou pagamento espontâneo de tributo indevido ou maior que o devido em face da legislação tributária aplicável, ou da natureza ou circunstâncias materiais do fato gerador efetivamente ocorrido;

"II — erro na 'edificação' do sujeito passivo, na determinação da alíquota aplicável, no cálculo do montante do débito ou na elaboração ou conferência de qualquer documento relativo ao pagamento;

"III — reforma, anulação, revogação ou rescisão de decisão condenatória."

A obrigação tributária é *ex lege*. Nela não prospera o brocardo do Direito Privado segundo o qual quem paga mal *paga duas vezes*, nem se precisa comprovar a justeza do erro (em termos subjetivos).

Seja o erro de direito, seja de fato, o tributo pago indevidamente comporta restituição (ou compensação com futuros recolhimentos).

Carlos Valder do Nascimento, com magistério em Itabuna e Ilhéus, na Bahia, oferta-nos lição sobre o erro no pagamento dos tributos:

"A norma prevê, em primeiro plano, a restituição do indébito tributário decorrente de erro de direito. Assim, nos termos do inciso I, *in limine*, verifica-se que a hipótese é de ilegalidade, tendo em vista que o dispositivo aplicável não socorre a Fazenda Pública. Neste caso, o tributo não guarda compatibilidade com a legislação pertinente, é inconstitucional sua cobrança, por isso que o contribuinte deve receber o que indevidamente foi recolhido.

"Segundo Plácido e Silva, em seu *Vocabulário Jurídico, erro de direito* 'refere-se ao fato de alguém enganar-se a respeito da existência da regra jurídica, própria ao ato praticado, ou interpretá-la equivocadamente para aplicá-la falsamente ao ato a ser executado. O erro de direito, assim, não somente pode implicar o engano oriundo da falsa idéia, como pode consistir na ignorância da regra jurídica ou de sua exata interpretação, para ser aplicada ao fato concreto a ser cumprido'.

"Decorre a restituição do pagamento efetivado em desacordo com a legislação pertinente, e por conseqüência reduzindo o patrimônio, sem motivo justo, do contribuinte 'que suportou o ônus da cobrança'. Com efeito, seu fundamento é a idéia de eqüidade, pois, como adverte Ricardo Lôbo Torres, 'a ação visa precipuamente restituir o contribuinte à sua anterior capacidade contributiva e não o mero controle da legalidade formal dos atos da Administração'.

"A outra hipótese aventada no inciso I, *in fine*, caracteriza-se como *erro de fato*, porque a situação de fato configurada na lei, pensada pelo contribuinte, não enseja o nascimento da obrigação tributária. Dessarte, o pagamento foi indevido porque, segundo Aliomar Baleeiro, 'a natureza ou as circunstâncias do fato gerador efetivamente ocorrido não se enquadram na lei'.

"Marcus Cláudio Acquaviva ensina que o erro de fato é o 'engano a respeito de uma circunstância material, e pode ser acidental ou essencial. Acidental é o erro quando incide sobre peculiaridade secundária do objeto, não sendo, pois, o motivo determinante do contrato. O erro essencial, também chamado substancial, enseja a nulidade do ato, pois ataca a substância ou essência deste, tendo sido seu próprio causador'" (*Comentários ao Código Tributário Nacional*, Rio de Janeiro, Forense, 1997, p. 439).

Erros materiais e alterações judiciais sobre o *an* e o *quantum debeatur* igualmente autorizam a restituição do tributo indevidamente pago ou a repetição do indébito. Pode ocorrer, após o pagamento, que os Tribunais venham a declarar ilegal ou inconstitucional a lei fundante da tributação.

Pensamos, com outros autores, que as decisões administrativas finais com efeito normativo *erga omnes* (art. 100 do CTN) ensejam a restituição quando infirmam os critérios que foram utilizados para exigir o pagamento do tributo *a posteriori* declarado indevido pela própria Administração. Aliás, em rigor ético, a própria Administração deveria tomar a iniciativa, o que raramente acontece, ao menos entre nós.

3. Restituição de tributos indiretos dotados de repercussão jurídica obrigatória

O art. 166, com a redação que se segue, está a exigir atenta leitura: "Art. 166. A restituição de tributos que comportem, por sua natureza, transferência do respectivo encargo financeiro somente será feita a quem prove haver assumido referido encargo, ou, no caso de tê-lo transferido a terceiro, estar por este expressamente autorizado a recebê-la".

A expressão "por sua natureza", ou seja, relativa ao ser-em-si do tributo, é de supina importância.

É que a teoria da translação do ônus fiscal, bem estudada em seu aspecto econômico na Ciência das Finanças, é extremamente complexa. Os financistas são unânimes na assertiva de que todos os tributos incidentes sobre as organizações econômicas, inclusive o imposto de renda e os patrimoniais, são trasladáveis mediante o mecanismo dos preços e dos contratos. De igual modo, muita vez, as condições de mercado, estruturais ou conjunturais, forçam os agentes econômicos ao fenômeno da *absorção dos custos fiscais*.

Com este intróito estamos a dizer que existem dois tipos de translação ou, se se preferir, de repercussão dos ônus fiscais, ou seja, dos *encargos financeiros* que os tributos representam:

Assim, temos: a) a repercussão econômica, sem maior interesse para o Direito Tributário; b) a repercussão jurídica, do maior interesse para o Direito Tributário.

O tributo é uma criação do Direito, e não uma *entidade econômica*. Esta postura metodológica, deixamo-la esclarecida em outra obra.

Quando o Código Tributário Nacional se refere a tributos que, pela sua própria natureza, comportam a transferência do respectivo encargo financeiro, está se referindo a tributos que, pela sua *constituição jurídica*, são feitos para *obrigatoriamente* repercutir, casos do IPI e do ICMS, entre nós, idealizados para serem transferidos ao consumidor final. A natureza a que se refere o artigo é *jurídica*. A transferência é juridicamente possibilitada. A abrangência do art. 166, portanto, é limitada, e não ampla.

Sendo assim, é possível, pela análise dos documentos fiscais e pela escrita contábil das empresas, verificar a transferência formal do encargo financeiro do tributo.

O Código Tributário Nacional está rigorosamente correto. Não seria ético, nem justo, devolver o tributo indevido a quem não o suportou. Seria enriquecimento sem causa. Por isso mesmo, exige a prova da não-repercussão, ou então a autorização do contribuinte de fato, o que suportou o encargo, para operar a devolução ao contribuinte *de jure*, o sujeito passivo da relação jurídico-tributária. Mas quando, por exemplo, na substituição tributária, o substituído vende por R$ 100,00 a mercadoria, incluso o ICMS, mas o substituto recolhe antecipadamente o imposto com base de cálculo de R$ 150,00, é possível provar a não-repercussão. O substituído tem direito à restituição ou compensação. Sim, porque o substituto não paga com dinheiro dele, senão que do substituído, de quem recupera o que despendeu.

Mas, nos tributos que não são juridicamente construídos para repercutir, por isso que inexistem mecanismos comprovadores da inclusão do tributo nos documentos legais, *é impossível comprovar o repasse* (prova diabólica).

Aqui, a repercussão é econômica, plausível, possível, mas juridicamente incomprovável.

Qualquer jurisprudência que venha a exigir a prova da não-repercussão em casos que tais, para deferir a restituição, será equivocada e imprudente.

Acarreta três efeitos extremamente danosos:

a) estimula as Fazendas Públicas a praticar a tributação ao arrepio da Constituição e das leis, certas de que seus desmandos jamais ensejariam a repetição do indébito (*fato consumado e proveito da própria torpeza*);

b) gera nos contribuintes incerteza, indignação e insegurança. Ao menor sinal de ilegalidade ou inconstitucionalidade da exigência fiscal, cessariam eles os pagamentos, indo a juízo discutir a questão, com pedidos de depósito das quantias litigandas. Portanto, ter-se-ia deterioração das relações de confiança entre o Fisco e o contribuinte, aumento de litigiosidade e queda na arrecadação (se o indébito é irrestituível, é melhor não pagar o débito);

c) desprestigia o Direito, tornando-o campo minado, e não regulação justa dos relacionamentos sociais.

Queremos insistir neste ponto porque a própria doutrina muita vez se equivoca. Marco Aurélio Greco, melhor entre os melhores, não foi claro ao tratar do tema. Diz ele: "Se há dois tipos de tributo (classificados segundo a ótica adotada pelo Código), a conclusão imediata é a de que a exigência contida no art. 166 só se aplica a uma das categorias, ou seja, a dos tributos que comportam transferência. Para outros que não comportam, não há a exigência indicada no art. 166, qual seja, a prova da assunção do encargo financeiro" ("IOF — Câmbio, restituição do indébito", *RDT* 3/188).

O erro está em afirmar que uns tributos comportam, e outros não, a possibilidade de transferência.

Todos comportam!

Veja-se o IPTU, que muitos, com erro, acham que é *imposto real* (também não existe imposto real, todo imposto é pessoal).

Não transfere o locador ao locatário, no contrato, o dever de pagá-lo?

Até o imposto de renda é transferível.

As empresas, na contabilidade dos custos, incluem-no nos preços, se não pelo total, ao menos parcialmente.

O imposto de renda das pessoas físicas, até ele, em certas circunstâncias, é transferível. Veja-se: os médicos não cobram mais ou menos conforme esteja ou não o imposto incluso no preço da consulta?

O certo é distinguir repercussão econômica e repercussão jurídica. Tributos que repercutem economicamente mas não são, pela sua natureza, construídos juridicamente para repercutir, estão livres da exigência do art. 166 do CTN. Citemos, *v.g.*, a COFINS, o PIS, o IOF etc. Vitório Cassone explica com maior claridade: "Assim, quando o art. 166 fala em tributos que comportem, por sua natureza, transferência do respectivo encargo financeiro, está referindo-se aos tributos lançados (efetivamente destacados) no documento fiscal em que o contribuinte (de direito) arrecada-o do adquirente (ou do chamado contribuinte de fato) e o recolhe ao sujeito ativo" ("Aspectos práticos do ICM em sua atualidade", *DCI* 14.1.83).

A matéria está pacificada no Tribunal dos Tribunais (ST J): "IOF. O tributo em referência não comporta, por sua própria natureza, a transferência do respectivo encargo financeiro, razão pela qual é de repelir-se a aplicação à espécie do art. 166 do CTN e da Súmula n. 546 do STF".

No âmbito da restituição dos tributos indevidamente pagos, o art. 167 e seu parágrafo único são auto-explicativos.

4. Decadência do direito de pleitear a restituição

Dispõe o art. 168:

"Art. 168. O direito de pleitear a restituição extingue-se com o decurso do prazo de 5 (cinco) anos, contados:

"I — nas hipóteses dos incisos I e II do art. 165, da data da extinção do crédito tributário;

"II — na hipótese do inciso III do art. 165, da data em que se tornar definitiva a decisão administrativa ou passar em julgado a decisão judicial que tenha reformado, anulado, revogado ou rescindido a decisão condenatória."

Na hipótese dos incisos I e II, ou seja, pagamento indevido no *momento mesmo do ato*, o direito de pedir a restituição caduca em cinco anos a contar da data de extinção, por qualquer forma, do crédito tributário. Observe-se, no entanto, uma peculiaridade, decorrente do próprio sistema do Código Tributário Nacional. Nos tributos sujeitos a lançamento por homologação a extinção do crédito tributário ocorre pela homologação, expressa ou tácita, do pagamento. E o prazo para homologar, já vimos, é de cinco anos a contar do fato gerador, a teor do art. 150, § 4º:

"Art. 150. O lançamento por homologação, que ocorre quanto aos tributos cuja legislação atribua ao sujeito passivo o dever de antecipar o pagamento sem prévio exame da autoridade administrativa, opera-se pelo ato em que a referida autoridade, tomando conhecimento da atividade assim exercida pelo obrigado, expressamente a homologa.

"(...)

"§ 4º. Se a lei não fixar prazo à homologação, será ele de 5 (cinco) anos, a contar da ocorrência do fato gerador; expirado esse prazo sem que a Fazenda Pública se tenha pronunciado, considera-se homologado o lançamento e definitivamente extinto o crédito, salvo se comprovada a ocorrência de dolo, fraude ou simulação."

Como a Fazenda Pública nunca homologa expressamente, considera-se extinto o crédito tributário cinco anos após ocorrido o seu fato gerador (homologação tácita).

Assim sendo, o prazo de cinco anos para exercer o direito de pedir a restituição tem como *dies a quo* justamente o *dies ad quem* da Fazenda Pública para homologar o crédito restituendo.

O STJ tem corroborado a doutrina ora exposta, com extrema coerência e espírito sistemático. No REsp 121.317-PR, *DJU* de 1.10.97, está dito, com o nome de *prescrição da ação*, que o direito de pleitear em juízo a repetição caduca em 10 anos nos tributos sujeitados a homologação do pagamento:

"Tributário — IPI — Repetição de indébito — Prescrição — Termo inicial.

"1. Em se tratando de tributos sujeitos a lançamento por homologação, o prazo prescricional do direito de repetir o indébito tributário inicia-se a partir da homologação do lançamento ou, se inerte o Fisco, após o término do prazo de cinco anos a que se refere o § 4º do art. 150 do CTN.

"2. Recurso improvido."

Na espécie do inciso III, ou seja, reforma, anulação, revogação ou rescisão de decisão condenatória (que tenha ordenado o pagamento), o prazo para pedir a restituição tem como *dies a quo* a data em que for publicada ou comunicada pessoalmente à parte a decisão administrativa ou judicial que tenha reformado, anulado, revogado ou rescindido a decisão condenatória. Hugo de Brito Machado, com a concisão que lhe é característica, explica os vocábulos utilizados no inciso do Código Tributário Nacional: "Há reforma quando o desfazimento se dá por decisão de órgão superior, com exame de mérito; anulação, quando apenas por vício formal; revogação, quando o próprio órgão prolator da decisão a modifica, em face de recurso que admita retratação; e finalmente rescisão quando a decisão já havia transitado em julgado, mediante ação rescisória" (*Curso de Direito Tributário*, 5ª ed., Rio de Janeiro, Forense, p. 129).

5. *Prescrição da ação para anular a decisão administrativa que denega restituição*

O art. 169 do CTN reza:

"Art. 169. Prescreve em 2 (dois) anos a ação anulatória da decisão administrativa que denegar a restituição.

"Parágrafo único. O prazo de prescrição é interrompido pelo início da ação judicial, recomeçando o seu curso, por metade, a partir da data da intimação validamente feita ao representante judicial da Fazenda Pública interessada."

O sujeito passivo tem o direito, antes de ingressar em juízo, de pedir administrativamente a restituição do que pagou sem dever. Em caso de denegação, o prazo para pleitear a anulação da decisão administrativa é de dois anos.

Alguns juízes — muito poucos, felizmente — exigem que os autores das ações repetitórias comprovem o *interesse de agir* com a prova da denegação administrativa do pedido.

Ora, isso significa denegação de justiça. O acesso ao Judiciário é direito fundamental, e a ida prévia à Administração é faculdade, e não conduta obrigatória do sujeito passivo.

O parágrafo único do art. 169 é de uma desfaçatez sem tamanho. É modalidade de prescrição intercorrente, já não mais da ação, mas do processo, em inteiro descompasso com a realidade. Trata-se, em verdade, de absurdo privilégio processual em prol da Fazenda Pública, contra o princípio da isonomia.

Correndo por metade a prescrição, mesmo após a intimação (*rectius*: citação) do representante judicial da Fazenda Pública, tem-se que prescreveria o direito do autor em um ano, na melhor das hipóteses, após a citação, à falta de sentença.

Em rigor, o autor só poderia ser responsabilizado pelas delongas processuais a seu cargo. A inércia ou a morosidade do Judiciário não podem ser a ele debitadas.

Ruborizados, com louvável pudor, os representantes judiciais da Fazenda não fazem uso do deslavadamente iníquo parágrafo único do art. 169, salvo raríssimas exceções, invariavelmente repelidas pelos juízes.

PROCESSO ADMINISTRATIVO TRIBUTÁRIO
Princípios, amplitude, natureza e alcance das funções nele exercidas

EDUARDO D. BOTTALLO

Professor de Direito Financeiro e
Direito Constitucional das Faculdades de Direito da Universidade de São Paulo
e de São Bernardo do Campo — Juiz — Jurista do TRE/SP — Advogado

1. Os princípios que informam o processo administrativo tributário. 2. O devido processo legal. 3. A natureza da atividade exercida pelo Estado no processo administrativo tributário. 4. O controle da constitucionalidade pelos Tribunais Administrativos.

1. Os princípios que informam o processo administrativo tributário

Diversos princípios constitucionais conjugam-se para fundamentar o entendimento de que é vedado à Administração exigir tributos e/ou aplicar penalidades a contribuintes sem assegurar-lhes prévia e ampla defesa: o da legalidade, os que garantem os direitos de propriedade, o de petição, o do devido processo legal e o do contraditório e ampla defesa (CF, arts. 5º, II, XXII, XXXIV, "a", LIV e LV).

Estes princípios, por seus respectivos títulos e alcance, condicionam amplamente toda a atividade estatal, de modo a impedir que se desenvolva senão dentro dos limites por eles previamente traçados.

Daí por que, sendo a atividade de apuração do "crédito tributário" (aqui tomado em sua expressão mais ampla, no sentido de abranger também as penalidades pecuniárias) eminentemente infralegal, deve ser exercida com a observância de procedimentos que resguardem os direitos de contribuintes (Geraldo Ataliba).

Da mesma forma como não se admite que o Estado arrecade tributos ou aplique sanções senão com base em lei, igualmente lhe é vedado fazê-lo, ainda que fundado em lei, se esta negar ou amesquinhar tais direitos.

Seria, por outro lado, manifestamente absurdo o raciocínio que se desviasse destas acatadas premissas, sob a alegação de que, em última análise, sempre cabe ao particular o direito de pleitear, perante o Judiciário, a correção ou anulação dos atos da Administração Pública que eventualmente viessem a causar lesões a seus direitos (CF, art. 5º, XXXV).

Na verdade, tal ponto de vista, de um lado, implicaria a inaceitável admissão de que, fora do Poder Judiciário, o Estado estaria autorizado a exercer, sem contraste, seu *imperium* e, de outro, que os direitos e garantias individuais, expressamente consignados na Carta Magna, somente teriam algum significado dentro do processo judicial, quando é certo que os mesmos existem exatamente para proteger os particulares contra eventuais abusos e arbítrios do Poder Público em todos os seus desdobramentos.

A propósito do tema, Pontes de Miranda deixou preciosas considerações, que, embora voltadas para a Constituição de 1967/1969, não perderam atualidade: "*Defesa e direito público subjetivo* — Tanto o Direito Fiscal, quanto os outros ramos do Direito Administrativo, inclusive o Direito relativo às contribuições de empregados e empregadores, têm de atender ao *princípio da possibilidade de defesa*. Quem quer que encontre infração tem, logicamente, de encontrar ato que infringe lei; portanto, há de saber e dizer qual a lei e qual o ato, para que o apontado como coator possa apreciar a *comunicação de conhecimento*, que se faz, e defender-se, ou com a alegação de que a comunicação de conhecimento, o *statement of fact*, é falso, ou com a alegação de que não há a regra jurídica, que se invoca no auto de infração, ou que a regra jurídica, que se invoca, é contrária à lei, ou que, ainda quando lei, é contrária à Constituição. É preciso que o acusado de infringir possa discutir as argüições, quer impliquem *quaestiones facti*, quer impliquem *quaestiones juris*".

E, mais adiante, invocando lição de Manuel Lopes Ferreira: "É da tradição do nosso Direito que dos autos há de ter conhecimento o acusado e serem feitos com os requisitos para isso, porquanto cada um deve ser citado para dizer do seu direito o que tiver que alegar, porque a defesa é natural e a ninguém se deve negar" (*Comentários à Constituição de 1967 com a Emenda n. 1 de 1969*, t. II, São Paulo, Ed. RT, 1971, pp. 4 e 5).

Em interessante estudo sobre "A garantia da ampla defesa no Direito Administrativo Processual Disciplinar", Sérgio de Andréa Ferreira assim se expressa a respeito da garantia da ampla defesa na órbita administrativa:

"Originariamente, numa interpretação estrita, a garantia em questão diria respeito tão-somente ao processo judicial penal. A evolução tem mostrado, todavia, a ampliação de sua área de abrangência.

"(...)

"Ademais, é de se acentuar a ocorrência da chamada jurisdicionalização do procedimento administrativo, isto é, a recepção, pelo mesmo, de princípios e regras do processo judicial, notadamente no que se refere às garantias de defesa, tornando-o, sem tirar-lhe a natureza ou autocomposição, o mais justo possível na pesquisa da verdade" (*RDP* 19/61 e 62).

Esta observação, aliás, mostra bem a medida de que se deve valer a identificação do Estado de Direito, cujo conteúdo material acabou encontrando confortável acolhida no texto da Lei Maior, como bem revela o dizer sempre autorizado de Alberto Xavier:

"A Constituição anterior estabelecia no seu art. 153, § 15, que 'a lei assegurará aos acusados ampla defesa, com os recursos a ela inerentes', acrescentando, logo após, que 'não haverá foro privilegiado nem tribunais de exceção'. Verifica-se assim que o novo texto constitucional concedeu expressamente o direito de ampla defesa, não apenas aos 'acusados em geral', mas também aos 'litigantes', seja em processo judicial, seja em processo administrativo.

"Por sua vez, arvorou o 'contraditório' em princípio autônomo do de ampla defesa" (*Do Lançamento: Teoria Geral do Ato, do Procedimento e do Processo Tributário*, 2ª ed., Rio de Janeiro, Forense, 1997, p. 161).

2. O devido processo legal

A especificação dos requisitos que o processo administrativo deve preencher, visando a atender adequadamente aos ditames constitucionais aos quais está preso, leva à análise da cláusula do devido processo legal (*due process of law*), garantia que — em perspectiva mais ampla, mas que cabe, sem qualquer rejeição, no presente contexto — Hélio Ivo Dória identifica como sendo a que "respeita não só às normas preexistentes de Direito Material e Formal, mas também se rege por dispositivos constitucionais pertinentes à organização e atuação do Poder Judiciário, ao contraditório e à amplitude da prova" (*Direito Processual Tributário*, São Paulo, José Bushatsky Editor, 1963, p. 36).

Dentre tantos que se debruçaram sobre o assunto, o ilustre administrativista Agustín Gordillo é, segundo nosso entendimento, o responsável por uma das melhores sínteses a respeito da aplicação da cláusula do devido processo legal ao procedimento administrativo tributário (o trabalho aqui referido foi publicado na *RDP* 10/16-24, sob o título "La garantía de defensa como principio de eficacia en el procedimiento administrativo"; trata-se, na verdade, da seção IV, ns. 16-21, pp. 72-87, do Capítulo I de seu livro *Procedimiento y Recursos Administrativos*).

Por esta razão, à qual se alia a de que as idéias expostas por este autor têm dimensões universais, sua invocação cerca-se de grande pertinência e propriedade.

Para Gordillo a garantia do devido processo legal compreende dois aspectos essenciais.

O primeiro deles consiste no que denomina de *direito de ser ouvido*, o qual, por sua vez, pressupõe: a) a publicidade do procedimento (direito de conhecimento), manifestada pelo leal conhecimento da autuação administrativa; b) a oportunidade de o administrado expressar suas razões antes da decisão e também depois (dupla instância de julgamento); c) a expressa consideração dos argumentos do administrado e das questões propostas, desde que voltadas para a solução do caso; d) o dever da Administração de decidir expressamente os requerimentos; e) o dever da Administração de proferir decisões fundamentadas, analisando os pontos levantados pela parte; e, finalmente, f) o direito do administrado de fazer-se representar por profissional habilitado ao patrocínio de seus direitos.

O segundo aspecto erigido por Gordillo consiste no *direito de oferecer e produzir provas*, o qual, por igual forma, se expressa em uma série de pressupostos: a) o direito a que toda a prova razoavelmente requerida seja produzida, ainda que pela própria Administração (requisição de informações etc.); b) o direito a que a produção da prova seja efetuada antes que se profira decisão sobre o mérito da questão; e c) o direito de controlar a produção da prova feita pela Administração.

Estes dois requisitos, com os seus respectivos desdobramentos, dão, com efeito, conteúdo e materialidade à cláusula do devido processo legal, na medida em que possibilitam uma adequada proteção ao direito de defesa de que são titulares todos quantos se vejam constrangidos pela ação sancionadora do Poder Público.

De um lado, o prévio conhecimento, por parte dos contribuintes, do conteúdo das prestações cujo cumprimento lhes está sendo exigido constitui inafastável condição para validade do procedimento administrativo tributário. Tal necessidade, cujas raízes remontam ao Direito Romano — *nemo inauditus damnare potest* —, a par de *aquisição colada à personalidade humana*, para usarmos a forte expressão de Pontes de Miranda (*Comentários ao Código de Processo Civil*, 2ª ed., t. III, Rio de Janeiro, Forense, 1974, p. 200), diz respeito também à observância de outro princípio, como seja, o da boa-fé, que adquire, no campo do Direito Tributário, importante expressão na figura da espontaneidade tal como definida no art. 138 do CTN (como ensinava o saudoso Mestre Geraldo Ataliba: "É um princípio jurídico universal — decorrente do princípio da boa-fé — que a espontânea denúncia de uma irregularidade exclui a aplicação de toda e qualquer sanção administrativa" — "Princípios do procedimento tributário", in *Novo Processo Tributário*, São Paulo, Resenha Tributária, 1975, p. 34).

A seu turno, o direito à produção de provas apresenta-se intimamente relacionado com a própria eficácia do procedimento, devendo ser respeitado ainda quando não expressamente previsto, sem o quê não haverá como atender-se ao pressuposto essencial à formação de qualquer juízo, que consiste em "verificar se o suporte fático concreto contém as notas desenhadas no suporte fático abstrato" (cf. Lourival Vilanova, *Proteção Jurisdicional dos Direitos numa Sociedade em Desenvolvimento*, ed. OAB/SP, 1970, p. 43).

Conforme conduza a concepção que se tenha acerca da área de atuação do procedimento administrativo tributário, ou, ainda, em função de limitações de maior ou menor amplitude que, em aspectos subsidiários, possam ser estabelecidas, alguns dos meios de expressão dos requisitos citados poderão eventualmente variar em seu dimensionamento.

Todavia, sua substância deve, em todos os casos, ser preservada, sob pena de esvaziamento da cláusula do devido processo legal, disso resultando, conseqüentemente, sua imprestabilidade para tutela de direitos e sua ineficácia como garantia para a distribuição do "justo legal" (Seabra Fagundes).

3. A natureza da atividade exercida pelo Estado no processo administrativo tributário

A clássica concepção da divisão dos Poderes leva, *grosso modo*, a identificar os atos do Legislativo, Executivo e Judiciário, respectivamente, como de criação da norma jurídica, de sua aplicação concreta e de solução de litígios que eventualmente possam resultar de tal aplicação.

Todavia, conforme adverte o mesmo Seabra Fagundes:

"Enquanto o conceito de função legislativa decorre facilmente do contraste entre os fenômenos de formação do Direito e os de realização, o mesmo não sucede com o das funções administrativa e jurisdicional.

"Constitui um delicado problema doutrinário fixar, para cada uma destas, o conceito específico, pois que ambas, se prendendo à fase de realização do Direito, identificam-se como funções de execução" (*O Controle dos Atos Administrativos pelo Poder Judiciário*, 4ª ed., Rio de Janeiro, Forense, p. 18).

A crescente e complexa gama de atribuições cometidas ao Estado e, conseqüentemente, das funções que deve desempenhar — certamente *più di tre* (Maximo Severo Giannini) —, demonstra estarmos, atualmente, muito longe daquela idéia de que as competências atribuídas a cada um dos "Poderes" deveriam ser absolutas, impenetráveis, para o fim de assegurar-se, adequadamente, as liberdades políticas e civis dos cidadãos.

Na verdade, Legislativo, Executivo e Judiciário não representam, em si, "Poderes", mas sim "centros", ou órgãos, que exercitam o *poder estatal*, tendo em vista as funções *normais* e características que lhes são atribuídas e das quais tomam sua denominação.

Nesta linha de raciocínio pode-se perfeitamente estabelecer, seja no plano científico, seja diante da realidade do Direito Positivo, a possibilidade de cada um desses "centros" ou órgãos de exercício do poder estatal executar, concomitantemente, funções consideradas legislativas, executivas ou jurisdicionais.

3.1 Características da denominada função administrativa

A mais típica e, sob o ponto de vista quantitativo, provavelmente mais presente manifestação da atividade que se reconhece como peculiar ao órgão Executivo do Estado se expressa no exercício da chamada função administrativa.

Referindo-se concretamente às mais freqüentes manifestações resultantes do desempenho desta função, e após destacar sua variedade e complexidade, Renato Alessi assim as enumera: a execução da organização do próprio Estado; o zelo e manutenção da segurança e ordem públicas; a prestação de serviços inerentes às necessidades físicas, econômicas, morais e intelectuais da coletividade; a preordenação do desenvolvimento da jurisdição em relação a seus órgãos; a preparação dos meios adequados para a defesa externa do Estado; o provimento dos meios necessários para o desenvolvimento de todas as funções estatais etc. (*Instituciones de Derecho Administrativo*, 3ª ed., Barcelona, Bosh Casa Editorial, p. 9).

A função administrativa, em suma, consiste na aplicação concreta da lei, determinada por fatores ou razões de interesse ou utilidade pública.

3.2 A atividade judicante como modalidade peculiar de função administrativa

A par desta função, entretanto, apresenta-se outro tipo de atuação exercida pela Administração Pública, que Rubens Gomes de Sousa denominou de administração "judicante", em contraste com a por ele qualificada como "ativa", que, na essência, não é outra senão a anteriormente tratada:

"A administração ativa tem por objeto a atuação concreta da vontade do Estado declarada abstratamente na lei. (...)

"Não visa fazer justiça nem declarar direitos, senão apenas efetivar coativamente a realização de uma função administrativamente regrada ou discricionária.

"(...)

"A administração judicante, ao contrário, tem por objeto solucionar, conforme o Direito, as controvérsias surgidas com os administrados em conseqüência do funcionamento da administração ativa" ("Revisão judicial dos atos administrativos em matéria tributária por iniciativa da própria Administração", *RDA* 29/441).

Diferem, assim, em pontos fundamentais: a administração ativa age em função do interesse público; a administração judicante visa aos interesses da ordem jurídica, estando, conseqüentemente, voltada para o restabelecimento da plenitude desta, mediante solução de controvérsias originadas entre as partes, pela lesão de direito.

Vejamos, agora, brevemente, quais são os mais relevantes traços desta atividade judicante.

Em primeiro lugar, seu exercício se dá em uma situação de conflito, surgida no processo de aplicação do Direito.

Releva notar que tal situação contenciosa é *instaurada não pela Administração Pública, mas sim pelo particular*, na medida em que este, valendo-se da existência do processo administrativo, opõe resistência à pretensão estatal, mediante o exercício de seu direito de defesa.

Voltando os olhos para o caso específico da atividade tributária do Estado, notamos que, enquanto o lançamento (função administrativa típica) é sempre de iniciativa do Poder Público (CTN, art. 142), o processo contencioso só pode ser instaurado pelo particular, "porque a este compete alegar o que entenda ser de seu direito, seja contraditando o lançamento de iniciativa do Fisco, seja alegando diretamente que não deve ser lançado, seja ainda pedindo restituição do que já tenha pago" (Rubens Gomes de Sousa, *Compêndio de Legislação Tributária*, Financeiras, p. 121).

Em segundo lugar, pela função judicante realiza-se trabalho de interpretação do direito controvertido, como *modo* de alcançar sua finalidade.

Do exercício dessa função, com efeito, resulta mais do que mero ato de aplicação da norma jurídica, mas sim a fixação de seu sentido no caso concreto.

É certo que a interpretação assim alcançada nem sempre será definitiva, pelo menos quando dela decorrer prejuízo ou dano a direitos de particulares. Porém, até mesmo este sentido de definitividade muitas vezes está presente na atividade ora considerada, embora sem revestir-se da solenidade da *res judicata*.

Por último, o objetivo da função judicante é remover uma situação contenciosa.

Este dado pode, também, ser apropriadamente invocado como um dos traços característicos da referida função, na medida em que se reconhece que, pelo menos em uma hipótese, o resultado de seu exercício implicará forçosamente a eliminação definitiva do conflito, como seja aquela em que *a própria Administração* admite a improcedência ou invalidade da prestação em um momento anterior imposta ao administrado, determinando, em conseqüência, seu cancelamento.

Por outro lado, ainda quando o oposto ocorrer, isto é, mesmo nos casos em que a decisão proferida for no sentido da confirmação da exigência formulada, o litígio poderá desaparecer pela satisfação voluntária da obrigação por parte do atingido.

Por certo que esta última possibilidade é aqui apresentada com um objetivo mais definido do que meramente o de aventar o óbvio.

A consideração especial que nos leva a formulá-la é a de que muitas vezes os Tribunais Administrativos, "pela sua especialização técnica, possuem melhores elementos do que as próprias instâncias judiciais para apreciar certas condições de fato, e os dados técnicos necessários ao pleno conhecimento da controvérsia" (Themístocles Cavalcanti, *Teoria dos Atos Administrativos*, 2ª ed., São Paulo, Ed. RT, p. 139).

4. O controle da constitucionalidade pelos Tribunais Administrativos

Uma das mais incompreensíveis limitações que, em geral, ainda se auto-impõem os órgãos singulares ou coletivos encarregados, na esfera administrativa, do julgamento de questões tributárias diz respeito à recusa na consideração de questões constitucionais suscitadas pelos contribuintes.

Criticando esta postura, o saudoso Gilberto de Ulhôa Canto, com muita acuidade, observava que ela decorre de um engano fundamental e de um argumento superado:

"O engano consiste em supor que desse ato (decisão administrativa) decorrem os efeitos que a Constituição reserva para o pronunciamento dos Tribunais Judiciais pela maioria absoluta de totalidade dos seus membros.

"(...)

"O argumento é o de que o funcionário é subordinado ao Poder Executivo... (devendo, portanto) obediência ao seu Ministro ou ao Presidente da República" (*Do Processo Tributário Administrativo — Teoria do Direito Tributário*, ed. da Secretaria da Fazenda do Estado de São Paulo, p. 103).

Quanto ao primeiro ponto, é bem de ver-se que não se trata, em absoluto, de atribuir à decisão administrativa os mesmos efeitos da declaração judicial de inconstitucionalidade, mas apenas de levar em conta a hierarquia que as diversas espécies de normas têm dentro do sistema jurídico.

Esta consideração é inexorável, porque sua negativa conduz ao absurdo de aceitar-se que, dentro do processo administrativo tributário, a Constituição pode ser desconhecida ou, como se fosse mera coisa fungível, ser "substituída", "modificada" ou "revogada" por portarias, regulamentos e outros atos administrativos.

A seu turno — e quanto ao segundo ponto —, as próprias características da função exercida dentro do processo administrativo tributário (cf. item 3.2, *retro*) revelam, ao menos sob o ponto de vista conceitual, uma clara independência dos órgãos julgadores em relação a outros setores da Administração.

Para gáudio da ordem jurídica, a conquista desta consciência gradativamente está se fazendo presente. Exemplo significativo de tão generosa postura é relatado por Celso Alves Feitosa, Juiz do Tribunal de Impostos e Taxas de São Paulo, ao assinalar que o Plenário dessa Corte, por esmagadora maioria, já assentou sua plena competência para julgar a ilegitimidade de norma inferior em face do texto da Constituição ("A crescente formalização do processo administrativo fiscal, sua transformação e conseqüências", in *Processo Administrativo Fiscal*, v. 3º, São Paulo, Dialética, p. 41).

Ademais, são reiterados os pronunciamentos — tanto do Poder Judiciário quanto da própria Consultoria-Geral da República — com respeito à faculdade reconhecida ao Executivo (*lato sensu*) de, espontaneamente, deixar de cumprir lei por considerá-la inconstitucional, assegurando-se aos eventuais prejudicados, como não poderia deixar de ser, pleno acesso à jurisdição (Gilberto de Ulhôa Canto, ob. e loc. cits.).

Esta compreensão é essencial, porque somente com a sua adoção é que se poderá atender ao propósito maior de possibilitar ao administrado, no âmbito do processo administrativo tributário, o exercício de seu direito de defesa nas dimensões em que, mesmo fora do Judiciário, a Constituição admite e assegura.

Como já se afirmou, "todo o Direito Administrativo é constituído em torno do binômio *prerrogativas da Administração/garantias do administrado*" (Garrido Falla).

Disto decorre que interesse público e direitos fundamentais não são conceitos antagônicos ou incompatíveis, mas, sim, valores igualmente prestigiados pela ordem jurídica — e, portanto, valores jurídicos —, que, como tais, se integram e harmonizam.

ICMS/ISS — TV POR ASSINATURA E A CABO, "COURRIER" E INTERNET

José Eduardo Soares de Melo
Advogado — Doutor e Professor de Direito Tributário
da Faculdade de Direito da Pontifícia Universidade Católica de São Paulo

I — TV a cabo. II — "Courrier". III — Internet.

I — TV a cabo

As atividades desenvolvidas pelas emissoras de televisão têm ensejado dificuldades a respeito da precisa implicação tributária, de conformidade com a conceituação técnica assentada no ordenamento jurídico.

O Código Brasileiro de Telecomunicações-CBT (Lei 4.117, de 27.8.62) havia estabelecido o seguinte:

"Art. 4º. Para os efeitos desta Lei, constituem serviços de telecomunicações a transmissão, emissão ou recepção de símbolos, caracteres, sinais escritos, sons ou informações de qualquer natureza, por fio, rádio, eletricidade, meios óticos ou qualquer outro processo eletromagnético.

"(...)

"Art. 6º. Quanto aos fins a que se destinam, as telecomunicações assim se classificam:

"(...)

"d) *serviço de radiodifusão, destinado a ser recebido direta e livremente pelo público em geral, compreendendo a radiodifusão sonora e televisiva*;

"(...)

"f) serviço especial, relativo a determinados serviços de interesse geral, não aberto à correspondência pública (...)."

O Regulamento do CBT (Decreto 52.026, de 20.5.63, art. 41) dispusera que os serviços de telecomunicações podiam ser divididos em: a) serviço de telefonia público; b) serviço de telegrafia; c) serviço público restrito; d) serviços especiais; e) serviço limitado interior; f) *serviço de radiodifusão*; g) serviço de radioamador.

Na mesma trilha situou-se o Decreto 52.795, de 31.10.63 — regulamentador dos serviços de radiodifusão —, ao preceituar que "os serviços de radiodifusão, compreendendo a transmissão de sons (radiodifusão sonora) e a transmissão de sons e imagens (televisão), a serem direta e livremente recebidas pelo público em geral".

Constata-se que a característica básica da *radiodifusão* (mantida pela Lei 9.472, de 16.7.97, art. 215, I) reside na comunicação (transmissão de sons e imagens) à coletividade, de forma generalizada, com o timbre de gratuidade.

A seu turno, o *Serviço Especial por Assinatura* (*TVA*) possui elementos distintos da apontada radiodifusão, uma vez que constitui prestação de serviço especial a assinante, mediante remuneração, consistente na distribuição de sons e imagens por sinais codificados, com a utilização de canais do espectro radioelétrico.

A regulamentação desse Serviço (Decreto 95.744, de 23.2.88) tratara dos pontos básicos seguintes:

"Art. 3º. (...)

"II — assinante é a pessoa que adquire o direito à recepção dos sinais da TVA;

"III — assinatura é o contrato oneroso de prestação de serviços, celebrado entre o assinante, individual ou coletivamente considerado, e a entidade exploradora da TVA;

"(...)

"Art. 28. (...)

"Parágrafo único. Dada a licença de funcionamento, a entidade poderá iniciar a cobrança das assinaturas e exploração do serviço.

"(...)

"Art. 48. A TVA é remunerada por preços, que poderão ser diferenciados em assinaturas individuais e coletivas."

O Consultor-Geral da República delineara a radiodifusão como serviço aberto ao público em geral, distinguindo-se do da TVA, de cunho elitista, na medida em que só é acessível a quem por ela pode pagar, inclusive quanto ao uso e manutenção do codificador de sinais (Parecer SR-93, de 21.6.89, processo 400.00012/89-7, *DOU* 23.6.89, p. 10.180).

O *Serviço de TV a Cabo* (Lei 8.977, de 6.1.95, mantida pela Lei 9.472/97, art. 212) — pertinente à distribuição de sinais de vídeo e/ou áudio a assinantes, mediante transporte por meios físicos — também estipulara a assinatura de contrato e o pagamento de preço (arts. 2º, 5º, II, e 34, I).

Esta modalidade de comunicação televisiva também possui elementos distintos da radiodifusão, tendo como ponto marcante a fruição de específicos e diferenciados serviços, de natureza onerosa.

As características operacionais e legais permitem vislumbrar que apenas as comunicações televisivas — "Assinatura e a Cabo" — tipificam autênticos serviços de comunicação, em razão da identificação dos tomadores, e caráter oneroso, materializadas em específicos contratos.

Este negócio — que não reveste a natureza jurídica de radiodifusão — constitui a materialidade do imposto sobre serviços de comunicação (ICMS), previsto na Constituição Federal (art. 155, II) e explicitado na Lei Complementar 87, de 13.9.96 (art. 2º, III).

Importante assinalar que "a prestação do serviço de comunicação prescinde do conteúdo da mensagem transmitida, tipificando-se como a simples colocação à disposição do usuário dos meios e modos para a transmissão e recepção das mensagens. Os partícipes da relação comunicativa não 'prestam serviço' um para o outro, nem para terceiros. Eles apenas se comunicam. Presta o serviço, isto sim, a empresa que mantém em funcionamento o sistema de comunicações consistente em terminais, centrais, linhas de transmissão, satélites" (Marco Aurélio Greco e Anna Paola Zonari, "ICMS — Materialidade e princípios constitucionais", *Curso de Direito Tributário*, 5ª ed., v. 2, CEJUP, 1997, p. 157).

Aliás, "quando uma mensagem é transmitida para pessoas indeterminadas (via televisão, por exemplo, em que há uma simples expectativa da emissora de que se encontre algum destinatário), há uma simples difusão de mensagens, intributável por via de ICMS. Como se isso não bastasse, não há nenhuma obrigação de fazer entre a emissora e seus destinatários (o que já descaracteriza o *fato imponível* do ICMS), e, ainda que houvesse, o imposto seria inexigível, por falta de base de cálculo, porquanto o serviço de televisão (como o de radiodifusão sonora) é gratuito (art. 6º da Lei 4.117/62). Só quando o destinatário assume papel ativo, contratando o serviço de comunicação e dele participando, através do envio e do recebimento de mensagens, é que o ICMS pode incidir" (Roque Carrazza, *ICMS*, 4ª ed., São Paulo, Malheiros Editores, 1998, p. 117).

Entretanto, positiva-se certa insegurança sobre o assunto, uma vez que nas comunicações veiculadas por TV a cabo ou por assinatura, em que o destinatário das mensagens é identificado, é tanto razoável entender que se trata de radiodifusão (não-incidência do ICMS), como também entender que o imposto incide porque se trata de comunicação onerosa, ou remunerada (Hugo de Brito Machado, "ICMS e radiodifusão", *RDT* 23/60).

II — "Courrier"

O transporte de documentos e encomendas do local de embarque até o domicílio do destinatário final, em nome deste, realizada por veículos aéreos, rodoviários etc., e abrangendo a coleta, despacho e entregas respectivas, sofrerá (ou não) a incidência do ICMS de conformidade com situações peculiares, atinentes ao negócio jurídico, onerosidade e âmbito geográfico.

O ICMS incide sobre os serviços prestados em regime de Direito Privado (por particular, empresas privadas, públicas ou sociedades de economia mista), que não se confundem com os serviços públicos, de competência exclusiva da União, Estados, Distrito Federal e Municípios.

É evidente que só se pode cogitar de *serviço* quando existem duas (ou mais) pessoas (físicas ou jurídicas) nas qualidades de prestador e tomador (usuário) dos serviços, sendo uma heresia ou ilogicidade pensar-se em "serviço consigo mesmo", como, aliás, já fora pontificado pelo antigo TFR ao declarar a inconstitucionalidade do extinto imposto sobre serviços de transporte rodoviário (art. 3º, III, do Decreto-lei 1.438/75, com a redação do Decreto-lei 1.582/76), em transporte de carga própria, na ArgInconst em MS 89.825-RS, *RDA* 151/49-79.

Assim, incabível o ICMS no transporte que envolve uma única pessoa, o que já fora orientado pela Fazenda de São Paulo, no sentido de que "não há incidência do ICMS uma vez que não ocorre uma efetiva execução de serviços de transporte, pois ninguém presta serviços a si próprio" (Consulta 1.380/91, de 8.5.92, *Boletim Tributário* 475/333-337); e, de modo mais explícito: "como adquirente ou como vendedor, quando o próprio consulente realizar o transporte da mercadoria correspondente à operação efetuada, não estará configurada a prestação de serviço, e, por conseqüência, não há que se falar em documento fiscal de frete, tampouco em crédito" (Consulta 1.052/90, de 11.12.92, *Boletim Tributário* 469/268-272).

Somente ocorrerá sujeição ao ICMS se a prestação de serviço for remunerada, porque, se inexiste preço, não haverá embasamento para a exigência do tributo pela singela circunstância de ausência de efetivo substrato econômico. A exigência do imposto, calculado sobre o valor corrente do serviço, no local da prestação (art. 16 da Lei Complementar 87/96) fere o princípio constitucional da capacidade contributiva (art. 145, § 1º).

A onerosidade do contrato de transporte é de sua essência. Constitui o serviço de transporte atividade econômica de fim lucrativo, não se podendo conceber sua prestação gratuita, embora excepcionalmente ocorra sem retribuição do condutor (Orlando Gomes, *Contratos*, 16ª ed., Rio de Janeiro, Forense, 1995, p. 307).

Realmente, entre os caracteres jurídicos deste negócio insere-se a onerosidade, por haver vantagens para ambos os contraentes. Tal onerosidade lhe é essencial, pois o serviço de transporte é atividade econômica de fim lucrativo (Maria Helena Diniz, *Tratado Teórico e Prático dos Contratos*, v. 4, São Paulo, Saraiva, 1993, p. 224).

Os locais onde são realizados os serviços de transporte têm gerado problemas para positivar, com segurança e certeza, o tributo efetivamente devido.

Os transportes *intramunicipais* (realizados dentro dos limites de um único Município) obrigam exclusivamente ao imposto sobre serviços de qualquer natureza — ISS (previsto no art. 156, III, da CF e Lei Complementar 56/87, itens 59 e 97), por se tratar de assunto de interesse local.

As prestações de serviços de transporte *internacional* não são abrangidas pelo ICMS, uma vez que este tributo somente se aplica àquelas de natureza *intermunicipal* e *interestadual* (art. 155, II, da CF).

No caso de o transporte ser realizado desde o local do estabelecimento do exportador (no país) até o destinatário no exterior (porta a porta), pelo mesmo transportador e com o mesmo veículo, não haverá dúvida de que tal execução foge à incidência do tributo.

Entretanto, nem sempre é fácil delimitar a linha divisória existente entre transportes internos e fora do país, como é o caso de serviços contratados por empresa nacional com destinatários no exterior, em que somente os veículos permissionados (autorização específica) têm condição de cruzar as fronteiras.

Trata-se de acordo firmado entre os países que integram o Cone Sul, que só autorizam alguns tipos de veículos e empresas, por razões de segurança, atendimento de pesos e cargas. Devido a essa peculiaridade, a empresa de transporte — contratante do frete com o destinatário estrangeiro — vê-se compelida a fragmentar o referido transporte, porquanto se encontra impedida de ultrapassar os limites do território nacional.

Convenço-me de que o transbordo não tem a conotação de uma nova prestação de serviços, mas representa mera continuidade de prestação iniciada no país. Não se cogita, propriamente, de dois contratos de transporte, mas de um único apenas, quadrando-se à modalidade "sucessiva", isto é, "quando a mercadoria, para alcançar o destino final, necessitar ser transbordada em veículos da mesma modalidade de transporte" (art. 8º, III, da Lei 6.288/75).

Outrossim, a Fazenda de São Paulo pondera que "o transporte de natureza internacional — ainda que parte do percurso seja feita em território nacional (normalmente os pontos entre o local de saída da mercadoria e a divisa com o país vizinho) — não é fato alcançado pela incidência do imposto; essa execução não admite a forma mista do contrato de transporte, pois, sendo ele único, assim como o veículo transportador, cujo itinerário liga dois pontos extremados em países diferentes, é serviço de natureza internacional que extrapola o limite de incidência definido no texto legal; a circunstância de que uma parte da execução esteja compreendida na hipótese de incidência é acidental, pois todo o percurso é o que caracteriza a prestação internacional" (Consulta 113/90, de 24.10.90, *Boletim Tributário* 448, série A).

Saliente-se que a Constituição Federal contém, de modo implícito e indireto, uma situação imunitória, vedando a incidência do ICMS nas prestações de serviços que não foram previstas (natureza internacional). A razão dessa diretriz é elementar, pois tem por finalidade desonerar as exportações nacionais, facilitando o acesso das empresas do país ao mercado internacional, em razão do quê sobreleva o aspecto teleológico da norma.

Considerando que a competência para legislar sobre comércio exterior e interestadual é privativa da União (art. 22, VIII, da CF), é irrelevante a prestação de serviços de transporte por uma ou mais empresas, com efetivação, ou não, do transbordo, para fins de não-incidência do ICMS.

A exigência do imposto estadual penaliza exatamente aquele produtor com maiores dificuldades de transporte, em virtude de sua posição geográfica, levando a sobrepujar o consagrado princípio da isonomia (CF/88, art. 150, II), a propugnar por tratamento desigual aos contribuintes que se encontrem em situação desigual, já que, permanecendo o entendimento contrário, terá seu produto onerado exatamente aquele que tiver maior dificuldade de distribuí-lo, um verdadeiro contra-senso (João Caetano Muzzi Filho e Geraldo Mascarenhas Lopes Cançado Diniz, "O ICMS e o transporte internacional — A questão da não-incidência", *Repertório IOB de Jurisprudência* 12/186, 2ª quinzena de junho/98, Caderno 1).

Os autores invocados ressaltam que "tal prática fazendária não passará pelo crivo da constitucionalidade se confrontada com os ditames do art. 150, V, que impede a limitação ao tráfego de pessoas ou bens por meio de tributos interestaduais ou intermunicipais, já que restará manifesta a desvantagem dos produtos advindos de pontos outros da Federação que não aqueles onde efetivamente se dê a saída para o exterior, obstaculizando economicamente sua participação na balança comercial" (ob. cit., p. 285).

A prestação de transporte *iniciado no exterior* só justifica a cobrança do ICMS (art. 155, II) no caso de ter continuidade no território nacional, mediante a ocorrência de circulação intermunicipal ou interestadual. Todavia, o transporte de uma mercadoria embarcada no exterior, com desembaraço direto no porto de Paranaguá (Paraná), onde lá permanece, não obriga ao ICMS, por não se ter verificado trânsito entre Estados e/ou Municípios.

Relativamente aos serviços prestados *exclusivamente no exterior*, penso que não pode haver incidência do ICMS, uma vez que o preceito constitucional (art. 155, IX, "a") apenas se aplica ao serviço de comunicação, onde se pode cogitar de um destinatário nacional. Mas no caso de serviço de transporte a hipótese não pode ser idealizada, porque, além de violar o princípio da territorialidade, não terá como destinatário uma pessoa nacional. Esta só poderá ser destinatária do produto econômico da prestação dos serviços, o que não caracteriza hipótese de incidência deste tributo.

III — Internet

Tormentoso, intrincado e difícil é proceder à tipificação tributária relativamente às atividades pertinentes à Internet, considerada esta como o conjunto de redes, meios de transmissão e comutação, roteadores, equipamentos e protocolos necessários à comunicação entre computadores, bem como o *software* e os dados contidos nestes computadores (como definido na Portaria 148, de 31.5.95, do Ministro das Comunicações).

O acesso à Internet implica a utilização de um computador, um *modem* e uma linha telefônica, por qualquer pessoa, e um provedor de serviços, por meio de um programa instalado em seu computador, procedendo ao "roteamento" da ligação por canais contratados da Embratel, que conecta-se a uma empresa estrangeira, além de oferecer diversas outras comodidades (disposição de aparelhos, equipamentos, senhas etc.).

A conexão telefônica apenas estabelece um vínculo jurídico entre o usuário e a atividade pública de telefonia, de natureza pública, e remunerada por tarifas, com incidência do ICMS; o mesmo ocorrendo com a utilização dos mencionados canais.

A realização das apontadas atividades permite visualizar a existência dos provedores de *conexão*, possibilitando a ligação; e dos provedores de *informação*, alimentando a rede com dados, cujas atividades é que serão, ou não, caracterizadas como prestação de serviço de comunicação, suscetível de incidência do ICMS.

Para possibilitar o adequado deslinde da questão torna-se conveniente mostrar diferenciadas posturas jurídicas que têm sido assumidas pelos estudiosos do assunto, tendo em vista seus aspectos nucleares, a saber:

a) O provedor de *informações* desenvolve atividades assemelhadas às do publicitário, na medida em que planeja campanhas com o objetivo de introduzi-las no sistema Internet. Este é que constitui o serviço de comunicação, ao propiciar a transmissão à distância do pensamento humano, em razão do quê não pode incidir o ICMS sobre o planejamento (introdução de informações no circuito da Internet), nem a própria inserção de dados.

O provedor de *acesso* realiza uma liberação do espaço virtual, para possibilitar, então, a comunicação entre duas pessoas. Embora seja a chave que destranca a porta da Internet não é realidade virtual, sendo incabível a incidência do ICMS (José Wilson Ferreira Sobrinho, "Perfil tributário do provedor da Internet", *6º Simpósio Nacional IOB de Direito Tributário*, São Paulo, 20 e 21.11.97, pp. 21-24).

b) O provedor de acesso à Internet não presta serviço de comunicação, que é procedida via telefone, já tributada pelo ICMS. Quem trafega pela Internet busca informações pertinentes à rede de computadores, como se pesquisasse uma biblioteca.

O Ministério das Comunicações (Portaria 148/95) considerou os serviços dos provedores como de valor adicionado, isto é, como acréscimos de recursos a um serviço de telecomunicações que lhe dá suporte, não caracterizando a própria exploração deste.

Assim, não são tributados pelo ICMS, e nem pelo ISS, uma vez que a Lista anexa à Lei Complementar 56/87 não contém qualquer item que se identifique com o provedor (Plínio Marafon, "Tributação dos serviços de comunicação", *6º Simpósio Nacional IOB de Direito Tributário*, p. 19).

c) Os serviços prestados pelas entidades públicas e privadas dedicadas à Internet são tributados pelo ICMS, uma vez que compreendem a relação comunicativa, que é realizada por meio de ligação direta do interessado à rede.

O fato gerador emergente nos serviços prestados para o acesso, utilização e divulgação de informações contém-se no referido tipo tributário, sendo que tais atividades encontram-se inseridas no contexto comunicação.

O provedor de informações não se sujeitará ao ICMS no tocante aos serviços consistentes no planejamento da *homepage* ou veículo publicitário, consistentes na criação, preparação e programação de campanha de divulgação (atividade típica de prestação de serviços). Entretanto, a divulgação da mensagem, da distribuição, da informação e da sua comunicação ao público fazem parte do campo tributável pelo ICMS (Secretaria da Fazenda do Estado do Paraná, Consulta 168/96, publicada no *6º Simpósio Nacional IOB de Direito Tributário*, pp. 24-26).

d) As atividades exercidas pelos prestadores de serviços Internet qualificam-se como serviços de valor adicionado, que se definem exatamente pela adição de uma série de facilidades a uma infra-estrutura de telecomunicações preexistente. Não se confundem com os serviços de telecomunicações; ao revés, trata-se de espécies do gênero serviços de informática.

Os provedores de serviços não possuem e nunca precisaram obter concessão ou qualquer espécie de autorização ou permissão governamental, o que seria imperativo caso tais serviços efetivamente se caracterizassem como de telecomunicações (art. 21, XI, da CF, com a redação da EC 8/95).

Esses profissionais não realizam ou participam de qualquer serviço de comunicação ou telecomunicação, senão como meros usuários, e, portanto, de modo insofismável, não estão sujeitos ao recolhimento do ICMS (João Vicente Lavieri, "Internet; incidência do ICMS ou ISS?", *Revista Jurídica Consulex* 1/54 e 55, n. 3, 31.1.98, ed. Consulex).

e) A Internet, enquanto provedor de informações, é serviço de valor adicionado, não se confundindo com o serviço de telecomunicações (sujeito ao ICMS), que utiliza, apenas para adicionar uma utilidade (transmissão de informações), que não tem a natureza de comunicação.

Equipara tais atividades à consulta a uma biblioteca ou a uma obra, o que não configura comunicação com o autor, embora possa ter encontrado os dados ou informações procurados.

O valor cobrado pela atividade da Internet, enquanto provedor do serviço de informações, não constitui fato gerador de ICMS, na rubrica de comunicações.

Não se sujeita ao ISS, não só porque não se contém na lista anexa à Lei Complementar 56/87 — considerada como taxativa pelo STF — mas, também, porque disponibilizar dados ou informações na Internet não constitui prestação de serviço, mas cessão de um direito de uso de propriedade intelectual (Fugimi Yamashita, "Aspectos tributários da Internet", separata do *6º Simpósio Nacional de Direito Tributário*).

As considerações expendidas evidenciam, à primeira vista, que os provedores prestam serviços, uma vez que oferecem comodidade e utilidade a terceiros, consistentes na possibilidade de utilizarem os serviços da Internet.

Entretanto, não se encontram tipificados tributariamente os específicos serviços de "comunicação", não só porque os referidos usuários não necessitam dos provedores, porque podem conectar seus computadores às empresas estrangeiras, mas também pela circunstância de que os serviços de telecomunicações são prestados pelas concessionárias (e não pelos provedores).

A Lei 9.472, de 16.7.97, que organiza os serviços de telecomunicações, distingue as referidas atividades:

"Art. 60. Serviço de telecomunicações é o conjunto de atividades que possibilita a oferta de telecomunicação.

"§ 1º. Telecomunicação é a transmissão, emissão ou recepção, por fio, radioeletricidade, meios ópticos ou qualquer outro processo eletromagnético, de símbolos, caracteres, sinais, escritos, imagens, sons ou informações de qualquer natureza.

"§ 2º. Estação de telecomunicações é o conjunto de equipamentos ou aparelhos dispositivos e demais meios necessários à realização de telecomunicações, seus acessórios e periféricos e, quando for o caso, as instalações que os abrigam e complementam, inclusive terminais portáteis.

"Art. 61. Serviço de valor adicionado é a atividade que acrescenta, a um serviço de telecomunicações que lhe dá suporte, e com o qual não se confunde, novas utilidades relacionadas ao acesso, armazenamento, apresentação, movimentação ou recuperação de informações.

"§ 1º. *Serviço de valor adicionado não constitui serviço de telecomunicações*, que lhe dá suporte, com os direitos e deveres inerentes a essa condição.

"§ 2º. É assegurado aos interessados o uso das redes de serviços de telecomunicações para prestação de serviço de valor adicionado, cabendo à Agência, para assegurar esse direito, regular os condicionamentos, assim como o relacionamento entre aqueles e as prestadoras de serviço de telecomunicações" (grifei).

Os *serviços de comunicação* são prestados pelas concessionárias, enquanto que os provedores apenas realizam "comunicação" pertinente ao serviço de valor adicionado, não estando sujeitos à incidência do ICMS.

Considerando que as atividades dos provedores afetas à Internet não se encontram rigorosamente especificadas na Lista de Serviços anexa à Lei Complementar 56/87, também não se enquadram na sistemática do ISS.

IMPOSTO MUNICIPAL SOBRE SERVIÇOS
Lei complementar — Aspecto espacial

ANNA EMÍLIA CORDELLI ALVES
Professora da Pontifícia Universidade Católica de São Paulo
— Procuradora do Município de São Paulo

É função da lei ordinária que cria o tributo definir sua hipótese de incidência em todos os seus aspectos: o aspecto pessoal, que nos diz sobre os sujeitos da obrigação tributária; o aspecto temporal, que nos dá as coordenadas de tempo, isto é, define o momento da ocorrência do fato imponível; o aspecto material, que traduz o núcleo da hipótese de incidência, descrevendo o comportamento que, quando ocorrido no mundo concreto, dará nascimento ao tributo; e, finalmente, o aspecto espacial, vale dizer, as coordenadas de lugar, isto é, onde se reputa ocorrido o fato imponível tributário.

Assim, em matéria de imposto municipal sobre serviços compete à lei municipal descrever a hipótese de incidência em todos os seus aspectos.

A afirmação *supra* prestigia a autonomia do Município, bem como o princípio federativo e o princípio da isonomia entre os entes de Direito Público Interno.

Vale dizer: em matéria tributária, o Município vai buscar sua competência diretamente no texto constitucional, tendo como limites aqueles exclusivamente previstos na própria Lei Magna.

Nesse sentido passemos à análise do texto constitucional, que, em seu art. 156, III, atribuiu ao Município competência para instituir impostos sobre serviços de qualquer natureza não compreendidos no art. 155, II, definidos em lei complementar.

Antes, porém, e como requisito necessário, faz-se mister a análise detida da função constitucional atribuída à lei complementar em matéria tributária, posto que para a finalidade do presente estudo, referente ao imposto sobre serviços de qualquer natureza — ISS, deve-se buscar com precisão a delimitação exata de seu papel.

Como "fonte das fontes", a Constituição Federal fixou requisitos de ordem formal e material para a edição das leis complementares.

O requisito formal vem previsto no art. 69 da CF, que estabelece o *quorum* de maioria absoluta para a aprovação da lei complementar.

Quanto ao requisito material, constata-se, pela leitura do texto constitucional, que o legislador constituinte reservou determinadas matérias específicas para a lei complementar.

Assim, via de regra, quando a Constituição pretendeu que determinada matéria fosse tratada por lei complementar, referiu-se a ela expressamente.

Tal, porém, não caracteriza uma regra absoluta, posto que por vezes referiu-se apenas ao vocábulo "lei" em hipóteses que, como veremos, requerem disciplina por lei complementar.

Da mesma forma, via de regra, lei complementar não cria tributos, estando tal tarefa reservada constitucional e precipuamente à lei ordinária. Neste caso, não se trata, também, de regra absoluta, como veremos mais adiante.

No campo do Direito Tributário o legislador constituinte estabeleceu, no capítulo do sistema tributário nacional, as atribuições básicas e fundamentais da lei complementar, no art. 146, a saber:

"Art. 146. Cabe à lei complementar:

"I — dispor sobre conflitos de competência, em matéria tributária, entre a União, os Estados, o Distrito Federal e os Municípios;

"II — regular as limitações constitucionais ao poder de tributar;

"III — estabelecer normas gerais em matéria tributária, especialmente sobre:

"a) definição de tributos e de suas espécies, bem como, em relação aos impostos discriminados nesta Constituição, a dos respectivos fatos geradores, bases de cálculo e contribuintes;

"b) obrigação, lançamento, crédito, prescrição e decadência tributários;

"c) adequado tratamento tributário ao ato cooperativo praticado pelas sociedades cooperativas."

A correta interpretação desse dispositivo constitucional tem gerado acirradas polêmicas doutrinárias.

Essas polêmicas residem na delimitação das funções atribuídas constitucionalmente à lei complementar.

Juristas há — dentre eles Geraldo Ataliba, Roque Carrazza e outros — que sustentam que a lei complementar é o veículo das normas gerais de Direito Tributário, as quais poderão versar apenas e tão-somente sobre: a) limitações constitucionais ao poder de tributar; b) conflitos de competência em matéria tributária.

Para essa corrente, pois, a lei complementar tem a dupla função acima assinalada, não lhe competindo, como pretende outra corrente doutrinária, estabelecer normas gerais.

Nesse sentido, cabe a lição de Roque Carrazza:

"Julgamos incontroverso que a Constituição não conferiu, ao legislador complementar, um 'cheque branco' para, por meio da edição deste ato normativo, traçar as competência tributárias, com suas limitações, da União, dos Estados, dos Municípios e do Distrito Federal. Apenas concedeu que ele, de duas, uma: ou dispusesse sobre conflitos de competência entre as entidades tributantes, ou regulasse as limitações constitucionais ao exercício da competência tributária.

"Observamos que o inciso III do art. 146 da CF ('cabe à lei complementar ... estabelecer normas gerais em matéria de legislação tributária, especialmente sobre: a) definição de tributos e de suas espécies, bem como em relação aos impostos discriminados nesta Constituição, a dos respectivos fatos geradores, bases de cálculo e contribuintes; b) obrigação, lançamento, crédito, prescrição e decadência tributários; c) adequado tratamento tributário ao ato cooperativo praticado pelas sociedades cooperativas') não autoriza a lei complementar a modificar a 'norma-padrão de incidência' (a 'regra-matriz', o 'arquétipo genérico') dos tributos. De fato, ela foi constitucionalmente traçada e, por isto mesmo, não poderá ter seus confins alterados pela lei em foco.

"(...)

"Deveras, o art. 146 da CF, se interpretado sistematicamente, não dá margem a dúvidas: *a competência para editar normas gerais em matéria de legislação tributária desautoriza a União a descer ao detalhe, isto é, a ocupar-se com peculiaridades da tributação de cada pessoa política. Entender o assunto de outra forma poderia desconjuntar os princípios federativo, da autonomia municipal e da autonomia distrital.*

"Portanto, somos de opinião que a lei complementar em exame só poderá veicular normas gerais em matéria de legislação tributária, as quais ou disporão sobre conflitos de competência, em matéria tributária, ou regularão 'as limitações constitucionais ao poder de tributar'.

"Reafirmamos, portanto, que só será válida a lei complementar que vier a dispor sobre conflitos de competência tributária ou a regular limitações constitucionais 'ao poder de tributar'. *Tal conclusão, posto não deflua naturalmente da mera leitura do invocado art. 146, é a única possível, se levarmos em conta, em sua exegese, dentre outros, os precitados princípios federativo, da autonomia municipal e da autonomia distrital*" (*Curso de Direito Constitucional Tributário*, 11ª ed., São Paulo, Malheiros Editores, 1998, pp. 512 e 513).

Como visto, o ilustre autor perfilha a denominada *corrente dicotômica*, liderada por Geraldo Ataliba.

A outra posição doutrinária, denominada *corrente tricotômica*, entende que o art. 146 da CF, consagra a tríplice função da lei complementar, a saber: a) dispor sobre conflitos de competências; b) regular as limitações constitucionais ao poder de tributar; c) veicular normas gerais de Direito Tributário.

Para essa corrente doutrinária o novo texto elimina as dúvidas que pairavam sobre o espectro da lei complementar, consagrando a tríplice função.

Ao tratar da natureza da lei complementar Ives Gandra da Silva Martins afirma, em sua obra *Sistema Tributário na Constituição de 1988*, no Capítulo VI, que é ela norma de integração entre os princípios gerais da Constituição e os comandos de aplicação da legislação ordinária, servindo de teto naquilo que é de sua particular área mandamental.

Por seu turno, Sacha Calmon Navarro Coelho, ao examinar as funções da lei complementar na esfera tributária, entende que a lei complementar, quando cumpre função de veicular norma geral, é superior às demais normas (*Comentários à Constituição de 1988 — Sistema Tributário*, 2ª ed., 1990, ns. 69 e ss.).

A discussão posta, parece, deve levar em conta a distinção entre lei nacional e lei federal.

Tal distinção é traçada por Sacha Calmon, que relembra que o órgão que emite a lei complementar é o mesmo que emite a lei ordinária federal e tem o mesmo âmbito de validade espacial.

Essa importante distinção é também feita por Elizabeth Nazar Carrazza, nos seguintes termos:

"É oportuno, a esta altura, fixar a distinção entre lei nacional e lei federal. Ambas emanam do mesmo órgão legislativo. É o Congresso Nacional o órgão competente tanto para a elaboração das leis federais, quanto das nacionais.

"Consideram-se leis federais aquelas que inovam a ordem jurídica dentro do campo de competência da União, e, por via de conseqüência, só vinculam a ela — União — e a seus subordinados. Por outro lado, o conceito de lei nacional é muito mais amplo; ela vincula não só a União, mas também os Estados e os Municípios. 'A lei nacional é a lei do Estado Federal brasileiro, dirige-se a todos quantos estejam no território nacional. A lei federal é lei da União, só atingindo os seus súditos'" ("Sistema constitucional tributário brasileiro", *RDP* 25/211).

E, mais adiante, a mesma autora: "A lei complementar que veicula a norma geral de Direito Tributário é lei nacional. Se, entretanto, ultrapassar o seu campo específico, perde o seu caráter nacional e passa a ser apenas federal, não vinculando, por via de conseqüência, nem Estados, nem Municípios" (ob. e loc. cits.).

De posse dessa distinção, tão claramente exposta pela Profa. Elizabeth Nazar Carrazza, percebe-se, pela análise do art. 146 da CF, que as funções ali atribuídas à lei complementar devem necessariamente ser veiculadas por lei nacional.

De fato, quando a lei complementar dispõe sobre conflito de competências entre União, Estados e Municípios, sobrepõe-se a todas as ordens jurídicas parciais, na medida em que busca delimitar o exato alcance das competências tributárias atribuídas constitucionalmente.

Da mesma forma, a lei complementar que regula as limitações constitucionais ao poder de tributar apresenta também caráter nacional, por complementar — no dizer de Sacha Calmon — dispositivos constitucionais de eficácia contida ou eficácia limitada.

Cumpre, aqui, lembrar que o dispositivo constitucional de eficácia contida é aquele auto-aplicável e que pode ser contido com a superveniência de lei complementar. Sacha Calmon dá como exemplo desse tipo de dispositivo o art. 155, § 2º, "a", a saber: "Até e enquanto não sobrevenha lei complementar com a lista dos semi-elaborados excluíveis da regra de imunidade (limitação ao poder de tributar), todos os produtos industrializados, inclusive os semielaborados, são imunes quando remetidos ao exterior. A lei complementar tem por função comprimir a licença constitucional ampla e auto-aplicável (*self-executing*)" (ob. cit., p. 121).

Já o dispositivo constitucional de eficácia limitada é aquele que requer complementação normativa para poder ser aplicado. Não é, pois, auto-aplicável.

Neste caso, Sacha Calmon cita como exemplo a imunidade prevista no art. 150, VI, "c", da CF, ressaltando que, "sem lei, que só pode ser a complementar, a teor do art. 146, II, da CF, a imunidade sob cogitação é inaplicável, à falta de requisitos necessários à fruição desta (*not self-executing*)" (ob. cit., p. 120).

Quanto à lei complementar que veicula norma geral de Direito Tributário, entendemos que a mesma tem necessariamente o caráter nacional, e, portanto, se sobrepõe, desde que adstrita a específica matéria de norma geral, às demais ordens jurídicas parciais.

Claro está que a falta de consenso nessa matéria reside na dificuldade de delimitação de um conceito exato de "norma geral".

Essa dificuldade é apontada por Sacha Calmon, que, a respeito, assim se manifesta: "O terceiro objeto genérico da lei complementar é o de editar as normas gerais de Direito Tributário, expressão, de resto, polêmica à falta de um conceito escorreito de norma geral no Direito Tributário brasileiro, com a doutrina falhando por inteiro no encalço de conceituar o instituto de modo insofismável. O falecido Prof. Carvalho Pinto chegou ao ponto de definir o que não era norma geral. E ficou nisso. E Rubens Gomes de Sousa teve a humilde ousadia de afirmar que a doutrina não chegara ainda a *norma geral* que levasse ao conceito das normas gerais de Direito Tributário" (ob. cit., p. 128).

Ao tratar da matéria, Fernanda Dias de Almeida Menezes, em sua obra *Competências na Constituição de 1988*, dedicou um tópico à análise da dificuldade na identificação das normas gerais; e, não obstante não chegue a propor qualquer critério objetivo para delimitar tal conceito — e até, ao contrário, admita que não vê como evitar uma certa dose de subjetivismo na identificação das normas gerais —, faz uma análise percuciente do problema, análise, essa, mais importante do ponto de vista histórico do que propriamente normativo, mas que vale a pena aqui transcrever:

"Pois bem, muito se tem escrito sobre a conceituação das normas gerais, que já apareciam na Constituição de 1934, mas que só passaram a ser objeto de maior consideração pela doutrina a partir da previsão de normas gerais de Direito Financeiro no art. 6º, XV, 'b', da CF de 1946.

"Foi inicialmente no círculo dos cultores do Direito Financeiro e do Direito Tributário que a discussão se travou.

"A proposta de se conferir à União competência para editar normas gerais de Direito Financeiro partiu do então deputado Aliomar Baleeiro. Rubens Gomes de Souza, membro da Comissão encarregada de elaborar o projeto do Código Tributário Nacional, fornece dados elucidativos sobre a razão que teria levado Aliomar Baleeiro a sugerir que se desse à União essa competência. Confiram-se suas palavras:

'Mas, para prosseguir nesta linha de pensamento quanto à delimitação do próprio conceito de normas gerais, a Comissão, de início, encontrou-se numa situação de impasse, porque é sabido que a origem do dispositivo é devida ao então deputado Aliomar Baleeiro, que, segundo sua própria confissão, encontrou uma fórmula verbal para vencer uma resistência política.

'Eu teria que verificar esta afirmativa, mas creio que esta confissão não ficou nos limites do confessionário. Algo existe naquele livrinho *Andaimes da Constituição*, em que ele confessa que sua primeira idéia, primeira e última, era atribuir à União competência para legislar sobre Direito Tributário, amplamente e sem a limitação contida no conceito de normas gerais, desde que esta legislação tivesse a feição de uma lei nacional, de preceitos endereçados ao legislador ordinário dos três Poderes tributantes: União, Estados e Municípios. A única limitação, que ele próprio enxergava, era a de se tratar de preceitos comuns aos três legisladores. Afora isto, ele não via e não achava necessário delimitar, de outra maneira, a competência que queria fosse atribuída ao Legislativo da União, que já então ele concebia, neste setor e em outros paralelos, não como federal, mas sim nacional. Entretanto, ele encontrou resistência política, de se esperar e muito forte, em nome da autonomia dos Estados e da autonomia dos Municípios, em nome de temores, justificados ou não, de se abrir uma porta pela qual se introduzisse o fantasma da centralização legislativa. Falou-se nada menos do que na própria destruição do regime federativo, todos os exageros verbais que o calor do debate político comporta, e o próprio Aliomar encontrou uma solução de compromisso, que foi a de delimitar-se essa competência, que ele queria ampla, pelas normas gerais, expressão que, perguntado por mim quanto ao sentido que ele lhe dava, no intuito de ter uma forma de interpretação autêntica, ele me confessou que não tinha nenhuma, que nada mais fora do que um compromisso político, que lhe havia ocorrido e que tinha dado certo'" (ob. cit., p. 157).

Parece, pois, pelo menos sob o ponto de vista da interpretação autêntica e histórica, que foi intenção do legislador atribuir à expressão "normas gerais", de fato, um conteúdo de certa forma vago, maleável.

Claro está também que no campo do Direito Tributário, no qual cada esfera de poder — federal, estadual e municipal — vai buscar diretamente na Constituição seu campo de competência exclusivo, torna-se importante a delimitação do alcance da norma geral. Essa preocupação é muito bem colocada por Fernanda Dias Menezes na sua obra supracitada: "O grande problema que se coloca a propósito é o da formulação de um conceito de normas gerais que permita reconhecê-las, na prática, com razoável segurança. E, no entanto, a separação entre normas gerais e normas que tenham esse caráter é fundamental. De fato, no campo da competência concorrente limitada, em que há definição prévia do campo de atuação legislativa de cada centro de poder em relação a uma mesma matéria, cada um deles, dentro dos limites definidos, deverá exercer a sua competência com exclusividade, sem subordinação hierárquica. Com a conseqüência de que a invasão do espaço legislativo de um centro de poder por outro gera a inconstitucionalidade da lei editada pelo invasor".

De qualquer maneira, para o Direito Tributário, o art. 146, III, define o conteúdo das normas gerais em matéria tributária, as quais, no entanto, não podem, a pretexto dessa generalidade, invadir competências garantidas constitucionalmente aos Estados e Municípios.

Assim, no dizer de Pontes de Miranda, *as normas gerais são normas fundamentais, restritas a estabelecer diretrizes, sem possibilidade de codificação exaustiva* (*Comentários à Constituição de 1967*, v. II, São Paulo, Ed. RT, p. 166).

Feitas estas colocações necessárias ao desenvolvimento do tema, voltemos à análise do art. 156, III, da CF.

Esse dispositivo constitucional nos fornece os lindes da competência do Município para tributar serviços, a saber: cabe aos Municípios tributar todo e qualquer serviço arrolado em lei complementar, não cabendo tributação municipal sobre os serviços de transporte interestadual e intermunicipal e de comunicação, posto estarem tais serviços no âmbito da competência do Estado (ICMS).

Portanto, a Constituição Federal apartou com clareza os serviços a serem tributados pelo Município daqueles que serão objeto de tributação pelo Estado.

Entretanto, se o aspecto material da hipótese de incidência do ISS é tratado com clareza na Constituição Federal, o mesmo não acontece com o seu aspecto espacial.

Paulo de Barros Carvalho, em seu *Curso de Direito Tributário*, assinala o freqüente embaraço dos especialistas ao conceituar o critério espacial das hipóteses de incidência dos tributos.

Assevera que muita vez o encontramos identificado com o próprio plano de eficácia territorial da lei, como se não pudesse adquirir feição diferente. A despeito disso, porém — segundo o autor —, percebemos, com transparente nitidez, que critério espacial da hipótese e campo de eficácia da lei tributária são entidades ontologicamente distintas.

• *Exemplo*: IPI e IR — ambos impostos federais.

• IPI tomado na regra que prevê a incidência sobre a importação, apresentam critérios espaciais radicalmente diversos: o IPI ocorre nas repartições aduaneiras (localidades determinadas); o IR alcança, em linhas genéricas, não só os acontecimentos verificados no território nacional, mas até fatos explicitamente tipificados e que se compõem para além de nossas fronteiras.

• IPTU — grava os imóveis localizados na zona urbana do Município, muito embora a lei municipal tenha eficácia por toda a extensão do território correspondente, atingindo as zonas rurais.

• ICMS incide sobre a entrada de mercadoria importada do exterior, assim como sobre serviço prestado no exterior, cabendo, neste caso, o imposto ao Estado onde estiver situado o estabelecimento destinatário da mercadoria ou do serviço (art. 155, IX, "a").

Infere, daí, que o critério espacial das normas tributárias não se confunde com o campo de validade da lei.

Aplicando-se as lições do renomado Jurista, cumpre assinalar que a exteriorização do fato gerador do ISS ocorre com a efetiva prestação de serviços (aspecto temporal)

Quando a efetiva prestação de serviços se dá no âmbito de um único Município não há dúvida de que este Município será competente para exigir o ISS.

O problema coloca-se quando o prestador de serviços exerce sua atividade no território de mais de um Município ou, melhor, quando a prestação de determinado serviço extrapole o território de um único Município.

Tem-se, aqui, típico caso em que o critério espacial da norma tributária não coincide com o campo de validade da lei.

• *Exemplo*: empresa com estabelecimento em São Bernardo do Campo que presta serviços médicos. Resgata em Campinas seu cliente, e mediante até a eventual atuação de médicos, enfermeiros, transporta-o para São Paulo, onde, em seu hospital, continua o atendimento médico.

• Perito que, possuindo escritório no Município "A", realiza sua perícia no Município "B", concluindo seu serviço (elaboração de laudo) no Município "A".

• Empresa organizadora de eventos (feiras) com sede no Município de Santos realiza serviços de montagem de *stands* ou pavilhões no Município de São Paulo e, concomitantemente, arregimenta expositores no Município de Campinas, onde também possui estabelecimento.

Em todos esses exemplos temos um serviço (prestação de serviço de assistência médica, realização de laudo pericial e prestação de serviço de organização de eventos), o qual se caracteriza pelo implemento de uma série de etapas que, em tese, poderiam ser consideradas de per si para efeito de tributação pelo ISS (resgate e transporte ao hospital, onde é prestada assistência médica; levantamento de dados, através de verificações e vistorias, para elaboração de laudo; e montagem de *stands* e arregimentação de expositores, com o objetivo de organizar eventos).

Nestes casos, qual ordem jurídica municipal afigura-se apta a captar o fato tributário?

Verifica-se, pois, que, em seu aspecto dinâmico, a aplicação das diversas normas tributárias municipais relativas ao ISS pode gerar conflitos de competência.

É neste ponto que se encaixa a lei complementar que cumpre a função estabelecida no art. 146, I, da CF: "dispor sobre conflitos de competência, em matéria tributária, entre a União, os Estados, o Distrito federal e os Municípios".

Estes a intenção e o propósito do art. 12 do Decreto-lei 406/68, que assim dispõe: "Art. 12. Considera-se local da prestação do serviço: a) o do estabelecimento prestador ou, na falta de estabelecimento, o do domicílio do prestador; b) no caso de construção civil, o local onde se efetuar a prestação".

É bem verdade que esse dispositivo, tal como posto, não logrou cumprir de forma adequada as funções que constitucionalmente foram atribuídas à lei complementar.

De fato, ao estabelecer a ficção de se considerar como local da prestação de serviço o local do estabelecimento prestador (e diz-se "ficção" posto que o serviço pode ter sido prestado em Município diverso daquele onde está localizado o estabelecimento prestador — v. exemplo de empresa de assistência a saúde), tratou o legislador complementar de forma idêntica situações completamente diferentes.

Assim, aquelas prestações de serviço simples, isto é, cujo serviço seja executado em um único Município, não deveriam ser objeto da norma complementar, posto não configurarem hipótese de conflito de competência. Nesses casos há de se aplicar a regra geral que deflui de princípio implícito na Constituição, segundo o qual possui o Município competência para tributar as prestações ocorridas em seu território (REsp 54.002-0/PE e 41.867-4/RS, rel. Min. Demócrito Reinaldo, *DJU* 8.5.95).

Assim, somente se justifica a intervenção da lei complementar para cumprir a função que lhe outorga a CF em seu art. 146, I, relativamente àqueles serviços já mencionados, que, por sua complexidade, isto é, pelo fato de extrapolarem o território de um determinado Município, são aptos a gerar conflitos de competência, posto que, em tese, podem ser colhidos por mais de uma ordem jurídica.

A decisão do STJ supramencionada, ao interpretar o art. 12 do Decreto-lei 406/68, estabeleceu que "a lei municipal não pode ser dotada de extraterritorialidade, de modo a irradiar efeitos sobre um fato ocorrido no território de Município onde não pode ter voga".

Duvidosa, porém, a afirmação de que o decreto-lei em questão estaria dotando a lei municipal de extraterritorialidade.

Parece mais que a referida lei complementar buscou cumprir sua função constitucional de dirimir conflitos de competência estabelecendo o critério da competência do Município onde se encontre o estabelecimento prestador (e não necessariamente a sua sede).

Não obstante, nessa matéria, Marçal Justen Filho igualmente salienta que o decreto-lei não logrou solucionar o problema referente aos por ele chamados "serviços intermunicipais" — ou seja, "as situações de prestação de serviço que transcendam os limites geográficos de um único Município" (in revista *Dialética* 2/68).

Ressalta o autor que a Constituição Federal somente se preocupou com os serviços intermunicipais relativos a transportes e comunicações, deferidos, após a Carta de 1988, aos Estados-membros.

Lembra o autor que o progresso tecnológico aumentou o universo dessa possibilidade, inclusive, em face dos serviços de transmissão de dados. Entende que, nesses casos, nem a regra do art. 12 solucionaria a questão, posto que haveria estabelecimentos distintos conjugando atuação para a prestação do serviço (v. nosso exemplo de organização de eventos).

Em conclusão, se, por um lado, os julgados do STJ têm o mérito de reconhecer o sentido relativo do art. 12 do Decreto-lei 406/68 — deixando claro que o desígnio constitucional é que o ISS pertença ao Município em cujo território se realizou o fato gerador —, por outro, a nosso ver, trazem uma abordagem apenas parcial do tema, deixando de lado um tema também olvidado pela doutrina tributária, referente ao aspecto espacial dos serviços de qualquer natureza intermunicipais.

SOBRE OS GANHOS DE CAPITAL DE FALIDOS, MORTOS E OUTROS SINISTRADOS — IMPOSSIBILIDADE

MISABEL ABREU MACHADO DERZI
Professora dos Cursos de Graduação e Pós-Graduação da Faculdade de Direito
da Universidade Federal de Minas Gerais

1. O falido não tem disponibilidade econômica ou jurídica da renda, nem mesmo na hipótese da continuação do negócio. 2. Sobre os mortos, que tudo perdem. Inexiste herança de pessoa viva. 3. Conclusões. A absoluta ausência de capacidade econômica do falido, do morto e de outros sinistrados.

A decretação da falência, a ocorrência da morte e outros sinistros desapossam o titular de seus bens. Pode-se afirmar, seguramente, que inexistem ganhos de capital decorrentes de operações relativas à massa falida, no processo de falência, ou causados por morte ou algum outro evento de que decorra a perda da disponibilidade econômica ou jurídica do bem.

Com a decretação da falência o falido é *desapossado de seu patrimônio*, assim como *dos resultados de seu negócio*, caso tenha sido autorizada a continuidade pelo juízo falimentar. Não há, assim, possibilidade de surgirem pretensas obrigações fiscais do falido em face do imposto sobre a renda. Afinal, o falido não preenche as condições mínimas para ocupar o pólo passivo da relação tributária, uma vez que dispõe o Código Tributário Nacional (arts. 43-45) ser contribuinte do imposto "o titular da disponibilidade a que se refere o art. 43 (...)", ou seja, a pessoa que demonstra ter capacidade econômica de contribuir (art. 145, § 1º, da CF). Em contrapartida, a *massa falida* não tem personalidade jurídica em nosso Direito Positivo, nem tampouco foi equiparada à pessoa para fins de imposto. Por tais motivos, a lei tributária, pelo menos até o advento da Lei 9.430/96, jamais exigiu o cumprimento de obrigações acessórias, declarações e escrita de falidos, muito menos valores a título de imposto de renda de pessoa falida (nem poderia, pois a hipótese de incidência de tal tributo pressupõe a existência de acréscimo ao patrimônio líquido), nem equiparou a massa falida à pessoa jurídica. Nem o fizeram sucessivos Regulamentos do Imposto de Renda (Decreto 85.450/80 ou Decreto 1.041/94).

Entretanto, assim está redigido o art. 60 da Lei 9.430/96: "Art. 60. As entidades submetidas aos regimes de liquidação extrajudicial e de falência sujeitam-se às normas de incidência dos impostos e contribuições de competência da União aplicáveis às pessoas jurídicas, em relação às operações praticadas durante o período em que perdurarem os procedimentos para a realização do ativo e o pagamento do passivo".

Por sua vez, a Lei 9.532/97 estabeleceu, a partir de 1º de janeiro de 1998, que:

"Art. 23. Na transferência de direito de propriedade por sucessão, nos casos de herança, legado ou doação em adiantamento de legítima, os bens e direitos poderão ser avaliados a valor de mercado ou pelo valor constante da declaração de bens do *de cujus* ou do doador.

"§ 1º. Se a transferência for efetuada a valor de mercado, a diferença a maior entre esse e o valor pelo qual constavam da declaração de bens do *de cujus* ou do doador sujeitar-se-á à incidência do imposto de renda à alíquota de 15% (quinze por cento).

"§ 2º. O imposto a que se refere o parágrafo anterior deverá ser pago pelo inventariante, no caso de espólio, ou pelo doador, no caso de doação, na data da homologação da partilha ou do recebimento da doação.

"§ 3º. O herdeiro, o legatário ou o donatário deverá incluir os bens ou direitos na sua declaração de bens correspondente à declaração de rendimentos do ano-calendário da homologação da partilha ou do recebimento da doação, pelo valor pelo qual houver sido efetuada a transferência.

"§ 4º. Para efeitos de apuração de ganho de capital relativo aos bens e direitos de que trata este artigo, será considerado como custo de aquisição o valor pelo qual houverem sido transferidos.

"§ 5º. As disposições deste artigo aplicam-se, também, aos bens ou direitos atribuídos a cada cônjuge, na hipótese de dissolução da sociedade conjugal ou da unidade familiar."

A questão fundamental, por detrás da norma de incidência, está em saber se a decretação da falência "realiza", efetivamente, ganhos de capital em favor do falido. Que espécie de ganho (acréscimo de riqueza) se apresenta nesse momento? Dá-se real capacidade econômica? Qual o sentido a ser atribuído ao art. 60 da Lei 9.430/96?

Igualmente, a morte (assim como outro sinistro qualquer) "realiza" ganho de capital em favor do *de cujus*, de modo que tal ganho se comunique ao direito do herdeiro ou legatário? Do ponto de vista do herdeiro, do legatário ou do donatário, que ganho de capital se apresenta?

Essas questões, em torno desses dois temas comuns — ganhos de capital de falidos ou de mortos e outros sinistrados —, examinamos a seguir.

1. O falido não tem disponibilidade econômica ou jurídica da renda, nem mesmo na hipótese da continuação do negócio

Com a decretação judicial da falência impõe a lei o imediato *desapossamento dos bens do falido, a perda do direito de administrar ou alienar o próprio patrimônio comercial*. É verdade, não perde o comerciante falido a propriedade de seus bens, mas perde sua posse, o direito de administrá-los e de deles dispor. Se obtiver a concordata suspensiva da falência, poderá voltar à posse e administração desse patrimônio, mas enquanto isso não acontece todos os seus bens penhoráveis constituem a *massa falida*, conjunto de bens afetados à realização da garantia de seus credores, conservado e administrado pelo síndico. O art. 39 da Lei de Falências determina que a falência compreende todos os bens do devedor, inclusive direitos e ações, tanto os existentes na época de sua declaração como os que forem adquiridos no curso do processo. Na ordem jurídica nacional não importa que se dê a continuidade do negócio do falido. O devedor falido perde, em qualquer hipótese, a disponibilidade econômica e jurídica dos bens, assim como dos frutos do negócio continuado. Conserva apenas a titularidade *nua* (meramente nominal) daqueles mesmos bens.

A totalidade dos bens penhoráveis da pessoa falida é destacada em patrimônio separado — a *massa falida* —, do qual o falido perde a disponibilidade jurídica e econômica (dele conservando apenas a propriedade nua). O desapossamento do patrimônio decorre de determinação legal, passando a guarda e a disposição ao síndico, que agirá para pagamento dos credores. A venda dos bens do ativo, sua realização, não acarreta, assim, acréscimo patrimonial, muito menos acréscimo patrimonial disponível para o falido; ao contrário, configura verdadeira perda patrimonial, sua liquidação, para satisfação e benefício exclusivo dos credores.

Ora, a hipótese de incidência do imposto sobre a renda e proventos de qualquer natureza assim como a da contribuição social sobre o lucro, em tese e em princípio, não se conciliam com a decretação da falência (fato jurídico do qual decorre o desapossamento do patrimônio ou a perda da disponibilidade econômica e jurídica dos bens do falido), razão pela qual, tradicionalmente, as leis brasileiras dispensaram o falido e o síndico, durante o processo falimentar, de manter contabilidade fiscal específica e de prestar declaração anual de rendimentos.

A falência é causada exatamente pela insolvência. Presume-se a insolvabilidade por meio da insolvência aparente, fenômeno ocorrente "(...) toda vez que as dívidas excederem a importância dos bens do devedor", como dispõe o art. 748 do CPC. A decretação da falência dá-se, assim, em conseqüência não apenas da inexistência de acréscimo patrimonial — ou seja, inexistência de incremento patrimonial, de riqueza nova —, mas, mais do que isso, em decorrência da presunção de inexistência de patrimônio líquido. Ocorre, presuntivamente, fenômeno oposto, ou seja, ausência de patrimônio líquido, sendo o valor do passivo superior ao do ativo. Para que houvesse *renda tributável* mister seria comprovar-se não apenas a existência de patrimônio líquido, mas, ainda, o *aumento desse patrimônio líquido*.

E, almejando garantir a *par conditio creditorum*, o art. 39 da Lei de Falências manda *desapossar o falido de seus bens*, perdendo o devedor inteiramente a disponibilidade jurídica e econômica de seu patrimônio. A *massa falida*, que esse patrimônio compõe, está disponível apenas para pagar credores, sua realização voltada exclusivamente à redução ou eliminação do passivo. A realização do ativo não significa, portanto, lucro, ganho de capital, mas, ao contrário, *liquidação do patrimônio*. E mais: o falido sequer tem a disposição jurídica ou econômica desses bens ou do produto de sua venda, estando afetados ao pagamento de credores. Onde o acréscimo ao patrimônio líquido, fato necessário à incidência do imposto sobre a renda? Onde a disponibilidade da renda do falido? Onde a capacidade econômica tributável do falido?

Parece-nos, ao contrário, que, em princípio, o estado falimentar não é compatível com a possibilidade de se concretizar o fato gerador, a hipótese de incidência do imposto de renda ou da contribuição social sobre o lucro. E tais circunstâncias não se alteram se o falido obtém do juízo autorização para continuar a exploração do negócio. A lei brasileira autoriza o prosseguimento do negócio do falido, para evitar graves prejuízos aos interesses coletivos em jogo (dos credores em geral, do devedor). Mas com o prosseguimento do negócio não surge nova pessoa (a massa falida não adquire personalidade), nem entra o falido na posse ou na administração de seus bens, nem tampouco surge novo patrimônio autônomo. Nem tem o falido o controle, a direção ou a iniciativa do negócio. Evidentemente, o falido somente continua a assumir o risco, sendo titular (nominal, detendo apenas a "nua"-propriedade) dos lucros e das perdas. Mas dos lucros eventuais com o exercício da atividade não poderá dispor, sendo eles destinados, afetados, à satisfação de seus credores.

Verifica-se que com a autorização do prosseguimento do negócio o falido não recupera a posse ou a administração de seus bens, nem a disponibilidade. Por não ter o falido a direção e a administração, o síndico é o responsável pelo prosseguimento e o gerente torna-se o depositário daqueles bens imprescindíveis à continuação da empresa. A continuação do negócio é, assim, provisória e revogável. Somente se deferida a concordata suspensiva, em decisão passada em julgado, os bens serão entregues ao falido, que recuperará a administração e o controle do negócio, embora sob certas limitações.

Portanto, a circunstância de ter o falido obtido o prosseguimento do negócio não altera os fatos já apontados: as operações da empresa realizam-se à parte da *massa falida*. Essa, como conjunto de bens de que foi desapossado o falido, continua existindo como patrimônio separado. O falido não pode apoderar-se, dispor, usar, nem ao menos reter os resultados positivos advindos do negócio continuado. O falido não tem a posse nem a disponibilidade econômica ou jurídica. Se lucros eventuais houver, serão eles destinados a pagar credores. Observe-se que nem mesmo a singela detenção dos recursos eventualmente auferidos com a atividade pode ter o falido. O gerente nomeado recolherá diariamente as importâncias ao banco e delas prestará contas semanalmente.

Em decorrência, parece-nos que, no estado falimentar, a continuação do negócio do falido está submetida a um regime legal especial, que foge inteiramente às atividades empresariais geradoras de renda tributável. É que a decretação da falência:

- *desapossa o falido de seu patrimônio*;
- *priva o falido da disposição econômica ou jurídica de seus bens*, formando-se a massa falida, exclusivamente afetada ao pagamento igualitário dos credores;
- *priva o falido da direção e controle da atividade negocial autorizada*;
- *desapossa o falido dos resultados positivos ou negativos da continuação do negócio*, ficando os lucros eventuais econômica e juridicamente integrados à massa, para pagamento dos credores;
- *dá-se, assim, para o falido, quando muito, uma titularidade dos resultados, em caráter nominal, sem qualquer disponibilidade econômica ou jurídica.*

É claro que a superveniência da continuidade negocial da pessoa falida, à luz de nosso Direito Positivo, é extraordinária e precária, voltada exclusivamente ao bom êxito da falência, como meio de saneamento da empresa e satisfação igualitária dos credores. Os seus frutos integram-se à massa, embora posteriores à decretação de falência. Em regra, o instituto da falência não se concilia com a idéia de renda, lucro, aumento de riqueza e acréscimo patrimonial. Configura exatamente fenômeno oposto. A falência é o processo que se caracteriza pela *apreensão do patrimônio do executado*, para atender igualmente a todos os credores, em execução universal. O falido, embora possa conservar a capacidade civil até a liquidação e encerramento do processo, não tem *capacidade econômica contributiva*. Foi desapossado de seu patrimônio. E, se obtém autorização para a continuidade do negócio, continua dele desapossado, assim como estará desapossado dos eventuais resultados positivos da exploração. A legislação nacional sempre dispôs nesse sentido, dispensando os falidos (assim como a massa, simples patrimônio afetado ao pagamento dos credores) até mesmo da apresentação de declaração de rendimentos.

1.1 Tratamento da matéria na legislação nacional, em relação ao imposto de renda, antes da Lei 9.430/96

Por parecer evidente que a situação falimentar não configura atividade econômica passível de lucro — sendo, antes, um processo que, judicialmente, soluciona a insolvência por meio do pagamento igualitário dos credores —, as leis tributárias não cuidaram de regular minuciosamente a matéria. As operações da massa falida assim como as operações de continuidade do negócio do falido, ambas afetadas em seu produto à satisfação das dívidas que oneram o falido (e a massa), caem, em princípio, no campo de não-incidência do imposto de renda e da contribuição social sobre o lucro. Não configurando acréscimo patrimonial, excedente, riqueza nova a entrar para o patrimônio do falido, tais operações sempre estiveram fora do campo de incidência do imposto sobre a renda, como, de fato, ainda estão.

Discussões surgiram, não obstante, de longa data em nosso país sobre questão diferente, sobre a obrigação de o falido (ou de a massa falida, representada pelo síndico) apresentar declaração de rendimentos. É sabido que diversas pessoas jurídicas, mesmo isentas ou imunes de imposto, estão obrigadas a cumprir uma série de obrigações acessórias, como manter escrituração fiscal e documentação adequada, prestar declarações e informações à Receita etc. Observe-se que não se discute — nem, tampouco, se poderia discutir — se devem ou não os falidos pagar imposto sobre a renda ou contribuição social sobre o lucro. Isso porque a situação falimentar projeta os fatos ocorridos durante e no curso do processo judicial para fora do campo de incidência da lei tributária, como se viu.

Portanto, se com a decretação da falência o falido é *desapossado de seu patrimônio*, assim como *dos resultados de seu negócio*, caso tenha sido autorizada a continuidade pelo juízo falimentar não há possibilidade de surgirem pretensas obrigações fiscais do falido em face do imposto sobre a renda. Afinal, o falido não preenche as condições mínimas para ocupar o pólo passivo da relação tributária, uma vez que dispõe o Código Tributário Nacional (arts. 43-45) ser contribuinte do imposto "o titular da disponibilidade a que se refere o art. 43 (...)", ou seja, a pessoa que demonstra ter capacidade econômica de contribuir (art. 145, § 1º, da CF). Como a *massa falida* não tem personalidade jurídica em nosso Direito Positivo, nem, tampouco, foi equiparada à pessoa para fins de imposto, coerentemente, uma série de normas regulamentares e pareceres normativos vinham dispensando o cumprimento das obrigações acessórias, a saber, a manutenção de escrita contábil, as declarações e informações, durante o curso do processo falimentar (cf. Pareceres Normativos CST-49/77, 56/79 e 48/87).

Com acuidade e correção, os aludidos pareceres reconhecem (especialmente o de n. 49/77) que a massa falida, não tendo personalidade jurídica, nem sendo unidade econômica a que alude o art. 126, III, do CTN, não se sujeita às normas tributárias, nem à prestação da declaração de rendimentos, pois:

a) a empresa falida tem apenas a propriedade nominal dos bens arrecadados, passando a administração e a integral disponibilidade a um terceiro *por força de lei*;

b) a empresa falida, ao perder o direito de administrar e dispor de seus bens, fica impossibilitada de apurar a matéria tributável do imposto de renda, segundo as leis comerciais e fiscais, e de obter a *disponibilidade econômica ou jurídica da renda*;

c) por sua vez, o síndico não tem obrigação de manter escrituração contábil regida pelas leis comerciais, e sim apenas a escrituração capaz de amparar a prestação de contas de sua administração (art. 69, § 1º, da Lei de Falências).

É certo, como vimos, que a continuação do negócio após a decretação da falência não devolve à empresa falida nem a posse dos bens, nem a administração, nem, tampouco, a disponibilidade jurídica ou econômica. Nem mesmo tem o falido a disponibilidade sobre os frutos daquela atividade, que é escriturada em separado. Como reconhece o citado parecer, a empresa falida tem apenas a propriedade nominal de seu patrimônio e de sua renda, mas deles não pode dispor econômica ou juridicamente. Por tais motivos, a lei tributária, pelo menos até o advento da Lei 9.430/96, jamais exigiu o cumprimento de obrigações acessórias, declarações e escrita de falidos, muito menos valores a título de imposto de renda de pessoa falida (nem poderia, pois a hipótese de incidência de tal tributo pressupõe a existência de acréscimo ao patrimônio líquido), nem equiparou a massa falida à pessoa jurídica. Nem o fazem sucessivos Regulamentos do Imposto de Renda (Decreto 85.450/80 ou Decreto 1.041/94).

1.2 A Lei 9.430, de 30 de dezembro de 1996

Como já destacamos, assim está redigido o art. 60 da Lei 9.430/96: "Art. 60. As entidades submetidas aos regimes de liquidação extrajudicial e de falência sujeitam-se às normas de incidência dos impostos e contribuições de competência da União aplicáveis às pessoas jurídicas, em relação às operações praticadas durante o período em que perdurarem os procedimentos para a realização do ativo e o pagamento do passivo".

A lei refere-se às normas de incidência dos impostos e contribuições relativamente às *operações praticadas durante o período* em que perdurarem os procedimentos para a realização do ativo e o pagamento do passivo. Que operações são essas? Evidentemente, segundo a redação do art. 60, não configuram os procedimentos em si, *stricto sensu, para a realização do ativo e o pagamento do passivo*. Sobre o tema já tivemos ocasião de afirmar:

"Evidentemente, uma série de operações necessárias ao bom andamento do processo falimentar podem ser praticadas, tais como contratação de advogados, peritos, contadores etc. Autorizado o prosseguimento do negócio, um número ainda maior de operações podem ser realizadas, a saber, operações com produtos industrializados, de circulação de mercadorias ou prestação de serviços etc. (atraindo a possível incidência de vários tributos, a saber: IPI, ICMS, COFINS, PIS etc.). Embora a doutrina discuta a ordem de preferência entre tais créditos — dívidas da massa — e os créditos trabalhistas, não se nega, em geral, a possibilidade de, após a decretação da falência, ocorrerem novos fatos jurídicos tributários no curso do processo falimentar.

"Evidentemente, várias operações — hipóteses tributárias — podem ocorrer, sem que se questione a inexistência de capacidade econômica da empresa falida, em especial nos tributos indiretos, suportados economicamente (às vezes juridicamente) pelos consumidores, como no caso do IPI, do ICMS, da COFINS, do PIS etc. A Lei 9.430/96, ao submeter as entidades falidas ao regime tributário das pessoas jurídicas em geral, afasta, assim, quaisquer dúvidas sobre suas obrigações principais e acessórias, resultantes daquelas operações.

"Entretanto, não será a mesma lei, em princípio, aplicável ao imposto sobre a renda ou à contribuição social sobre o lucro. É que somente o acréscimo ao patrimônio líquido (conceito que, por sua vez, pressupõe ser o ativo maior do que o passivo) pode ser atingido pelo imposto de renda. Ora, a falência é causada exatamente pela insolvência. Portanto, não somente inexiste patrimônio líquido como, também, em regra, acréscimo, como riqueza nova. Vimos que, presuntivamente, fenômeno oposto se dá, ou seja, ausência de patrimônio líquido, sendo o valor do passivo superior ao do ativo. Para que houvesse *renda tributável*, mister seria comprovar-se não apenas a existência de patrimônio líquido mas, ainda, o *aumento desse patrimônio líquido*. Dificilmente apresentar-se-á fato jurídico tributável. E mais, a situação falencial e o regime jurídico que a rege são infensos à redução do patrimônio arrecadado.

"A Lei 9.430/96 deve ser interpretada de modo a se conciliar com a Constituição Federal. Ela não converte, nem poderia converter, o que não é renda — acréscimo patrimonial, riqueza nova — em renda. As ficções jurídicas nessa matéria são inaceitáveis. Embora as operações existentes no processo falimentar não sejam passíveis de gerar imposto sobre a renda ou lucro, a Lei 9.430/96 altera, de qualquer maneira, a situação da empresa falida, que deverá cumprir seus deveres acessórios, informando e prestando declarações ao Fisco federal, a partir de 1º de janeiro de 1997. Apenas isso" (cf. Misabel Derzi e Sacha Calmon, "Da não-incidência do imposto de renda sobre as operações realizadas no curso do processo de falência", parecer inédito).

Esse o teor do art. 188 do CTN, de que nos fala Rubens Requião: "O art. 188 do CTN expressa que 'são encargos da massa falida, pagáveis preferencialmente a quaisquer outros e às dívidas da massa, os créditos tributários vencidos e vincendos, exigíveis no decurso do processo de falência'. Note-se, entretanto, que essas dívidas fiscais, como bem claro resulta do dispositivo legal, são da responsabilidade da massa, surgindo durante a vigência de sua atividade concursal. Nesse caso estão os impostos municipais sobre os bens arrecadados, ou os impostos sobre a produção (IPI) ou sobre a venda de mercadoria (ICM), durante o período em que houver o prosseguimento do negócio do falido (...), que for autorizado pelo juiz" (cf. ob. cit., p. 288).

Portanto, várias operações — hipóteses tributárias — podem ocorrer, sem que se questione a inexistência de capacidade econômica da empresa falida, em especial nos tributos indiretos, suportados economicamente (às vezes juridicamente) pelos consumidores, como o IPI, o ICMS, a COFINS, o PIS etc.

Em relação ao IPI e ao ICMS pode-se dizer que a Constituição de 1988, como se percebe pela singela leitura dos arts. 153, § 3º, e 155, § 2º, I, graças ao princípio da não-cumulatividade, garante que o contribuinte, nas operações de venda que promova, *transfira* ao adquirente o ônus do imposto que adiantará ao Estado e, ao mesmo tempo, possa ele *creditar-se* do imposto que suportou nas operações anteriores. A Lei Fundamental somente se concilia com um só entendimento: o ICMS e o IPI não devem ser suportados pelo contribuinte (comerciante, industrial ou produtor). Se o consumidor é o único que não tem direito de crédito, correspondente ao imposto suportado em suas aquisições, então a ordem jurídica supõe que sofra a repercussão (jurídica) do tributo. Em relação a outros tributos, incidentes sobre o faturamento e a receita, como PIS, COFINS, ISS etc., a repercussão poderá ocorrer, do ponto de vista econômico, pressupondo-se que o imposto incidente, por meio da transferência no mecanismo dos preços, acabe onerando o consumidor.

A Lei 9.430/96, ao submeter as entidades falidas ao regime tributário das pessoas jurídicas em geral, afasta, assim, quaisquer dúvidas sobre suas obrigações principais e acessórias resultantes daquelas operações.

Entretanto, a peculiaridade se apresenta para o imposto de renda e a contribuição social sobre o lucro. É que somente o acréscimo ao patrimônio líquido (conceito que, por sua vez, pressupõe ser o ativo maior do que o passivo) pode ser atingido pelo imposto de renda. Ora, a falência é causada exatamente pela insolvência. Portanto, não somente inexiste patrimônio líquido como, também, em regra, acréscimo, como riqueza nova. Vimos que, presuntivamente, fenômeno oposto se dá, ou seja, ausência de patrimônio líquido, sendo o valor do passivo superior ao do ativo. Para que houvesse *renda tributável*, mister seria comprovar-se não apenas a existência de patrimônio líquido mas, ainda, o *aumento desse patrimônio líquido*. Dificilmente apresentar-se-á fato jurídico tributável. E mais: a situação falencial e o regime jurídico que a rege são infensos à redução do patrimônio arrecadado.

A Lei 9.430/96 deve ser interpretada de modo a se conciliar com a Constituição Federal. Ela não converte, nem poderia converter, o que não é renda — acréscimo patrimonial, riqueza nova — em renda. As ficções jurídicas nessa matéria são inaceitáveis. Embora as operações existentes no processo falimentar não sejam passíveis de gerar imposto sobre a renda ou lucro, a Lei 9.430/96 altera, de qualquer maneira, a situação da empresa falida, que deverá cumprir seus deveres acessórios, informando e prestando declarações ao Fisco federal, a partir de 1º de janeiro de 1997. Apenas isso.

Entretanto, esse não foi o entendimento adotado pela Fazenda ao responder à consulta que lhe foi formulada por estabelecimento bancário em processo de liquidação extrajudicial. Não tendo apresentado declarações de rendimentos referentes aos anos-calendários de 1995 e 1996, porque a isso não estava obrigado, deseja saber o contribuinte se com o advento da Lei 9.430/96 deveria suprir a falta, entregando as referidas declarações, e se poderia utilizar-se dos prejuízos fiscais acumulados nesse período para futuras compensações, uma vez que foi equiparado às demais pessoas jurídicas. A Fazenda respondeu negativamente a ambas as indagações, entendendo:

"Anteriormente à vigência do art. 60 (Lei 9.430), a massa falida e as empresas que se encontravam em liquidação extrajudicial não se caracterizavam como contribuinte, pessoa jurídica, consoante conclusões do Parecer Normativo CST n. 49/77.

"Como a Lei 9.430/96 entrou em vigor em 1º de janeiro de 1997, somente a partir de sua vigência passaram mencionadas empresas a ser consideradas como contribuintes de tributos e contribuições federais.

"Pelas mesmas razões, os prejuízos fiscais obtidos no período em que elas não eram contribuintes não podem ser utilizados para compensação com o lucro real dos períodos após 1º de janeiro de 1997.

"19 de maio de 1998" (cf. Proc. 10680.00395/98-24).

A orientação dada ao contribuinte manda ignorar todo o período anterior às normas da Lei 9.430 (em relação a prejuízos e eventuais resultados positivos), mas considera tributáveis pelas normas do imposto de renda os atos praticados após a vigência da referida lei. Parece-nos ser grave erro supor que o processo de falência (mesmo com o prosseguimento do negócio) seja processo econômico de exploração. Ao contrário, trata-se de uma solução judicial, *legalmente adotada*, para a situação do comerciante insolvente. O regime legal especial eleito pela ordem jurídica brasileira não se concilia com a idéia de renda. Ou se presta a satisfazer igualitariamente os credores, liquidando a empresa, ou, se possível, levará às tentativas de seu soerguimento, por meio da concessão da concordata suspensiva. Somente com a concordata readquirirá o falido a posse, a administração e a disponibilidade de seus bens (embora limitadamente), assim como dos resultados de seu negócio. Antes disso, nenhuma lei poderá transformar em renda aquilo que efetivamente não o é. Assim deveria ser interpretada a Lei 9.430/96.

Evidentemente, *ad argumentandum,* ao se admitir a concepção adotada pela Fazenda — a de que as atividades da massa devem ser consideradas para fins de imposto de renda e contribuição social —, não poderá o Fisco ignorar os prejuízos fiscais anteriores, quer aqueles ocorrentes antes da decretação da falência, quer no seu curso. É que, se os lucros estão rigorosamente regidos pela periodização anual, não podendo ser retomados ou bitributados no período seguinte, os prejuízos acumulados em exercícios anteriores podem e devem ser abatidos dos resultados positivos apurados. Trata-se do conhecido *princípio da não-paridade de tratamento entre o lucro e o prejuízo.*

Parece-nos, ao contrário, que, em princípio, o estado falimentar não é compatível com a possibilidade de se concretizar o fato gerador, a hipótese de incidência do imposto de renda ou da contribuição social sobre o lucro. E tais circunstâncias não se alteram se o falido obtém do juízo autorização para continuar a exploração do negócio.

1.3 Se fosse possível tributar empresa falida, os prejuízos acumulados deveriam ser integralmente absorvidos pelos "lucros" de exercícios posteriores, sem qualquer limitação

Em uma empresa em atividade normal consagrou-se, de forma universal, o princípio da *não-paridade de tratamento entre o lucro e o prejuízo*. É que o patrimônio da empresa em exercício (exatamente para se evitar a falência) tem de ser preservado, não pode ser reduzido por meio de imposto. Os autores alemães (v. Pückebaum-Wendt-Ehmcke-Niemeier, *Einkommensteuer*, 16A, Erich Fleisher Verlag, Achim, 1991; Blümich-Falk, *Einkommensteuergesetz Kommentar*, München, Verlag Vahlen, 1987; K. Tipke, *Steuerrecht*, pp. 224-226) relatam a importância do princípio da *não-paridade de tratamento entre lucro e prejuízo*. Observam que o lucro só é tributável se há uma mudança patrimonial — acréscimo de valor — efetiva, concreta, que se tornou em dinheiro ou em valor equivalente. Enfim, quando *está realizado* (ou seja, se há realização + disponibilidade). A mera probabilidade não leva à incidência do imposto. Entretanto, o *prejuízo ainda não realizado*, meramente causado, provocado, de provável redução futura do patrimônio, é considerado pela lei. Por conseguinte, o legislador não trata da mesma forma o lucro e o prejuízo, pois a atividade da pessoa empresarial somente sobrevive por meio da adequada proteção de seu patrimônio.

O CTN, ao estabelecer, no art. 43, que o imposto tem como fato gerador a *disponibilidade econômica ou jurídica da renda*, adota o mesmo princípio. É que, mesmo não havendo a disponibilidade jurídica, a incorporação física e material ao patrimônio do contribuinte é sempre necessária, como sempre ensinou Rubens Gomes de Sousa.

Assim, a *realização do excedente*, na pessoa física, ou a *realização do lucro*, na pessoa jurídica, quer se defina o fenômeno como fluxo ou como acréscimo patrimonial, é requisito essencial e necessário do conceito de renda. A *realização*, enfim, é pressuposto essencial da disponibilidade econômica ou jurídica. Sem *realização* haverá mera expectativa; sem *realização* impossível será a disponibilidade.

O princípio, portanto, da não-paridade de tratamento entre lucro e prejuízo decorre dos modelos distintos de imposto, usados em toda a parte, para a pessoa física e para a pessoa jurídica. Os Países Baixos, a Inglaterra, a Irlanda, a França, Portugal e a Itália (v. Jean-Marc Tirard, *La Fiscalité des Sociétés dans la CEE*, 4ª ed., Paris, La Villeguerin, 1993/1994, p. 28) também autorizam a formação de provisões dedutíveis, com maiores ou menores restrições, desde perdas prováveis *in genere*, ou apenas para liquidação de créditos duvidosos determinados, em montantes aleatórios ou não. Pode-se dizer que de modo universal admite-se o transporte dos prejuízos para períodos anteriores ao de sua realização, com precipitação de deduções.

Assim, o patrimônio destinado à atividade produtiva, capaz de produzir renda, é cercado de cuidado especial. É renda apenas o que dele deriva, o que dele se cria ou se acresce. Mesmo naqueles países sem Constituição escrita e rígida, como na Inglaterra, a distinção entre renda e patrimônio é cuidadosamente preservada. Naqueles outros onde se institui imposto sobre o patrimônio das pessoas societárias, como na Alemanha, a distinção também tem grande relevância, porque o peso da exação sobre a renda é elevado (36% e, em certos casos, 56%), mas bastante leve sobre patrimônios líquidos acima de determinado valor (alíquota bruta de 0,6%, equivalente à efetiva de 0,45%). Entretanto, na atualidade, os países europeus discutem e propõem a isenção total da renda das pessoas jurídicas, para fortalecimento do capital, enfrentamento da concorrência e da competitividade (v. importante discussão em J. Ferreiro Lapatza, *Curso de Derecho Financiero Español*, 12ª ed., Madrid, Marcial Pons, 1990, pp. 305 e 306).

Se razões de ordem técnica ou jurídico-econômica impõem uma nítida separação entre renda e patrimônio nos mais diversificados sistemas jurídicos, pode-se dizer que no Brasil a importância da diferenciação se aguça a seu ponto máximo. É que não apenas a capacidade contributiva e a proibição do confisco são limites à tributação do patrimônio como se renda fosse, mas também a discriminação rígida de competência tributária veda a bitributação e a invasão de competência, exige a edição de lei complementar para a criação de imposto sobre grandes fortunas, empréstimo compulsório ou tributo novo, não expressamente previsto no texto constitucional.

O princípio de *cautela* ou *não-paridade de tratamento entre lucro e prejuízo* leva em conta a existência dos riscos inerentes à atividade empresarial e a necessidade de se proteger o capital social contra a distribuição de lucros fictícios. Assim, em cada exercício se subavaliam os lucros — desconsiderando-se os não-realizados — porém estimam-se os prejuízos meramente prováveis, embora ainda *não* efetivados. O princípio da cautela é a aplicação assimétrica do conceito de realização entre ganhos e perdas, como referem os mais diversos autores (v. autores alemães como Plückebaum-Wendt-Ehmcke-Niemeier, *Einkommensteuer*, cit.; Blümich-Falk, *Einkommensteuergesetz Kommentar*, cit.; K. Tipke, Steuerrecht, cit.; v., ainda, sobre as regras contábeis adotadas pelos legisladores europeus, Montesinos Juve, *Las Normas de Contabilidad en la Comunidad Económica Europea*, Madrid, Instituto de Planificación Contable, 1980, pp. 356 e ss.). Por isso, todos os prejuízos apurados, ano a ano, devem ser integralmente abatidos. Na Comunidade Européia o legislador vem autorizando, em geral, o transporte do prejuízo concernente a um exercício para outros, quer retroativamente, quer para a frente.

Alguns países, como a Alemanha, a Holanda, a Irlanda etc., seguindo a orientação da *Proposição de Diretiva para a Comunidade* (1984), obrigam o contribuinte a uma dedução das perdas para trás, até os dois ou três últimos exercícios, seguida de compensações para a frente, em exercícios subseqüentes, de forma ilimitada no tempo e sem qualquer teto quantitativo (Alemanha, Bélgica, Irlanda, Luxemburgo e Reino Unido). Outros, como a Espanha, França, Itália, somente autorizam a dedução dos prejuízos apurados em determinado período, para a frente, em montante ilimitado mas de forma limitada no tempo (em geral, cinco anos). Os Países Baixos, sem qualquer limitação temporal, concretizam a solidariedade perene entre períodos distintos (v. Jean-Marc Tirard, ob. e loc. cits.). Inaceitável, portanto, a legislação ordinária brasileira, que vem fixando tetos e percentuais restritivos do direito à compensação dos prejuízos acumulados. Com isso, transforma-se o imposto sobre a renda em imposto sobre patrimônio, pois se tributa o prejuízo (indedutível) ou o lucro fictício.

Durante cerca de *50 anos ininterruptos* as leis brasileiras concederam ao contribuinte o direito de compensar integralmente os prejuízos apurados no balanço de determinado exercício com o lucro real dos exercícios subseqüentes, variando apenas o prazo ou o número de exercícios envolvidos. Assim, a Lei 157/47, a primeira delas a prever o sistema de compensação, limitou temporalmente o direito a três exercícios subseqüentes; o Decreto-lei 1.493/76 alargou-o para quatro exercícios subseqüentes; a Lei 8.383/91 cancelou a limitação temporal; a Lei 8.541/92 reintroduziu novamente o prazo de quatro anos, anteriormente abolido.

O período apontado, de quase meio século, decorrido entre 1947 e 1995, foi palco de diversas reformas do sistema tributário, como a EC 18/65, o advento de um Código Tributário Nacional, as alterações implementadas pela Constituição de 1967, pela EC 1/69 e, finalmente, pela Constituição de 1988, para referir apenas as mais importantes. Entretanto, quanto ao direito de compensação integral dos prejuízos de um exercício com o lucro apurado em outro, o mesmo período denuncia uma sucessão de leis uniformes em seu conteúdo, todas elas respondendo a um idêntico conceito de renda.

Esse coeso feixe de normas legais, integrativo do direito do contribuinte à dedução de prejuízos, e até então harmonizado aos sucessivos textos constitucionais brasileiros, foi quebrado apenas com o advento da Lei 8.981/95, que, em seus arts. 42 e 58, limitou — tanto no imposto de renda como na contribuição social sobre o lucro — a compensação dos prejuízos acumulados nos exercícios anteriores a 30% dos lucros líquidos auferidos em períodos subseqüentes.

O lucro apurado singelamente em certo período-base (anual, trimestral ou mensal) é lucro contábil, fictício. O lucro real é que importa, por configurar *real acréscimo patrimonial*. Ora, se, por exemplo, no período-base de 1996 apurou-se o lucro de 30, mas no período-base anterior constatou-se o prejuízo de 50, há evidente continuidade de perda patrimonial de 20, mesmo com dedução integral do prejuízo. Não houve lucro real, mas simples ficção de lucro, meramente contábil. Enquanto para os lucros a independência dos períodos é rigorosa, pois o lucro apurado no ano anterior e já tributado não deve ser levado novamente à tributação no ano subseqüente, a regra consagrada para os prejuízos deve ser a da *solidariedade perene entre os períodos*. Limitar-se a dedução dos prejuízos acumulados ao montante de 30% do lucro real, ou lucro líquido apurado, não é tributar o lucro real. O lucro real, como determina a Lei das Sociedades Anônimas, somente aparece após a dedução integral daqueles prejuízos. Se o tributo incide antes dessa dedução integral, então permite-se a incidência do imposto sobre o patrimônio, e, não raramente, sobre a perda patrimonial.

Quebra-se, com isso, a unicidade do imposto sobre a renda, princípio de suma relevância para se apurar a pessoalidade e a capacidade contributiva do sujeito passivo, conforme impõe o art. 145, § 1º, da CF. Ora, como já anotamos, a renda tributável como lucro real, realizado no período, corresponde ao aumento de patrimônio líquido gerado pela empresa que seja efetivo, isto é, deduzido dos prejuízos anteriores. O lucro acrescenta-lhe valor e o prejuízo reduz-lhe valor. Tributar lucro contábil, fictício, simples recuperação de perdas anteriores, embora inexista real acréscimo patrimonial, é converter o imposto de renda em imposto sobre o patrimônio, sem edição de lei complementar, sem licença constitucional.

Se assim é para as pessoas jurídicas comerciais saudáveis, em atividade normal, muito mais razão jurídica haverá para se consolidar a compensação dos prejuízos acumulados sem o limite, a trava, de 30%, no caso da empresa falida, por princípio insolvente, com provável patrimônio líquido negativo.

2. Sobre os mortos, que tudo perdem. Inexiste herança de pessoa viva

Do ponto de vista do herdeiro ou do legatário, como inexiste herança de pessoa viva, as mais-valias e menos-valias acaso potencialmente existentes no tempo decorrido anteriormente à data da sucessão não são suas. Com o falecimento não chegam a nascer para o *de cujus*, desaparecendo a potencialidade, o *vir-a-ser*, que não se atualizou. Do ponto de vista jurídico, novo ciclo se inicia: o valor da herança, valor de mercado, será o custo de aquisição, novo marco inicial da contagem do ganho a ser auferido, no futuro, pelo sucessor. Na verdade, herdeiros e legatários adquirem os bens pelo valor que têm, no momento da transmissão. Se o bem vale 100 no momento da sucessão, 100 será o ganho auferido, verdadeiro acréscimo patrimonial, não interessando a diferença existente entre o custo de aquisição do bem para o *de cujus*. Veremos, a seguir, que efetivamente há acréscimos patrimoniais (espécie de renda) com a sucessão *causa mortis*; no entanto, intributáveis pela União.

2.1 Os bens herdados são acréscimos patrimoniais, embora intributáveis pela União

O imposto de renda tem como fato gerador o *excedente de riqueza* relativamente à comparação entre ganhos e despesas essenciais de determinado período (pessoa física), ou pode ser definido como *acréscimo de valor ou de poder econômico ao patrimônio líquido*, apurada a renda pela comparação dos balanços de abertura e encerramento de determinado período (modo de aferição da renda das pessoas jurídicas). A teoria do acréscimo foi defendida por George Shwanz, desde 1894, aperfeiçoada por Haig e Simons. Essa concepção foi adotada também em parte pelo Código Tributário Nacional (art. 43). A teoria, amplamente aceita na doutrina, não autoriza a tese equivocada de supor que qualquer acréscimo de valor — advindo de doação ou herança por exemplo, que é simples capital transferido e subtraído ao campo de competência federal — configure renda (cf. Aliomar Baleeiro, *Direito Tributário Brasileiro*, 10ª ed., Rio de Janeiro, Forense, p. 183; também Bulhões Pedreira,

Imposto de Renda, Rio de Janeiro, Justea, 1971, pp. 2-10).

De fato, as aquisições por causa de morte e por meio de doação configuram espécie *sui generis* de acréscimos patrimoniais (mas provenientes de fonte estranha, e não do próprio patrimônio da pessoa, como é o caso da renda). Sendo acréscimo ao patrimônio do beneficiado, não poderiam também configurar fato tributável por meio do imposto de renda (ganho de capital), sendo contribuintes o herdeiro ou o donatário? A Constituição Federal responde que não. Seguindo o modelo de sistema tributário mais usual, tal como ocorre na Europa e Américas, ela autonomizou essas formas de aquisição (por causa de morte e por meio de doação), para isso criando espécie independente que entregou à competência tributária do Estado. Efetivamente, nenhum dos países que adotam modelo tributário como o nosso admite submeter simultaneamente tais transmissões *causa mortis* e doações ao imposto de renda. A rigor, nesses sistemas o imposto sobre a transmissão por causa de morte e doação é complementar ao imposto de renda. Daí a pessoalidade e a progressividade conferidas a ambos. Ao contrário, somente naqueles em que o imposto de heranças e doações inexiste como espécie independente é que o imposto de renda alcança os ganhos de capital que as aquisições gratuitas representam. Observa Ricardo Lobo Torres: "O imposto *causa mortis*, incidindo sobre o incremento do patrimônio de herdeiros e legatários sem qualquer trabalho ou esforço deles, denota excelente índice de capacidade contributiva e extraordinária aptidão para promover a justificação social, pelo quê deve se afinar simultaneamente com os subprincípios da *progressividade*, que recomenda a elevação das alíquotas na medida em que aumentar o bolo tributável, e da *personalização*, que se expressa pelo agravamento da tributação de acordo com o afastamento entre herdeiro e *de cujus* na linha de sucessão" (cf. *Curso de Direito Financeiro e Tributário*, Rio de Janeiro, Renovar, 1993, p. 317).

Aliás, os demais países, no resto do Planeta, que adotam o mesmo modelo impõem exações muito expressivas, não experimentadas entre nós. Sobre o valor de mercado dos bens transferidos a progressividade é elevada. Considerando-se as faixas de valor mais alto, os Estados Unidos impõem alíquotas de até 55%; a Inglaterra, de 40%; a Alemanha, de 35% a 70%, conforme o grau de parentesco; a França, de 40% a 60%; a Itália, de 27% ou 33%, etc. (cf. Kenneth R. Tingley, *Income Tax (1990-1991)*, Londres, 1991; Plückebaum *et alii*, ob. cit.; *Code Général des Impôts*, Paris, Dalloz, 1996; *Il Nuovissimo Codice Tributario*, Piacenza. La Tribuna, 1996). Não somente supõem esses ordenamentos que o Estado, por meio do imposto incidente sobre as heranças e doações, apropria-se integralmente dos ganhos de capital (pois a base imponível é o valor do bem), como, ainda, rejeitam uma nova incidência por meio do imposto de renda, por seus efeitos confiscatórios.

No Brasil, os Estados, na prática, contidos por resoluções do Senado Federal (que não se empenham em alterar), renunciam à tributação mais significativa, impondo alíquotas modestas. Nem por isso a União pode ter ou exercer a competência. Na verdade, a pessoa que adquire bens por meio de herança ou doação tem acréscimos patrimoniais líquidos e gratuitos cuja base de cálculo é igual ao valor do bem transmitido. Mas não se trata de renda, tributável pelo imposto de competência da União, a qual é sempre *pessoal* e advém de fonte produtora (patrimônio) da própria pessoa, enquanto as aquisições *causa mortis* e a *doação* são simples transferências de capital de um para outro patrimônio. Entretanto, a constatação exatamente disso, de que as heranças e doações representam simples transferências de capital, líquidas, é que autoriza tributação exclusiva, porém mais próxima àquela do imposto de renda (em progressividade e igualdade).

Não obstante, essa questão, em verdade, não está em discussão, pois nenhuma lei federal exige imposto de renda em razão da aquisição do bem herdado ou doado. A Lei 9.532/97 pretende coisa distinta. Ela supõe que o titular de um bem, à medida que o preço de mercado se eleva acima do custo de aquisição declarado, aufere ganhos de capital que, finalmente, se realizam com a sua morte. Determina-se, então, a incidência do imposto sobre o ganho auferido ou difere-se o imposto para momento posterior, quando houver nova transmissão. O custo de aquisição declarado pelo *de cujus* continuará sendo sempre o parâmetro, prendendo-se, em cadeia, às declarações futuras de sucessores e donatários.

Portanto, antes interessa saber se a morte ou outro sinistro qualquer configura *realização*, para o *de cujus*, do ganho de capital.

2.2 *A morte é o mais grave dos sinistros; é perda que não desencadeia ganho de capital ou acréscimo para o "de cujus"*

O STF sempre rechaçou, no passado, as tentativas da União de tributar o ganho de capital decorrente de herança ou doação. Em todos os casos, entendeu a Corte que o imposto de lucro imobiliário não atinge bens havidos *causa mortis* (1ª T., RE 36.163, *DJU* 21.3.60, p. 702; 2ª T., RE 36.777-DF, *DJU* 3.9.59, *Ement.* 00399-02, p. 483; TP, ERE 36.777-GB, *DJU* 7.10.60, p. 5.957; TP, RE 36.973, *DJU* 15.5.61, p. 54).

Ora, a Lei 9.532/97 pressupõe que os sucessores se beneficiam de um favor legal — qual seja, a possibilidade de diferimento para a transmissão posterior, como se tivessem que incorporar o ganho (ou mais-valia) meramente potencial do *de cujus*. A Instrução Normativa 48, de 26.5.98, interpretando a Lei 9.532/97, considera que, alternativamente, na transferência de direito de propriedade por sucessão, nos casos de herança, legado ou doação em adiantamento da legítima, pode o valor dos bens ser determinado segundo as regras de mercado, hipótese em que é devido o imposto sobre o ganho de capital acaso apurado, ou, então, segundo o valor declarado pelo *de cujus*, ficando o tributo diferido para o momento da transmissão superveniente.

Para que a alternativa legal fosse real, mister seria que a morte configurasse fato de atualização da mais-valia cumulada pelo *de cujus*, real fator de sua realização. Se o fosse, haveria incidência do imposto de renda a cargo do espólio, cujo diferimento a lei autorizaria, em benefício dos sucessores.

Mas dois dados não podem ser olvidados:

a) A *morte* é o pior dos sinistros. Não configura apenas uma ruína material, mas a perda da vida do *de cujus*. Para nós, importa, sobretudo, que o morto (a par de perder a vida) é desapossado de seus bens, que passam à posse dos herdeiros, por força de lei. Em lugar de acréscimo patrimonial, aumento de riqueza, riqueza nova, fator essencial à renda, dá-se perda, desapossamento, separação do patrimônio, da vida e até do mundo fenomênico. Igualmente, outros sinistros como a falência, a obsolescência, a calamidade, os desastres de qualquer natureza, o esgotamento, configuram, em si, movimentos unilaterais de saída de bens ou de desapossamento, jamais fator de aumento de riqueza. Para prevenir-se desses males, o homem inventou contratos como o mútuo, o seguro e os sofisticados e dispendiosos sistemas previdenciários públicos. O óbvio é que a morte, a falência e outros sinistros não configuram *realização de ganho*; ao contrário, são *perda*, *desapossamento* e *indisponibilidade econômica e jurídica*. É verdade que a um mal pode corresponder uma reparação, ou seja, um pagamento que pode dar origem a um retorno ao patrimônio superior ao custo do bem. A realização será, então, não o *sinistro em si*, mas a entrada dos recursos em montante superior ao da saída. À morte, em si, não corresponde qualquer ingresso que beneficie o *de cujus*. Na falência, igualmente, toda alienação do ativo e todos os recursos advindos da continuação do negócio estão afetados diretamente ao pagamento dos credores, segundo a ordem legal, deles não tendo o falido a posse ou a disponibilidade econômica ou jurídica.

b) *Há, assim, cortes jurídicos fundamentais*, que economistas podem esquecer, mas que o mundo jurídico não pode. Se, economicamente, basta que o valor de um bem — em relação ao custo de sua aquisição — cresça para que se possa identificar aumento patrimonial, do ponto de vista jurídico é fundamental a *realização* do ganho, ou seja, a *disponibilidade econômica ou jurídica*. E tal não se dá na morte, na falência, nas ruínas em geral. Que ganho, ainda que potencial, herda o sucessor? Nenhum, pois a morte é perda. Com a sucessão advém fato jurídico novo, nova propriedade, novas declarações, novo valor. O legislador não pode obrigar o herdeiro a "herdar" uma potencialidade (a de ganho de capital do *de cujus*), que não se sustenta, pois desaparece com o seu falecimento. As potencialidades do *de cujus* extinguem-se com sua morte. Para o sucessor, o custo de aquisição do bem por herança ou doação é o valor de mercado no momento da transmissão.

Para que se configure a capacidade econômica, por meio da disponibilidade, é necessário que o ganho de capital se realize, convertendo-se em dinheiro, por meio da alienação. Apenas em relação à pessoa jurídica admite-se que, embora inexista venda, por exemplo, possa haver incidência do imposto, se novo valor, por meio de reavaliação do ativo, é incorporado à escrita. Na pessoa jurídica, que tem a renda apurada de forma peculiar e diferente em relação à pessoa física, a realização dá-se quando o ganho de capital se converte em dinheiro, mas admite-se que, reavaliado o bem, o novo valor seja incorporado às contas e escriturado. A diferença a maior existente entre o registro anterior e o novo valor escriturado pode ser tributada, em razão das peculiaridades das demonstrações financeiras das pessoas comerciais. Em contrapartida, a diferença a menor, os prejuízos e as perdas, enfim, as menos-valias, configuram prejuízos patrimoniais que devem encontrar compensação com os lucros, mesmo operacionais. Perdas e ganhos encontram compensação na pessoa jurídica. Diferente é a forma de apuração e de determinação da renda na pessoa física, em que o ganho de capital somente pode ser aquele incorporado ao patrimônio e realizado, ou seja, que se converteu em dinheiro. Tal fenômeno é fundamental, pois a pessoa física tem que ter real capacidade econômica de pagar o imposto. Tal capacidade deve ser medida de tal forma que a pessoa física está referida no núcleo *contribuinte e família*, em que o contribuinte não é singelamente um homem, mas é visto como marido e pai de família, cumprindo funções vitais na sociedade. Em contrapartida, as menos-valias são ignoradas pelo legislador.

O CTN, em seu art. 43, adota um conceito amplo de renda, sem deixar evidenciadas as distinções entre uma e outra forma de apuração da renda. Tanto se refere à renda como "produto do capital, do trabalho ou da combinação de ambos", como, ainda, "aos acréscimos patrimoniais não compreendidos no inciso anterior".

A teoria econômica segundo a qual renda é *acréscimo de valor ou de poder econômico ao patrimônio líquido + despesas*, nas pessoas jurídicas, especialmente nas sociedades comerciais, depende da comparação dos balanços de abertura e encerramento de determinado período. Como lembra Musgrave ("Defense of income concept", in *Tax Law*, v. 1, ed. P. White, Darthmouth, Pub. Livr., England, 1995, p. 47), a tese foi primeiramente defendida por George Shwanz, desde 1896 ("Der Einkommensbegriff und die Einkommensteuergesetz", 13, *Finanz Archiv* I), introduzida na discussão americana da Lei do Imposto de Renda Federal por Haig em 1921 e sistematicamente desenvolvida por Henry Simons (*Personal Income Taxation*, 1938, e *Federal Tax Reform*, de 1950). O conceito assim exposto somente é aplicável de forma abstrata às pessoas físicas e jurídicas. Mas adaptações substanciais são levadas em consideração, especialmente na forma de apurar a renda. Como explica K. Tipke, o dualismo tem longa tradição, pois ainda no século XIX a lei cedeu às exigências dos empresários do comércio e da indústria, que insistiram em aproximar a renda ao conceito de lucro, determinado de acordo com a contabilidade comercial. Alerta Tipke para o fato de que o legislador alemão (como a maioria), para manter a dualidade, assenta-se nos argumentos de que a atividade empresarial, em razão dos riscos do empreendimento, é muito mais sensível às oscilações da economia e, sobretudo, em que a atividade empresarial necessita da separação e da afetação de um patrimônio para ser exercida. Portanto, esse patrimônio, destinado à atividade produtiva, capaz de gerar renda, é cercado de cuidado especial, para que não se destrua ou reduza (cf. *Steuerrecht. Ein systematicher Grundriss*, 9, Köhn, 1983, p. 213). Ora, sendo assim, qualquer teoria ou conceito de renda sofre adaptações em decorrência desses fenômenos, a saber:

a) *Nas pessoas jurídicas* o lucro é apurado segundo a contabilidade comercial. Por meio da chamada *teoria do balanço* (identifica-se a renda como acréscimo ao patrimônio líquido) acompanha-se com maior rigor a situação patrimonial de seu titular, a fim de se determinar a *dedução das perdas* (depreciação e amortização), a *compensação dos prejuízos com a alienação dos ativos*, independentemente de se registrar o fluxo financeiro de entradas e saídas, decorrentes das atividades operacionais. Devem ser consideradas as mais-valias e as menos-valias. Em conseqüência, pode ser que o legislador determine a incidência do imposto sobre o ganho de capital apenas apurado — não realizado — decorrente de uma reavaliação do ativo, de resto facultativa. Importa apenas registrar que, inexistindo acréscimo ao patrimônio líquido, não há renda tributável. *As despesas, sempre que pertinentes e necessárias ao empreendimento, são dedutíveis e devem ser assim mantidas pelo legislador*.

b) *Nas pessoas físicas* a renda é apurada como *excedente ou acréscimo de riqueza*, considerando-se apenas o fluxo de satisfações e serviços consumidos (Irving Fischer), representados por seu valor monetário, fluxo que engloba as entradas e saídas em determinado período de tempo. Não importa que tenha inexistido acréscimo ao patrimônio líquido. Importa que haja o *excedente* entre as receitas tributáveis e as despesas dedutíveis. A renda como excedente pode ter sido inteiramente consumida pelo contribuinte (em viagens, passeios, festas, roupas, presentes etc.), sem ter resultado em acréscimo ao patrimônio líquido. Pode ser, mesmo, que tal patrimônio tenha sido reduzido por perdas, doações. Se houve *excedente*, relativamente àquele fluxo, há renda tributável. Não importa que tenha a pessoa um elevado passivo, decorrente de empréstimos contraídos. Enquanto nas pessoas jurídicas esse passivo seria considerado para se determinar o patrimônio líquido, nas pessoas físicas é ignorado. As declarações de bens não seguem o regime contábil comercial, nem se anotam os encargos de inversão, nem as perdas, nem se compensam os prejuízos ou as menos-valias. Portanto, os ganhos de capital somente são tributáveis quando se transformam também em *fluxo financeiro*, isto é, realizam-se, convertendo-se o bem em dinheiro, por valor superior àquele de aquisição. Para que se considerasse de forma diferente teria o legislador de aproximar o modo de apurar a renda das pessoas físicas às pessoas jurídicas empresariais, segundo a contabilidade comercial, com a consideração das menos-valias e a compensação de prejuízos. Não obstante, tal transformação esbarra em óbices de difícil transposição, a saber:

1) *o custo de tal exigência* e a *ausência de praticidade*, empenhando-se as famílias em contabilidade difícil e cara;

2) *a família não é pessoa jurídica a que estivesse afetado certo patrimônio*, de tal sorte que pais e filhos a seu tempo incorporassem os ganhos de capital potencial, segundo os valores contábeis de aquisição no passado;

3) *as despesas de competição e diferenciação*, sem qualquer limite, teriam que ser consideradas como o são aquelas nas

pessoas empresariais, a saber, educação no país ou no exterior, viagens culturais, custos de empregados, de substituição etc., reduzindo-se ou extinguindo-se a progressividade, pois somente podem efetuar tais gastos exatamente os mais ricos...

Por isso, e por enquanto, é razoável que as pessoas físicas continuem a apurar a renda pela singela diferença entre a soma dos rendimentos auferidos em um período anual e o total das despesas necessárias à manutenção do contribuinte e de sua família. Se entram importâncias em dinheiro em valor superior ao custo do bem alienado, então há ganho de capital realizado, *real*, perfeitamente tributável. Mas apenas nesse momento. Antes disso, se há apenas potencialidade, sem nenhuma realização, nem disponibilidade econômica, inexiste incidência, inexiste renda tributável. Potencialidade que se extingue com a morte do titular dos bens.

3. Conclusões. A absoluta ausência de capacidade econômica do falido, do morto e de outros sinistrados

A Constituição Federal repele as presunções ou ficções jurídicas na tributação, adotando o *princípio da realidade*. Assim está redigido seu art. 145, § 1º: "Sempre que possível, os impostos terão caráter pessoal e serão graduados segundo a *capacidade econômica* do contribuinte, facultado à Administração Tributária, especialmente para conferir efetividade a esses objetivos, identificar, respeitados os direitos individuais e os termos da lei, o patrimônio, os rendimentos e as atividades econômicas do contribuinte".

Como se pode observar, os termos e expressões da norma vigente são muito similares àqueles que compunham a regra do art. 202 da CF de 1946. Além disso, o que se continha implicitamente na Constituição de 1969 evidencia-se, portanto, com todas as luzes, no texto de 1988. Pode-se afirmar a força vinculante do preceito tanto para o legislador ordinário como para o intérprete e aplicador da norma na Constituição de 1988. É que a capacidade contributiva é princípio que serve de critério ou de instrumento à concretização dos direitos fundamentais individuais, quais sejam: a igualdade e o direito de propriedade ou vedação do confisco. Portanto, o princípio da capacidade contributiva não mais pode ser interpretado à luz da concepção de um Estado de Direito ultrapassado e abstencionista. Ao contrário. A Constituição de 1988 tende à concreção, à efetividade e à consagração de princípios auto-aplicáveis, obrigatórios não apenas para o legislador como, também, para o intérprete e aplicador da lei. Esse o sentido atribuído pelas ordens jurídicas de outros países ao princípio — ou seja, conteúdo concreto, informado pelas *reais forças econômicas do contribuinte* (cf. Francesco Moschetti, *Il Principio della Capacità Contributiva*, Padova, CEDAM, 1973, p. 21).

O grande construtor italiano do princípio da capacidade contributiva foi, sem dúvida, Griziotti, que estabeleceu uma correspondência entre tal capacidade e os serviços públicos, erigindo-a em elemento causal da obrigação tributária. Repelida a teoria de Griziotti, sobretudo com Giannini (*Istituzioni di Diritto Tributario*, 8ª ed., Milano, Giuffrè, 1960, pp. 60 e ss.), renasce o princípio da capacidade contributiva, posteriormente, revitalizado pela longa e profunda monografia de Giardina (*Le Basi Teoriche del Principio della Capacità Contributiva*, Milano, Giuffrè, 1961, pp. 439 e ss.), que visa a dotar de efetividade o art. 53 da Constituição italiana. Para isso, destaca o autor, exatamente, a força econômica, que não esgota o conteúdo do princípio da capacidade contributiva, a qual é pesada e valorada pelo legislador, mas se presta ainda a limitar e a condicionar a margem de discricionariedade legislativa.

Por conseguinte, não deve surpreender o fato de a Constituição de 1988, que tende à concreção e à efetividade, referir, no art. 145, § 1º, a *capacidade econômica*, e não apenas a capacidade *jurídica* ou *contributiva*. Com isso ela pretendeu afastar as criações jurisprudenciais, administrativas ou legais que, baseadas em presunções, ficções e falseamentos, buscassem atingir fatos que não estivessem assentados em *realidades econômicas*. Capacidade econômica contributiva, então, somente se pode medir por meio das verdadeiras forças econômicas do contribuinte, como quer Moschetti (ob. cit.).

O princípio da capacidade econômica, *do ponto de vista objetivo*, obriga o legislador ordinário a autorizar todas as despesas operacionais e financeiras necessárias à produção da renda e à conservação do patrimônio, afetado à exploração. Igualmente, o mesmo princípio constrange a lei a permitir o abatimento dos gastos destinados ao exercício do trabalho, da ocupação profissional, como fonte de onde promanam os rendimentos. O rígido sistema constitucional de competência tributária, assentado em campos privativos de atuação dos entes políticos estatais, e o princípio da capacidade econômica impedem uma miscigenação legal entre renda, rendimento e faturamento. Enquanto nos demais países a confusão entre tais conceitos esbarra apenas nos óbices constitucionais da tributação segundo a capacidade econômica, entre nós, ao contrário, haverá também, além desses entraves, os limites da competência já postos no Texto Magno. *Do ponto de vista subjetivo*, a capacidade econômica somente se inicia após a dedução das despesas essenciais para a manutenção daquela pessoa, com as suas necessidades peculiares. Somente o excedente restante, apurado após a dedução desses gastos, é indício de capacidade econômica e estará *disponível para o pagamento do imposto*. A capacidade econômica subjetiva corresponde a um conceito de renda, livremente disponível para o consumo e, assim, também para o pagamento de tributo. Dessa forma se realizam os princípios constitucionalmente exigidos da *pessoalidade* do imposto, *proibição do confisco* e *igualdade*, conforme dispõem os arts. 145, § 1º, e 150, II e IV, da CF.

Ora, para se alcançar a renda no processo falimentar, característico das pessoas comerciais, mister seria que se apurasse acréscimo patrimonial. Ou seja: comparado o patrimônio líquido no momento da decretação da falência (ou seja, o resíduo do ativo, após a dedução de todo o passivo), se identificasse aumento, acréscimo, desse valor. O acréscimo ao patrimônio líquido somente pode ser real, aumento efetivo de valor. Para isso é fundamental que os resultados acaso apurados com a continuação do negócio sejam inteiramente absorvidos pelos prejuízos anteriores. Evidentemente, pessoa falida que, segundo tal procedimento e nessas circunstâncias, consegue apurar lucro-renda não necessita do processo falimentar e deve gozar de imediata suspensão. Ao contrário, a regra lógica é exatamente oposta. A pessoa falida não tem capacidade econômica para pagar imposto de renda. Esse o sentido do instituto da falência, seja ele visto como processo liquidatório, seja ele destinado a soerguer as empresas viáveis, que estiveram momentaneamente em crise. Por tal razão poderá a falência ser convertida em concordata, "procedimento judicial visando a regularizar as relações patrimoniais entre o devedor comerciante, impontual ou insolvente, e seus credores quirografários, evitando, ou removendo os efeitos da falência" (cf. Nélson Abrão, ob. cit., p. 218). Mas, enquanto isso não ocorre, impõe-se cumprir o regime legal previsto pelo ordenamento jurídico brasileiro. Segundo tal regime não tem a pessoa falida capacidade econômica, nem a posse de seus bens, nem disponibilidade econômica ou jurídica, nem tampouco a direção, o controle ou a administração de seu patrimônio ou de seu negócio.

Igualmente os mortos e outros sinistrados são desapossados de seu patrimônio (ou da vida), não têm disponibilidade econômica ou jurídica, muito menos com a morte e a perda se realizam potenciais ganhos de capital. As potencialidades inerentes à personalidade humana e aos ganhos futuros extinguem-se. Não pode o legislador impor a ficção de que o herdeiro adquire o bem pelo "valor" declarado pelo *de cujus*. Com a morte rompe-se o ciclo. O sucessor tem o direito de declarar o bem transmitido pelo valor real de mercado, que é o valor exato da aquisição, exigência constitucional do princípio da capacidade econômica. No caso das pessoas físicas sobrepõem-se a personalidade humana e as necessidades da família ao princípio da continuidade inerente à sociedade comercial a que está afetado certo patrimônio.

Conclui-se, então, que, com a sucessão aberta pelo falecimento, as mais-valias e menos-valias potenciais extinguem-se. Com a morte não chegam a nascer para o *de cujus*, desaparecendo a potencialidade, o *vir-a-ser*, que não se atualizou. Do ponto de vista jurídico, novo ciclo se inicia: o valor da herança, valor de mercado, será o custo de aquisição, novo marco inicial da contagem do ganho a ser auferido, no futuro, pelo sucessor. Herdeiros e legatários adquirem os bens pelo valor que têm no momento da transmissão. Esse o *princípio da realidade*, inerente à regra constitucional de tributação segundo a real capacidade econômica.

Belo Horizonte, julho de 1998

AÇÃO DECLARATÓRIA DE INEXISTÊNCIA DE RELAÇÃO JURÍDICA ENTRE CONTRIBUINTE E FISCO — PROPOSIÇÃO DE CAUTELAR INCIDENTE DE DEPÓSITO — IMPOSSIBILIDADE DE OCORRÊNCIA DE DECADÊNCIA NO DECURSO DA AÇÃO

LUCIA VALLE FIGUEIREDO
Professora Titular de Direito Administrativo da Pontifícia Universidade Católica de São Paulo — Juíza do TRF-3ª Região

No decurso de ação declaratória proposta poderá ocorrer a decadência? Este o tema que nos propomos examinar.

1. O art. 173 do CTN textualmente dá ao Fisco o prazo de cinco anos para a constituição do crédito tributário. Esta regra será exigível se proposta ação declaratória, a fim de ser declarada a exata relação jurídica entre Fisco e contribuinte?

Não irei me deter nos meandros da discussão tributária instaurada a respeito de *obrigação tributária*, *crédito tributário* ou *tipologia do ato administrativo do lançamento*, tal seja sua declaratividade ou constitutividade, ou ainda a pertinência a outra categoria de atos administrativos, como, por exemplo, entende Giannini (Massimo Severo Giannini, *apud* Alberto Xavier, *Do Lançamento: Teoria Geral do Ato, do Procedimento e do Processo Tributário*, 2ª ed., Rio de Janeiro, Forense, 1997, p. 546, constrói a teoria declarativa que vê na eficácia do lançamento a implementação da *conditio juris* para exigibilidade), *a não ser quando a discussão for essencial ao deslinde da resposta a que pretendemos chegar.*

2. Examinemos as alegações em prol da decadência que costumam ser feitas e trazidas a contexto nas ações judiciais em brilhantes pareceres. Por isso mesmo, opor-se às conclusões a que invariavelmente chegam os doutrinadores, e sobretudo os pareceristas, demanda enorme esforço de reflexão e dialética.

Além disso, costumam ser trazidas a cotejo decisões abonadoras da tese de que a liminar suspensiva da exigibilidade do crédito, por não obstaculizar a atividade fiscalizatória do Fisco, não elidiria a consumação do prazo decadencial. E, mais ainda, há o Parecer PGN-743/88, exarado pela Procuradoria-Geral da Fazenda Nacional, respondendo a uma consulta da Delegacia da Receita Federal de Bauru, que respaldaria a tese de que o Fisco, se não quiser ver perecido seu direito, deverá praticar o ato administrativo do lançamento.

Destaco os trechos do seguinte teor:

"11. Mas, uma vez concedida a medida liminar, poderão surgir outras dificuldades quanto ao direito fazendário de haver o crédito tributário, pois aquela medida poderá suspender a exigibilidade de créditos tributários constituídos como também de créditos tributários não constituídos.

"(...)

"14. Não constituído o crédito tributário, haverá a autoridade fiscal que preservar a obrigação tributária do efeito decadencial. Incumbe-lhe, como dever de diligência no trato da coisa pública, constituir o crédito tributário pelo lançamento.

"15. *Essa medida se impõe, pela falta de outro meio que possa evitar a decadência do direito da Fazenda Nacional.*

"16. Ressalte-se que a autoridade fiscal, em seguida à constituição do crédito tributário, deverá dá-lo como suspenso, em razão da concessão da medida liminar" (grifamos).

Assinalados os pontos que entendo fundamentais ao deslinde da questão, passemos à análise do tema.

3. Da análise da decadência: mister analisarmos, para esse fim, alguns pontos fundamentais, tais sejam: tipo de ação proposta, o depósito, bem como os efeitos do ato administrativo de lançamento.

4. Da declaratória proposta com cautelar incidental de depósito: expressamente estaremos a examinar e a fazer reflexões sobre a propositura de ações declaratórias e cautelares de depósito, incidentes ou não, a fim de concatenar adequadamente o raciocínio.

Minhas reflexões não devem ser estendidas à propositura de *mandados de segurança* em que tenha ocorrido liminar, pois tal matéria não está sendo objeto de minhas cogitações atuais. Cada uma das ações tem um propósito. Ademais disso, o mandado de segurança, ao prescindir de depósito, faz com que não se saiba exatamente o *quantum debeatur*.

5. Devemos, pois, inicialmente precisar os contornos da ação declaratória e seus efeitos.

Não nega a doutrina que a ação declaratória vise a dissipar a incerteza, ou, por outra, trazer a certeza da relação jurídica existente entre autor e réu. A sentença constituir-se-á em *preceito dos exatos limites da relação jurídica controvertida.*

Acerca da declaratória nas ações tributárias afirma Cleide Previtalli Cais em seu festejado livro *O Processo Tributário* (2ª ed., São Paulo, Ed. RT, 1996, p. 227):

"A ação requerendo provimento declaratório em matéria tributária tem cabimento quando presente estado de incerteza em relação ao contribuinte por força de exigência fiscal.

"O tratamento legislativo desse meio de acesso ao Poder Judiciário vem contido no art. 4º do CPC, sendo admissível a discussão quando pretenda o contribuinte certeza sobre a existência ou inexistência de determinada relação jurídica, ou quando vise declaração sobre autenticidade ou falsidade de documento."

Ademais, traz a contexto a ilustre Autora acórdão da lavra do Min. Athos Gusmão Carneiro que aborda a finalidade da declaratória, de teor seguinte: "397. No REsp n. 2.964-RJ (rel. Min. Athos Carneiro), o STJ, através da 4ª T., j. 12.8.91, v.u. entendeu que 'admite-se a ação declaratória para obtenção de certeza jurídica sobre a existência, inexistência ou modo de existir de uma relação jurídica'".

João Batista Lopes, em seu excelente livro *Ação Declaratória* (1ª ed., São Paulo, Ed. RT, 1982, pp. 24 e ss.), averba:

"O que particularmente define a ação declaratória e a estrema das outras ações de conhecimento é que, nela, a pretensão do autor se exaure na simples declaração da existência, ou inexistência, de uma relação jurídica ou da autenticidade ou falsidade de um documento.

"Como ressaltam Antônio Carlos de Araújo Cintra, Ada Pellegrini Grinover e Cândido Rangel Dinamarco, 'com a sentença, presta-se o provimento declaratório invocado. Se o autor quiser, depois, exigir o direito, que a sentença tornou certo, deverá propor nova ação de natureza condenatória. *A sentença declaratória somente vale como preceito, tendo efeito normativo no que concerne à existência ou inexistência de relação jurídica entre as partes*'.

"(...)

"Mesmo nos casos em que exista incerteza ou dúvida, não se vai a juízo para desfazê-las — afinal, o parecer de um jurista poderia dirimi-las satisfatoriamente —, *mas para se obter declaração com força de coisa julgada.*

"(...)

"A ação declaratória não visa, na verdade, a desfazer dúvida ou incerteza sobre a existência ou inexistência de relação jurídica, mas objetiva o valor segurança, emergente da coisa julgada, enquanto a ação constitutiva objetiva a alteração de um estado jurídico, e a condenatória, à obtenção da sanção" (grifamos).

De seu turno, José Manoel de Arruda Alvim assinala: "Desde logo, adiantamos nossa opinião no sentido de que a ação declaratória é o tipo mais simples de ação, dado que preordenada, exclusivamente, à obtenção da declaração. Wach, em sua obra clássica sobre ação declaratória, observou que 'a sentença é sempre declaração (*Feststellung*) em função da proteção do direito, mas nunca em função da produção do mesmo'. Assim, tal como se dá com as demais ações do processo de conhecimento, toda a sentença é necessariamente declaratória. *Desta forma, ação declaratória é a ação destinada, tão-somente, à obtenção da declaração de existência ou inexistência de uma relação jurídica, e, assim, tem por fim exclusivo obter a certeza jurídica, com a respectiva sentença declaratória revestida da autoridade de coisa julgada.* Do ponto de vista da atividade jurisdicional, tanto a declaração procedente quanto a improcedente geram sempre certeza jurídica; e, numa e noutra hipótese, a sentença será sempre declaratória" (in *Tratado de Direito Processual Civil*, 2ª ed., v. 1, São Paulo, Ed. RT, 1990, p. 420 — grifamos).

6. Ressalte-se que a CF assegura, em seu art. 5º, XXXV, a *inafastabilidade de jurisdição*, como, também, a *coisa julgada* (inciso XXXVI). Ambas as garantias constituem-se em cláusulas "pétreas", nos termos do art. 60, § 4º, da CF.

Foi necessário trazer a contexto o perfil — ainda que da maneira mais sucinta possível — da ação declaratória para verificar se deverá ou, por outro giro, se está legalmente o Fisco obrigado a proceder ao lançamento de quantias que se encontrem *sub judice*, e, inclusive, com depósitos, efetuados mensalmente ou não, e declarados ao juízo a que se referem, e, ademais disso, de conhecimento da Fazenda Nacional, que será o pólo passivo da relação jurídica. Ou se, pelo contrário, o preceito resultante da declaratória pode ensejar a inscrição do débito seguido da ação executiva.

7. ***Do depósito***: é essencial, pois, o estudo, ainda que aligeirado, do depósito e de seus efeitos, que, em seqüência, passamos a proceder. É mister verificar os efeitos dos depósitos feitos nas cautelares, incidentais ou não, como assinalado, e a distinção feita por Alberto Xavier sobre os tipos existentes. Afirma o mestre: "O depósito suspensivo da exigibilidade distingue-se do *depósito suspensivo da execução*. A proibição de levantamento do depósito antes do trânsito em julgado de sentença — determinada pelo § 2º do art. 32 da Lei n. 6.830/80 — é específica dos *depósitos suspensivos de execução* já instaurada, não sendo as razões que a determinaram aplicáveis aos casos em que o particular pode ou não exercer livremente o seu direito à suspensão da exigibilidade, submetendo-se às conseqüências do seu não exercício" (*Do Lançamento: Teoria Geral do Ato, do Procedimento e do Processo Tributário*, 2ª ed., Rio de Janeiro, Forense, 1997, p. 437).

8. Portanto, como se verifica, os depósitos efetuados são *suspensivos da exigibilidade do crédito* — crédito, este, que pode preferir o contribuinte discutir preventivamente em juízo, como lhe faculta a Constituição da República ao afirmar a inafastabilidade da jurisdição *mesmo diante apenas da ameaça de lesão*.

Traga-se, pois, a cotejo, ainda do mesmo autor precitado: "No que concerne à sua natureza jurídica, o depósito a que se refere o art. 151, inciso II, do CTN reveste a natureza jurídica do que a doutrina designa por *depósito em função de garantia* ou depósito *com escopo de garantia*" (ob. cit., p. 436).

9. ***Da necessidade ou não de o Fisco praticar o ato administrativo de lançamento de quantias discutidas e com exigibilidade suspensa***: tudo isso foi dito até agora para irem se afunilando o pensamento e as conclusões no que tange à necessidade ou não de o Fisco, *embora sus-*

pensa a exigibilidade do crédito tributário, ser obrigado a praticar o ato administrativo de lançamento, nos termos do art. 149, conjugado com o art. 173, ambos do CTN.

E isso porque, com relação ao recolhimento efetuado, o Fisco teria cinco anos para "homologá-lo" ou para ocorrer, por sua omissão, a preclusão administrativa; e, no mesmo prazo, na hipótese de haver omissões ou erros, expedir *de ofício* ato para notificar o contribuinte da importância não quitada.

Dê-se como exemplo o IPI, imposto sujeito — como, aliás, a maioria dos tributos — ao impropriamente chamado "autolançamento" (termo absolutamente dessintonizado com a atividade executada pelo contribuinte), e, também, somente por total impropriedade técnica chama-se de "homologação" a atividade fiscal verificadora da exatidão da declaração prestada e do pagamento efetuado.

10. Como bem afirma Paulo de Barros Carvalho (*Curso de Direito Tributário*, 9ª ed., São Paulo, Saraiva, 1997, p. 270), a "homologação", tácita ou expressa (na verdade, não se pode falar em ato tácito, mas, sim, em preclusão administrativa para sua manifestação, ou, em outro falar, em imputação legal), é o atestado de óbito do crédito tributário, o que efetivamente ocorre no tocante às importâncias incontroversas quitadas, se não tiverem sido alvo de "autos de infração".

11. Deveras, no Código Tributário o termo "lançamento" está eivado de polissemia. Em outro falar: o lançamento, no Código Tributário Nacional, é palavra polissêmica (basta que examinemos os arts. 142-146 para verificar a verdade de tal assertiva: no art. 142 afirma-se que o lançamento é procedimento administrativo destinado a constituir o crédito tributário; na hipótese do lançamento revisto de ofício — art. 149 —, inúmeras hipóteses são levantadas, como se verificará. a) Inciso II do artigo: omissão do contribuinte; b) inciso III: também omissão, embora tenha havido a declaração do contribuinte, que, todavia, ou não foi satisfatória, ou, por hipótese, este contribuinte não teria prestado as informações necessárias; c) inciso IV: hipótese de erro ou falsidade — a omissão já contemplada na letra anterior; nessa hipótese haverá, se for o caso, quitação de parte — não lançada — e a exigibilidade da que por erro ou falsidade não foi adimplida; d) a hipótese do inciso V é basicamente igual; e) na hipótese do inciso VI fica a Administração obrigada a aplicar a penalidade pecuniária por ocorrência da ação ou omissão do sujeito passivo ou de terceiro legalmente obrigado; f) a hipótese versada no inciso VII é também de aplicação de penalidade; g) a do inciso VIII contempla um segundo ato a ser praticado pela Administração na circunstância de que algum fato não era conhecido ou provado por ocasião do primeiro lançamento; h) o inciso IX, de seu turno, vai abrigar hipótese de descumprimento de dever funcional) — e isso, expressamente, já afirmamos. Refere-se a situações diversas, como, por exemplo, ao lançamento de ofício, que se pode constituir, na verdade, em ato primário, ou, pelo contrário, ao lançamento como ato de revisão, já ato secundário.

O lançamento é da categoria dos atos administrativos receptícios (v. Alberto Xavier, ob. cit., p. 194), não se completa ou, por outra, não atinge sua eficácia sem a notificação, a fim de cumprir o devido processo legal, outorgando-se ao contribuinte possibilidade de ampla defesa.

12. No chamado "autolançamento" — que, *na verdade, lançamento não é* — o sujeito passivo paga o tributo para, posteriormente, o sujeito ativo declarar ou não a extinção da obrigação tributária. Ou, como quer, com razão, Paulo de Barros Carvalho, conceder o atestado de óbito da obrigação tributária.

Alberto Xavier deixa bem claro que no art. 149 do CTN revelam-se situações jurídicas distintas, tais sejam: definição dos casos em que o ato primário do lançamento pode ser praticado *de ofício* dos casos em que se terá ato secundário da Administração, se for revisto.

E afirma o autor: "Em todos os demais incisos do art. 149 não se pressupõe um *lançamento anterior*, mas uma declaração do contribuinte, defeituosa ou omissa. Fala-se, nestes casos, por vezes, de uma *revisão da declaração*, que é fenômeno totalmente distinto da revisão do lançamento, pois a declaração do contribuinte não é, por definição, um ato administrativo primário que se destine a ser objeto de reexame por outro ato administrativo, mas simples ato instrutório do procedimento administrativo de lançamento, insuscetível de produzir uma primeira definição da situação jurídica: esta ocorrerá, pela primeira vez, com o *lançamento de ofício*" (ob. cit., pp. 241 e 242).

13. Veja-se que, se houver lançamento suplementar *de ofício*, por força do *devido processo legal*, indispensável será consignar-se previamente o direito de defesa e do amplo contraditório (diga-se, ainda que de passagem neste estudo, porque não é o cerne do problema examinado. Nas hipóteses do chamado *autolançamento* somos dos que entendem, acompanhando o mestre Alberto Xavier, que a inscrição da dívida, na hipótese de inocorrência de pagamento, não poderá ser automática. Antes, necessariamente, deverá ser notificado o contribuinte pelo lançamento — v. o autor em seu *Do Lançamento: Teoria Geral do Ato, do Procedimento e do Processo Tributário*, pp. 401-415. As razões que me levam a assim pensar foram melhor expostas em voto-vista emanado em 24.6.98 no processo de reg. 95.03.88225-7, da relatoria do Juiz Manoel Álvares, quando convocado para a 4ª T. do TRF-3ª R.).

Com efeito, a Constituição de 1988 armou o administrado convenientemente ao atribuir ao processo administrativo (se houver interesse, v. nosso *Curso de Direito Administrativo*, 3ª ed., São Paulo, Malheiros Editores, 1998, Capítulo XIV), caso haja litigância ou acusações, as garantias do judicial.

14. Assinale-se, e enfatize-se: *se não houver controvérsia judicial instaurada, imprescindível será a notificação do lançamento das quantias em discussão ao contribuinte,* ***no prazo decadencial, sob pena de preclusão administrativa***.

Todavia, embora assim possa fazer o Fisco, *por não estar impedido de exercer sua atividade fiscalizatória*, há de se perquirir qual a utilidade da emanação do ato administrativo de lançamento, com a conseqüente notificação para possibilitar ao contribuinte *amplo contraditório com os meios de prova inerentes*, quando já instaurada ação judicial com o mesmo propósito. Quando na ação judicial já trouxera o contribuinte sua pretensão — pretensão, esta, resistida, enquadrando-se, pois, perfeitamente no conceito tão prestigiado de *lide*.

15. Pretensão, ademais, quantificada pelo depósito (que poderá ser impugnado), de tal arte a saber — tanto o contribuinte como o Fisco — exatamente o *quantum debeatur*.

Lembre-se que, como assevera o nunca demais citado Alberto Xavier:

"*O que o Direito brasileiro veda é o exercício* ***cumulativo*** *dos meios administrativos e jurisdicionais de impugnação: como a opção por uns ou por outros não é excludente, a impugnação administrativa pode ser prévia ou* ***posterior*** *ao processo judicial, mas não pode ser simultânea.*

"O princípio da não-cumulação opera sempre em benefício do processo judicial: a propositura de processo judicial determina *ex lege* a extinção do processo administrativo; ao invés, a propositura de impugnação administrativa na pendência de processo judicial conduz à declaração de inadmissibilidade daquela impugnação, salvo ato de desistência expressa do processo judicial pelo particular" (ob. cit., p. 285 — grifamos).

16. Inocorrência da decadência: cabe-nos concluir neste estudo pela não-existência de decadência quando, por força da ação judicial, for ultrapassado o lapso temporal de cinco anos, contados da ocorrência do fato imponível — como designavam o saudoso Geraldo Ataliba e seus seguidores — ou fato gerador — como denominam outros.

Deveras, se o próprio contribuinte escolher trilhar o caminho do processo judicial não-cumulável *simultaneamente* com o administrativo, adiantando-se a qualquer ação fiscal, propondo ação declaratória juntamente com a cautelar, precedente ou incidental — declaratória, esta, com as características já especificadas anteriormente —, a fim de buscar *a declaração de um preceito*, tal seja, a declaração de qual a relação jurídica em que deverá ser encartado, e, *ad cautelam*, proceder aos depósitos em *quantias certas e determinadas*, informando ao juízo a que se referem, não há como a demora da prestação judicial fazer com que ocorra a decadência.

17. Pretender-se chegar, ao fim e ao cabo da outorga da prestação judicial, à conclusão de se ter operado a decadência seria, a nosso entender, desprezar-se todo o contexto sistemático sobre o qual deve incidir a interpretação, chegar-se à negação da necessidade e utilidade da prestação jurisdicional. Demais disso, seria entender-se possível interpretar o ordenamento jurídico com apenas uma norma, a do art. 173 do CTN.

Assinale-se, nesse sentido, acórdão da lavra do Min. Ari Pargendler no sentido em que entendemos:

"Tributário — Discussão a respeito da obrigação tributária, antes da constituição do crédito tributário.

"A antecipação da controvérsia, pelo contribuinte, a propósito da obrigação tributária exclui a hipótese de que, no decurso do processo judicial, em razão da demora no respectivo julgamento, a Fazenda Pública decaia do direito de constituir o crédito tributário.

"Recurso especial não conhecido" (2ª T., REsp 46.237-RJ, j. 13.12.96, v.u.).

A interpretação jurídica há de ter sempre em mira o texto, o contexto e a finalidade da norma. Não se poderia pretender que o decurso de prazo seja hábil a desconstituir o preceito judicial.

PAGAMENTO EM ATRASO DE CONTRIBUIÇÃO PARA A SEGURIDADE SOCIAL: EXTINÇÃO DA PUNIBILIDADE E PARCELAMENTO DO DÉBITO

JOSÉ SOUTO MAIOR BORGES
Professor da Faculdade de Direito da Universidade Federal de Pernambuco

1. Delimitação da situação problemática. 2. Implicações constitucionais da matéria: questão constitucional. 3. Atipicidade penal na situação fática. 4. Exigência de dolo para a tipificação da ilicitude. 5. Extinção da punibilidade. 6. O parcelamento do débito junto ao INSS.

1. Delimitação da situação problemática

O problema central a ser enfrentado consiste em esclarecer se o pagamento parcelado de contribuição previdenciária em atraso descontada dos seus empregados pela empresa extingue a punibilidade. Este nosso estudo inédito, de 1996, pretendeu enfrentar o tema nas suas principais implicações.

2. Implicações constitucionais da matéria: questão constitucional

2.1 A Lei 8.212, de 24.7.91, que dispõe sobre a organização da Seguridade Social, tipifica o seguinte ilícito penal: "Art. 95. Constitui crime: (...) d) deixar de recolher, na época própria, contribuição ou outra importância devida à Seguridade Social e arrecadada dos segurados e do público".

Por si só, a definição penal dessa ilicitude suscita relevantíssima questão constitucional.

2.2 Deveras: a CF de 1988, no seu art. 5º, LXVII, prescreve que "não haverá prisão civil por dívida, salvo a de responsável pelo inadimplemento voluntário e inescusável de obrigação alimentícia e a do depositário infiel".

De regra, não é constitucionalmente tolerada a prisão civil por dívida. Tanto que esse dispositivo discrimina expressamente as hipóteses excepcionais da sua admissibilidade: a) descumprimento de obrigação alimentícia; b) depositário infiel.

Quanto à primeira hipótese porém, não qualquer descumprimento da obrigação alimentícia; somente dar-se-á a tipificação penal se não ocorrerem as causas excludentes da criminalidade, isto é, se concretamente ocorrerem (1º) inadimplemento voluntário e (2º) inescusável da obrigação alimentícia. Que é, no entanto, prisão civil por dívida? Que sentido atribuir-se a esse qualitativo — o ser civil da dívida — no texto constitucional?

2.3 Seja qual for a resposta dada a essa pergunta, não será viável negar que a hipótese do art. 95, "d", é de prisão por dívida, por isso mesmo que é cominada ao ilícito nela previsto a pena de detenção de dois a cinco anos ou multa, estipulada no art. 5º da Lei 7.492, de 16.6.86. A dívida é de contribuição ou outra importância devida à Seguridade Social, como consigna expressamente o art. 95, "d". Trata-se, portanto, de hipótese de prisão por dívida.

2.4 Se a lei penal pudesse definir como crime qualquer conduta, sem demarcação constitucional alguma da esfera de ilicitude penal diante da civil, o art. 5º, LXVII, da CF converter-se-ia num preceito ineficaz, inobstante a sua eminência (já que afeta o direito à liberdade — CF, art. 5º, *caput*). A simples e discricionária opção do legislador penal pela sua tipificação como crime retiraria qualquer conduta da esfera de ilicitude civil. Em suma: qualquer conduta poderia ser definida como ilícito penal, a critério exclusivo do Congresso Nacional e sem contenção constitucional alguma. Que não é assim, o próprio art. 5º, LXVII, o esclarece.

2.5 E, no entanto, dentre as hipóteses de imputação de responsabilidade penal por descumprimento de obrigação civil a Constituição Federal só inclui — e excepcionalmente, como visto — a recusa de prestação alimentícia e a de infidelidade do depositário. Do contrário, a exceção poderia converter-se em regra e a regra em exceção, pela desconsideração do preceito constitucional. Mesmo quando se admita que qualquer conduta poderá ser penalmente tipificada, com base na competência da União para legislar sobre Direito Penal, a prisão civil por dívida funciona como um limite negativo dessa competência.

Simplesmente porque não existe norma sobre competência com âmbito de validade ilimitado.

2.6 É claro que a atribuição à União Federal de competência para legislar sobre Direito Penal e Civil (CF, art. 22, I) não autoriza a definição como crime daquilo que é reservado à esfera civil; o regime jurídico das sanções civis, por exemplo, multa de mora, pelo descumprimento de obrigações pecuniárias, atribuindo-lhes efeitos penais. Legislar sobre Direito Civil e legislar sobre Direito Penal são atribuições substancialmente distintas.

2.7 A demarcação — posto necessária — entre uma esfera e outra não é fácil. Mas, desenganadamente, a CF, no seu art. 5º, LXVII, aparta claramente do campo da ilicitude penal todas as hipóteses de prisão civil por dívida, exceto as duas que expressamente adnumera. E ainda assim com extrema cautela, sendo relevante a vontade de eximir-se da obrigação, porque, se escusável o descumprimento de prestação alimentícia, será, *ipso facto*, inimputável penalmente; se involuntário o seu descumprimento, dá-se a mesma exclusão de punibilidade. Só a infidelidade do depositário é pressuposto objetivo suficiente para a tipificação da hipótese penal.

2.8 Neste tópico, é de toda justiça invocar a lição de Hugo Machado, pela sua clareza e força de argumentação. Diante do art. 95, "d", ele coloca a questão de saber se o legislador pode definir como crime uma situação que corresponda a simples inadimplemento do dever de pagar. E responde: a lei ordinária que define como crime o simples inadimplemento de uma dívida e comina para quem nele incorre pena prisional conflita com a norma constitucional que proíbe prisão por dívida (*Temas de Direito Tributário*, t. II, São Paulo, Ed. RT, 1994, p. 164) (*Nota de atualização*: em obra recente, Luciano Amaro sustenta esse mesmo ponto de vista, com análoga argumentação: "A Constituição Federal veda, em regra, a prisão por dívida (art. 5º, LXVII). Portanto, o simples fato de o sujeito passivo não recolher tributo é inelegível como tipo delituoso. A criminalização de condutas que possam afetar o interesse da arrecadação sujeita-se, pois, a esse balizamento, que tem levado o legislador ordinário (quando queira definir 'delitos tributários') a caracterizar a figura penal pelo meio empregado e não pelo fato de o devedor inadimplir o dever de recolher o tributo" — *Direito Tributário Brasileiro*, 1997, p. 433).

2.9 Numa hierarquização razoável de valores, a Constituição Federal coloca o direito à liberdade, ao enunciá-lo no *caput* do art. 5º, acima do direito à simples satisfação de um crédito pecuniário qualquer (inciso LXVII); daí a vedação de prisão por dívida. A proteção do direito de crédito é manifestamente menos forte: expropriação de bens para satisfação do crédito, quer num processo civil no sentido estrito, quer num processo tributário, conforme o caso.

2.10 O inadimplemento puro e simples de dívida não enseja, portanto, a prisão civil. Quando, no entanto, a esse estado de insolvência se adita o elemento "fraude", não é, a rigor, a dívida que viabiliza a privação da liberdade corpórea, mas ela própria, a fraude — por exemplo, a vontade deliberada de lesar a Previdência Social. O elemento voluntário (dolo) entra na composição do suporte fático da norma constitucional tanto pela sua menção a descumprimento (a) voluntário e (b) inescusável de obrigação alimentícia e (c) à infidelidade (+ ausência de boa-fé) do depositário. São cautelas para evitar o transbordamento da sanção em que a perda de liberdade consiste.

2.11 Para viabilizar a criminalização da hipótese do art. 95, "d", evitando-se esses obstáculos constitucionais, pretende-se, então, equipará-la à apropriação indébita, prevista no art. 168 do CP, *in verbis*: "Apropriar-se de coisa alheia móvel, de que tem a posse ou detenção: Pena — reclusão de 1 (um) a 4 (quatro) anos, e multa".

Contudo, essa equiparação já de si supõe a diversidade de natureza jurídica entre o ilícito do art. 95, "d", e a apropriação indébita, prevista no Código Penal. Deveras: na apropriação indébita há a posse de coisa alheia, antes, e a apropriação, depois. Diversamente, na hipótese do art. 95, "d", o sujeito passivo não se apropria de coisa alheia, porque a Previdência Social é simplesmente detentora de um crédito contra ele. Na hipótese, a relação de emprego que a empresa mantém com os seus funcionários é uma relação trabalhista entre empregador/empregado. A relação de débito/crédito para com a Previdência Social é inteiramente diversa e, pois, inconfundível com a primeira. Trata-se, essa última, de uma relação obrigacional de Direito Público, da qual decorre o dever de prestar. A similitude de regime jurídico entre uma categoria (a apropriação indébita) e outra (o não-recolhimento de contribuição previdenciária) não implica o reconhecimento de uma inexistente identidade entre ambas, mas sua visível desigualdade. Análogos, a apropriação indébita e o não-recolhimento da contribuição, por isso mesmo não se confundem — são substancialmente diversos. Análogo é o que assemelha, porém não é igual.

2.12 Não há como fugir à conclusão de que, se as duas hipóteses são, como demonstrado, diversas, o art. 95, "d", teria criado um novo tipo penal — e, portanto, seria inconstitucional, por afronta à proibição constitucional de prisão por dívida. Como, no entanto — e essa é uma ressalva de capital importância —, tanto o art. 168 do CP quanto o art. 95, "d", da Lei 8.212/91 admitem a alternativa de multa, a inconstitucionalidade da aplicação eventual deste último poderá estar afastada se presente essa restrição constitucional à prisão e restrita essa hipótese à aplicação de multa prevista na legislação própria. Ao cominar em alternativa a pena de multa para o inadimplemento de dívida previdenciária, o art. 95, "d", § 1º, como que se imuniza da eiva de inconstitucionalidade, na sua parte terminal. Mais grave do que simples norma inconstitucional. Descarte-se, então, na hipótese, a pena de prisão e aplique-se somente a multa, salvando no dispositivo o que pode ser salvo e evitando o confronto constitucional.

2.13 Não há como escapar à conclusão de que a norma da lei ordinária que tipifica como ensejadora de prisão a hipótese "deixar de recolher contribuição da Seguridade Social", se desatendidas essas ponderações, colocar-se-á em frontal antinomia com o art. 5º, LXVII, da CF. Em suma: será inconstitucional. Ou não será o descumprimento do dever de recolher contribuição da Seguridade Social hipótese de inadimplência do dever de pagar? Não constituirá ela uma dívida, no sentido mais estrito desse termo?

Admita-se, contudo, e contra todas essas evidências, que a hipótese seja penalmente tipificável. Que concretamente isso não ocorre ficará evidenciado ao longo dessa exposição. A inexistência dessa tipificação será doravante analisada.

3. Atipicidade penal na situação fática

3.1 A essa hipótese de incidência da norma penal (Lei 8.212/91, art. 95, "d") — "deixar de recolher tempestivamente débito para com a Seguridade Social" — corresponde a pena estipulada no § 1º desse mesmo dispositivo: "No caso dos crimes caracterizados nas alíneas 'd', 'e' e 'f' deste artigo, a pena será aquela estabelecida no art. 5º da Lei n. 7.492, de 16 de junho de 1986, aplicando-se à espécie as disposições constantes dos arts. 26, 27, 30, 31 e 33 do citado diploma legal".

Para os fins deste estudo importa reter, tão-somente, que da conjugação do pressuposto penal (hipótese de incidência) com a penalidade (sanção) aplicável à respectiva ilicitude resulta a norma penal íntegra; apta, portanto, a produzir eficácia jurídica, pela sua aplicabilidade num caso concreto.

3.2 Não estará, porém, caracterizado esse delito se o empregador não tiver descontado, nem contabilizado, a contribuição dos segurados-empregados da empresa. Se o empregador contabiliza os valores que deveriam ser descontados na fonte sem, entretanto, proceder a esse desconto, tampouco estará caracterizado o ilícito penal. Só o não-recolhimento de importância efetivamente descontada tipificará a ilicitude penal. Portanto, não será qualquer hipótese de não-recolhimento de importância devida à Seguridade Social que tipificará a ilicitude penal em análise. Esta somente ocorrerá quando se der o efetivo desconto, pela empresa, dessas importâncias em folhas de pagamento, recibos de remuneração ou honorários, retiradas *pro labore*, férias, comissões etc. Em suma: quando houver efetiva retenção de débito previdenciário pela fonte pagadora. Mas tipificada tal ilicitude só com essa omissão? Sem qualquer contemplação de conduta dolosa?

3.3 Todas as circunstâncias de fato (o suporte fático da norma) que cercam a conduta penalmente tipificada devem estar materialmente comprovadas. Não basta a simples alegação da ilicitude pelo órgão público. Noutras palavras: é necessária prova pericial contábil de que o crédito do INSS fora efetivamente retido na fonte. No tocante à responsabilidade pelo ilícito, porém, há uma miríade de circunstâncias de fato e de direito a serem esclarecidas: a) o contrato social não atribui eventualmente funções especificadas a cada sócio ou diretor; b) essas funções, se atribuídas, são exercidas conjuntamente; c) prepostos de confiança dirigem de fato a empresa, embora não sendo sócios ou diretores, etc. Penosa comprovação de ilicitude penal: quem é legalmente o responsável por essa ilicitude?

3.4 O art. 95, "d", não se aplica, porém, a qualquer hipótese de não-recolhimento da contribuição previdenciária. Está fora do seu campo de aplicação o mero atraso no pagamento, como demonstra Samuel Monteiro, em acatada monografia: "Quem recolhe atrasado, fora do prazo legal, cumpriu a obrigação, se o fez com os consectários legais de maneira integral. A lei não visa punir o mero atraso, mas a figura do não-recolhimento, que, em tese, se assemelha à apropriação indébita, porque o agente cobrou e recebeu de terceiros e transformou tributo ou contribuição em coisa sua, invertendo a posse. O atraso no recolhimento deve ser punido com a multa fiscal administrativa, nunca com pena de detenção, nem com condenação penal" (*Crimes Fiscais e Abuso de Autoridade*, 1ª ed., Hemus, p. 177).

Note-se que no texto acima fala-se em mera assemelhação do tipo penal em análise à apropriação indébita. Seja-nos permitido ponderar, porém, que, se aceita a natureza tributária da contribuição previdenciária, aplica-se-lhe o CTN, art. 138, que exclui a responsabilidade por infrações pela sua denúncia espontânea, acompanhada do pagamento do débito tributário.

3.5 Se o valor da contribuição for recolhido em atraso, isto é, fora do prazo assinado em lei, estará, no entanto, descaracterizada a ilicitude: "O tipo penal não abrange o mero atraso no recolhimento, que se caracteriza como o recolhimento feito fora do *prazo marcado na lei*, que só esta cria obrigação, *ex vi* do princípio da legalidade (CF/88, art. 5º; CTN, art. 97, I e III ...), mesmo que o recolhimento se dê após o início da ação penal, após a lavratura do termo de início da fiscalização, ou após a abertura do inquérito policial" (Samuel Monteiro, ob. cit., pp. 176 e 177 — grifo do autor).

3.6 Retome-se a questão da prova pericial. Essa prova, necessária à amplitude da defesa, corresponde à exigência da CF, art. 5º, LV, que institui o princípio do contraditório: "Aos litigantes, em processo judicial ou administrativo, e aos acusados em geral são assegurados o contraditório e ampla defesa, com os meios e recursos a ele inerentes".

Analisando essas implicações constitucionais do problema, Hugo de Brito Machado tece as seguintes e judiciosas considerações: "A Constituição, repita-se, assegura aos acusados em geral o contraditório e a ampla defesa, com os meios e recurso e ela inerentes (art. 5º, inciso LV). Assim, não é razoável admitir seja o contribuinte surpreendido com a citação para responder a ação penal, sem que lhe reste mais esse recurso de defesa, decisivo em muitos casos, que é a possibilidade de fazer o pagamento extintivo da punibilidade".

E insiste, com inteira razão e pertinência: "Surpreender o acusado com a citação, quando já não lhe é possível pagar para extinguir a punibilidade, é fazer da ação penal mero instrumento de castigo, privilegiando concepção absolutamente superada da sanção penal".

Antecipamos: com maiores razões estará extinta a punibilidade se o agente *sponte sua* recolhe o tributo ou contribuição, antes de qualquer injunção pelo Poder Público.

4. Exigência de dolo para a tipificação da ilicitude

4.1 Há que pretenda que estará tipificada a hipótese penal da Lei 8.212/91, art. 95, "d", com a simples conduta omissiva do imputado, prescindindo-se, portanto, na caracterização do ilícito, do dolo, da vontade de apropriar-se da importância retida. Sem razão, contudo, consoante se verá.

4.2 Há cerca de 40 anos, Aníbal Bruno, em luminosa antecipação, já advertia para o caráter excepcional da culpa como elemento tipificador da ilicitude penal: "O dolo é a forma comum e mais grave do elemento subjetivo da culpabilidade. Nele é que se apresentam em sua inteira configuração os dois momentos da representação e da vontade, nos seus dois aspectos — o puramente psicológico e o normativo. A culpa é forma de exceção, que a lei considera apenas em casos determinados" (*Direito Penal*, t. II, Rio de Janeiro, Nacional de Direito, 1956, pp. 442 e 443).

4.3 Como a Constituição Federal não permite, de regra, pena privativa de liberdade para o não-pagamento de dívidas pecuniárias, segue-se que a mora, em si mesma e só ela, não pode jamais ser havida como elemento suficiente para a tipificação da hipótese de incidência da norma penal que descreve o ilícito constante da Lei 8.212/91, art. 95, "d". Haveria de acrescer-se a ela o elemento dolo no suporte fático da regra penal. Sem a conjugação desses dois elementos, portanto, nenhum delito de apropriação de importância devida ao INSS. Não se dará só com a mora a realização da conduta delituosa nesse dispositivo descrita. E esse argumento pressupõe uma distinção diante da Constituição Federal: o discrime entre conduta meramente omissiva — deixar de recolher a contribuição — e conduta omissiva *dolosa* — deixar de recolher dolosamente a contribuição. Só a última conduta é passível, em tal hipótese, de imputabilidade penal. Ilícito criminal, portanto, caracterizável como sonegação.

4.4 Bem por isso, Misabel Derzi, em excelente estudo, acolhe essa distinção: "Finalmente, convém lembrar também que o Direito brasileiro, como sucede em muitos outros países, não comina pena privativa de liberdade para as infrações nas dívidas pecuniárias. Assim, para a mora, ou para o não-pagamento do tributo, total ou parcialmente, são previstas somente multa e execução forçada. Portanto, os delitos de fundo tributário exigem, para sua configuração, a prática dolosa de ações ou omissões descritas na lei penal, específicas, e não somente o não-recolhimento dos tributos devidos" ("Da unidade do injusto no Direito Penal Tributário", *RDT* 63/221).

E, mais enfática ainda, insiste a acatada Mestra:

"De fato, para evidenciar-se o crime contra a ordem tributária, como na sonegação, além do dolo, como vontade consciente de lesão à Fazenda Pública, é necessário o *instrumento*: a conduta ilícita, enganosa, fraudulenta.

"Os crimes contra a ordem tributária (entre os quais se incluem a sonegação e a apropriação indébita) são dolosos. A sonegação sempre pressupõe a fraude, ou seja, a vontade consciente de lesar o Fisco (dolo), ao lado da prática de atos ou omissões que objetivam ludibriar, enganar ou ocultar o fato tributário à Fazenda Pública. A apropriação indébita sempre pressupõe o prévio desconto ou cobrança de terceiros, com a intenção consciente (dolo) de não recolhê-lo aos cofres públicos. Nenhum deles é mera fuga ao pagamento, simples não-recolhimento total ou parcial de tributo devido" (artigo, revista e v. cits., p. 223).

Uma ressalva: mesmo quando se pretenda a autonomia das contribuições sociais diante dos tributos — ou seja, quando se pretenda estarem elas sujeitas a regime extratributário —, as ponderações acima seriam inteiramente aplicáveis à hipótese em exame. Os regimes jurídicos revelar-se-iam, no particular, idênticos.

4.5 Uma conseqüência relevante a ser extraída no tocante do regime jurídico penal da hipótese será a necessidade de o dolo na conduta do agente ser objeto de prova, dado que ele não se presume. Há de ser deduzido das circunstâncias de fato que cercam a ilicitude. Tampouco a fraude se presume. Daí a necessidade da prova pericial.

Note-se que, no seu trabalho, a autora faz a identificação entre regime tributário e o das contribuições previdenciárias, numa relação de gênero (o tributo) para com espécie (contribuição). De sorte que o dito em matéria de tributo aplica-se à contribuição.

4.6 E, no entanto, os textos acima reproduzidos correspondem apenas a opiniões doutrinarias — embora dos mais notáveis e autorizados especialistas. Necessitam, portanto, de confirmação pela sua base experimental: o próprio Código Penal.

4.7 O CP em vigor, no seu art. 18, ao estremar os crimes dolosos, quando o agente quis o resultado ou assumiu o risco de produzi-lo (inciso I), dos crimes culposos, quando o agente deu causa ao resultado por imprudência, negligência ou imperícia (inciso II), explicita, no seu parágrafo único: "Salvo os casos expressos em lei, ninguém pode ser punido por fato previsto como crime, senão quando o pratica dolosamente" (redação determinada pela Lei 7.209, de 11.7.84).

4.8 A clareza do texto, a assim dizer, não poderia ser maior: a regra, na tipificação do ilícito penal, é a exigência de previsão legal expressa da culpa. À falta dela, o dolo será exigível. É o que deflui da ressalva: "Salvo os casos expressos em lei". De sorte que a tipificação do ilícito pelo simples resultado, omissão culposa, será a exceção. Na ausência de disposição expressa em lei aplica-se, portanto, a regra (exigibilidade do dolo), e não a exceção (previsibilidade apenas da culpa).

4.9 À luz dessas premissas fica fácil concluir o raciocínio. Como a Lei 8.212/91, art. 95, "d", não contempla expressamente a mera culpabilidade do agente como elemento tipificador da ilicitude, necessário e suficiente à sua configuração, a conseqüência será que o dolo é exigível, tal como ensina a doutrina, para a configuração desse ilícito. Dito noutro giro: o dolo é elemento integrante — e, pois, indispensável — do *Tatbestand* penal.

4.10 Seja como for, porém, o dolo, como elemento subjetivo do crime, estará objetivamente descaracterizado — e, pois, afastado — se o agente espontaneamente procura a repartição oficial para saldar o débito.

5. *Extinção da punibilidade*

5.1 Admita-se, contudo, estivesse caracterizada, contra o rol de evidências em contrário acima discriminadas, a ilicitude prevista na Lei 8.212/91, art. 95, "d".

Em tal hipótese, interpor-se-ia a questão da extinção da punibilidade, tal como prevista na Lei 9.429, de 28.12.95, art. 34: "Extingue-se a punibilidade dos crimes definidos na Lei n. 8.137, de 27 de dezembro de 1990, e na Lei n. 4.729, de 14 de julho de 1965, quando o agente promover o pagamento do tributo ou contribuição social, antes do recebimento da denúncia".

5.2 Nenhuma referência, porém, nesse dispositivo, à aplicação da regra extintiva de punibilidade do crime definido na Lei 8.212/91, art. 95, "d". O que viabilizaria a conclusão apressada — e extremamente superficial — de que a contribuição social não recolhida tempestivamente, de regra, não estaria alcançada pelo art. 34 em análise. Em suma: o seu pagamento não acarretaria a extinção da punibilidade do responsável pela ilicitude.

5.3 Sem nenhuma razão, contudo. Primeiro porque, tratando-se de pena restritiva de liberdade, não lhe repugnaria a interpretação extensiva (benigna, ampliada), para alcançar também a hipótese criminal da Lei 8.212/91, art. 95, "d". Onde está a mesma razão deve estar o mesmo dispositivo — diz a sabedoria jurídica imemorial. Não há razão minimamente relevante para excluir o delito do art. 95, "d", da extinção da punibilidade contemplada para os crimes previstos nas Leis 8.137/90 e 4.729/65. Antes, tudo induz o intérprete e aplicador da legislação penal a proclamar a identidade de situações concretamente subsumidas à norma. O que bastaria, por si só, para se reconhecer a extinção da punibilidade pelo pagamento da contribuição — até pela exigência constitucional da isonomia (CF, art. 5º, caput). A legalidade isônoma é uma exigência constitucional indeclinável para a matéria penal.

5.4 Ademais, tratar-se-ia de interpretação meramente extensiva da literalidade do art. 34. E em matéria penal somente está em regra excluída a aplicação *analógica*. Estender-se o art. 43 para além da literalidade de sua formulação (*magis dixit quam voluit*), para alcançar a hipótese do art. 95, "d", não é o mesmo que aplicar a analogia. Somente na analogia dá-se a criação do Direito pelo intérprete e aplicador da lei. Não, porém, na interpretação extensiva. Portanto, não haverá, com esta interpretação, nenhuma violação do princípio da legalidade em matéria penal (CF, art. 5º, XXXIX). E, mais ainda, a vedação de analogia não alcança a aplicação analógica benigna da lei penal (*in bonam partem*). Daí o dilema: ou a hipótese é de (a) interpretação extensiva — e, nesse caso, não estará vedada — ou (b) será de aplicação analógica *in bonam partem* — e estará igualmente autorizada.

5.5 Todavia, o problema não deve ser enfrentado exclusivamente sob o ângulo desses métodos hermenêuticos. Há um outro aspecto — e esse de importância capital — a ser considerado. Aspecto que constitui o centro para onde convergem todas as demais questões relacionadas com a *quaestio iuris*. Daí o seu caráter decisivo. Vejamo-lo, portanto.

5.6 A Lei 9.249/95, ao erigir o pagamento da contribuição social antes do recebimento da denúncia em causa extintiva da punibilidade, faz expressa remissão à Lei 8.137/90, que define os crimes contra a ordem tributaria, econômica e contra as relações de consumo. Pois bem: o art. 2º dessa última lei está formalizado praticamente nos mesmos termos do art. 97, "d", da Lei 8.212/91. É só transcrever o mencionado art. 2º: "Constituem crimes da mesma natureza: (...) II — deixar de recolher, no prazo legal, o valor de tributo ou de contribuição social, descontado ou cobrado, na qualidade de sujeito passivo de obrigação e que deveria recolher aos cofres públicos".

5.7 Sob esse prisma, a questão é de Direito substancial. Há como que uma superposição do art. 95, "d", da Lei 8.212/91 ao art. 2º, II, Lei 8.137/90.

Substancialmente, o sentido normativo de ambos os dispositivos coincide. Deveras: eles tipificam a falta de recolhimento de contribuição ou — o que é o mesmo — de contribuição devida à Seguridade Social. Onde o art. 95, "d", refere a "época própria" de recolhimento, o art. 2º, II, reporta-se a "prazo legal". Ora, "prazo legal" e "época própria" são expressões normativas cujo sentido é idêntico. Onde o art. 95, "d", fala em contribuição "arrecadada" dos segurados, o art. 2º, II, refere a contribuição ou tributo "descontado ou cobrado" (= arrecadado). O mesmo significado normativo, portanto, caracteriza ambos os preceitos.

5.8 Já agora, porém, não se trata — essa conclusão — de uma simples opinião doutrinária, porque o STF, pela palavra autorizada do relator, o eminente Min. Carlos Velloso, no julgamento, a 5.3.96, do HC 73.418-RS, assentou a mesmíssima conclusão: "Se a conduta tipificada no art. 95, 'd', da Lei 8.212/91 ('deixar de recolher, na época própria, contribuição ou outra importância devida à Seguridade Social e arrecadada dos segurados ou do público') coincide essencialmente com a descrita no art. 2º, II, da Lei 8.137/90 ('deixar de recolher, no prazo legal, valor de tributo ou de contribuição social, descontado ou cobrado, na qualidade de sujeito passivo de obrigação e que deveria recolher aos cofres públicos'), tem-se como aplicável a réu processado com fundamento no primeiro dispositivo o benefício previsto no art. 34 da Lei 9.249/95 ('Extingue-se a punibilidade dos crimes definidos na Lei 8.137, ... quando o agente promover o pagamento do tributo ou contribuição social, inclusive acessórios, antes do recebimento da denúncia')".

6. O parcelamento do débito junto ao INSS

6.1 Demonstrado, como foi, que se dá a extinção da punibilidade pelo pagamento da contribuição social antes do recebimento da denúncia — não apenas do seu simples oferecimento —, resta enfrentar uma última indagação: e se o pagamento do débito previdenciário não for integral, mas parcelado?

6.2 Essa indagação tem inteira pertinência com relação à hipótese, porque a Lei 9.129, de 20.11.95, no seu art. 1º, e obedecidas certas condições, autoriza acordo para parcelamento do débito junto ao INSS.

6.3 Manifesto é que as empresas podem parcelar as contribuições previdenciárias descontadas dos seus empregados e não recolhidas na época própria. E, porque podem fazê-lo, interpõe-se a indagação: tem o pagamento parcelado, em hipóteses que tais, o mesmo efeito extintivo da punibilidade atribuído ao pagamento integral da contribuição previdenciária?

6.4 Para responder a essa indagação, um exercício de obviedade. Pagamento de contribuição se efetiva por uma só parcela (quota única, integral) ou por várias parcelas (parcelamento), conforme dispuser a lei. Na hipótese da Lei 9.129/95 esse parcelamento pode ser efetivado em até 96 meses.

6.5 Parcelar a contribuição é, desenganadamente, uma forma legal de promover seu pagamento. Não tem pertinência, aqui, resolver a questão sobre se a contribuição previdenciária tem natureza tributária ou não. Mas tem pertinência ponderar que uma terceira alternativa está preexcluída: das duas, uma. Se a contribuição tem natureza tributária, subsume-se, na hipótese, ao CTN, arts. 156, III, e 171, combinados, que facultam aos sujeitos ativo e passivo da relação tributária celebrar transação que, mediante concessões mútuas, importe terminação de litígio e conseqüente extinção do crédito tributário.

6.6 Se, reversamente, a contribuição for havida como extratributária, estará submetida ao CC, art. 999, que dispõe sobre a novação, que ocorre quando o devedor contrai com o credor nova dívida para substituir a anterior (inciso I). Transação e novação são, de qualquer sorte, categorias afins, porque ambas podem extinguir crédito litigioso.

6.7 Se há extinção do crédito, ocorrerá, inapelavelmente, extinção da punibilidade, pela simples razão que, na hipótese, o Direito Penal (crimes contra a ordem tributária) é Direito de superposição. Mais rigorosamente: constituem-no normas de sobredireito. Extinto, portanto, o crédito, extingue-se, *ipso facto*, a ilicitude penal, e não poderá persistir, como espada de Dâmocles, a punibilidade. Com efeito, seria monstruosidade jurídica recebesse o INSS seu crédito (embora parcelado) e o devedor que promoveu pagamento, mesmo a destempo, continuasse sujeito a prisão pela dívida. Aliás, bastaria essa eventualidade para tornar o parcelamento da Lei 9.129/95 letra morta. Não cabe, porém, alegar que o crédito somente estará extinto com o pagamento de todas as parcelas. Porque o parcelamento importou novação de débito, o débito anterior (que acarretaria a ilicitude penal) está extinto. Extinto o débito, extinta a ilicitude (descriminalização). Aliás, na maioria dos casos, exigir o pagamento do crédito integral é praticamente inviabilizá-lo. O que acabaria por contrariar os próprios interesses previdenciários.

6.8 Assim sendo, as empresas poderão, sem constrangimentos inadmissíveis e antijurídicos — além de inúteis — dos seus diretores e administradores, parcelar seus débitos, compondo-se civilizadamente com o INSS. Como assinala, judiciosamente, o Prof. Roque Carrazza, em estudo inédito que tive a honra de consultar: "Com isso, retomam o estado de plena adimplência. Juridicamente falando, é como se tivessem pago o tributo".

6.9 A conclusão deste já longo arrazoado é extremamente simples: o pagamento da contribuição previdenciária antes do recebimento da denúncia extingue a punibilidade do dirigente da empresa que obteve seu parcelamento. Ele estará com sua punibilidade extinta, suposto que esteja demonstrada sua responsabilidade pela ilicitude penal — o que, como vimos, exige a comprovação de conduta dolosa. O que não é, absolutamente, a hipótese deste estudo.

6.10 E não esquecer, finalmente, que o parcelamento instituído na Lei 9.129/95, art. 1º, § 8º, cerca o INSS de fortes garantias de recebimento de seu novo crédito: "O parcelamento do débito acordado em termos deste artigo será automaticamente rescindido em caso de inadimplência de qualquer parcela ou falta de pagamento de contribuições devidas, restabelecendo-se a multa em seu percentual máximo e ficando o INSS obrigado de ofício a proceder a execução judicial do saldo devedor em até 90 (noventa) dias".

6.11 De notar, entretanto, que, mesmo nessa hipótese, o art. 1º, § 8º, apenas imputa como conseqüência da ilicitude superveniente (o descumprimento do parcelamento) a aplicação da multa máxima e execução judicial do inadimplente. O que ao menos sugere que, mesmo nessa hipótese extrema, estará caracterizada a *abolitio criminis*. Em qualquer hipótese, o ilícito em análise, após o parcelamento, terá a natureza de ilícito administrativo, e não criminal.

A DECADÊNCIA NO LANÇAMENTO "POR HOMOLOGAÇÃO"

ESTEVÃO HORVATH

Professor Titular de Direito Tributário da Pontifícia Universidade Católica de São Paulo e de Direito Financeiro da Universidade de São Paulo — Doutor em Direito pela Universidade Autônoma de Madri

A esdrúxula figura do lançamento por homologação vem prevista no Direito Positivo brasileiro pelo art. 150 do CTN, que reza acontecer essa modalidade de lançamento "quanto aos tributos cuja legislação atribua ao sujeito passivo o dever de antecipar o pagamento sem prévio exame da autoridade administrativa", operando-se "pelo ato em que referida autoridade, tomando conhecimento da atividade assim exercida pelo obrigado, expressamente a homologa".

Por sua vez, o § 4º do mesmo dispositivo prescreve que, "se a lei não fixar prazo à homologação, será ele de 5 (cinco) anos, a contar da ocorrência do fato gerador (...)".

O art. 173 do mesmo diploma legal, ao cuidar da decadência em matéria tributária, dispõe: "O direito de a Fazenda Pública constituir o crédito tributário extingue-se após 5 (cinco) anos, contados: I — do primeiro dia do exercício seguinte àquele em que o lançamento poderia ter sido efetuado (...)".

O que foi acima transcrito servirá de suporte ao nosso propósito de cogitação acerca da decadência aplicável às hipóteses de lançamento por homologação.

Primeiramente, impende deixar esclarecido que denominamos "esdrúxula" a figura do lançamento por homologação pois melhor seria a lei haver dito que certos tributos prescindem da "constituição" — privativa da autoridade administrativa — do crédito tributário, pelo lançamento (art. 142, *caput*, do CTN). Em outros termos: a atividade exercida pela Administração Pública visando à "constituição" do crédito tributário pode — e, no mais das vezes é — ser levada a cabo pelo particular (colocamos sempre o vocábulo "constituição" — do crédito tributário — entre aspas, porquanto não concebemos a existência de obrigação sem crédito. Com efeito, a obrigação tributária — como, de resto, toda relação jurídica de cunho obrigacional — pressupõe, de um lado, o crédito a que tem direito o sujeito ativo — credor — e, de outro, o débito, que corresponde ao dever jurídico que o sujeito passivo — devedor — tem de prestar ao primeiro. A respeito, v. Paulo de Barros Carvalho, *Curso de Direito Tributário*, 8ª ed., São Paulo, Saraiva, 1996, pp. 252 e ss., especialmente pp. 252 e 253)

Alberto Xavier, na sua clássica obra sobre o lançamento, reputa aberrante o lançamento por homologação, porquanto entende que a atividade de controle de pagamento não pode configurar um ato de homologação, expresso ou tácito (*Do Lançamento no Direito Tributário Brasileiro*, São Paulo, Resenha Tributária, 1977, p. 76).

Deveras, o chamado "lançamento por homologação" pode ser visto — parcialmente, em nosso sentir — como uma atividade de controle do pagamento apurado e efetuado pelo cidadão-contribuinte (o uso da palavra "atividade" tampouco se nos afigura rigorosamente correto, de vez que uma coisa é o procedimento percorrido para chegar-se ao ato de lançamento do tributo, e outra, conceptualmente distinta, é a emissão do próprio ato de lançamento. É de fulcral importância a consideração do lançamento como ato *ou* como procedimento. Com efeito, em nosso sentir, duas realidades distintas ocultam-se sob um único *nomen juris*: o lançamento. Parece inequívoco que existe um procedimento — no sentido de uma seqüência de atos juridicamente encadeados visando a desembocar num ato final — e um ato final, ambos chamados pela legislação e por parte da doutrina de lançamento ou, como preferimos, um procedimento de "gestão" ou de "aplicação" dos tributos e um ato — este, sim — de lançamento. Nestes termos deve ser entendido o uso da palavra "atividade", aqui empregada. Acerca desta questão v. nosso *Lançamento Tributário e Autolançamento*, São Paulo, Dialética, 1997, pp. 31 e ss.).

Melhor esclarecendo: a atividade exercida pelo Fisco nos casos em que a lei sujeita certos tributos a esse tipo de lançamento é, essencialmente, uma atividade de cunho fiscalizatório. Nesse sentido, a *atividade* do Fisco não pode configurar um ato de homologação; o que o será — isto, sim — é o ato final em que culmina essa atividade.

Noutro giro: ao cumprir o dever legal de dizer-se devedor de um determinado tributo e *antecipar* o pagamento deste, o sujeito passivo ficará sujeito ao controle dessa sua atividade por parte da Administração Tributária, que culminará atestando sua correção (quando, formal e expressamente, *homologará* os atos do contribuinte, em especial o pagamento) — hipótese pouco ocorrente na prática — ou dirá que é incorreta e procederá ao lançamento direto ou de ofício, normalmente acompanhado do ato administrativo que tem por nome, usualmente, "auto de infração e imposição de multa".

No mais das vezes, entretanto, a *homologação* dá-se de forma tácita, pelo simples decurso do lapso temporal de cinco anos previsto no art. 150, § 4º, do CTN.

Colocado em evidência o porquê da existência do lançamento por homologação tal como previsto em nosso Direito Positivo, a questão central que pretendemos aqui abordar é: *qual o termo inicial do prazo decadencial nos tributos sujeitos a essa "modalidade" de lançamento*?

Três ordens de cogitações afiguram-se-nos possíveis para responder a essa questão.

1. A primeira delas (somente porque haverá que colocar-se uma ordem), fulcrada no art. 173, I, do CTN, preconiza que, *v.g.*, se uma operação mercantil ocorreu no dia 16 de setembro de 1999, o "lançamento" poderia ter sido efetuado pelo Fisco já no dia seguinte, por exemplo. Assim, o prazo de decadência começaria a fluir no dia 1º de janeiro de 2000.

2. Para outros a solução da indagação pode ser obtida mediante a interpretação conjunta dos arts. 173, I, e 150, § 4º, do CTN. É o entendimento, por exemplo, da 1ª Turma do colendo STJ, cuja ementa transcreveremos para melhor fidelidade ao pensamento ali exposto:

"Tributário — Sociedade — Dissolução irregular — Sócio-gerente — Responsabilidade tributária (CTN, art. 135, III) — ICMS — Constituição do crédito tributário — Decadência — Prazo (CTN, art. 173).

"I — O sócio-gerente que dissolve a sociedade, irregularmente, sem cumprir as obrigações tributárias, é responsável pelo respectivo pagamento (CTN, art. 135, III).

"*II — O art. 173, I, do CTN deve ser interpretado em conjunto com seu art. 150, § 4º*.

"*III — O termo inicial da decadência prevista no art. 173, I, do CTN não é a data em que ocorreu o fato gerador.*

"*IV — A decadência relativa ao direito de constituir o crédito tributário somente ocorre depois de cinco anos, contados do exercício seguinte àquele em que se extinguiu o direito potestativo de o Estado rever e homologar o lançamento (CTN, art. 150, § 4º).*

"*V — Se o fato gerador ocorreu em outubro de 1974, a decadência opera-se em 1º de janeiro de 1985*" (REsp 69.308/SP, relator Min. Humberto Gomes de Barros, *DJU* 4.3.96 — grifamos).

Desta perspectiva, o início do prazo decadencial seria no dia 1º de janeiro do quinto ano contado após o dia 1º de janeiro do ano seguinte àquele em que o lançamento poderia ter sido revisto ou homologado pela Administração Fiscal.

3. Uma terceira linha utiliza como base de raciocínio o § 4º do art. 150 do CTN para concluir, resumidamente falando, que o prazo para a homologação do lançamento identifica-se com o lapso decadencial, contando-se a partir da ocorrência do fato gerador.

Procuraremos deitar abaixo as duas primeiras teorias, ficando com a terceira, que supomos ser a mais consentânea com o Direito posto.

Primeira teoria

Quer-nos parecer que a primeira das argumentações acima referidas deva ser desde logo afastada, no mínimo porque considera o art. 173, I, do CTN isoladamente, sem sequer relacioná-lo com o § 4º do art. 150 do mesmo diploma normativo. Ora, havendo dispositivo expresso e específico referente a uma das modalidades de lançamento, não se pode deixar de tomá-lo em linha de conta.

Segunda teoria

Já, a segunda visão trazida à baila padece do defeito, em nosso sentir, de estabelecer uma equivocada interpretação obtida pela conjugação dos dois dispositivos já fartamente repetidos até aqui.

Queremos dizer, em suma, que o prazo para a homologação do lançamento e o prazo decadencial se confundem, razão suficiente para concluir-se que não pode ser que a decadência se opere após 10 anos contados do acontecimento do fato gerador, consoante procuraremos demonstrar doravante.

Comecemos pela expressão "constituir o crédito tributário". Toda vez que o Código Tributário Nacional se refere à constituição do crédito está, na realidade, se reportando ao ato de lançamento tributário.

Nesse ponto temos de nos deter para, ainda que perfunctoriamente, deixar patente nosso inconformismo com tal expressão, uma vez que, no mínimo, ela traz consigo idéia repugnante em termos de lógica jurídica e, em última análise, à própria Teoria Geral do Direito, ao insinuar que existe obrigação sem crédito ou crédito sem obrigação (com efeito, a obrigação tributária, como qualquer obrigação, aliás, é uma relação jurídica; sendo assim, é integrada por pelo menos dois sujeitos, sendo que um deles possui um crédito e o outro um débito, como condição mesma para poder falar-se em relação obrigacional. Compreende-se, pois, que não exista obrigação sem crédito, nem crédito sem obrigação). Para compatibilizá-la com os postulados elementares do raciocínio lógico-jurídico, precisaremos que "constituir o crédito tributário" significa "formalizar" aquele que já existia (ainda que talvez ilíquido), com a ocorrência do fato imponível.

O ilustre Relator do acórdão cuja ementa se encontra transcrita *retro*, reportando-se a outro aresto de sua lavra (REsp 58.918), assim argumenta, naquilo que agora nos interessa comentar:

"(...) Vale dizer que o lançamento apenas se pode considerar definitivo em duas situações: a) depois de expressamente homologado; b) cinco anos depois de ocorrido o fato gerador sem homologação expressa.

"Na hipótese de que agora cuidamos, o lançamento poderia ter sido efetuado durante cinco anos, a contar do vencimento de cada uma das contribuições.

"Se não houve homologação expressa, a faculdade de rever o lançamento correspondente à mais antiga das contribuições (outubro/74) estaria extinta em outubro de 1979.

"Já a decadência ocorreria cinco anos depois do 'primeiro dia do exercício seguinte' à extinção do direito potestativo de homologar (1.1.80). Ou seja: em 1º de janeiro de 1985.

"Ora, a inscrição da dívida verificou-se em maio de 1983 (...).

"Não houve decadência (...)."

Estamos de pleno acordo com a primeira parte da linha argumentativa, até porque é a própria lei que o diz.

Não podemos, contudo, compactuar com a assertiva exposta na segunda parte daquele arrazoado, que tem por termo inicial da decadência o primeiro dia do exercício seguinte à extinção do direito potestativo de homologar. É que, na linguagem do Código Tributário Nacional, a nosso ver claramente, esse "direito potestativo de homologar" confunde-se com a própria "constituição do crédito tributário", ou, em outras palavras, com o lançamento tributário.

Deveras, nesse tipo de lançamento, em que é o próprio sujeito passivo quem pratica a quase-totalidade das atividades concernentes à apuração do débito tributário e "antecipa" o que entende devido, incumbe ao Fisco verificar a correção desse atuar e apor o seu "de acordo". No momento em que isto acontece está "constituído" o crédito tributário e "lançado" (no dizer do legislador) o tributo. Ora, se o lançamento em casos que tais se consuma com este "aval" da "autoridade administrativa" (art. 142 do CTN), expressa ou tacitamente, não há que se cogitar de outro prazo para a constituição do crédito tributário, visto que este já se acha "constituído".

Se assim é, pela mesma razão, não há falar-se em decadência, de vez que o lapso temporal previsto para a sua consumação esgota-se juntamente com a "homologação" do lançamento.

Não se olvide a lição da doutrina, que, simploriamente, pode ser assim resumida: fala-se em decadência até que seja lançado o tributo, passando, a partir daí, a correr o prazo de prescrição da ação de cobrança do crédito tributário.

O "direito potestativo" (imaginamos que a expressão em questão tenha sido utilizada pelo acórdão no sentido exposto por Bobbio, refletindo a existência de *um poder sem um dever que lhe corresponda*, e sim uma sujeição, ou, no dizer do inigualável filósofo italiano: "... No hay deber respecto de un sujeto sin que exista un poder por parte de otro sujeto. A veces puede existir un poder sin un deber correspondiente: se trata del caso en el cual al poder no le corresponde un deber, sino una sujeción (son los llamados derechos potestativos)..." — N. Bobbio, "Teoría del ordenamiento jurídico", in *Teoría General del Derecho*, versão castelhana de Eduardo Rozo Acuña, 2ª reimpressão da 1ª ed., Madri, ed. Debate, 1993, p. 175) do Fisco de homologar a atividade (mais propriamente o pagamento, segundo o CTN) realizada pelo particular é o que justifica, nos casos de lançamento por homologação, a construção do Código Tributário acerca dessa espécie de lançamento.

Queremos com isso dizer que, em rigor, os tributos assujeitados ao lançamento por homologação prescindem de lançamento. Basta para cobrá-los que a lei prescreva aos respectivos sujeitos passivos o dever de, interpretando a legislação pertinente, apurarem o *quantum* tributário devido e o recolherem aos cofres públicos.

Isso não obstante, o diploma complementar tributário determinou que o lançamento fosse ato *privativo da autoridade administrativa* (art. 142), o que motivou a participação obrigatória da Administração Tributária (ainda que fictamente, diga-se de passagem), mediante a homologação da atividade desempenhada pelo particular (que, de resto, não fosse pelo detalhe retromencionado, equivaleria, em tudo e por tudo, ao lançamento).

Com efeito, *materialmente*, a atuação do sujeito passivo em nada difere da realizada pelo Fisco nas hipóteses de lançamento de ofício ou por declaração. Basta para aferir a veracidade dessa assertiva a definição de lançamento que acolhemos, inspirados na de Paulo de Barros Carvalho, como sendo "o ato jurídico administrativo, da categoria dos simples, modificativos ou extintivos e vinculados, mediante o qual se declara o acontecimento do fato jurídico tributário, se identifica o sujeito passivo da obrigação correspondente, se determina a base de cálculo e a alíquota aplicável, formalizando o crédito e estipulando os elementos da sua exigibilidade" (*Curso*... cit., p. 233; e E. Horvath, *Lançamento Tributário*... cit., p. 38).

No lançamento por homologação é o próprio sujeito passivo que declara haver praticado o fato jurídico tributário (fato imponível, fato "gerador"), diz-se devedor do tributo, aplica a alíquota sobre a base de cálculo prevista em lei, formalizando o seu débito (ao preencher documentos tais como as GIAs), e o recolhe (nem sempre) aos cofres públicos no prazo estipulado pela legislação.

Destarte, os tributos subordinados ao que nós denominamos de "autolançamento" submetem-se a critérios diferentes de contagem de prazo decadencial: a regra geral é aquela constante do art. 173 do CTN e se aplica aos chamados lançamentos de ofício e por declaração. Já o lançamento por homologação, dadas as suas peculiaridades — que não passaram desapercebidas ao legislador do Código Tributário Nacional —, subordina-se a regra específica, qual seja, a do § 4º do art. 150 daquele diploma normativo.

A razão para concluirmos assim é, na verdade, muito simples. Nos lançamentos sob as "modalidades" de ofício (ou diretos) e por declaração (ou mistos) a Administração Tributária acaba praticando os atos administrativos na forma prevista pelo *caput* do art. 142 do CTN e, assim, não haverá dúvidas de que foi efetuado o lançamento. No que atina ao lançamento por homologação, o lançamento propriamente dito — sempre segundo o Código Tributário Nacional — é a própria homologação — expressa ou tácita (decorridos cinco anos da ocorrência do fato gerador).

Tudo o que foi relatado acima teve por objetivo procurar demonstrar que, sendo o lançamento por homologação um lançamento "diferente", específico, com peculiaridades reconhecidas pela própria legislação, a ele não se aplica a regra geral do art. 173, e sim a específica do art. 150, § 4º. Eis por que não aceitamos a segunda corrente atrás referida.

Terceira teoria

Por fim, resta analisar a postura que considera o art. 150, § 4º, do CTN como a regra regente do prazo decadencial nos tributos sujeitos ao lançamento por homologação. É a visão à qual nos filiamos, pelas razões que buscaremos desenvolver na seqüência.

Em primeiro lugar, a norma segundo a qual o prazo para a homologação do lançamento dá-se em cinco anos a contar do fato gerador encontra-se no corpo do art. 150 do CTN, que trata especificamente desse tipo de lançamento.

Já, o art. 173 do mesmo diploma legal refere-se à decadência, prescrevendo regra geral aplicável às duas outras "modalidades" de lançamento, a saber: de ofício e misto ou por declaração.

Quer-nos parecer, em rigor, que o legislador do Código elaborou a construção que afinal prevaleceu tendo em mente que o chamado lançamento por homologação seria utilizado como exceção e, assim, engendrou os capítulos relativos ao lançamento e à decadência pensando nas modalidades daquele que seriam as mais freqüentemente adotadas. Por ser o lançamento por homologação espécie bastante distinta das duas outras, mereceu — como era de se supor — tratamento também distinto das demais.

Noutro giro, se se tem uma regra específica, é ela que se deve aplicar prevalentemente à geral porventura existente, como, aliás, preconiza a Hermenêutica Jurídica.

O mecanismo previsto legalmente para os tributos sujeitos ao lançamento por homologação pressupõe que o pagamento efetuado pelo sujeito passivo é, na realidade, *antecipação de pagamento*, o que, de resto, não poderia deixar de ser, uma vez que, como já recordamos, o lançamento tributário, da dicção legal, é ato privativo da autoridade administrativa. Ora, se só esta pode lançar — e se, em princípio, somente após este ato pode o contribuinte pagar tributo —, o pagamento efetuado antes da "homologação" somente pode ser um pagamento "antecipado", "por conta", e/ou "sob reserva de comprovação" (a esse respeito tivemos a oportunidade de registrar: "... Teoricamente, o pagamento efetuado em conseqüência de um autolançamento é sempre um 'pagamento por conta', já que, de uma certa forma, o importe da dívida fixado pelo contribuinte será sempre provisório, porquanto a Administração Tributária tem sempre a última palavra, ainda que 'se manifeste' de modo tácito. Será também um 'pagamento realizado sob reserva de comprovação', pois esta poderá sempre ter lugar por meio da atividade fiscalizadora da Administração" — *Lançamento Tributário e Autolançamento*, cit., p. 132).

Dispõe o art. 150, § 1º, da lei em comento: "§ 1º. O pagamento antecipado pelo obrigado nos termos deste artigo extingue o crédito, sob condição resolutória da ulterior homologação do lançamento".

Foi, deveras, muito engenhosa a construção do conjunto de dispositivos referentes ao lançamento por homologação. Tendo o legislador optado por essa figura — ao invés de admitir simplesmente que tributos há que prescindem de lançamento —, teve que dar-lhe roupagem compatível com a circunstância de conviverem simultaneamente lançamento emitido pela Administração e "lançamento" feito pelo contribuinte. Para tanto, foi forçado a chamar o pagamento decorrente de "lançamento" efetuado pelo sujeito passivo de *pagamento antecipado*, além de dizer que este extingue o crédito *sob condição resolutória da ulterior homologação do lançamento* (percebe-se, aqui, nitidamente, que o legislador, procurando a todo custo justificar o injustificável e encontrar coerência onde esta não pode existir, acabou por trair-se, ao referir-se à homologação do lançamento, dando a entender que este já houvera sido efetuado pelo contribuinte).

Sob essa perspectiva, força é reconhecer que a atividade levada a cabo pelo sujeito passivo (em cumprimento de um dever legal) foi, *de fato*, um lançamento e, por outro lado, "constituiu" o crédito tributário. Somente do ponto de vista estritamente formal as coisas não podem ser assim, devido à exigência de que o ato de lançamento — e, portanto, a efetiva "constituição do crédito" tributário — somente pode emanar da autoridade administrativa.

O que queremos significar com todas essas explanações prévias e repetitivas é que nos tributos sujeitos ao lançamento por homologação a atuação do sujeito passivo, acompanhada do respectivo pagamento, constitui um verdadeiro lançamento, perfeito, acabado e definitivo, *mas sempre sujeita a controle por parte do Fisco*. Ou seja: aquilo que o contribuinte apura a título de tributo e recolhe aos cofres públicos é tributo, e extingue o crédito, *ainda que sob condição resolutória*.

Acerca da condição resolutória, ou resolutiva, dispõe o art. 119 do nosso CC: "Art. 119. Se for resolutiva a condição, enquanto essa não se realizar, vigorará o negócio jurídico, podendo exercer-se desde o momento deste o direito por ele estabelecido; mas verificada a condição, para todos os efeitos se extingue o direito a que ela se opõe".

Desta forma, o pagamento feito pelo contribuinte é válido até que — ou enquanto — não for impugnado pelo Fisco. Se assim é, parece razoável concluir-se que nessas hipóteses — de lançamento por homologação — o lançamento já ocorreu de fato, pois, caso contrário, o sujeito passivo não poderia ser obrigado a pagar o tributo antes da manifestação da Administração Fiscal.

Outra conclusão que se nos afigura inafastável, em decorrência do que restou dito, é que já houve a "constituição" do crédito tributário ao ter o contribuinte cumprido com o seu dever de proceder ao "autolançamento", porquanto nessas situações é a ele que incumbe fazê-lo. Dir-se-á que pode haver impugnação quanto ao que houver sido declarado e recolhido por este. Todavia, pode ser impugnado, também, o lançamento efetuado pela autoridade fiscal, sem que com isso seja possível afirmar não ter ocorrido o lançamento (ou *não ter sido constituído o crédito*).

O que acontece, simplesmente, é que o lançamento é sempre "definitivo" até "prova em contrário". Quer-se com isso dizer que, completados os eventuais trâmites previstos pela legislação visando à apuração do *quantum* tributário devido — trâmites, estes, efetuados pela Administração Fiscal ou pelo sujeito a eles obrigado —, o ato final consubstancia um lançamento de tributo, *constitui o crédito tributário*, até que, eventualmente, mediante o exercício da atividade fiscalizadora (ou de controle) por parte da Administração, ou impugnação por parte do sujeito passivo, conforme o caso, se chegue a uma necessária *alteração* desse lançamento (neste ponto cremos pertinente estabelecer uma analogia com o pensamento do Prof. Paulo de Barros Carvalho, que, discorrendo sobre a distinção entre lançamento provisório e definitivo, assim se expressa: "Acreditamos que a distinção não procede. O ato jurídico administrativo estará definitivamente pronto, como já encarecemos, no momento em que se alinhem, simultaneamente, os elementos que dizem com sua essência. Agora, a circunstância de poder ser impugnado não significa ter caráter provisório, aguardando a expedição de outros atos que o confirmem. A suscetibilidade a impugnações é predicado de todos os atos administrativos. Fora assim e diríamos que o ato de nomeação de um ministro de Estado é provisório, porquanto pode ser atacado e invalidado. Passando para o campo do Direito Processual, afirmaríamos que uma sentença, enquanto sentença, não é um ato definitivo, porque pode ser modificada por efeito de um recurso. Os acórdãos dos Tribunais seriam também provisórios, na medida em que suscitassem novos apelos" — *Curso de Direito Tributário*, cit., p. 287).

Ao referir-se o art. 173, I, do CTN ao "primeiro dia do exercício seguinte àquele em que o lançamento *poderia ter sido efetuado*", quis o legislador reportar-se, a nosso ver, ao lançamento de ofício que poderia ter sido emitido, caso o Fisco houvesse verificado que o contribuinte deixara de recolher o tributo devido, ou o recolhera a menor. Nos casos de lançamento por homologação, o lançamento (considerado, aqui, como a homologação expressa do pagamento efetuado pelo sujeito passivo) pode ser feito pelo agente fiscal logo em seguida à ocorrência do fato imponível.

"Poder efetuar" o lançamento não significa, cremos, que fica a critério do Fisco lançar ou não o tributo, pois essa atividade, segundo reza a própria lei, é "vinculada e obrigatória, sob pena de responsabilidade funcional" (parágrafo único do art. 142 do CTN). Quer isso dizer, meramente, que, ocorrido o fato jurídico tributário, mesmo nos tributos subordinados ao lançamento por homologação, a Administração tributária *deve*, dentro do prazo de cinco anos, proceder ao lançamento — no caso em questão, à homologação. Não significa, pois — e nem poderia —, que o Fisco pode deixar de lançar.

O lançamento por homologação e a decadência no caso do não-recolhimento do débito

Questão interessante que se coloca ao tratar-se da decadência nos casos de "lançamento por homologação" é saber-se a partir de quando começa a correr o prazo decadencial na situação em que o sujeito obrigado declara ser devedor do tributo mas não o recolhe aos cofres públicos.

Uma primeira aproximação concluiria, provavelmente, pela aplicação, *in casu*, do art. 173, I, do CTN, segundo o qual, não tendo sido pago o débito declarado, o Fisco deveria proceder ao lançamento de ofício, e, para tanto, teria cinco anos a contar do primeiro dia do exercício seguinte *àquele em que o lançamento poderia ter sido efetuado*. Em que pese a ser essa assertiva bastante tentadora — já que, ademais, segue o que a lei diz quase expressamente —, não nos parece seja a melhor proposta advinda de uma interpretação sistemática.

É que, segundo pensamos, o autolançamento (em nosso Direito chamado de lançamento por homologação) não se cinge ao pagamento do débito tributário, mas consiste em toda uma atividade exercida pelo administrado-contribuinte, que, consoante já mencionamos, materialmente, em nada difere daquela levada a cabo pela Administração nas demais modalidades de lançamento.

Conforme nossa opinião, o autolançamento é "o conjunto de operações mentais ou intelectuais que o particular realiza em cumprimento de um dever imposto pela lei, e que refletem o resultado de um processo de interpretação do ordenamento jurídico-tributário e de aplicação deste ao caso concreto, com o escopo de obter o *quantum* de um débito de caráter tributário" (E. Horvath, *Lançamento Tributário e Autolançamento*, cit., p. 163).

Sendo ele um conjunto de operações mentais ou intelectuais, uma vez que estas não podem produzir efeitos jurídicos enquanto situadas na mente do sujeito que as promove, somente será relevante para o Direito quando materializado (o autolançamento). Esta materialização é reconhecida, no mais das vezes, no pagamento do débito tributário, ou seja, o sujeito passivo, interpretando o ordenamento jurídico, diz ser devedor de tributo e, no prazo legal, o recolhe aos cofres públicos. Outras vezes, no entanto, esse sujeito realiza as mesmas operações mentais de interpretação da lei tributária e declara ser devedor do tributo, porém não efetua o pagamento deste. Nesta última hipótese, como proceder?

Reza a lei que "o lançamento por homologação, que ocorre quanto aos tributos cuja legislação atribua ao sujeito passivo o dever de *antecipar o pagamento* sem prévio exame da autoridade administrativa, opera-se pelo ato em que a referida autoridade, tomando conhecimento da atividade assim exercida pelo obrigado, expressamente o homologa" (art. 150, *caput*, do CTN — grifamos). À primeira vista dir-se-á que o objeto da homologação é o pagamento efetuado antecipadamente pelo sujeito obrigado, evidentemente. É, realmente, o que se deveria homologar nos tributos "sem imposição", de acordo com o esquema da nossa legislação. Entretanto, o legislador não cogitou, ao menos explicitamente, da situação pouco acima relatada, qual seja: como proceder se o sujeito obrigado a autolançar declarou-se devedor mas não pagou o tributo. Parece-nos que, por analogia, dever-se-ia usar a mesma disciplina legalmente prevista para a "antecipação do pagamento".

Tomemos as outras modalidades de lançamento. Tanto no lançamento de ofício como naquele misto ou por declaração o pagamento não integra o lançamento, ou, noutro giro, lançamento não é pagamento; *é ato formalizador do crédito tributário que acarretará, em circunstâncias normais, um pagamento*.

É evidente, por outro lado, que o lançamento por homologação é bastante peculiar e não guarda muita semelhança com os outros dois tipos. Contudo, a atividade realizada pelo sujeito passivo pode ser tão complexa e minuciosa quanto aquela realizada pela Administração Tributária e consiste — sendo essa *uma* das suas peculiaridades — na antecipação de pagamento de tributo devido. Isso não obstante, no mais das vezes exige-se, também, uma prévia declaração de débito (aquilo que no ICMS do Estado de São Paulo se denomina GIA — Guia de Informação e Apuração). Essa declaração de débito é tão decorrente do autolançamento quanto o próprio pagamento; ambos são formas de exteriorização do autolançamento.

Em ambos os casos, ao exercer a fiscalização, a Administração Tributária pode constatar não ter havido pagamento. Pode, porém, verificar, também, que não ocorreu o cumprimento de *outro* dever — qual seja, o de apurar o tributo devido ou, ainda e mais simplesmente, o de efetuar o autolançamento e exteriorizá-lo num documento.

Ora, se a partir da ocorrência do fato imponível o Fisco pode (tem não só a faculdade, mas também o dever de) homologar o pagamento, que é decorrência do autolançamento, por que não terá também a possibilidade de, *no mesmo prazo*, "homologar" expressamente a atividade do particular materializada na declaração que espelha o autolançamento? Em outros termos: o fisco tem a possibilidade de lançar de ofício caso não concorde com o pagamento efetuado pelo particular e da mesma forma se verificar que houve "declaração de débito", sem o respectivo pagamento. A possibilidade de controle existe nos dois casos, e a conseqüência para o não-pagamento, pagamento a menor etc. é a mesma — isto é, o lançamento de ofício.

Não vemos razão para que se conte diferentemente o lapso decadencial nas duas situações. Pensamos que ambas se encaixam perfeitamente no art. 150 do CTN. É óbvio que não haverá que se falar em extinção do crédito na hipótese de declaração desacompanhada de pagamento por ter sido homologado o pagamento antecipado. Todavia, parece não poder negar-se que na hipótese de homologação tácita (ou ficta), tendo havido ou não pagamento, o Fisco decai do direito de constituir o crédito tributário; extingue-se o direito da Administração Fiscal de o constituir.

Em outras palavras: parece-nos que o prazo para o Fisco providenciar a constituição do crédito tributário, seja por meio da homologação ou de emissão de lançamento de ofício, é o mesmo, ou seja, de cinco anos, contados da ocorrência do fato imponível, toda vez que se trate de lançamento por homologação. Pode a Administração Tributária exercer seu mister fiscalizatório imediatamente após a ocorrência do fato imponível com relação a todos os tributos, inclusive quanto àqueles sujeitos aos lançamentos de ofício e misto. O que variará será o termo inicial da contagem dos cinco anos, que, cuidando-se de tributo sujeito a lançamento por homologação, se iniciará a contar da ocorrência do fato jurídico tributário, *tenha ou não acontecido o pagamento "antecipado"*.

Na realidade, não vemos por que diferençar as duas situações. A "homologação", a nosso ver, pode ser tanto do pagamento antecipado quanto de outra forma de exteriorização do autolançamento; é dizer: homologa-se também — ainda que de forma tácita ou ficta — a declaração de débito feita pelo sujeito passivo.

Efetivamente, se o Fisco verificar que não houve pagamento, ou o pagamento foi a menor, procederá ao lançamento de ofício, o mesmo acontecendo se faltar a declaração de débito do contribuinte (caso em que, *v.g.*, poderia este estar sujeito a multa somente, se não devesse tributo, o que seria objeto de exigência por intermédio do auto de infração). Assim, não há razão para que a contagem do prazo apto a "constituir" o crédito tributário seja diferente, numa e noutra hipótese.

A única situação em que se deve cogitar, segundo cremos, de contagem diversa do prazo decadencial é na presença de dolo, fraude ou simulação, que são situações em relação às quais o legislador sempre atribui conseqüências jurídicas distintas daquelas ocorrentes quando ausentes essas figuras — o que, por outro lado, é lógico e desejável. Nestas ocasiões, sim, aplicar-se-á, por analogia, o art. 173, I, do CTN.

Mais que pretender haver atingido a verdade, este estudo procura acender o debate sobre esta questão, o que propiciará, seguramente, um estudo mais aprofundado do chamado "lançamento por homologação", tão pouco analisado pela nossa doutrina e tão relevante figura tributária nos dias de hoje.

ICMS NA HABILITAÇÃO DE TELEFONE CELULAR
Breve Nota

SIDNEY SARAIVA APOCALYPSE
Advogado em São Paulo

Este artigo já estava sendo esboçado quando jornais, rádios e televisões, noticiaram que o *Governo* pretendia cobrar o ICMS sobre a habilitação dos telefones celulares havida nos últimos cinco anos. Foi nesse momento que a população tomou conhecimento do ato do CONFAZ[1] que, disfarçado de orientação, pretendeu dar base à cobrança do ICMS sobre a habilitação de telefone celular. Até então fôra minha disposição apenas comentar juridicamente o Convênio 69/98, sem entrar em outras cogitações que o desenrolar dos fatos obrigou-me a enfrentar.

Nos termos do Convênio 69/98, seus signatários entendiam necessário uniformizar, como anunciava seu único "considerando", *os procedimentos tributários nas prestações de serviços de comunicações e esclarecer o contribuinte, para que corretamente possa cumprir suas obrigações tributárias.*

Cândida, inocente e singelamente o Convênio 69/98 dispunha que seus signatários firmaram entendimento *de que se incluem na base de cálculo do ICMS incidente sobre prestações de serviços de comunicação os valores cobrados a título de acesso, adesão, ativação, habilitação, disponibilidade, assinatura e utilização dos serviços, bem assim aqueles relativos a serviços suplementares e facilidades adicionais que otimizem ou agilizem o processo de comunicação, independentemente da denominação que lhes seja dada.*

Minha primeira reação diante desse Convênio foi de indignação, seguida de incontrolável ira. Isto porque, via nesse ato do CONFAZ, produzido na antevéspera da chamada privatização do sistema nacional de telefonia, a oficialização de um deus-nos-acuda, da mais extravagante e cerebrina balbúrdia. Tamanha patuscada não teria sido melhor elaborada por um símio em loja de cristais, pois, numa penada criou absoluta incerteza no seio dos pretendentes à compra das estatais de telefonia celular. Estes jamais puderam supor que dentre as obrigações das estatais postas à venda, estaria a relativa a um pretenso ICMS não pago no passado. Isto tudo face o entendimento dos excêntricos redatores do CONFAZ. É duro crer que um grupo de representantes dos governos estaduais possa, como pôde, praticar tamanha tolice. Pior é imaginar que a mesma tenha contado com o beneplácito dos senhores governadores.

Diante da grita que se instaurou no findar de julho, entrevistas, comunicados e outras estranhas formas de comunicação se produziram. Em São Paulo a Coordenadoria da Administração Tributária da Secretaria da Fazenda preferiu soltar uma nota afirmando que o Convênio não criara um novo imposto mas que, fruto de alegados estudos técnicos e da assessoria de eminentes juristas (sic), servira para esclarecer que os itens dele constantes *significam serviços de comunicação*, e que, apesar de sujeitos ao ICMS, o Estado de São Paulo não pretendia *retroagir a cobrança desse imposto para os últimos cinco anos.* Maior confusão não se poderia imaginar em tão pouco espaço de tempo, cada qual querendo apenas *esclarecer o que o outro pensara ter esclarecido.* No meio de tantos esclarecimentos restavam os atordoados contribuintes.

1. Convênio ICMS 69, de 19 de junho de 1998.

Pensando que a coisa toda iria parar por aí, enganei-me, certamente por não avaliar quão fantásticos e inventivos eram os representantes dos Estados junto ao CONFAZ. Dias após o tumulto, lá estavam de volta esses mesmos senhores a redigir novo Convênio,[2] este outro para dizer e agora sem justificativa, que os Estados e o Distrito Federal *não exigirão os créditos tributários, constituídos ou não, decorrentes dos fatos geradores de ICMS relativos, dentre outros, aos serviços de habilitação de telefone celular*. Não sei se inédito ou não, o fato é que dentre tantas curiosidades vivenciadas nesse período, constou da publicação deste último Convênio o nome de todos os participantes da reunião, alguns certamente Secretários de Fazenda de seus Estados, outros não.

Já escaldado pelo inopinado mecanismo, aguardei mais uns dias para continuar a tarefa a que me dispusera: comentar a questão tributária relativa ao ICMS na telefonia celular. Não foi sem razão, pois do noticiário do dia seguinte ao anúncio desse Convênio, constou que os Governadores de Pernambuco e de Santa Catarina não aceitariam a inovação criada por seus subalternos. Não tenho, antes que me perguntem, notícia de que algum desses participantes do CONFAZ tenha solicitado demissão do cargo, ou deste sido demitido.

Hoje já é 27 de julho e preciso mandar aos editores o resultado da tarefa a que me impus. A boa vontade destes — embora ampla — tem limites e assim, correndo o risco de ser pouco zeloso, decidi finalmente comentar o direito pretensamente posto até a data de hoje. Ledo engano, pois durante o trajeto para minha casa, rádio aqui de São Paulo anunciava que o Governador de Pernambuco baixara decreto com vistas a não ratificar o Convênio negociado por seu Secretário de Fazenda (ou lá se sabe quem), reafirmando, em outras palavras, disposição para cobrança do pretenso ICMS incidente sobre as habilitações de telefone celular havidas nos últimos cinco anos.

Diante dessa balbúrdia há que se pensar que os estouvados protagonistas de tamanha tragédia imaginam deter parcela de incontrastável Poder, como se julgassem ter sido a Constituição brasileira escrita a lápis! Repulsa estão a merecer de toda a Cidadania.

Na verdade, e não há porquê a adiar a conclusão, a pretendida *tributação pelo ICMS do serviço de habilitação de telefone celular* já nasceu morta e remanesce envolvida pelo esquife da inconstitucionalidade, face à desconformidade com o arquétipo constitucional que defere competência aos Estados para tributar com o ICMS, no que respeita à matéria em exame, apenas fatos consistentes na prestação de *serviços de comunicação*.[3]

Consoante o que se depreende do dispositivo constitucional em análise, especialmente do trecho abaixo transcrito, a competência delimitada cinge-se à tributação dos serviços de comunicação, não restando exercício de parcela de poder para instituição do ICMS sobre serviços de outra natureza. O fato signo presuntivo de riqueza eleito pelo legislador constituinte de 1988, cuja ocorrência possa determinar a incidência do ICMS, apenas comporta fenômeno que se insira no conceito de comunicação. Conceito constitucional este cuja interpretação não pode se dar, como pretendeu o CONFAZ, sem peias. A interpretação da Constituição Federal, mais do que de qualquer outro texto, deve-se confinar nas balizas constitucionais, afastadas as conjecturas de conveniência do intérprete, ainda mais quando se busque extrair efeitos tributários. É o que já decidiu o Supremo Tribunal Federal:

"Se é certo que toda interpretação traz em si carga construtiva, não menos correta

2. Convênio ICMS 74, de 21 de julho de 1998.

3. "Art. 155. Compete aos Estados e ao Distrito Federal instituir impostos sobre: (...) II — (...) prestações de serviços (...) de comunicação, ainda que (...) as prestações se iniciem no exterior.

exsurge a vinculação à ordem jurídico-constitucional. O fenômeno ocorre a partir das normas em vigor, variando de acordo com a formação profissional ou humanística do intérprete. No exercício gratificante da arte de interpretar, descabe 'inserir na regra de direito, o próprio juízo — por mais sensato que seja — sobre a finalidade que 'conviria' caso por ela perseguida'" — Celso Antônio Bandeira de Mello — em parecer inédito. Sendo o Direito uma ciência, o meio justifica o fim, mas não este àquele.

"Constituição — Alcance político — Sentido dos vocábulos — Interpretação. O conteúdo político de uma Constituição não é conducente ao desprezo do sentido vernacular das palavras, muito menos ao do técnico, considerados institutos sagrados pelo Direito. Toda ciência pressupõe a adoção de escorreita linguagem, possuindo os institutos, as expressões e os vocábulos que a revelam, conceito estabelecido com a passagem do tempo, quer por força de estudos acadêmicos quer, no caso do Direito, pela autuação dos Pretórios."[4]

Habilitar telefone celular não significa realizar negócio jurídico que se contenha no conceito constitucional de *serviço de comunicação*. Este é serviço que implica transmissão de alguma mensagem. Conceito esse que não deixou de ser considerado na legislação complementar editada ao tempo em que se situava na competência da União a instituição de imposto sobre serviços de comunicação. Era o que dispunha o art. 68, II, do Código Tributário Nacional que, buscando definir o fato gerador daquele imposto, descrevia sua materialidade como sendo a transmissão e o recebimento, por qualquer processo, de mensagens escritas, faladas ou visuais.

A tanto fez o CONFAZ vistas grossas, preferindo louvar-se no fato de lei complementar ter previsto integração à base de cálculo do ICMS do valor correspondente a seguros, juros e demais importâncias pagas, recebidas ou debitadas, bem como descontos concedidos sob condição,[5] para daí concluir que o preço cobrado em virtude, *v.g.*, de habilitação do aparelho telefônico é item que deva se integrar à base de cálculo do ICMS.

Trata-se de flagrante malabarismo exegético. Isto porque, ainda que se possa defender a possibilidade de integração de tais itens na base de cálculo do ICMS, é por demais evidente que os mesmos somente poderão se integrar à base de cálculo desse imposto quando imanentes à realidade tributável (prestação de serviço de comunicação). Vale dizer, *apenas nas hipóteses em que, com respeito ao preço do serviço de comunicação se verifique existir valores correspondentes a seguros, juros e demais importâncias pagas, recebidas ou debitadas, bem como descontos concedidos sob condição é que tais itens devam integrar a base de cálculo do ICMS.*

A cobrança de preço relativo à habilitação do aparelho telefônico é cobrança estranha ao serviço de comunicação; não é prestação que se preste em virtude de serviço de comunicação, mas sim de serviço em que o prestador atribui condições a um aparelho ou mecanismo, para que este se torne apto a realizar as finalidades a que se destina. Habilitar é apenas tornar capaz, tornar apto, competente, autorizado à tarefa a que o aparelho se destina. Não é serviço de comunicação. Conseqüentemente, o valor cobrado do possuidor de aparelho telefônico, a título de habilitação, se refere a *outro serviço* não compreendido pelo conceito de *serviço de comunicação* e, assim, fora do campo de incidência do ICMS.

Por derradeiro, vale referir que, salvo alguma exceção que se possa indicar, a maioria, se não a totalidade dos convênios em matéria de ICMS são inconstitucionais, ainda que obedientes à fórmula propugnada na legislação complementar em vigor. De tal vício padece também o convênio em causa.

4. Recurso extraordinário n. 166.772-RS (Tribunal Pleno); j. 12.5.94, in *RTJ* 156/666.

5. Lei Complementar n. 87/96, artigo 13, IX, § 1º, II, "a".

A ninguém é dado desconhecer que a Constituição Federal, de resto deslembrada pelos integrantes do CONFAZ, no tocante ao ICMS, determina competência à lei complementar para regular a forma como, mediante deliberação dos Estados e do Distrito Federal, isenções, incentivos e benefícios fiscais serão concedidos e revogados.[6]

Tal regulamentação se deu mediante promulgação da Lei Complementar n. 24/75 que previu estar o Convênio sujeito à ratificação do *Poder Executivo* de cada Unidade da Federação, considerando-se tácita a ratificação, à falta de manifestação no prazo previsto para tal ato.[7] Entretanto, *a atribuição ao Poder Executivo* dos Estados e do Distrito Federal para exercitar competência impositiva ou exonerativa *conflita com a Constituição Federal.* Isto porque a competência para exonerar da tributação fatos submetidos à competência tributária dos Estados e do Distrito Federal, se exerce, se manifesta, necessariamente, por intemédio das casas legislativas. É o que decorre do princípio da legalidade, tal como previsto na Constituição Federal, artigo 150, I. Por esta razão, nos casos em que os convênios tenham sido ratificados pelos Governadores, há mais esta outra inconstitucionalidade a denunciar, face a invalidez do preceito da citada lei complementar, conforme já repisado na doutrina.[8]

6. Constituição Federal, art. 155, XII, "g".
7. Lei Complementar n. 24/75, art. 4º.

8. Fábio Fanucchi, in *RDT* 1/42; Geraldo Ataliba, in *RDP* 67/47; Sacha Calmon, in *RDT* 64/178; e Wagner Balera, in *RDT* 21-22/163.

CONTROLE DE CONSTITUCIONALIDADE PELOS TRIBUNAIS ADMINISTRATIVOS

PAULO CÉSAR CONRADO
Juiz Federal

1. Considerações introdutórias. 2. Controle de constitucionalidade e declaração de inconstitucionalidade: aspectos gerais. 3. Sistemas de controle de constitucionalidade: 3.1 Os sistemas reconhecidos pela doutrina; 3.2 O sistema político; 3.3 O sistema jurisdicional; 3.4 O sistema misto; 3.5 O sistema adotado no Direito brasileiro. 4. Controle de constitucionalidade jurisdicional e suas espécies, inclusive no Direito brasileiro: 4.1 Linhas gerais; 4.2 O controle jurisdicional pela via indireta; 4.3 O controle jurisdicional pela via direta; 4.4 O controle jurisdicional no Direito brasileiro. 5. Uma breve referência à questão do controle de constitucionalidade dito preventivo. 6. Adentrando a questão da titularidade do controle de constitucionalidade. 7. Sobre o princípio da legalidade: 7.1 Linhas gerais; 7.2 O princípio da legalidade: primeiro enfoque; 7.3 Legalidade como juridicidade. 8. Sobre o devido processo legal: 8.1 Linhas gerais; 8.2 Distinguindo devido processo legal procedimental e devido processo legal substantivo; 8.3 O devido processo legal substantivo e seu alcance; 8.4 O devido processo legal substantivo e a razoabilidade; 8.5 O devido processo legal procedimental e seu alcance; 8.6 O devido processo legal, sua aplicabilidade e alcance nos procedimentos administrativos. 9. Sobre a função jurisdicional: 9.1 Linhas gerais; 9.2 A jurisdição como sistema de composição de conflitos de interesses; 9.3 O monopólio estatal sobre a atividade jurisdicional; 9.4 A tripartição das funções estatais e o caráter de precipuidade que a governa; 9.5 Os tribunais administrativos como órgãos que exercem atividade jurisdicional; 9.6 A circunstância de a Administração, representada pela figura dos tribunais administrativos, exercer atividade jurisdicional e, ao mesmo tempo, ser parte na relação processual-administrativa; 9.7 A questão da definitividade; 9.8 Conclusão. 10. Sobre os efeitos da declaração de inconstitucionalidade promanada por órgão administrativo. 11. Conclusões.

1. Considerações introdutórias

O Poder Judiciário, nos últimos anos, logrou declarar a inconstitucionalidade de inúmeros atos normativos, boa parte deles especialmente circunscrita ao campo do Direito Tributário, acabando por reconhecer, com isso e em última análise, a inexigibilidade de uma série de obrigações impostas *ex lege* em face do administrado (contribuinte).[1]

Se, de um lado, tais pronunciamentos judiciais serviram (e servem) para definir a sorte de um sem-número de relações jurídicas[2] — notadamente quando são eles promanados do STF, órgão incumbido de

1. Apenas a título de exemplo, relembremos das argüições de inconstitucionalidade relativas (i) à cobrança da sobretarifa destinada ao Fundo Nacional de Telecomunicações — FNT, de que cuida a Lei 6.093/74; (ii) à exigência, no mesmo exercício em que criada, da contribuição ao FINSOCIAL, de que trata o Decreto-lei 1.940/82; (iii) ao empréstimo compulsório criado pelo Decreto-lei 2.288/86, incidente sobre a aquisição de veículos e combustíveis; (iv) à exigência dos encargos financeiros sobre a aquisição de passagens e de moeda estrangeira para viagens ao exterior, de que cuida a Resolução 1.154/86 do Banco Central do Brasil; (v) às alterações introduzidas pelos Decretos-leis 2.445/88 e 2.449/88 na sistemática de recolhimento e apuração do PIS; (vi) a diversos dispositivos legais que, depois da Constituição de 1988, cuidaram de disciplinar o FINSOCIAL; (vii) às contribuições previdenciárias incidentes sobre as remunerações de autônomos e administradores; entre outras.

2. A decretação da inconstitucionalidade, antecipemos, ou ocorrerá, grossíssimo modo, no corpo de ação direta, vestida, pois, de eficácia *erga omnes*,

guardar a incolumidade da Constituição da República —, certo é, de outro, que esses atos normativos declarados inconstitucionais não raramente permanecem intactos no arcabouço legislativo, o que ocorreria, segundo veremos, à vista dos efeitos que são próprios da aludida declaração. De igual modo, ocasiões há em que o administrado, o contribuinte, enfim, a pessoa que se encontra sob o influxo da norma dita inconstitucional, entende por bem argüir a ocorrência de tal vício em sede administrativa, permitindo-se recorrer ao Poder Judiciário se e quando esgotada aquela via. Postula, nesse momento e através dos meios e recursos inerentes ao procedimento administrativo,[3] a invalidação do ato estatal que, fundado em norma dita inconstitucional, lhe impõe um gravame, uma prestação, um fazer, um não-fazer, enfim, um correspectivo que, justamente por decorrer de uma norma que se diz desconforme com a Constituição, não se lhe haveria de exigir.

Pois bem. Frente a tais contingências, diante de todas essas possibilidades, permitimo-nos, aqui, nessas pequenas *considerações introdutórias*, adentrar, já de logo, o núcleo de nossas preocupações, formulando a seguinte indagação: poderia a Administração, por meio de seus órgãos julgadores, através dos meios e recursos próprios do procedimento administrativo, reconhecer que uma dada norma está desconforme com a Constituição Federal, acolhendo, assim, o pleito do administrado em detrimento da pretensão vertida pelo Poder Executivo com apoio nessa mesma norma? Prefigurando uma situação concreta, dentro da seara tributária: poderiam os Conselhos Federais de Contribuintes ou os Tribunais de Impostos e Taxas, diante de um auto de infração lavrado com base em legislação pretensamente inconstitucional, admitir a ocorrência de tal vicissitude, se e quando suscitado pelo contribuinte dentro do procedimento administrativo correlato?

No curso deste trabalho, ao que se verá, procuraremos responder a essas perguntas, ressaltando, todavia, que nossa efetiva pretensão, aqui, não está em dizer se um ou outro *tribunal administrativo* pode declarar uma norma inconstitucional, nem em debater questões tributárias especificamente consideradas. Não. Mais do que tudo isso, o que pretendemos, a partir de algumas situações que o cotidiano nos põe à mostra,[4] é definir se a Administração, considerada em sua máxima amplitude, pode recusar a aplicação de uma norma por incompatível com a Constituição da República, situação que, voltamos a repetir, pode ocorrer com maior freqüência quando o administrado se insurge, às expressas, contra a atuação estatal, aparelhando defesa em grau de procedimento administrativo, mas que, em rigor, se nos afigura possível em qualquer nível, até mesmo por impulso oficial. A partir de então, considerada a possibilidade de a Administração exercer o requestado controle,[5] cuidaremos de examinar essa espécie que estamos a descortinar frente às concepções já firmadas pela doutrina acerca dos denominados sistemas de controle de constitucionalidade, não ambicionando, com isso, classificar nosso objeto de estudo num desses sistemas, mas sim oferecer, quando menos de relance, um início de colaboração para a formulação de uma teoria que considere, que vitalize, o controle de constitucionalidade exercido

ou então numa ação que, a despeito de sua eficácia meramente *inter partes*, servirá como parâmetro para outros julgamentos, numa espécie de vinculação moral ou psicológica da jurisprudência; daí nossa afirmação de que servem (as decretações de inconstitucionalidade) para definir, em última análise, uma série de outras relações jurídicas, todas, evidentemente, exsurgidas da mesma origem, correspondente à norma declarada inconstitucional.

3. Permitir-nos-emos utilizar, no curso do trabalho, as expressões *processo administrativo* e *procedimento administrativo*, a despeito dos que entendam que uma ou outra é a acertada. Assim procederemos pois que não se nos afigura relevante, aqui, a problemática que circunda a adoção de uma ou outra locução.

4. Boa parte delas atina, deveras, a relações jurídico-tributárias.

5. Já aqui, ao que se tira, apresentamos, antecipadamente, nosso ver a respeito da questão nuclear deste trabalho, prenunciando o rumo para o qual convergirão nossas ponderações.

pela Administração, quer por provocação do administrado (hipótese que se verifica, *grosso modo*, quando questões são submetidas, por meio de procedimentos administrativos, a órgãos julgadores administrativos), quer de ofício.

Esse, em suma, o nosso objeto de análise.

Antes de enfrentá-lo, porém, parece-nos oportuna uma alusão, ainda que brevíssima, acerca da metodologia que perseguimos na elaboração deste trabalho, do trajeto que nosso pensamento percorreu, a fim de deferir ao leitor deste ensaio (cujo objetivo é enfeixar as reflexões que vimos engendrando sobre a temática, mas que, por certo, ainda se encontram em estágio embrionário) plena consciência para segui-lo com desembaraço.

Para adentrar o núcleo de nossas ocupações e responder às indagações antes referidas, resolvemos observar, de início, o controle de constitucionalidade como fenômeno decorrente da rigidez constitucional e francamente atrelado à questão da hierarquia das normas. A partir daí, aproximamo-nos das técnicas estabelecidas para defesa da supremacia constitucional, especificando o conteúdo do ato de declaração de inconstitucionalidade, e permitindo-nos, postas essas bases, encarar os diversos sistemas de controle de constitucionalidade existentes, a partir da visão crítico-explicativa da doutrina. Definidas, inclusive, as características dos sistemas de que falamos, procuramos, ainda sob os auspícios da descrição doutrinária, desenvolver algumas idéias acerca do sistema de controle jurisdicional, analisando-o, inclusive, dentro do ordenamento brasileiro, para então apresentar uma ponderação crítica à idéia, ainda dentro de nosso ordenamento, de uma forma de controle preventiva. Da confluência de todos os aspectos sumariamente levantados até então, consideramo-nos capacitados a tocar — agora, sim — o nosso objeto, adentrando a questão da titularidade do controle de constitucionalidade. A partir desse momento, oferecemos uma síntese dos pensamentos que foram construídos sobre o aludido tema, antecipando, desde logo, nossa posição, para, então, deduzir os argumentos que a assentam. Embora tenhamos apresentado os fundamentos de nosso particular entendimento de forma articulada, procuramos exibir, entre um tópico e outro, os pontos de contato existentes entre cada um, relacionando-os. Já concluindo, buscamos descrever as conseqüências de nossa tomada de posição, expondo os efeitos que enxergamos no bojo da declaração de inconstitucionalidade promanada por um *tribunal administrativo*, ocasião em que dedicamos especial atenção à questão da *coisa julgada administrativa.*

2. Controle de constitucionalidade e declaração de inconstitucionalidade: aspectos gerais

Segundo Manoel Gonçalves Ferreira Filho: "A distinção entre Constituição rígida e Constituição flexível, entre Poder Constituinte originário e Poder Constituinte derivado, implica a existência de um *controle de constitucionalidade*".[6]

Dentro dessa perspectiva, o controle de constitucionalidade — podemos asseverar já de logo — estará a decorrer, sempre e invariavelmente, da rigidez constitucional, que, à sua vez, o pressupõe.[7]

Não é por outra razão, destarte, que a questão da hierarquia das normas constitui (e haverá de constituir, sempre) o ponto de partida de toda e qualquer análise dos fenômenos que atinam ao controle de constitucionalidade.

Isto porque — ainda de acordo com Manoel Gonçalves Ferreira Filho: "Em todo o Estado onde faltar controle de constitu-

6. *Curso de Direito Constitucional*, p. 35.

7. Paulo Bonavides (*Curso de Direito Constitucional*, p. 221) assevera, nesse exato sentido, que é a rigidez constitucional a responsável pela "(...) superioridade da lei constitucional, obra do poder constituinte, sobre a lei ordinária, simples ato do poder constituído, um poder inferior, de competência limitada pela Constituição mesma.".

cionalidade, a Constituição é flexível; por mais que a Constituição se queira rígida, o Poder Constituinte perdura ilimitado em mãos do legislador. Este, na verdade, poderá modificar a seu talante as regras constitucionais, se não houver órgão destinado a resguardar a superioridade desta sobre as ordinárias. Mais ainda, órgão com força bastante para fazê-lo".[8]

Adentrando, assim, esse campo-pressuposto (o da hierarquia das normas), cobra relembrar — e isso se nos revela quase que uma obrigação — a formulação de Hans Kelsen acerca do escalonamento hierárquico das normas jurídicas, segundo a qual "o fundamento de validade de uma norma apenas pode ser a validade de uma outra norma".[9]

Não se nos afigura desconhecida — conquanto a aludida formulação seja tida como a mais completa a respeito do tema — a existência de adnumeráveis críticas ao pensamento de Kelsen, dentre elas a de Jorge Miranda, para quem não seria preciso entronizar as teses formalistas da *Teoria Pura do Direito* para que se reconhecesse a distribuição das normas jurídicas em níveis hierárquicos, cujo ápice seria a Constituição.[10] De qualquer sorte, dadas as limitações impostas pelo corte metodológico que nossa abordagem exige, ficaremos, aqui, com a idéia — imperiosa, já o dissemos — sugerida pelo escalonamento hierárquico de Hans Kelsen.[11]

Fixada, dessa maneira, a premissa de que a Constituição, como lei fundamental, como norma que valida as demais normas do sistema, é coroada de supremacia, cobra advertir, consoante Clèmerson Merlin Clève,[12] que referida qualidade (a supremacia constitucional) há de ser juridicamente garantida, para que, ao final, ela, a Constituição, seja observada tanto sob o aspecto formal do modo de produção das normas jurídicas, quer sob a sua dimensão material.

Nesse sentido, internando-nos no nosso específico foco de atenção, acorremos ao magistério de José Afonso da Silva, segundo o qual: "Para defender a supremacia constitucional contra as inconstitucionalidades, a própria Constituição estabelece técnica especial, que a teoria do Direito Constitucional denomina controle de constitucionalidade das leis, que, na verdade, hoje, é apenas um aspecto relevante da Jurisdição Constitucional".[13]

O controle de constitucionalidade pode ser definido, assim sendo, e tal como o faz Manoel Gonçalves Ferreira Filho, como "(...) a verificação da adequação de um ato jurídico (particularmente da lei) à Constituição" — verificação, esta, que envolve a análise, ainda de acordo com o mencionado autor, "(...) tanto dos requisitos formais — subjetivos, como a competência do órgão que o editou; objetivos, como a forma, os prazos, o rito, observados em sua edição — quanto dos requisitos substanciais — respeito aos direitos e às garantias consagrados na Constituição — de constitucionalidade do ato jurídico".[14]

É bem de ver, num destaque que se nos apresenta atual, que esse trabalho de verificação que é inerente ao controle de constitucionalidade, considerada a opção

8. *Curso* ..., p. 35.

9. *Teoria Pura do Direito*, p. 215.

10. *Manual de Direito Constitucional*, p. 284.

11. E, sobre o assunto, temos que: "Se o Direito é concebido como uma ordem normativa, como um sistema de normas que regulam a conduta de homens, surge a questão: *o que é que fundamenta a unidade de uma pluralidade de normas, por que é que uma norma determinada pertence a uma determinada ordem? Esta questão está intimamente relacionada com esta outra: por que é que uma norma vale, o que é que constitui o seu fundamento de validade?*" (*Teoria* ..., p. 215); ao que, já consignamos, sobressai a resposta de que: "O fundamento de validade de uma norma apenas pode ser a validade de uma outra norma." (*Teoria* ..., p. 215); ponderando-se no sentido de que: "Uma norma que representa o fundamento de validade de uma outra norma é figurativamente designada de norma superior, por confronto com uma norma que é, em relação a ela, a norma inferior" (*Teoria* ..., p. 215).

12. *A Fiscalização Abstrata de Constitucionalidade no Direito Brasileiro*, pp. 20 e 21.

13. *Curso de Direito Constitucional Positivo*, p. 52.

14. *Curso* ..., p. 36.

firmada pela Constituição brasileira de 1988, haverá de envolver, também, "(...) a conferência de eficácia plena a todos os preceitos constitucionais em face da previsão do controle de inconstitucionalidade por omissão",[15] "(...) pois omitir a aplicação de normas constitucionais, quando a Constituição assim a determina, também constitui conduta inconstitucional".[16]

Estejamos falando de omissão ou de comissão, todavia, temos como intacta a premissa da qual se partiu, tal seja, o controle de constitucionalidade está, em última análise, voltado à preservação da supremacia constitucional, funcionando como instrumento para uma eventual declaração de inconstitucionalidade.

Com efeito, sendo a declaração de inconstitucionalidade e o controle de constitucionalidade lados da mesma medalha,[17] impende admitir que um se atrela ao outro numa relação de decorrência, em que o segundo (o controle de constitucionalidade) engendra (ao menos potencialmente) a primeira (a declaração de inconstitucionalidade), que pode ser definida, em virtude dessa relação, como o próprio reconhecimento da dissonância havida entre uma certa norma em face de regras ou princípios de uma Constituição.[18]

3. *Sistemas de controle de constitucionalidade*

3.1 Os sistemas reconhecidos pela doutrina

Celso Ribeiro Bastos aponta a existência de dois sistemas de controle de constitucionalidade, a saber: o sistema político e o sistema jurisdicional.[19]

Nesse mesmo sentido, embora fale em *sujeitos do controle* (e não, propriamente, em sistemas), José Joaquim Gomes Canotilho[20] menciona duas espécies: os sujeitos do controle político e os sujeitos do controle jurisdicional.

Marcello Caetano,[21] a seu turno, também distingue duas classes de órgãos de verificação da constitucionalidade da lei (ou seja, de *sujeitos do controle*), que seriam, de igual modo, compostas por órgãos políticos e por órgãos jurisdicionais.

Utilizando-se do mesmo critério, porém com uma perspectiva mais abrangente, José Afonso da Silva[22] assinala a existência de um terceiro sistema de controle de constitucionalidade — o misto —, afora o político e o jurisdicional reconhecidos pelos autores já mencionados.

3.2 O sistema político

O sistema político de controle de constitucionalidade pode ser definido como o que comete a órgãos daquela natureza (política) a tarefa de verificar a adequação da lei à Constituição.

Versando sobre esse tema, embora não mencione a expressão *sistemas de controle*, Manoel Gonçalves Ferreira Filho utiliza-se, ao tratar do controle político, de um *conceito por exclusão*, dizendo que poderá haver "(...) *controle político* toda vez que a verificação de constitucionalidade é confiada a órgão não pertencente ao Poder Judiciário".[23]

15. Michel Temer, *Elementos de Direito Constitucional*, p. 40.

16. José Afonso da Silva, *Curso ...*, p. 50.

17. Antônio Cézar Lima da Fonseca, "Da declaração de inconstitucionalidade", *Caderno de Direito Constitucional e Ciência Política* 2/4.

18. Conquanto a *declaração de inconstitucionalidade* configure o resultado do *controle de constitucionalidade*, o exame da Constituição brasileira de 1988 revela que a expressão adotada no Texto Magno para referenciar as operações de controle foi a primeira — *declaração de inconstitucionalidade* —, que se encontra presente em seus arts. 97, 102, III, "b", e 103, § 2º.

19. *Curso de Direito Constitucional*, pp. 392 e 393.

20. *Direito Constitucional*, pp. 978 e 979.

21. *Manual de Ciência Política e Direito Constitucional*, p. 346.

22. *Curso* ..., p. 52.

23. *Curso* ..., p. 37.

José Joaquim Gomes Canotilho,[24] ainda sobre o controle político, esclarece que a França seria o país com os mais típicos e numerosos exemplos dessa espécie de controle.[25]

Embora o controle de constitucionalidade pelo sistema político, segundo Mauro Cappelletti,[26] seja usualmente preventivo, ou seja, se dê antes que a lei controlada entre em vigor, nada impede que esse mesmo controle seja manifestado em momento posterior à edição daquela mesma lei, caracterizando-se, assim, o denominado controle *a posteriori*.

3.3 *O sistema jurisdicional*

O sistema de controle de constitucionalidade jurisdicional, a seu tempo, pode ser definido como o que é outorgado a órgão integrado no Poder Judiciário.

Surgido — consoante Celso Ribeiro Bastos[27] — nos Estados Unidos da América, como resultado da prática jurisprudencial da Corte Suprema daquele país, essa espécie de sistema, a exemplo do político, também pode se manifestar repressiva (*a posteriori*) ou preventivamente.

3.4 *O sistema misto*

No controle misto, ao que sugere sua denominação, determinadas leis são submetidas ao controle político e outras ao jurisdicional, na exata conformidade da classificação tripartite formulada por José Afonso da Silva.[28]

3.5 *O sistema adotado no Direito brasileiro*

Depois de asseverar que o sistema de controle adotado no Brasil é o jurisdicional, Michel Temer aduz que: "A ele (*ao controle judicial*) se adiciona controle político feito por outro órgão: o Senado Federal, (...)".[29] Conquanto a situação contemplada pelo autor (que atina, decerto, à competência do Senado, firmada no art. 52, X, da CF, de "... suspender a execução, no todo ou em parte, de lei declarada inconstitucional por decisão definitiva do Supremo Tribunal Federal") possa ensejar a conclusão, deveras, de que no Brasil o sistema de controle seria híbrido (misto, portanto, de acordo com a classificação que já apre-

24. *Direito* ..., p. 978

25. Sobre o sistema francês cf., ainda, a lição de Clèmerson Merlin Clève (*A Fiscalização* ..., pp. 47 e 48): "A França sempre experimentou uma concepção peculiar do princípio da separação dos poderes. Após a Revolução de 1789 tratou-se, para os franceses, de praticar uma concepção radical do referido princípio. Daí por que não poderia o Judiciário interferir nos negócios do Executivo. Os abusos e ilegalidades do Executivo seriam coibidos por um órgão extrajudiciário, o Conselho de Estado, assim como os abusos e ilegalidades do Judiciário seriam censurados pela Corte de Cassação. Não desenvolveu, o modelo constitucional francês, uma concepção menos rígida da separação dos poderes como a praticada pelos americanos, que admitiram interferências recíprocas entre os poderes do Estado para o fim de assegurar a mecânica dos *checks and balances*. Não é de admirar, portanto, que mesmo adotando Constituições rígidas, o Direito francês jamais tenha atribuído aos órgãos judiciários competência para o exercício da fiscalização da constitucionalidade. Tratar-se-ia, evidentemente, de nítida intromissão do Judiciário no âmbito de atuação do Parlamento".

Nesse mesmo sentido, anote-se, de outra parte, o magistério de Celso Ribeiro Bastos (*Curso* ..., pp. 392 e 393): "É um sistema predominante em países europeus. Nestes, dominados durante muito tempo por um sistema absoluto de governo, reunindo a figura do monarca, em certas épocas, a totalidade das funções estatais, uma vez implantada a separação de poderes, por força inicialmente da Revolução Francesa, e depois da eclosão de movimentos políticos idênticos em outros países, houve sempre uma aguda suscetibilidade a tudo que pudesse, segundo eles, de alguma maneira, enfraquecer o rigor da doutrina implantada. Dessa maneira, afigurava-se incompatível com o sistema instaurado que um outro Poder, o Judiciário, por exemplo, viesse a anular atos ou imiscuir-se nas funções próprias do Legislativo".

26. *O Controle Judicial de Constitucionalidade das Leis no Direito Comparado*, p. 26.

27. *Curso* ..., p. 393.

28. *Curso* ..., p. 52.

29. *Elementos de Direito Constitucional*, p. 42.

sentamos), impende convir, consoante doutrina Regina Maria Macedo Nery Ferrari,[30] que essa participação do Senado Federal no processo de expulsão da norma inconstitucional no ordenamento jurídico não caracteriza, nem pode caracterizar, o sistema misto, já que a competência para decidir acerca da inconstitucionalidade (declarando-a ou não), por manter-se com o Poder Judiciário, não poderia ser tida como trespassada, sob qualquer dimensão, para aquele outro órgão.[31]

Feita essa ressalva, podemos assentir, então, que o sistema adotado no Brasil é, considerada a classificação sugerida pela doutrina, o jurisdicional.

4. Controle de constitucionalidade jurisdicional e suas espécies, inclusive no Direito brasileiro

4.1 Linhas gerais

Partindo da conclusão que tiramos no tópico anterior, cumpre referir — e o faremos, ainda que de modo sintético — as espécies de controle de constitucionalidade jurisdicional existentes, analisando-as, depois, dentro da perspectiva do Direito brasileiro.

O controle jurisdicional conhece dois modos de exercício: um pela via indireta, também designado de controle incidental, difuso ou por exceção, e outro pela via direta, também designado de controle concentrado, principal ou por ação.

4.2 O controle jurisdicional pela via indireta

O primeiro (controle pela via indireta, de exceção, difuso ou incidental) tem sua origem nos Estados Unidos da América (daí por que se o denomina, também, de controle norte-americano), ocorrendo "(...) quando a qualquer juiz é dado apreciar a alegação de inconstitucionalidade".[32]

No sistema em tela, tomada essa característica primeira, todos os órgãos do Poder Judiciário estão capacitados a declarar, incidentalmente (daí a designação, já o dissemos, *controle incidental* ou *pela via indireta*),[33] em qualquer processo onde a questão da constitucionalidade venha a ser ventilada. Como a norma inquinada de inconstitucional é atacada no bojo de um processo, como um vero incidente ao pedido deduzido pelo autor ou à resposta do réu, é de se reconhecer, aqui, uma outra característica desse modo de controle de constitucionalidade, tal seja, a concretude da argüição, peculiaridade que se opõe às argüições ditas *em tese*, e que habilita a respectiva declaração a gerar efeitos meramente *inter partes*.

4.3 O controle jurisdicional pela via direta

Encontraremos, de outra parte, a segunda espécie de controle de constitucio-

30. *Efeitos da Declaração de Inconstitucionalidade*, p. 34.

31. Não se nos afigura correto confundir determinadas competências dos órgãos legislativos e executivos brasileiros (essa do Senado Federal seria apenas um exemplo, ao lado do qual poderíamos mencionar, ainda, as competências regimentais que são cometidas, dentro do processo de produção das leis, às Casas Legislativas e que supõem, evidentemente, o poder-dever de confrontar as normas em elaboração com o texto constitucional) com o efetivo exercício do controle da constitucionalidade dos atos normativos; e assim nos parece, pois, ao que já falamos, o controle de constitucionalidade desemboca, sempre e ainda que potencialmente, na declaração de inconstitucionalidade do ato normativo, havendo de ser exercido, portanto, frente a normas já existentes, tenham ou não irradiado efeitos, no arcabouço legislativo. Assim, ao invés de atribuir àquele suposto *controle* (o do art. 52, X, da CF, para repetir o exemplo trabalhado pelos autores antes referidos) o *status* de mecanismo de controle de constitucionalidade (que resultaria na afirmação de que o sistema brasileiro seria o misto), haveremos de entendê-lo — e isso, sim — como mera autorização-dever, inerente ao exercício das funções titularizadas por tais órgãos políticos, de impedir agressões à Constituição.

32. Manoel Gonçalves Ferreira Filho, *Curso* ..., p. 38.

33. A questão da inconstitucionalidade é levantada por via de incidente, como preliminar ou no próprio fundo, por ocasião e no curso de um processo comum.

nalidade jurisdicional (o já mencionado controle *concentrado, pela via direta, por ação, principal* ou, ainda, *austríaco*, dada sua origem) toda vez que "(...) a competência para julgar a questão da constitucionalidade é reservada a um único órgão",[34] ou, como preleciona José Joaquim Gomes Canotilho, quando as questões de inconstitucionalidade puderem ser levantadas, a título principal, mediante processo constitucional autônomo.[35]

As designações *pela via direta, controle concentrado* e *principal*, ao que se tira das definições colacionadas, são extremamente sugestivas, principalmente se se considerar que nessa espécie de controle a argüição de inconstitucionalidade constitui o próprio objeto da ação proposta (não configurando, pois, um mero incidente), bem assim que a competência para apreciação da matéria não se encontra dispersa, como no outro caso, nos diversos órgãos do Poder Judiciário.

Não é difícil inferir, de outro lado, e a partir das características que apontamos, que a norma atacada pela via direta, à falta de uma pendência concreta da qual a questão da inconstitucionalidade seja um incidente, o é de forma abstrata ou em tese. Em conseqüência disso, certo é, noutro flanco, que a declaração de inconstitucionalidade argüida por essa via (a direta, repise-se) haverá de gerar efeitos *erga omnes*, alcançando, por outros termos, todos os que estiverem sob o influxo da norma declarada inconstitucional.

4.4 O controle jurisdicional no Direito brasileiro

O Direito brasileiro — ressalta Celso Ribeiro Bastos[36] — acolhe as duas formas de controle de constitucionalidade aqui enunciadas.

Abonando as considerações efetuadas linhas atrás, ensina o mencionado autor, sobre a via de ação e a partir da ótica do Direito pátrio, que sua característica primordial reside na circunstância de o vício de inconstitucionalidade ser argüido em tese.[37] As demais características dessa espécie de controle no âmbito do Direito brasileiro — ainda de conformidade com Celso Ribeiro Bastos — seriam (i) a concentração da competência para conhecer e decidir a questão, na esfera federal, em um único órgão, o STF, (ii) a definição de seu objeto, que seria o próprio vício de inconstitucionalidade, (iii) os efeitos *erga omnes* da correlata decisão e (iv) o fato de a declaração de inconstitucionalidade tornar inaplicável a lei atacada.[38]

Quanto à via de defesa, Celso Ribeiro Bastos realça, em valiosa síntese, as características que já assinalamos, sublinhando-as, aqui, sob a perspectiva do Direito brasileiro:

"Ataca o vício de validade da lei no caso concreto (diverso da apreciação em tese), ou seja, a argüição deve-se dar no curso do processo comum.

"Qualquer órgão judicante tem competência para conhecer e decidir da inconstitucionalidade.

"O objeto da ação não é o próprio vício de validade, mas sim a reparação de um direito lesado ou prevenir a ocorrência desta lesão. O lesado quer subtrair-se dos efeitos da lei considerada inconstitucional. São meios hábeis: em princípio qualquer ação, mais comumente o mandado de segurança, o *habeas corpus* e as defesas judiciais. No processo a questão de inconstitucionalidade é chamada de 'incidental' ou 'prejudicial'

34. Manoel Gonçalves Ferreira Filho, *Curso* ..., p. 38.
35. *Direito* ..., p. 983.
36. *Curso* ..., p. 403.
37. *Curso* ..., p. 403.
38. *Curso* ..., p. 403. Apenas à guisa de registro — pois que tais aspectos refugiriam ao objetivo deste trabalho —, cf., ainda, os ensinamentos do mencionado autor acerca da questão da legitimidade para propor a ação direta de inconstitucionalidade e do papel nela desempenhado pelo Procurador-Geral da República e do Advogado-Geral da União (*Curso* ..., p. 404).

e pode chegar ao Supremo através do recurso ordinário (art. 102, II, 'a') ou do extraordinário (art. 102, III, 'a', 'b' e 'c').

"A decisão judicial faz coisa julgada apenas entre as partes, não vinculando outras decisões, inclusive do próprio Supremo Tribunal Federal, enquanto a lei não tiver suspensa a sua executoriedade, o que compete ao Senado Federal (art. 52, X)."[39]

5. *Uma breve referência à questão do controle de constitucionalidade dito preventivo*

"A Constituição vigente — aponta Michel Temer — (...) permite a identificação de controle preventivo e repressivo. O primeiro localizável quando se pensa em controle lato da constitucionalidade: destina-se a impedir o ingresso, no sistema, de normas que, em seu projeto, já revelam desconformidade com a Constituição. Esse controle é exercido tanto pelo Legislativo quanto pelo Executivo. Aquele é estruturado em Comissões, como decorre do art. 58 da CF. Tais Comissões permanentes destinam-se, basicamente, a emitir pareceres sobre projetos de lei. Uma delas se incumbe do exame prévio da constitucionalidade. (...). Também se controla preventivamente por meio de atuação do Chefe do Executivo. O art. 66, § 1º, não deixa dúvida a esse propósito. Preceitua-se: 'Se o Presidente da República considerar o projeto, no todo ou em parte, inconstitucional ou contrário ao interesse público, vetá-lo-á, total ou parcialmente (...)'".[40]

Manoel Gonçalves Ferreira Filho, seguindo essa mesma linha e embora referindo-se à Constituição de 1967,[41] assevera que:

"Na Constituição vigente, tanto se prevê controle preventivo como controle repressivo.

"O primeiro é atribuído ao Presidente da República, que o exerce por intermédio do veto. Com efeito, o art. 59, § 1º, autoriza o Presidente a vetar o projeto de lei que lhe parecer inconstitucional. Esse veto, contudo, pode ser superado pelo Congresso Nacional (art. 59, § 3º). Esta deliberação do Congresso não exclui a possibilidade de a questão ser examinada pelo Judiciário e por este ser reconhecida a inconstitucionalidade."[42]

Conquanto se nos afigure possível admitir, com efeito, que os Poderes Legislativo e Executivo estariam habilitados a efetivar, de acordo com as competências que lhes são constitucionalmente deferidas, atos que importariam a verificação da compatibilidade dos atos normativos com a ordem constitucional, necessário ponderar, aqui, e em nosso sentir, sobre a efetiva extensão das afirmações linhas atrás reproduzidas.

Dissemos, linhas atrás, que o controle de constitucionalidade pode ser definido, em rápidas palavras, como a verificação da adequação dos atos normativos à Constituição.

Dentro dessa perspectiva, poder-se-ia dizer, deveras, que toda e qualquer competência que a Constituição distribua e que importe, em última análise, a aferição da compatibilidade das leis com a própria Constituição consubstanciaria manifestações de controle de constitucionalidade.

Não se mostraria forçoso tirar, em conseqüência, que tanto o Executivo como o

39. *Curso* ..., p. 404.

40. *Elementos* ..., p. 42.

41. Nessa parte — que atina ao veto presidencial relativamente ao projeto de lei tido por inconstitucional —, a Constituição de 1988 não discrepa da de 1967, sendo válida, portanto, a lição aqui reproduzida.

42. *Curso* ..., p. 40. Essa posição é reafirmada por Manoel Gonçalves Ferreira Filho, de modo ainda mais categórico, em seu *Do Processo Legislativo*, p. 217, onde se lê: "Enquanto o veto por inconveniência apresenta o Presidente como defensor do interesse público, o veto por inconstitucionalidade o revela como guardião da ordem jurídica. Esse poder, na verdade, o coloca na posição de defensor da Constituição e numa posição privilegiada, visto que pode exercer um controle preventivo para defendê-la de qualquer arranhão resultante da entrada em vigor de lei inconstitucional".

Legislativo ostentariam, em certa medida, a requestada função controladora, mormente quando se considera, consoante destacado nas preleções doutrinárias antes colacionadas, a intensa participação das Comissões do Congresso Nacional e do Presidente da República (estamos a falar, decerto, do âmbito federal) no processo de elaboração das leis.

O que é imperioso realçar, todavia, é que essa participação a que aludem os autores tende à verificação da constitucionalidade apenas dos atos normativos que estejam *em fase de produção*, e nunca dos que, prontos e acabados, já se encontram integrados no quadro legislativo.

É exatamente nesse ponto que, ao que sentimos, as lições a que nos referimos merece reparos.

Poder-se-ia dizer, é bem verdade, que a espécie de atuação desferida pelo Legislativo e Executivo a que estamos nos referindo, por prevenir a inconstitucionalidade, impedindo a inserção de atos normativos írritos à Constituição no plexo do ordenamento positivo, corresponderia ao controle dito *preventivo*, tomado um critério classificatório, para tanto — e segundo expressão utilizada por Michel Temer —, que "(...) pensa em controle lato da constitucionalidade (...)".[43]

Ao escopo de preencher de sentido o conceito de controle preventivo, todavia, não se nos afigura possível querer ampliar, sem medidas, a latitude do instituto de que tratamos. Partindo de tal perspectiva, pensamos que essa consideração *lata* do que seria o controle de constitucionalidade não poderia, jamais, chegar a incluir atos que sequer deram entrada no plexo legislativo: fosse isso possível, teríamos, no lugar do controle de constitucionalidade das leis, o controle de constitucionalidade de projetos de leis — aí residindo, portanto, a razão de nossa discordância com as lições tradicionalmente edificadas sobre esse controle dito preventivo.

Ao que sentimos, portanto, a advertência que ousamos fazer linhas atrás — no sentido de que a competência firmada no art. 52, X, da CF não caracterizaria, nem poderia caracterizar, uma manifestação da função controladora da constitucionalidade — também vale em relação a todos os atos-competências que a Constituição comete ao Poder Legislativo e ao Poder Executivo de, no curso de processo de elaboração das leis, verificar a compatibilidade do ato normativo com a própria Constituição.

Nesse sentido, a propósito, ensina Celso Ribeiro Bastos que: "A acumulação em um mesmo organismo das funções de, por um lado, fazer leis em cumprimento ao disposto na Carta Magna e, de outro, dizer em última instância se a lei elaborada está, ou não, afinada com o Código Supremo nulifica, despe de eficácia o mecanismo controlador. É evidente que o Poder Legislativo apenas aprovará as leis que reputa constitucionais. Manifesto contra-senso seria a declaração de inconstitucionalidade, feita pelo Legislativo, em seguida à sua aprovação".[44] Embora o mencionado autor refira-se, por certo, ao controle que seria denominado, na doutrina de Temer e Ferreira Filho, de repressivo, aludindo apenas à impossibilidade de cometê-lo ao Poder Legislativo, as razões então postas servem perfeitamente para assentar as observações que fizemos pouco antes. Isto porque, consoante se tira da preleção invocada, os atos que governam e corporificam o processo legislativo (a sua grande maioria desenvolvida pelo próprio Legislativo, daí advindo a referência do autor apenas a esse Poder) não integram, de modo algum, a função controladora da constitucionalidade das leis; antes as realizam (as leis), e quando isso ocorre uma única conclusão cabe: até o efetivo aparelhamento e esgotamento dos mecanismos de efetivo controle (uma eventual ação direta, um recurso extraordinário onde a questão tenha sido agitada, uma ação individual com pedido fundado em decla-

43. *Elementos* ..., p. 42.

44. *Curso* ..., p. 391.

ração de inconstitucionalidade de um certo ato normativo etc.) essas mesmas leis serão, presumivelmente, constitucionais, pois, fosse o contrário, não teriam sido aprovadas, não teriam sido vertidas ao quadro positivo, revelando-se, assim, como um total indiferente jurídico.

Embora teoricamente possível, destarte, temos que nosso sistema de controle de constitucionalidade — que é, segundo já frisamos, do tipo jurisdicional — não conhece a modalidade dita preventiva, cujas manifestações — ditadas por segmento doutrinário — constituem, em verdade, apenas uma parte do processo legislativo brasileiro.

6. Adentrando a questão da titularidade do controle de constitucionalidade

Postas todas as considerações até aqui firmadas, com as quais tencionamos situar, introdutoriamente, o instituto do controle de constitucionalidade, podemos adentrar, nesse passo, o núcleo de nossa abordagem, que — repise-se — está em investigar se a Administração, especialmente por meio de seus órgãos julgadores (os denominados *tribunais administrativos*), encontrar-se-ia habilitada a controlar a constitucionalidade dos atos normativos.

Indigitada questão afigura-se polêmica, assertiva que produzimos já no início deste trabalho, em face da manifesta dissonância de opiniões que circunda o tema, notadamente no nível das relações jurídico-tributárias, campo em que não são poucas as manifestações, doutrinárias e jurisprudenciais, sobre o assunto.

Duas, basicamente — e em nosso entender —, seriam as posições construídas em face da questão em estudo, tanto no âmbito da doutrina como no da jurisprudência:[45] uma primeira que, em suma, proclama não só a possibilidade de o julgador administrativo (leia-se, sugerimos, Administração) decidir as questões que lhe são postas segundo a Constituição, mas também o dever de assim agir, restando admitido, assim sucedendo, o exercício, por parte de tal órgão, da função controladora da constitucionalidade dos atos normativos;[46] e uma segunda que entende, também em suma, que ao julgador administrativo falece competência para efetuar o cotejo das leis (atos normativos infraconstitucionais) com a Constituição, cabendo-lhe, apenas e tão-somente, aplicá-las (as leis) tal como postas, em abono ao princípio da legalidade administrativa, já que estaríamos a tratar de um órgão, em última análise, que integra o Poder Executivo. De acordo com essa última corrente inadmissível seria, evidentemente, o exercício da função controladora da constitucionalidade das leis por órgãos da Administração, nomeadamente os ditos *tribunais administrativos*.[47]

45. Particularmente no campo tributário, a jurisprudência administrativa sobre o tema é ampla. Não é por outra razão que, embora inçados de posições divergentes, os julgados oriundos dos Conselhos Federais de Contribuintes e dos Tribunais de Impostos e Taxas ainda se nos afiguram uma fonte de pesquisa sobremodo interessante, revelando a compreensão que vem-se formando em torno de tudo que estamos procurando, aqui, desenvolver.

46. Em certa medida, essa é a orientação que se colhe, na jurisprudência dos Conselhos Federais de Contribuintes, nas decisões tiradas nos acórdãos 101-87353 e 101-87265, ambos publicados no *DOU* de 5.6.95, bem assim nos acórdãos 103-14379 (*DOU* 28.3.96) e 108-03211 (*DOU* 21.5.97). No âmbito da jurisprudência do Tribunal de Impostos e Taxas da Secretaria da Fazenda do Estado de São Paulo notícia há de que, já em 1972, no processo DRT-2.8722/71, julgado por sua 3ª Câmara, apresentou-se vencedora a orientação firmada pelo então Relator, Juiz Álvaro Reis Laranjeira, que entendia vedado ao julgador administrativo o exame de matéria de inconstitucionalidade. Não obstante isso, em alentado julgamento havido em 1995, a matéria voltou à luz naquele mesmo tribunal (processo SF-2713/95 — questão de ordem), que, por maioria de votos de seu órgão plenário, fixou-se no sentido da legitimidade do exame da constitucionalidade de leis, com a possibilidade de ulterior acesso da Fazenda Pública ao Judiciário.

47. Ainda no âmbito da jurisprudência dos Conselhos Federais de Contribuintes, ao que podemos constatar, há uma forte tendência em se inadmitir o exame de matéria constitucional, seja porque, se assim fizesse, estaria ele — *tribunal administrativo* — desbordando de sua competência, seja porque a

É certo que essas duas correntes — e isso cobra reconhecermos — vêm acompanhadas de fundamentos portentosos, circunstância que faz procedente e reforça a dúvida que, ao final de tudo, se põe: quem é (ou está) titular do controle de constitucionalidade em nossa ordem jurídica?

7. *Sobre o princípio da legalidade*

7.1 Linhas gerais

A indagação que constitui o núcleo do presente trabalho (sobre ser possível o exercício por parte dos denominados *tribunais administrativos* de atividade controladora da constitucionalidade dos atos normativos) pode ser enfrentada, sem embargo de dúvida, a partir de inúmeras perspectivas, cada qual privilegiando uma ou outra premissa: ora considerações de ordem processual, ora de cunho eminentemente administrativo (especialmente a natureza e a correlata esfera de atribuições que se dá aos *tribunais administrativos*) etc.

A despeito de todos esses enfoques descortinarem, cada um a seu tempo e modo, fundamentos preciosos para a construção de uma solução satisfatória ao questionamento lançado, estamos convencidos, aqui, de que um deles há de ser invocado com prioridade sobre os demais, pois, consoante veremos, além de partir do altiplano constitucional, é daqueles enfoques francamente associados à própria definição do Estado de Direito.

Falamos do princípio da legalidade.

7.2 O princípio da legalidade: primeiro enfoque

Carlos Ari Sundfeld, com esteio na lição de Oswaldo Aranha Bandeira de Mello, assevera que legislar significa inovar originariamente na ordem jurídica, isto é, "(...) criar, em aplicação da Constituição, direitos e deveres, órgãos e pessoas estatais, competências etc."[48]

Relembrando os ensinamentos de Seabra Fagundes, aduz o mesmo Carlos Ari Sundfeld, de outra parte, que: "Administrar, em visão sumária, é aplicar a lei, de ofício e sob controle judicial".[49]

A partir de tais definições, conclusão que se tira, sem margem para questionamentos, é a de que os atos administrativos, diferentemente do que se passa com os normativos (leis), não podem inovar originariamente na ordem jurídica, traduzindo, nas palavras do sobredito autor,[50] meros comandos complementares da lei, desvestidos, portanto, de qualquer autonomia.

Dentro dessa perspectiva, é certo que à Administração não sobraria espaço para outra coisa que não fosse a aplicação das leis, realizando concretamente os comandos nelas revelados, com a conseqüente submissão dos "(...) exercentes do poder em concreto — o administrativo — a um quadro normativo que embargue favoritismo, perseguições ou desmandos".[51]

Seria justamente por isso, de outro lado, que, consoante magistério de Hely Lopes Meirelles, a eficácia de toda atividade administrativa deve estar invariavelmente condicionada ao atendimento da lei.[52]

Pois bem. Tomada ao pé da letra, tal orientação desembocaria, ao que se pode ver, e quando menos num primeiro relance, na confirmação da tese segundo a qual a Administração — considerando-se, inclusive, os prefalados *tribunais administrativos* — não poderia recusar, na consecução de suas atribuições, a aplicação de uma lei,

apreciação de matéria constitucional corresponderia a uma atividade privativa do Poder Judiciário. Nesse sentido foram as decisões corporificadas nos acórdãos 106-07143 e 106-07273, publicados, ambos, no *DOU* de 23.5.97.

48. *Direito Administrativo Ordenador*, p. 28.
49. *Direito* ..., p. 28.
50. Carlos Ari Sundfeld, *Direito* ..., pp. 28 e 29.
51. Celso Antônio Bandeira de Mello, *Curso de Direito Administrativo*, pp. 47 e 48.
52. *Direito Administrativo Brasileiro*, p. 85.

nem mesmo sob o argumento de que essa mesma lei, cuja aplicação se excogita, padeceria de inconstitucionalidade.[53] Ademais, ainda tomando irrestritamente a orientação de que cuidamos, sobraria a certeza de que, mesmo recusando cumprimento à lei dita inconstitucional, penetraria a Administração — para alguns, indevidamente — na esfera de competência de outro poder, o Judiciário, ao qual — e apenas ao qual — quedaria cometida a função de controlar a constitucionalidade das leis já postas, ou seja, de controlar *repressivamente* a sua compatibilidade com a Constituição.

Segundo Manoel Gonçalves Ferreira Filho, aliás, a atribuição ao Poder Judiciário de tal mister — sem prejuízo de se considerar, consoante visto, a existência de controle preventivo por parte do Executivo (veto presidencial) — recebe até mesmo o qualificativo da *naturalidade*, expressão que o referido autor usa para dizer, a exemplo de outros doutrinadores, que o controle de constitucionalidade jurisdicional seria o sistema por excelência. Eis o seu magistério: "O controle judiciário tem por si a naturalidade. De fato, a verificação de constitucionalidade não é senão um caso particular de verificação de legalidade, ou seja, da verificação da concordância de um ato qualquer, como de um regulamento, à lei, tarefa que rotineiramente é desempenhada pelo Judiciário".[54]

7.3 *Legalidade como juridicidade*

Se de um lado, porém, a questão atinente à suposta invasão de competências a que nos referimos pode (e deve) ser relativizada — o que cuidaremos de propor mais adiante —, certo é, de outro lado, que a legalidade administrativa já não se nos afigura portadora do color, tímido e equivocado em nosso sentir, que as ponderações anteriormente feitas sugere.

Com efeito. Ensina Lucia Valle Figueiredo "(...) que o princípio da legalidade surge como conquista do Estado de Direito, a fim de que os administrados não sejam obrigados a se submeter ao abuso de poder".[55]

Considerada nesses termos, e sem espaço para maiores ilações, a gênese do princípio da legalidade, necessário se nos mostra investigar a evolução do conceito de Estado de Direito, pois, sendo ele (o Estado de Direito) a matriz daquele (do princípio da legalidade), é de se convir que a compreensão de um sempre interferirá na do outro — essa idéia, aliás, salta aos olhos na lição de Agustín Gordillo, para quem: "O conceito de Estado de Direito, por certo, não é unívoco e sofreu uma evolução que o foi aperfeiçoando. Numa primeira fase pode-se dizer que o fundamento era um respeito à lei por parte do Poder Executivo: este era o então vigente princípio da legalidade dos particulares. Logo os limites que o Estado de Direito impõe são estendidos à própria lei: se diz então, como já vimos, que também a lei deve respeitar princípios superiores; é o outro princípio fundamen-

53. Nesse sentido foi a decisão tirada pela 8ª Câmara do 1º Conselho de Contribuintes, por unanimidade de votos, corporificada no acórdão 108-00072, relatado pelo Cons. Adelmo Martins Silva e cuja ementa foi publicada no *DOU* de 27.12.96. Do bojo de tal aresto extraímos o seguinte trecho: "De início, quero dizer que apreciar a lei em face da Constituição implica em negar o cumprimento da primeira, o que é vedado às autoridades administrativas, ainda que manifesta a inconstitucionalidade".

54. *Curso ...*, p. 38. Ainda nesse sentido, vale mencionar, embora governada por uma outra perspectiva, a orientação firmada no magistério de Dalmo de Abreu Dallari: "De todos os meios e sistemas utilizados para o controle de constitucionalidade ocupa lugar de franco relevo o controle exercido pelo Poder Judiciário. Fala-se no controle exercido pelo Legislativo quando examina as iniciativas do Executivo; não é também desprovido de importância o controle exercido pelo Poder Executivo, ou através de vetos baseados em inconstitucionalidade ou, o que se tem tornado comum no Brasil ultimamente, por meio da recusa do cumprimento de leis que a autoridade administrativa considera inconstitucionais. Mas, sem sombra de dúvida, o controle mais importante e mais eficaz é o que se efetiva por ato jurisdicional, pois neste caso se tem, quando menos, a autoridade de uma coisa julgada, podendo ainda ocorrer a hipótese de suspensão da aplicação de uma lei julgada inconstitucional" (*O Renascer do Direito*, p. 81).

55. *Curso de Direito Administrativo*, p. 39.

tal do respeito à Constituição por parte das leis manifestado através do controle judicial da dita constitucionalidade. O indivíduo aparece, assim, protegido contra os avanços injustos dos poderes públicos numa dupla face: por um lado, que a Administração respeite a lei, e por outro, que o legislador respeite a Constituição. O cerne da questão radica sempre, como se percebe, em que os direitos individuais não sejam transgredidos por parte dos poderes públicos".[56]

Temos, assim, e por outros termo, que é o conceito de Estado de Direito que determinará, invariavelmente, os contornos do princípio da legalidade, cujo conceito, a seu turno, refletirá o daquele. Prefigurando uma imagem, exsurge, para nós, a idéia como que de uma projeção de raios luminosos, em que o receptáculo, a base sobre a qual incide a luz projetada, é o princípio da legalidade e o foco espraiador dessa mesma luz é o conceito de Estado de Direito.

Mais do que determinar a existência dessa relação, todavia, o magistério de Gordillo nos dá, com extremada clareza, as fases que constituiriam, a seu ver, a evolução do conceito de Estado de Direito, percebendo-se, nesse sentido, que num momento inicial a idéia era de respeito à lei por parte do Poder Executivo, passando, logo depois, num movimento de reconhecido aperfeiçoamento, à idéia de que os limites que o Estado de Direito impõe são estendidos à própria lei, o que quer significar que o Poder Legislativo passaria a dever idêntico respeito à Constituição, com o decorrente encargo de elaborar leis que com essa última se conformassem.

E é exatamente aqui, nesse ponto, que a questão se nos mostra de particular interesse.

Ao mencionar esse segundo momento da evolução do conceito de Estado de Direito Gordillo faz expressa referência, é fato, ao controle *judicial* da constitucionalidade das leis, lançando-o como mecanismo garantidor, em última análise, daquele outro (o Estado de Direito) e — por que não dizer? — da própria legalidade.

Tal construção encontra-se, decerto, em perfeita compatibilidade com a noção de *controle de constitucionalidade de atos normativos* que é tradicionalmente enxergada pela doutrina, inclusive pela que apresentamos, já de início, nos capítulos introdutórios deste trabalho. Tanto é assim, aliás, que no bojo da já aludida construção de Gordillo utiliza-se a expressão *controle judicial*, numa clara demonstração de que, também em seu sentir, esse sistema (o *judicial*) é o que deve ganhar todo o relevo possível, transmitindo-se até mesmo a idéia, quando menos aparente, de que só ele é que existiria e cumpriria a tarefa controladora que estudamos.

Tirante esse aspecto — que, apesar de relevante, não cuidaremos de abordar por ora, pena de desvios momentâneos de raciocínio —, estamos, todavia, em que a visão crítico-explicativa contida no magistério em que nos baseamos, mais do que determinar os passos do processo evolutivo do Estado de Direito, deixa à mostra que o intérprete da matéria presentemente enfocada (o controle da constitucionalidade) deve estar atento ao natural desenvolvimento dos institutos jurídicos, para não incorrer em amesquinhamentos das funções desempenhadas pelo Direito.

Partindo dessa perspectiva, entendemos que a descrição evolutiva de Gordillo, apesar de compatível, repita-se, com os modelos classicamente assumidos pela doutrina que já reproduzimos — eis que reflete, com especial clareza, o valor que se dá ao sistema de controle de constitucionalidade jurisdicional —, há de ser atualizada em dois específicos pontos: um primeiro que registraremos apenas à guisa de menção, uma vez que refoge ao nosso núcleo de ocupação, e que atina à suposta posição do Judiciário como órgão unicamente de controle; e um segundo — esse, sim, de nosso interesse — que alude, por seu turno, à exata dimensão da *legalidade*.

56. *Princípios Gerais de Direito Público*, p. 68.

Muito bem. Seguida a ordem presentemente sugerida, podemos afirmar, apoiados no raciocínio desenvolvido pelo mencionado autor, que os valores consagrados pelo Estado de Direito seriam oponíveis, inicialmente, ao Poder Executivo e, ao depois, também ao Poder Legislativo. Em nenhum momento, todavia, caberia mencionar, nessa contextura, o Poder Judiciário, que exsurgiria, dentro dessa visão, unicamente como órgão controlador da constitucionalidade.

Tal omissão, conquanto possa ser proposital, deixa sem resposta a indagação, de todo plausível em nosso ver, sobre a possibilidade de a constitucionalidade dos atos do Poder Judiciário ser controlada, mormente se se considerar que: "A independência do corpo judicial, pilastra do Estado Constitucional, tem entranhado em si mesma o perigo do abuso".[57]

Afora esse primeiro aspecto — lançado, registre-se, com o escopo de despertar a atenção do leitor para uma questão que, embora não consubstancie o centro de nossa ocupação atual, afigura-se sobremodo instigante — , o que impende consignar, aqui, como segundo e principal ponto para a atualização do processo evolutivo do conceito de Estado de Direito, é que os momentos de manifestação do princípio da legalidade (e, conseqüentemente, do próprio Estado de Direito) não podem ser postos em compartimentos escalonados de forma aparentemente estanque.

Não se nos mostra completa, por outros termos, a afirmação, pura e simples, de que a lei submete o Poder Executivo, enquanto que a Constituição submete o Poder Legislativo, restando o Poder Executivo submetido, portanto, e apenas reflexamente, à Constituição. Mesmo construída em base argumentativa logicamente correta, a inferência proposta — e é justamente aí que encontraremos o ponto nuclear da análise que procuraremos desenvolver doravante — não esgota as possibilidades que se põem.

Com efeito, imagine-se, já agora, uma dada situação em que a lei (aquela que, segundo dito, submete o Poder Executivo, a Administração) não tenha sido elaborada em conformidade com a Constituição, tendo esse vício de inconstitucionalidade sido evidenciado por ingerência da pessoa do administrado, que, por sofrer os efeitos da lei inconstitucional, vem à luz e insurge-se perante a Administração, através dos meios e recursos que o ordenamento lhe proporciona, contra o ato administrativo, que, em seu sentir, merece ser afastado, à míngua de base legal válida. Note-se que, considerada válida, perfeita e incensurável a inferência que serviu de apoio para o desenvolvimento de nossa crítica, o administrado que estivesse em situação como a que descrevemos teria que se conformar com a prática do ato administrativo, postulando o seu afastamento, querendo, perante o Poder Judiciário, a quem, e apenas a quem, competiria o exercício da função controladora da constitucionalidade — situação que, embora aceitável por uma ótica tradicional, não se nos afigura consentânea com o necessário desenvolvimento do conceito de Estado de Direito.

É por isso que nossa intenção última é, ao menos nesse tópico, suscitar, a partir da descrição evolutiva da noção de princípio da legalidade e de Estado de Direito, a necessidade de se reconhecer a atualização de tal processo de evolução, aproveitando-se essa mesma atualização, por via de conseqüência, para rever a concepção classicamente assumida pela doutrina acerca dos modelos de controle de constitucionalidade — concepção, esta, que procuramos descrever, mesmo sumariamente, nos pontos inaugurais deste trabalho.

Pois bem. Relembrando mais uma vez a lição, sempre valiosa, de Lucia Valle Figuei-

57. Karl Loewenstein, *Teoría de la Constitución*, p. 251 (traduzimos). É certo que o controle de constitucionalidade, tal como estamos a tratar neste trabalho, diz com os atos normativos, com as leis em sentido amplo. Não obstante isso, a indagação se nos afigura interessante, principalmente se se considerar a franca evolução do conceito de Estado de Direito, bem assim todos os debates que se lançam sobre o Poder Judiciário e suas funções.

redo, insta advertir que o princípio da legalidade não pode ser compreendido de maneira acanhada, reduzindo-se o seu espectro de abrangência à mera sujeição do administrador à lei; não, pois, mais do que isso, referido princípio abriga, sempre e necessariamente, a submissão do administrador ao Direito, ao ordenamento jurídico, às normas e princípios constitucionais.[58]

Nesse exato sentido preleciona, ainda, Cármen Lúcia Antunes Rocha:

"É certo que não se pode deixar de realçar ser a 'lei', tomada em sua concepção formal, o instrumento mais freqüente e excelente, ainda na atualidade, pelo qual se positiva o Direito, sendo ela indispensável e, ainda, o principal instrumento a partir do qual, segundo o qual e com o qual se exercita o Poder no Estado de Direito.

"Mas o administrador público submete-se não apenas à lei, mas ao Direito, e este pode ser instrumentalizado por outros meios que não a lei formal."[59]

Tomados tais ensinamentos, não se nos entremostra difícil assentir que, caminhando adiante, o Estado de Direito, hoje, não pode ser entendido de outra forma que não a submissão, em suma, dos poderes estatais ao Direito.

O valor da *legalidade* — espelho, consoante afirmamos, do conceito de Estado de Direito — transformar-se-ia, então, e seguindo as palavras da doutrinadora por último mencionada, em *juridicidade*, expressão que, decerto, refletiria com muito mais fidelidade e precisão a efetiva amplitude do que se pretende designar, uma vez que não induz à equivocada conclusão de que a Administração submete-se à lei, estritamente considerada, desprezados quaisquer outros valores já incorporados à consciência jurídica. Confira-se, destarte, e em prosseguimento, o seu precioso magistério: "Por outro lado, há que se enfatizar que o princípio da juridicidade, constitucionalmente posto, expressa ou implicitamente, no Estado Democrático de Direito, não vincula o Estado apenas em sua atividade administrativa. Ele comparece no sistema vinculando à juridicidade todas as funções desempenhadas pela pessoa estatal. Por isso, ele se expressa como princípio-garantia do cidadão, afirmando um conteúdo positivo a obrigar o Estado a atuar pelo Direito, segundo o Direito, conforme o Direito e, ainda, no sentido negativo, estabelecendo um limite de atuação permitida ao Poder do Estado, restringindo-lhe o espaço de ação. Mas como a atividade da criação da lei formal confundir-se-ia, nos primeiros momentos do Estado Liberal, com a vontade geral do povo, e como a atividade jurisdicional do Estado era apenas a conclusão sobre conflito concretamente solúvel em face da aplicação de uma determinada lei, era na atividade administrativa que se enfatizava o princípio quanto aos parâmetros de legalidade a modelar a conduta do Estado. Este ganhou nova fisionomia, com conteúdo diverso do Estado de Polícia. O Estado Democrático de Direito material, com o conteúdo do princípio inicialmente apelidado de 'legalidade administrativa' e, agora, mais propriamente rotulado de 'juridicidade administrativa', adquiriu elementos novos, democratizou-se. A juridicidade é, no Estado Democrático de Direito, proclamada, exigida e controlada em sua observância para o atingimento do ideal de Justiça social".[60]

E é ainda do magistério de Cármen Lúcia Antunes Rocha que extraímos a diferença — cuja compreensão, aqui, é de todo interessante — entre os valores da legalidade e da juridicidade. Nesse sentido, adverte a mencionada autora que: "Nas Constituições contemporâneas, articula-se o princípio da juridicidade como direito fundamental do indivíduo e como dever da Administração Pública. Sob o mesmo título e com finalidades que se voltam à concretização dos limites da atuação estatal no

58. *Curso* ..., pp. 39 e 40.
59. *Princípios Constitucionais da Administração Pública*, p. 79.
60. Cármen Lúcia Antunes Rocha, *Princípios* ..., pp. 79 e 80.

exercício da atividade administrativa como, de resto, se impõe para todas as outras funções da entidade política e da garantia à liberdade do indivíduo, este princípio tem conteúdo que se projeta e se desdobra com contornos distintos num e noutro caso. Por isso, em geral, ele é articulado, a partir da mesma base constitucional do Estado Democrático de Direito, em tópicos constitucionais distintos nas Cartas elaboradas contemporaneamente".[61]

"No Direito Positivo brasileiro, o princípio continua a ser rotulado de 'legalidade' e é posto como direito fundamental do indivíduo (art. 5º, II, da Constituição da República), enquanto o princípio da 'legalidade administrativa', aqui referido, preferencialmente, como da 'juridicidade', está posto no art. 37 daquele documento magno. A razão desta dúplice articulação é que há uma dupla fundamentação e conteúdo daquele princípio."[62]

"No primeiro caso se tem a legalidade, cujo titular é o indivíduo; no segundo tem-se a juridicidade, que se impõe ao administrador público, e o seu titular é o cidadão."[63]

Em virtude dessas considerações, poderemos admitir, já de logo e pelo menos em arremate desse ponto, que a Administração, quer de ofício, quer quando provocada (em nível de procedimento administrativo, por exemplo), deve[64] recusar a aplicação da lei suscitada no caso concreto caso seja ela inconstitucional,[65] estando revestida de competência, por outras palavras, e em virtude de sua sujeição ao princípio da juridicidade, para exercer o decantado controle de constitucionalidade dos atos normativos.[66]

61. *Princípios* ..., p. 81.

62. *Princípios* ..., p. 81.

63. *Princípios* ..., p. 81. Da mesma obra tiramos, ainda, que:

"A juridicidade assegurada no capítulo dos Direitos Individuais e Coletivos é direito, desdobramento da opção constituinte democrática, e o seu fundamento está na liberdade do indivíduo. Tudo o que por lei não é restrito à liberdade individual mantém-se na esfera de escolha ilimitada do titular. Somente a lei formal pode inibir a atuação livre do indivíduo.

"A 'legalidade' determinada no capítulo constitucional da Administração Pública é dever. Também aqui se tem um desdobramento da eleição constituinte democrática. Mas o fundamento desta 'legalidade' administrativa está exatamente na ausência de liberdade da Administração Pública, mais ainda, na pessoa que administra o bem do público. É que a pessoa jurídica com capacidade política, como é o Estado, é criação do ser humano. Este, ao criar a pessoa jurídica, deu-lhe tudo o que podia criar à sua imagem e semelhança. Só não pôde criar para ela uma alma, uma vida anímica, pois este é o elemento que escapa ao toque criador e limitado do homem. Por isso, o ser humano dotou a pessoa por ele criada, como é a pessoa jurídica, de tudo quanto pôde a sua capacidade inventiva inaugurar, menos a liberdade, pois esta é uma manifestação que supera o próprio homem: a sua alma, a sua vida emocional e psíquica, que se traduz na experiência de sua liberdade. Assim, a pessoa jurídica é o que o seu criador fez. E como esta criação se dá pelo Direito, a pessoa política tem competências, que se expõem no quanto o Direito sobre ela dispõe. Não lhe sobra outro espaço para agir, porque ela não existe além do Direito. É este o seu berço e o seu túmulo, o seu começo e o seu fim. A liberdade, que fundamenta a legalidade individual e inexiste na pessoa de Direito, impede que a juridicidade administrativa seja como aquela e possa existir além do que consta como sua competência no ordenamento normativo. Neste sentido é que se vem repetindo que, para o indivíduo, tudo o que não está obrigado ou proibido está para ele permitido ou dado à sua escolha, enquanto, para a pessoa jurídica estatal, tudo que não esteja pelo Direito permitido está proibido" (pp. 81 e 82).

64. Entendemos por bem, aqui, usar a expressão *dever* e não *poder*, pois estamos em que a Administração é dotada, sim, de função controladora da constitucionalidade dos atos normativos, e, tratando-se de uma função, *deve* ela ser desempenhada pelo respectivo órgão, independentemente da vontade pessoal do agente.

65. Nesse sentido, irretocável o voto proferido, no processo DRT-5 n. 02293/91, pelo Juiz Luiz Fernando de Carvalho Accacio, do Tribunal de Impostos e Taxas da Secretaria da Fazenda do Estado de São Paulo, em que restou assentado que "(...) os órgãos julgadores administrativos não flutuam ao largo da imperatividade da Constituição. Devem-lhe obediência. E não uma obediência em segundo plano, com preferência pela legislação ordinária, mas uma serviência em primeiro grau".

66. Evidentemente que o controle exercido pela Administração, nessas circunstâncias, não é o mesmo controle, sob o prisma dos efeitos, desempenhado pelo Judiciário. Procuraremos, mais adiante, depois de expostos todos os motivos que norteiam a afirmação de que existe, sim, controle de constitu-

8. Sobre o devido processo legal

8.1 Linhas gerais

Já dissemos, no início do capítulo anterior, que a questão que colocamos a exame neste trabalho pode ser enfrentada a partir de inúmeras perspectivas. Uma delas, em nosso sentir a primordial, refere-se, consoante vimos, ao princípio da juridicidade (ou legalidade, na expressão corrente). Sem embargo dessa ótica (ao contrário, abonando-a), importa-nos encarar a questão, agora, sob o prisma do *devido processo legal*.

A doutrina define a atual extensão da cláusula *due process of law*, retratando a exata contextura de seu processo evolutivo.

8.2 Distinguindo devido processo legal procedimental e devido processo legal substantivo

Seguindo essa trilha, deparamo-nos, num primeiro momento, com o seu conteúdo meramente formal, quando, então, a indigitada cláusula espraiava efeitos apenas sobre os aspectos procedimentais, de tal forma que o mero respeito à forma já era suficiente para ver atendido o primado de que se fala. "Cumprido então o procedimento, considerava-se cumprido o *due process of law*" — na expressão de Lucia Valle Figueiredo.[67]

Nesse contexto, o devido processo legal atuava única e exclusivamente como garantia processual.

Essa, todavia, e como era de esperar, já não mais seria a única concepção que se haveria de atribuir ao devido processo legal. Com efeito: "A cláusula *due process of law* não indica somente a tutela processual, como à primeira vista pode parecer ao intérprete menos avisado. Tem sentido genérico, como já vimos, e sua caracterização se dá de forma bipartida, pois há o *substantive due process* e o *procedural due process*, para indicar a incidência do princípio em seu aspecto substancial, vale dizer, atuando no que respeita ao direito material, e, de outro lado, a tutela daqueles direitos por meio do processo judicial ou administrativo".[68]

Assim sendo, se se considerar que o primado do devido processo legal atua sobre o próprio conteúdo material dos atos jurídicos (inclusive os atos administrativos), mister se faz, antes de tudo, cotejá-lo com os vetores da Constituição, especialmente com as garantias constitucionais fundamentais, que, invariavelmente, expressam e orientam o restante do ordenamento.

8.3 O devido processo legal substantivo e seu alcance

Como observa Lucia Valle Figueiredo: "(...) Só respeitará o *due process of law* a lei — e assim poderá ser aplicada pelo magistrado ou, no caso, pelo administrador — se não agredir, não entrar em confronto, não entrar em testilha com a Constituição, com seus valores fundamentais".[69]

O devido processo legal substantivo significa, portanto, respeito, pela lei, aos princípios constitucionais basilares, notadamente os estampados no indigitado art. 5º, *caput*.

Sobre ser esse o efetivo alcance da expressão *devido processo legal* — tal como concebida pela Carta Magna —, cumpre trazer a notícia vertida por Alberto Nogueira acerca do teor da Sugestão 9.978 (e da respectiva justificação), proposta pelo deputado constituinte Vivaldo Barbosa quando da elaboração do Texto Constitucional

cionalidade pela Administração, discorrer sobre as características dessa modalidade de controle, apresentando, inclusive, as diferenças havidas entre tal modalidade e a correspondente, segundo o modelo classificatório firmado pela doutrina que referimos nos primeiros tópicos deste trabalho, ao controle *jurisdicional difuso* (ou pela via indireta).

67. *Curso* ..., p. 289.

68. Nélson Nery Júnior, *Princípios do Processo Civil na Constituição Federal*, p. 33.

69. *Curso* ..., p. 289.

vigente — a nosso sentir, de todo oportuna ao tema. Eis o seu conteúdo: "*Sugestão n. 9.978*. 'Dê-se a seguinte redação a um dos parágrafos do artigo especificador dos direitos e garantias individuais: 'A tutela de qualquer lesão ou ameaça a direitos e a interesses legítimos obedecerá ao devido processo legal'. *Justificação*. O processo é um instrumento da tutela do direito. Quando este instrumento falha em seus fins, inutiliza as garantias que deveria preservar. Isto acontece tanto pelo desvirtuamento da tutela por quem for incumbido de aplicá-la, quanto pela inadequação da lei processual à realização das garantias fundamentais. A consecução desse objetivo transcende, portanto, os detalhes dos ritos, dos procedimentos ou da técnica da lei processual ordinária. É indeclinável que componha o elenco das garantias e direitos individuais a que a Constituição se destina a abrigar. A regra constitucional proposta utiliza-se da expressão 'verdadeiro processo legal' como cláusula consagrada em diversas Constituições, especialmente na norte-americana, e na doutrina nacional e internacional, significando aquele processo que se mostra adequado à atuação imparcial do julgador, para dar a cada um o que é seu, sem lesar ou ameaçar os direitos e garantias individuais, constitucionalmente assegurados. Sala das Sessões — Constituinte Joaci Góes'".[70]

É interessante notar, tal como o faz Alberto Nogueira,[71] quando menciona a precitada sugestão, que a orientação defendida pelo aludido parlamentar, sobre estar solidamente assentada, foi acolhida pela Assembléia Nacional Constituinte, tendo sido conferida a garantia do devido processo legal sob o fundamento assinalado no trecho transcrito, ou seja, com o propósito de salvaguardar não apenas o processo (aspecto procedimental), mas também os direitos fundamentais do jurisdicionado (aspecto material).

Em consonância com esse entendimento, diz Nélson Nery Júnior que: "Genericamente, o princípio *due process of law* caracteriza-se pelo trinômio vida-liberdade-propriedade, vale dizer, tem-se o direito de tutela àqueles bens da vida em seu sentido mais amplo e genérico. Tudo o que disser respeito à tutela da vida, liberdade ou propriedade está sob a proteção da *due process clause*".[72]

8.4 O devido processo legal substantivo e a razoabilidade

Postas essas considerações — cuja menção serviu para bem demonstrar que o *due process of law* milita em prol dos direitos fundamentais, nulificando todo e qualquer ato jurídico (inclusive os administrativos, ainda que fundados em lei) que com eles contraste — , cumpre referir, à guisa de demonstração definitiva da relevância do instituto que estudamos, que o *substantive due process of law* pressupõe razoabilidade, de tal modo que "(...) toda a lei que não for razoável, isto é, que não seja a *law of the land*, é contrária ao direito e deve ser controlada pelo poder judiciário".[73]

Assim, ainda que determinado ato jurídico-processual não atrite com o direito fundamental que assegura a vida-liberdade-propriedade, se ele padecer de falta de razoabilidade não será dado aplicá-lo.

Sobre a incidência do princípio da razoabilidade na espécie, aliás, ensina Alberto Nogueira que: "Com o desenvolvimento pleno do princípio (*substantive due process*), amplia-se a garantia do 'processo justo' e da 'regularidade da prestação jurisdicional' para atingir a própria 'justeza' das leis (razoabilidade) e o controle da atividade do legislador".[74]

70. *O Devido Processo Legal Tributário*, pp. 19-22.

71. *O Devido Processo* ..., p. 21.

72. *Princípios* ..., pp. 29 e 30.

73. Nélson Nery Júnior, *Princípios* ..., p. 35.

74. *O Devido Processo* ..., p. 22.

O que se vê, portanto, é que razoabilidade legislativa equivale a "justeza" (tal como menciona Nogueira), a coerência, a equilíbrio.

Tudo isso quer significar, noutros termos, que o legislador não dispõe de discricionariedade para legislar de acordo com os critérios que atendam à sua conveniência, erigindo mandamentos arraigados unicamente aos seus padrões. Ao revés disso, a discricionariedade legislativa encontra limites na Constituição, dela não podendo se afastar, sob pena de se incorrer em inquestionável afronta ao devido processo legal substancial.[75]

8.5 O devido processo legal procedimental e seu alcance

Afora tudo isso, entrementes, cabe, aqui, destacar que o aspecto mais evidente do princípio do devido processo legal — talvez pela própria etimologia da locução — é, sem sombra de dúvida, o procedimental. Com efeito, o postulado de que se fala guarda consigo caráter intuitivamente processual, pelo quê, além de referir a cláusula *substantive due process of law* (sobre a qual vínhamos falando até então), compete-nos aludir, de outro lado, ao *procedural due process of law*.

Processualmente, a cláusula constitucional do devido processo legal abrange, num rol que não é, evidentemente, exaustivo: a) o direito à citação, pois ninguém pode ser demandado sem que se lhe dê conhecimento dos termos dessa mesma demanda; b) o direito ao contraditório; c) o direito de não ser processado por lei *ex post facto*; d) o direito à paridade de tratamento; e) o direito ao juiz natural; f) a garantia contra a auto-incriminação; g) a indeclinabilidade da prestação jurisdicional, quando solicitada; h) a recorribilidade plena; e i) o direito à decisão com eficácia de coisa julgada.

75. Em ratificação total, aliás, das colocações que fizemos, sob outra perspectiva, no capítulo anterior.

8.6 O devido processo legal, sua aplicabilidade e alcance nos procedimentos administrativos

Proposta, assim, a distinção entre o aspecto substancial e o procedimental do *due process of law*, definida a evolução da indigitada cláusula, enfim, postos esses aspectos gerais, cobra destacar, agora, o ponto que se nos revela o mais relevante da digressão que iniciamos com este capítulo, e que reside na circunstância de a Constituição de 1988 não se ter limitado a assegurar o devido processo legal, e todas as suas facetas, em relação apenas ao processo judicial, mas também ao administrativo, estendendo a garantia de que vimos falando até então inclusive aos processos administrativos em que haja apenas litigantes.[76]

Aí, evidentemente, é que nossa atenção deve ser redobrada.

Com efeito, ensina Ada Pellegrini Grinover: "Esta é a única interpretação da norma constitucional que, em obediência ao princípio de que a lei não pode conter disposições inúteis, faz com que não se considere superposta a tutela constitucional para 'os acusados em geral' e para os 'litigantes em processo administrativo'. E esta é, sem dúvida, a vontade da Constituição pátria de 1988, coerente com as linhas evolutivas do fenômeno da processualidade administrativa. Assim, a Constituição não mais limita o contraditório e a ampla defesa aos processos administrativos (punitivos) em que haja acusados, mas estende as garantias a todos os processos administrativos, não punitivos e punitivos, ainda que neles não

76. A Constituição Federal de 1967, com a redação dada pela EC 1/69, no seu art. 153, § 15, assegurava aos acusados "ampla defesa, com os recursos a ela inerentes". O § 16 do mesmo artigo previa o contraditório, mas apenas para a instrução criminal. A CF de 1988 modificou radicalmente esse quadro, dispondo, em seu art. 5º, LV, que "aos litigantes, em processo judicial ou administrativo, e aos acusados em geral são assegurados o contraditório e ampla defesa , com os meios e recursos a ela inerentes".

haja acusados, mas simplesmente litigantes".[77]

A formação da vontade funcional do Estado — e essa ilação, a partir do magistério transcrito, não se nos afigura passível de maiores dificuldades — está iniludivelmente adstrita à instauração de um procedimento administrativo com plena observância dos mesmos princípios que norteiam o processo judicial, nomeadamente os que integram os denominados *procedural* e *substantive due process of law*, com todos corolários deles decorrentes.

Tudo isso quer significar, à nitidez, que o administrado, tal como já houvéramos concluído no capítulo anterior, quando se insurge administrativamente contra um ato estatal que o atinge, está liberto para atacá-lo ampla e irrestritamente.

Dá-se-lhe, por outro termos, o direito de se defender administrativamente como o faria em sede judicial, argüindo toda a matéria que lhe aprouver, inclusive, e se for o caso, as que tenham suas raízes fincadas na Constituição.

É certo que esse direito, decorrência última do devido processo legal *procedimental*, só estará assegurado se, ao lado dele, enxergar-se a possibilidade de a Administração, através de seus órgãos julgadores, admitir, *substancialmente*, a dedução da matéria constitucional, examinando o mérito da alegação produzida pelo administrado. Caso o contrário fosse admitido, o procedimento constitucionalmente assegurado ao administrado corresponderia, certamente, a um vazio, um nada, um algo sem finalidade, destituído de conteúdo.

Destarte, reiterando os argumentos trazidos anteriormente, a única inferência que se nos mostra possível vai no sentido de que à Administração, por seus órgãos julgadores, é cometida competência para controlar a constitucionalidade das leis, mormente quando suscitada tal matéria pelo interessado em sede de procedimento administrativo, assertiva que nos conduz, desde logo, a mais um enfoque para a questão que vimos desenvolvendo, decalcado a partir da definição de *função jurisdicional*.

9. Sobre a função jurisdicional

9.1 Linhas gerais

Segundo assentado, a função controladora da constitucionalidade das leis integra o espectro de competências do Poder Judiciário. De acordo com alguns doutrinadores — e isso também já foi visto—, o Poder Executivo e o Poder Legislativo também exerceriam tal função, sendo tal exercício, todavia, desempenhado unicamente de modo preventivo (através do veto presidencial, por exemplo), tudo de acordo com a orientação doutrinária (tradicional) que já colacionamos.

Fixada essa perspectiva, e ainda que não concordemos com essa segunda afirmação,[78] caberia inferir que o controle da constitucionalidade das leis na sua forma dita repressiva seria incumbência tão apenas do Poder Judiciário, que o exerceria, consoante visto, ou difusa ou concentradamente.

Abonando tal orientação, em detrimento de tudo que dissemos nos dois capítulos anteriores, poder-se-ia asseverar, mais ainda, que essa exclusividade adviria do monopólio exercido pelo Poder Judiciário sobre a atividade jurisdicional, no âmbito da qual estaria compreendido justamente aquele controle.

Pois bem. Conquanto aparentemente sólidas todas essas proposições, mormente quando consideradas sob o influxo da tradicional concepção de controle de consti-

77. "Do direito de defesa em inquérito administrativo", *RDA* 183/13.

78. Consoante fundamentado noutro capítulo, discordamos dessa compreensão do tema, na medida em que não identificamos nessas manifestações ditas preventivas mecanismos de controle de constitucionalidade, mas sim meras etapas do processo legislativo.

tucionalidade, estamos em que mesmo esse último fundamento (de que a atribuição do controle de constitucionalidade, com foros de exclusividade, ao Poder Judiciário adviria do monopólio exercido por tal poder sobre a atividade jurisdicional) merece algumas ponderações, todas, ao que se verá, desembocando na certeza de que à Administração também é dada função controladora da constitucionalidade em seu modo repressivo.

Encaremos a questão, pois, sob a perspectiva da *função jurisdicional*, que ora se sugere.

9.2 A jurisdição como sistema de composição de conflitos de interesses

Freqüentemente abordados como um dos capítulos próprios da introdução à teoria geral do processo, os mecanismos de composição dos conflitos de interesses são distribuídos, já classicamente, em três níveis básicos e sucessivos: o da autotutela, o da autocomposição e o da jurisdição.

Esses sistemas de composição, ainda de conformidade com a doutrina processual, viriam dispostos, historicamente, nessa exata ordem, com a prevalência, hoje, do jurisdicional, fruto do evidente processo de evolução dos corpos sociais, aos quais, justamente por conta de tal evolução, passaram a repugnar, em regra geral, os sistemas autotutelares e autocompositivos, reconhecidamente ensejadores de soluções baseadas no exercício de poderes extrajurídicos — físico, econômico, moral etc.

Mas onde residiria, exatamente, a vantagem do sistema de composição de conflitos dito jurisdicional? A resposta a tal indagação, ao que sentimos, está, antes de tudo, no caráter *substitutivo* do indigitado sistema, que pressupõe, em termos eficaciais, o afastamento da vontade dos sujeitos envolvidos no conflito, para, em seu lugar, fazer-se preeminente a vontade de um terceiro sujeito, imparcial, que se interessa unicamente na composição da situação conflituosa.

Partindo da assunção de tais predicamentos do sistema jurisdicional, não se nos afigura custoso chegar, já de logo, à constatação de que o terceiro sujeito, o ente cuja vontade substitui a dos interessados no conflito, só poderia ser, mormente diante da noção moderna de Estado Democrático de Direito, o próprio Estado.

Anote-se, nesse passo e entrementes, que o Estado toma para si o exercício da função de compor os conflitos de interesses exsurgidos em seus domínios em face — principalmente — do caráter flagrantemente evolutivo da própria noção de processo, que, deixando de ser um só conjunto de atos concatenados logicamente para um fim, passa a ser entendido como um meio *jurídico* de eliminação de conflitos.

9.3 O monopólio estatal sobre a atividade jurisdicional

Reconhecendo, seguidos os passos até então trilhados, a existência de um monopólio do Estado no que atina à atividade jurisdicional, tencionamos fixar a premissa de que há na figura estatal a concentração da atividade que, *juridicamente*, tende à solução dos conflitos de interesses que afligem o corpo social.[79]

Veja-se, no entanto, que essa idéia de monopólio deve estar vinculada à figura do *Estado* — e aí é que reside o nosso ponto de interesse — , nada tendo com este ou aquele específico *poder estatal*.

Com efeito, e a despeito de ser de certa forma assente a sugestão de que o *Judiciário* seria o detentor do monopólio da atividade jurisdicional, o que existe, relativamente ao tema e de fato, é o monopólio do *Estado*.

79. Não é excessivo advertirmos que estamos a falar de uma regra, reconhecidamente excepcionada, em algum grau pelo menos, pelo sistema, por exemplo, da arbitragem.

9.4 A tripartição das funções estatais e o caráter de precipuidade que a governa

Todas as advertências que fizemos linhas atrás, é certo, encontram ressonância quando, sem quaisquer juízos prévios, encaramos os poderes estatais como titulares de funções que lhes são distribuídas com caráter de *precipuidade*, afastando a idéia de uma radical separação de atividades.

Fixemo-nos, então, e a propósito de tal ilação, sobre o magistério de Hely Lopes Meirelles: "Os *Poderes de Estado*, na clássica tripartição de Montesquieu, até hoje adotada nos *Estados de Direito*, são o *Legislativo*, o *Executivo* e o *Judiciário, independentes e harmônicos entre si* e com suas funções reciprocamente indelegáveis (art. 2º). Esses *Poderes* são imanentes e estruturais do Estado (diversamente dos *poderes administrativos*, que são incidentais e instrumentais da Administração), a cada um deles correspondendo uma *função que lhe é atribuída com precipuidade*. Assim, a função precípua do Poder Legislativo é a elaboração da lei (função normativa); a função precípua do Poder Executivo é a conversão da lei em ato individual e concreto (função administrativa); a função precípua do Poder Judiciário é a aplicação coativa da lei aos litigantes (função judicial). Referimo-nos à função *precípua* de cada Poder de Estado porque, embora o ideal fosse a *privatividade* de cada função para cada Poder, na realidade isso não ocorre, uma vez que todos os Poderes têm necessidade de praticar *atos administrativos*, ainda que restritos à sua organização e ao seu funcionamento, e, em caráter excepcional admitido pela Constituição, desempenham funções e praticam atos que, a rigor, seriam de outro Poder. O que há, portanto, não é separação de Poderes com divisão absoluta de funções, mas, sim, distribuição das três funções estatais *precípuas* entre órgãos independentes, mas harmônicos e coordenados no seu funcionamento, mesmo porque o Poder estatal é uno e indivisível."[80]

80. *Direito Administrativo* ..., pp. 61 e 62.

De solar clareza, a lição reproduzida sugere, ao que se tira, a exata contextura que estamos querendo atribuir ao sistema tripartite dos poderes estatais, sistema, esse, que, repisamos, importa o cometimento de funções pelo critério da predominância, isto é, da já aventada *precipuidade*, o que quer significar, em última instância e a exemplo do que já vínhamos sugerindo, que o tão decantado monopólio do Estado sobre a atividade jurisdicional deve ser entendido sem particularizações, considerando-se, vale dizer, a figura unitária do ente estatal, e não deste ou daquele poder.

Reconhecemos, destarte, e com tudo isso, a existência de um monopólio da atividade jurisdicional em relação, tão apenas, à figura, unitária, do Estado, não sendo por outra razão, nessas condições, que, ao cuidar do tema, José Frederico Marques identifica funções estatais que denomina de materiais e orgânicas — as primeiras marcadas pela existência de identidade entre o órgão que as desempenha e a atividade especificamente desenvolvida, e as segundas, *a contrario sensu*, caracterizadas pela inocorrência da aludida identidade, de tal modo que o órgão estatal exerceria atividade que, tipicamente, não estaria em seu universo competencial.[81]

81. Por elucidativo, cf. os exatos termos do magistério do referido mestre:

"A teoria da tripartição dos poderes, de Montesquieu, não é rígida e matemática. O legislativo, normalmente, legisla, da mesma forma que o Executivo administra e o Judiciário exerce a jurisdição. Todavia, há interferências funcionais entre esses poderes. Esse entendimento racional da separação de poderes é o abraçado pela totalidade dos Estados em que, no dizer de Kelsen, o postulado político da teoria trinômica de Montesquieu se transformou 'em verdade teórica da Ciência do Estado'. Diversificam-se, por isso, as funções do Estado em materiais e orgânicas. Naquelas, há identidade entre o órgão e a função específica que ele encarna; nestas, não há essa identidade, porque o órgão estatal exerce função que lhe não é específica.

"Elevou desta maneira o Estado à categoria de funções estatais os momentos da criação, aplicação e execução da norma jurídica, tendo também considerado mais eficiente que sejam distintos os órgãos que os expressam. As ciências jurídicas e as leis constitucionais criaram organismos de atividade diferenciada

E é o mesmo José Frederico Marques que, em função de tais ponderações, conclui: "Vê-se, assim, que a divisão de poderes não é operação que se realize sem deixar resto, o que não é de admirar, porque a exatidão matemática nem sempre pode impor-se, nos princípios teóricos do direito, à realidade político-social que se encontra subjacente às normas jurídicas. Como bem recorda Pisanelli, 'a realidade tem sempre demonstrado ser impossível a completa aplicação da rígida e mecânica tripartição proposta', admitindo-se por isso que várias funções sejam distribuídas aos diversos poderes do Estado, mesmo sem previsão constitucional".[82]

Em sintonia, de igual modo, com a orientação que se põe, encontramos a visão crítico-explicativa de Eros Roberto Grau acerca da teoria da separação dos poderes de Montesquieu. Confira-se:

"É certo, todavia, que Montesquieu não sustenta a impenetrabilidade, um pelos outros, dos poderes que refere. Assim, por um lado afirma que 'apesar de que, em geral, o poder de julgar não deva estar ligado a nenhuma parte do Legislativo, isso está sujeito a três exceções, baseadas no interesse particular de quem deve ser julgado' (1973/160). Por outro lado, distinguindo entre faculdade de estatuir — o direito de ordenar por si mesmo, ou de corrigir o que foi ordenado por outrem — e faculdade de impedir — o direito de anular uma resolução tomada por qualquer outro (isto é, poder de veto) (1973/159) —, entende deva esta última estar atribuída ao Poder Executivo, em relação às funções do Legislativo; com isso, o Poder Executivo faz parte do Legislativo, em virtude do direito de veto: 'Se o Poder Executivo não tem o direito de vetar os empreendimentos do campo legislativo, este último seria despótico porque, como pode atribuir a si próprio todo o poder que possa imaginar, destruiria todos os demais poderes' (1973/150). 'O Poder Executivo, como dissemos, deve participar da legislação através do direito de veto, sem o quê seria despojado de suas prerrogativas' (1973/161).

"O que importa verificar, inicialmente, na construção de Montesquieu, é o fato de que não cogita de uma efetiva separação de poderes, mas sim de uma distinção entre eles, que, não obstante, devem atuar em clima de equilíbrio."[83]

Conquanto demasiado, é de se referir, ainda nesse diapasão, o magistério de Giorgio Del Vecchio,[84] para quem, reforçando-se tudo que se disse até agora, a concepção da separação absoluta de poderes não se afigura aceitável, nem mesmo teoricamente, com a menção, inclusive, de exemplos, dentro do sistema constitucional italiano, de atividades que pertenceriam, em princípio, a um certo poder mas que são legitimamente desenvolvidas por outro, na exata trilha que vimos perseguindo.

*9.5 **Os tribunais administrativos** como órgãos que exercem atividade jurisdicional*

Postas essas bases, não é por outra razão, então, que, ao definir os *tribunais administrativos*, Hely Lopes Meirelles assevera, adentrando com contundência ambiente diretamente ligado ao nosso objeto de estudo, que os órgãos em comento integram o Poder Executivo e, não obstante isso, são

e específica em relação a cada um desses aspectos da atividade do Estado com o fim de exteriorizar o traço mais fundamental da função: os órgãos legislativos promulgam leis, o órgão executivo supremo dita as ordens de execução e o juiz dá sentença. O fundamental para a teoria é que esses momentos sejam expressos por três órgãos distintos. A forma de funcionamento e o grau de separação que eles mantêm entre si não são idênticos em todos os Estados. Razões doutrinárias, antecedentes históricos e interesses políticos contribuem para ampliar ou diminuir essas diferenças estabelecendo na lei constitucional certas garantias ou limitações à separação dos três órgãos" (*Instituições de Direito Processual Civil*, p. 139).

82. *Instituições ...*, pp. 139 e 140.

83. *O Direito Posto e o Direito Pressuposto*, pp. 170 e 171.

84. *Lições de Filosofia do Direito*, pp. 479 e 480.

revestidos de competência jurisdicional,[85] formulando, ao depois, a seguinte advertência: "Não se confunda *jurisdicional* com *judicial*. Jurisdição é atividade de *dizer o direito*, e tanto diz o direito o Poder Judiciário como o Executivo e até mesmo o Legislativo, quando interpretam e aplicam a lei. Todos os Poderes e órgãos exercem *jurisdição*, mas somente o Poder Judiciário tem o monopólio da jurisdição *judicial*, isto é, de dizer o direito com força de coisa julgada. É bem por isso que a jurisdição do Tribunal de Contas é meramente *administrativa*, estando suas decisões sujeitas a correção pelo Poder Judiciário quando lesivas de direito individual, como já sumulado pelo Supremo Tribunal Federal (Súmula 6) e reiteradamente decidido pela nossa Justiça (...)".[86]

Com tudo isso, emerge, já de logo e ao que sentimos, a certeza de que os denominados *tribunais administrativos* (os Conselhos de Contribuintes e os Tribunais de Impostos e Taxas, em nível de Direito Tributário, são exemplos deles) exercem, dentro da sua esfera competencial (definida nos seus respectivos regimentos), atividade claramente jurisdicional.[87]

Tiramos, então, e por outros termos, que o entendimento segundo o qual ficaria deferida ao Poder Judiciário — privativamente, exclusivamente — a tarefa de controlar repressivamente a constitucionalidade das leis não pode prevalecer, ainda que se invoque, para tanto, o argumento de que tal controle caberia apenas ao detentor da jurisdição: a jurisdição, sendo precipuamente exercida pelo Judiciário, também pode ser encarnada (e de fato o é) por órgãos de outros poderes, a quem fica atribuído, assim, o mister de avaliar, se for o caso, a compatibilidade de certos atos normativos com a Constituição — não fosse assim, restaria francamente limitado, segundo enxergamos, o exercício das atividades daqueles mesmos órgãos, com a abreviação (indevida) de seu espectro competencial, circunstância que os colocaria (o que é extremamente grave) acima da própria Constituição da República, na medida em que se os eximiria do dever de observá-la.

*9.6 A circunstância de a Administração, representada pela figura dos **tribunais administrativos**, exercer atividade jurisdicional e, ao mesmo tempo, ser parte na relação processual-administrativa*

Poder-se-ia indagar, nesse passo, sobre o caráter substitutivo do processo administrativo, uma vez que, a exemplo do que já dissemos, a composição de conflitos, tarefa empreendida pela jurisdição, supõe o afas-

85. *Direito Administrativo* ..., p. 626.

86. *Direito Administrativo* ..., nota de rodapé 26, p. 627.

87. José Frederico Marques (*Instituições* ..., pp. 223 e 224), embora utilizando-se de expressões que, em princípio, poderiam ser tomadas como desprestigiadoras de nossa opinião, caminha nessa exata linha. Confira-se:

"A jurisdição, no Estado moderno, é atividade pública; não mais existem jurisdições atribuídas a entidades privadas. Por outro lado, é essa função, atualmente, no direito brasileiro, monopólio do Poder Judiciário a não ser nos casos estritíssimos das atribuições anômalas, de caráter jurisdicional, conferidas a órgãos não-judiciários. (...).

"Os órgãos da administração pública que funcionam com atribuições julgadoras, mormente na esfera da atividade financeira e tributária do Estado, estão investidos tão-só de poderes quase-jurisdicionais. Suas decisões podem ser objeto de novo exame pelo Judiciário, em virtude do que dispõe o art. 141, § 4º, da Constituição de República."

Segundo se vê, embora fale em "monopólio do Poder Judiciário" relativamente à atividade jurisdicional, o inexcedível autor ressalta a existência do que ele denomina "casos estritíssimos das atribuições anômalas, de caráter jurisdicional, conferidas a órgãos não-judiciários", numa clara demonstração de que as premissas que introduziram nosso raciocínio encontram flagrante ressonância em sua doutrina. Mas não é só. Ainda pelo que se tira do texto reproduzido, conquanto seja evitada, de forma clara, a expressão *jurisdição*, adotando-se, em seu lugar, a locução *quase-jurisdição*, restou reconhecido no bojo daquela mesma lição que certos órgãos da Administração Pública ("mormente na esfera da atividade financeira e tributária do Estado") "funcionam com atribuições julgadoras", circunstância que, a exemplo do que já se falou, só robustece as ponderações aqui lançadas.

tamento da vontade dos sujeitos envolvidos no conflito, para, em seu lugar, fazer prevalecer a vontade de um terceiro sujeito, o que, evidentemente, inocorre no âmbito daquela espécie processual, já que os *tribunais administrativos* encarnam, em última análise, a própria Administração, ou seja, um dos sujeitos parciais da relação dialética que se põe a deslinde.

Não obstante robusto, tal argumento, ao que sentimos, não obsta à validade de nossas conclusões.

É que, embora ausente a substituição a que nos referimos, sobrejaz para a Administração o dever-poder de respeitar a Constituição, de observar a juridicidade de seus atos, de cumprir e fazer cumprir o ordenamento jurídico, sistematicamente considerado. Esse é o seu maior interesse — e não o mero e sinuoso interesse público —, e é nessa medida que se põe a sua parcialidade no bojo da relação processual-administrativa.[88]

A propósito, tomada a lição de Eduardo J. Couture,[89] impende assentar, neste ensejo, que processo é, antes de se predicá-lo como judicial, administrativo ou legislativo, o meio, por excelência, de resolução de conflitos de interesses por intervenção de uma autoridade, inexistindo qualquer dessemelhança estrutural, nessas condições, entre o processo judicial e o processo administrativo.[90]

Ademais disso, cobra lembrar, ainda dentro desse tópico, o lúcido magistério de Ruy Barbosa Nogueira, que, ao tratar da esfera de competências dos *tribunais administrativos*,[91] adverte que: "Não existe nenhum princípio assente de que os órgãos administrativos não possam examinar a constitucionalidade das leis e regulamentos. Se não o pudessem também não poderiam julgar e aplicar a legislação, posto que a legalidade começa com a Constituição, que é a lei máxima, e sem essa obediência não é possível a aplicação da lei ou regulamento".[92]

Aproveitando-nos da lucidez de tal preleção, interessa-nos observar, agora, e

88. Suscitamos, nesse ensejo, as palavras de Odete Medauar (*A Processualidade no Direito Administrativo*, pp. 66 e 67) ao tratar das finalidades do processo administrativo:

"Diferentemente do pensamento que associa justiça, de modo exclusivo, ao Poder Judiciário, coloca-se uma postura que atribui também à Administração uma tarefa de justiça. Tal postura importa em mudança das condutas administrativas inertes ou negligentes, movidas por má-fé ou não, no atendimento de direitos (muitas vezes cristalinos) de cidadãos ou funcionários. Muito comuns se tornaram frases e comentários, em tom de jactância, do seguinte teor: 'Se acha que tem direitos, vá procurá-los no Judiciário', como se a função administrativa pudesse permanecer alheia a direitos dos indivíduos, como se fosse meritório deixar de reconhecer direito de alguém.

"O processo administrativo oferece possibilidade de atuação administrativa com justiça. Encontra-se mesmo a afirmação de que 'o núcleo de todas as teorias clássicas do procedimento é a relação com a verdade ou com a verdadeira justiça como objetivo'.

"O processo administrativo direciona-se à realização da justiça não só pelo contraditório e ampla defesa vistos do ângulo do indivíduo, mas também por propiciar o sopesamento dos vários interesses que envolvem uma situação."

89. *Introdução ao Estudo do Processo Civil*, p. 45.

90. Embora conclua pela diferença de finalidades dos processos *judicial*, *administrativo* e *legislativo* (o que, decerto, justifica-se pelo critério de *precipuidade* que informa o desenvolvimento das atividades próprias de cada poder estatal), Couture pontifica, de modo francamente lúcido, que: "Vistos do ponto de vista de sua estrutura, existe unidade entre o processo parlamentar, o processo administrativo e o processo judicial. Todos eles se apóiam, dentro desse ponto de vista, na necessidade do debate e na conveniência derivada da exposição das idéias opostas para que se chegue à verdade" (*Introdução ...*, p. 46).

91. Quando falamos, aqui, em competência, estamos nos referindo ao "(...) âmbito de atuação de cada órgão jurisdicional" (Sergio Bermudes, *Introdução ao Processo Civil*, p. 57), vale dizer, à situação de concretização da jurisdição, poder-função naturalmente abstrato e que se materializa, portanto, com a atribuição a um dado órgão daquilo que lhe está afeto, em decorrência de sua atividade jurisdicional específica (José Manoel de Arruda Alvim Netto, *Manual de Direito Processual Civil*, pp. 128-134).

92. *Da Interpretação e da Aplicação das Leis Tributárias*, pp. 35 e 36.

por apropriado, a intimidade que permeia a relação havida entre a matéria que ora se enfoca (a *função jurisdicional*) e a que foi levantada no tópico antecedente (o *devido processo legal*), aspecto que, se não decisivo para a compreensão do tema central deste trabalho, servirá para ratificar nossa intenção de dar à matéria um tratamento sistemático.

Reconfiramos, então, as conclusões que tiramos no encerramento do capítulo que dedicamos ao princípio do *due process of law*: (i) que o administrado, quando se insurge administrativamente contra um ato estatal que o atinge, está liberto para atacá-lo ampla e irrestritamente, cometendo-se-lhe, com isso, o direito subjetivo de se defender como o faria em sede judicial (ou seja, dando-se-lhe oportunidade de argüir toda a matéria que importa, inclusive as de raiz constitucional); (ii) que à Administração, através de seus órgãos julgadores, é cometida, *substancialmente*, legitimidade para examinar o mérito das alegações produzidas pelo administrado, inclusive as precitadas argüições de inconstitucionalidade.

Reavivando, agora, a questão do conceito e da amplitude de *função jurisdicional*, haveremos de assentir que a Constituição da República, ao preordenar a observância do *devido processo legal* no que respeita aos procedimentos administrativos, deixou claríssima, em primeiro lugar, a existência de espaço constitucional para um *contencioso administrativo*, inegavelmente dotado, portanto, de *status* magno. Ainda com a perspectiva de reavivar a questão da *função jurisdicional*, entrelaçando-a com a do *devido processo legal*, cabe aludir, de outro flanco, que os órgãos julgadores que integram o prefalado *contencioso administrativo*, se não dotados de *final enforcing power*,[93] são, sem dúvida alguma, o juiz natural (constitucional) das respectivas causas, corolário lógico e inexorável da incidência do princípio do *due process of law* no que atina aos procedimentos administrativos.

Pois bem. Conjugadamente considerados, todos esses aspectos não deixam dúvidas de que a atividade desenvolvida pelo indigitados *tribunais administrativos* é, ainda que anomalamente, de caráter jurisdicional, estando jungida, ademais, ao denominado *due process of law*, circunstâncias que capacitam a conclusão segundo a qual não se nos afiguraria possível querer que o princípio da separação dos poderes, reconhecidamente assimilado por nosso modelo constitucional, seja tal qual o deflagrado no sistema anglo-saxão, ou seja, um modelo do qual decorra uma jurisdição única, exercida exclusivamente pelo Poder Judiciário.

É bem de se ver que, ao assim concluirmos, não pretendemos, de modo algum, negar o caráter uno da atividade jurisdicional.

Com efeito, e a exemplo do que preordena a melhor doutrina processual,[94] a jurisdição, como função estatal, é sempre uma, idêntica, daí advindo o predicado da *unidade*. Anote-se, contudo, que essa característica a que nos referimos não decorre da circunstância de o Judiciário ser o único poder capacitado a exercer tal atividade. Não. O que qualifica a atividade jurisdicional como tal é, em princípio, a sua concentração em mãos estatais e, afora isso e principalmente, o seu objeto (composição de conflitos de interesses), de nada importando, nessas condições, qual órgão do Estado a estaria exercendo.

Em arremate, portanto, temos que, se a atividade que estivermos examinando for daquelas que visam à prefalada composição de conflitos de interesses, qualquer que

93. Essa questão será tratada, a seu modo, no capítulo subseqüente, quando abordaremos o conteúdo eficacial da declaração de inconstitucionalidade promanada pelos indigitados *tribunais administrativos*.

94. Cf., no sentido presentemente enfocado, o magistério, dentre outros, de Moacyr Amaral Santos (*Primeiras Linhas de Direito Processual Civil*, pp. 73 e 74).

seja a natureza de tais conflitos, estaremos diante de uma atividade jurisdicional, não se entremostrando relevante, repetimos, o órgão que a desempenha.

9.7 A questão da definitividade

É óbvio que, analisando a Constituição da República sistematicamente, chegaremos à conclusão de que ao Poder Judiciário não se recusará, em regra geral, a possibilidade de examinar todo e qualquer conflito de interesses, o que não ocorre, decerto, com os demais Poderes.

Quer isso significar, pois, que as decisões do Judiciário são, ao revés das que são proferidas pelos *tribunais administrativos*, revestidas de definitividade,[95] podendo-se falar, a partir daí, em unidade de jurisdição, confrontando-se, com isso, o sistema brasileiro e o da maioria dos países europeus continentais, em que há órgãos jurisdicionais estranhos ao Judiciário dotados da capacidade de proferir decisões definitivas.

Embora possa ser utilizado como critério distintivo entre as atividades desempenhas pelo Judiciário e as que o são pelos *tribunais administrativos* — o que é feito, de fato, por abalizada doutrina —, estamos, aqui, e todavia, em que o aspecto em questão não determina a presença, aqui ou ali, da atividade jurisdicional, cumprindo a missão, unicamente, de exteriorizar umas das diferenças havidas, no plano eficacial, entre as atividades (ambas jurisdicionais, consoante vimos) daquelas duas esferas.[96]

Repetindo, nessa trilha, o que dissemos linhas antes, o que preordena, com efeito, a natureza jurisdicional de uma dada atividade é o seu conteúdo objetivo, não se afigurando relevante, em conseqüência, o órgão que a desempenha.

Destarte, embora divergindo da orientação doutrinária, que não caminha, em sua maioria, nesse sentido, reafirmamos nosso entendimento de que o critério definidor da atividade jurisdicional está, tão apenas, em seu aspecto objetivo, vale dizer, o que se considera o objeto de tal atividade.

9.8 Conclusão

E é justamente por isso, ao que sentimos, que a tarefa jurisdicional é definida, conscientemente ou não, como função *estatal* de composição dos conflitos de interesses, o que, dentro do contexto que vimos desenvolvendo, afigura-se de todo apropriado, uma vez que a atividade jurisdicional é desempenhada pelo *Estado*, representado por um outro poder, por um outro órgão, tudo dependendo das circunstâncias que permeiam a situação concretamente considerada.

Não é por outra razão, entrelaçando-se os aspectos vazados no capítulo anterior com os que se apresentam neste, que a Constituição de 1988, ao proclamar o *due process of law*, o fez não só em relação ao processo judicial, mas também ao administrativo, punitivo ou não, ainda que nele não haja acusados, mas simplesmente litigantes.

É evidente, nessas condições, e ao que sentimos, o enfoque (revolucionário) que a Constituição atribuiu ao fenômeno, até então amesquinhado, da processualidade administrativa, compreendendo-se nesse enfoque, como um de seus corolários, a possibilidade de os *tribunais administrativos* reconhecerem e declararem a inconstitucionalidade de um dado ato normativo, considerados, aqui e para tanto, todos os fundamentos até agora expostos.

Ademais de tudo isso, estamos convictos de que a postura aqui sustentada compagina-se perfeitamente com a noção que se põe de Constituição: um sistema de princípios estruturantes fundamentais e de

95. Daí a menção, feita linhas atrás, no sentido de que os órgãos julgadores que integram o denominado *contencioso administrativo* não seriam dotados de *final enforcing power*.

96. Por exemplo: enquanto uma decisão tirada por um órgão judiciário, desde que trânsita em julgado, é acobertada pela imutabilidade, certo é que as proferidas por órgãos do Executivos serão, em princípio, sempre revisíveis.

regras, sistema, esse, que, a um só tempo, está aberto às mudanças da realidade social e às concepções cambiantes de verdade e de justiça.[97]

É bem verdade, admitimos, que a ótica pela qual estamos enxergando a questão — incluída, consoante advertido, dentro do fenômeno da processualidade administrativa[98] — esbarra num sem-número de posições que, por estarem relativamente assentes, nos provocam um irresistível desejo de aceitá-las, sendo uma delas, exatamente, a que labora sobre a definição da *função jurisdicional*.[99] Sem pretender recusar as bases que assentam todas as formulações que cuidam do tema, entendemos adequado, aqui, encontrar pontos de compatibilização, para que a contextura atribuída pela Constituição de 1988 aos procedimentos administrativos, mais do que tudo, não seja simplesmente desprezada. E, para que alcancemos esse intento, além de tudo que se disse até agora, entendemos vital a compreensão das diferenças eficaciais havidas entre as manifestações jurisdicionais geradas pelo Executivo (leia-se, *tribunais administrativos*) e as que o são pelo Judiciário, que é o que passaremos a analisar, não sem antes trazer à luz o magistério, preclaro, de Gilmar Ferreira Mendes, no âmbito do qual se adverte que o modelo de controle de constitucionalidade brasileiro apresenta peculiaridades que o distanciam dos demais (inclusive o norte-americano), reclamando a adoção de soluções novas, a serem alcançadas, que deverão ser alcançadas, ao que sentimos, a partir de uma postura doutrinária aberta, que se disponha a enxergar os aspectos, processuais, administrativos, constitucionais, que circundam o tema aqui proposto: "O modelo brasileiro de controle de constitucionalidade apresenta peculiaridades ainda não devidamente consideradas pela doutrina. Embora, no início, estreitamente vinculado ao sistema de controle de constitucionalidade norte-americano, o seu desenvolvimento parece indicar a busca de soluções novas. Já na Comissão Constitucional do Congresso tentou-se introduzir, aparentemente, uma forma direta de controle de constitucionalidade, nos casos de inobservância pelos Esta-

97. José Joaquim Gomes Canotilho, *Direito ...*, p. 171.

98. Que, entendemos, encontra-se em franca transformação.

99. Parece-nos extremamente interessante, dentro desse contexto, a reflexão de André Franco Montoro sobre o *dinamismo do Direito* (*Estudos de Filosofia do Direito*, pp. XIII-XIV):

"Longe de ser 'estática', a vida do Direito revela um contínuo 'vir a ser'. Forças em conflito, que lutam por interesses opostos, dão origem a normas e situações jurídicas, que podem representar a dominação de alguns ou a conquista de muitos.

"Homens e mulheres, classes, grupos, povos e nações são participantes desse movimento gerador do Direito concreto e vivo, que rege efetivamente a vida social.

"Esse processo é conflitual e dialético em todos os planos.

"No campo internacional, é a luta constante entre a ação imperialista, colonialista ou semicolonialista de grandes potências, e, de outro lado, movimentos de independência política, econômica e cultural das nações em processo de desenvolvimento.

"No plano interno, é a mesma relação conflitiva entre empregados e empregadores, entre consumidores, comerciantes e produtores, entre pequenas e grandes empresas, entre Fisco e contribuinte, entre o Estado e o cidadão, entre a Administração e as associações de moradores, entre o loteador de terrenos e os humildes compradores de lotes, entre leis discriminatórias e os movimentos organizados dos setores marginalizados.

"Esses e outros conflitos de interesses vão gerando, através de usos, costumes, acordos, instituições e outros processo, o Direito vivo real, que pode representar a 'conquista' de grupos dominados ou a 'imposição' dos grupos dominantes.

"E, de forma significativa, no próprio Direito Processual, em suas diferentes especializações, está presente esse caráter dinâmico e conflitivo da vida do Direito, com o princípio do contraditório. A primeira medida do juiz, ao receber uma petição inicial, é ordenar a citação da parte contrária. Não é sem razão que a lógica do Direito pode ser chamada 'a lógica da controvérsia'.

"Com razão, Miguel Reale adverte que é necessário superar a prevenção, existente em certos círculos, quanto à compreensão dos fenômenos culturais em termos 'dialéticos', sem os preconceitos e reservas decorrentes da carga ideológica unida à dialética de tipo hegeliano ou marxista. Esta é apenas uma das inúmeras concepções dialéticas, formuladas por filósofos e cientistas de todos os tempos (v. *O Direito como Experiência*, § 10)."

dos-membros das regras de organização e dos princípios cardeais da Constituição. A Constituição de 1934 desenvolveu uma forma de ação direta, confiada ao Procurador-Geral da República (art. 12, § 2º), nos casos de violação pelo ente federado dos princípios consagrados no art. 7º, I, 'a' e 'h'. A Constituição de 1946 dá nova conformação à ação direta de inconstitucionalidade, nos casos de intervenção federal (art. 8º, parágrafo único). E a Emenda n. 16, de 1965, veio consolidar o sistema de ação direta, desvinculando a representação de qualquer evento cotidiano e contemplando como objeto da representação o ato normativo estadual e federal. Por isso, assevera Pontes de Miranda que 'a solução só acidental de origem norte-americana foi a que quiseram impor ao Brasil, mas acabou sendo repelida'".[100]

10. Sobre os efeitos da declaração de inconstitucionalidade promanada por órgão administrativo

Todas as ponderações que cuidamos de fazer até agora tendem, ao que se vê, à conclusão de que a Administração, seja *ex officio*, seja em nível de procedimento administrativo, pode (e deve) recusar a aplicação de uma dada lei caso seja ela, a lei enfocada, inconstitucional.

Dessumimos, então, e por outros termos, que a Administração encontra-se revestida de competência para exercer o controle repressivo da constitucionalidade dos atos normativos, função, essa, que integra, por tudo que dissemos, o plexo de suas atividades, mormente se se considerar que a ela (à Administração) toca a defesa inarredável da ordem constitucional, que merece prevalecer, sem sombra de dúvidas, contra tudo e contra todos, inclusive a legislação ordinária abusiva.

Poder-se-ia dizer, é certo, que, ao exercer essa atividade, a Administração não estaria a controlar a constitucionalidade das leis no sentido normal de tal função, ou seja, não haveria, ao final, a declaração da inconstitucionalidade, mas mero cotejo da lei com a Constituição, servindo tal argüição como um pretenso obstáculo à validez do raciocínio que desenhamos.

Mesmo eloqüente, todavia, indigitada orientação não se nos afigura a melhor, pois, tomada em linha de consideração a definição de controle de constitucionalidade (que, ao que vimos, em tópico anterior, consiste na atividade de verificação da compatibilidade de um ato normativo com a ordem constitucional), cumpre reconhecer, por invariável, que a atividade em comento insere-se no campo de manifestação do aludido controle.

Assim sucedendo, portanto, outro não poderia ser o resultado do exercício da atividade em tela senão a declaração da inconstitucionalidade da lei — caso, evidentemente, a Administração, sempre mediante fundamentação, conclua pela inadequação da norma à Constituição.

Para que se bem compreenda a questão, não obstante tudo isso que se disse, o que é necessário observar é que tal declaração, da mesmíssima forma que aquela que é promanada por um órgão do Poder Judiciário que não seja o STF (titular do controle concentrado, segundo visto), é produzida concretamente (diversamente da apreciação em tese), valendo, bem por isso, apenas no caso que estiver em foco, sem qualquer vinculação.[101]

100. *Controle de Constitucionalidade: Aspectos Jurídicos e Políticos*, pp. 120 e 121.

101. A só circunstância de a declaração incidental de inconstitucionalidade, decorrência do controle difuso, produzir efeitos meramente *inter partes* não retira de indigitado ato, segundo já vimos nos primeiros tópicos, a qualidade de manifestação de controle de constitucionalidade. Isso porque — não é demais repetir — o sistema brasileiro contempla tanto a modalidade concentrada (essa, sim, capacitada a produzir efeitos *erga omnes*) como a difusa. Ora, se assim é, se se reconhece ao método difuso, mesmo incapaz de resolver o conflito hipotético da lei com a Constituição, a dignidade de expressão do controle de constitucionalidade, certo é, em nosso sentir, que esse argumento (de que, repise-se, a inaptidão para apreciar a compatibilidade em tese de um

É justamente por isso que, ao reconhecerem a inconstitucionalidade de um dado ato normativo, os *tribunais administrativos* lançam mão de uma proposição que dirá, tão apenas, que determinada conduta é jurídica ou injurídica. Expressarão, por outros termos, um juízo de valor, dizendo, unicamente, o que se deve ou o que se pode fazer, juridicamente, sem que se incorra numa conseqüência jurídica negativa. Em hipótese alguma, destarte, essa decisão do órgão julgador administrativo poderá produzir conseqüências de natureza normativa, com sentido e validade de norma.[102]

Podemos assentir, então, que os efeitos de tal declaração são os mesmos da que é produzida *difusamente* pelo Poder Judiciário, exceção feita, à nitidez, apenas à possibilidade de formação da coisa julgada,[103] circunstância que, repise-se, não representa, de modo algum, um desqualificativo do controle exercido por ela (pela Administração), pois que a construção da coisa julgada, ao contrário do que se possa pensar, não integra, ao que se tira da definição desde antes colocada, a essência do controle de constitucionalidade.

A par disso, um efeito há de ser aqui destacado, uma vez que atina exclusivamente aos casos de declaração de inconstitucionalidade operada em sede administrativa, especialmente no campo tributário, mas que vale também para outras searas.

Estamos a falar da impossibilidade jurídica de a Administração postular a revisão da decisão tirada por um *tribunal* que a integra.

Não é demasiado consignar, iniciando a abordagem desse ponto, que o Estado, como gestor do interesse público, serve-se, para tanto, dos órgãos administrativos, que buscarão os interesses consagrados pelo Estado mesmo ou como pertinentes a si próprio.[104]

Fixado esse conceito, é invariável convir, destarte, que a Administração, como um dos três poderes do Estado, haverá de servir-se de órgãos especialmente criados para a implementação dos seus particulares objetivos, não sendo outra, dentro desse contexto, a circunstância originadora dos prefalados *tribunais administrativos*, órgãos que se afinam diretamente com o tema que vimos enfocando: em breve suma, estamos diante de unidades às quais cabe a missão, como órgãos da Administração, de distri-

ato normativo com a Constituição desqualifica o processo enfocado como controlador de constitucionalidade) não pode ser lançado para infirmar a caracterização do trabalho desenvolvido pelos *tribunais administrativos* como, de igual modo, de controle de constitucionalidade.

102. Essa competência normativa, sim, está inserida, privativamente, no plexo competencial do Poder Judiciário.

103. Estamos, aqui, a falar do fenômeno da coisa julgada *material*, tal como definida no art. 467 do CPC ("Denomina-se coisa julgada material a eficácia, que torna imutável e indiscutível a sentença, não mais sujeita a recurso ordinário ou extraordinário"). Sabendo-se, assim, que os atos praticados pelo Poder Judiciário são acobertados, por excelência e desde que cumpridos os requisitos postos para tanto, por tal eficácia e os do Executivo, a seu turno, são revisíveis, por definição, pelo Poder Judiciário, impende convir que a declaração de inconstitucionalidade produzida por órgão da Administração não poderá, em hipótese alguma, ser atingida pelo fenômeno da coisa julgada.

104. Ensina Celso Antônio Bandeira de Mello (*Apontamentos sobre os Agentes e Órgãos Públicos*, pp. 61 e 62), sobre o tema: "1. Como pessoa jurídica que é, o Estado, entidade real, porém abstrata (ser de razão), não tem vontade nem ação, no sentido de manifestação psicológica e vida anímica próprias. Estas, só os seres biológicos a possuem. Tal fato não significa, entretanto, que lhe falte vontade e ação, juridicamente falando, ou seja, sob o prisma do Direito. Dado que o Estado não possui, nem pode possuir, um querer e um agir psíquico e físico, por si próprio, como entidade lógica que é, sua vontade e sua ação se constituem na e pela vontade e atuação dos seres físicos prepostos à condição de seus agentes, na medida em que apresentam revestidos desta qualidade. 2. Além disso, pelos múltiplos cometimentos que assistem ao Estado, forçosamente os diversos encargos de sua alçada hão de se repartir entre diferentes unidades, representativas, cada qual, de uma parcela de poder para decidir nos assuntos que lhe são afetos. 3. O reconhecimento destas duas circunstâncias conduz à teoria dos órgãos, isto é, das diferentes unidades que sintetizam círculos de poder, onde se forma e manifesta o querer e o agir do Estado, nos diferentes setores em que lhe incumbe prover".

buir justiça, dentro de sua específica esfera competencial. Tratando-se de um órgão que opera com relações jurídico-tributárias, exemplificando, a missão que lhe será especialmente deferida será a distribuição de justiça *fiscal*, com visível atuação na formação do título extrajudicial que assentará, no futuro, a pretensão estatal de receber um dado tributo cujo pagamento o administrado não realizou.

Essas unidades orgânicas, à guisa de implementar suas finalidades — finalidades, repita-se, do próprio Estado —, servir-se-ão dos correlatos procedimentos administrativos, veículos jurídicos exigidos para a correta formação e expressão de vontade funcional do Estado, e no âmbito dos quais, segundo ressaltamos, o administrado intervirá, com todos os meios e recursos inerentes ao *due process of law*.

Já dissemos que no bojo do aludido procedimento poderá ser regularmente suscitada matéria constitucional, com o conseqüente pronunciamento do órgão, que trilhará, se o caso, e inclusive, a senda da declaração de inconstitucionalidade, plenamente revisível pelo Poder Judiciário.

De qualquer sorte, quando o *tribunal administrativo* manifesta a sua vontade, quando se pronuncia sobre a controvérsia que se instaurou, é certo e inarredável que, nesse exato momento, queda exteriorizada a vontade funcional do Estado. E, se tal exteriorização da vontade funcional do Poder Executivo redunda, ao que já sinalizamos, na declaração da desrazão da Administração, não há como negar que tal manifestação representa a vontade daquele mesmo Poder.

Dentro dessa perspectiva, parece iniludivelmente desarrazoado imaginar — e isso se nos afigura de clareza solar — que, depois de dizer que sua pretensão é descabida (por estar fundada, observado o nosso contexto de análise, em norma inconstitucional), venha a Administração buscar em outro poder, ou seja, no Judiciário, campo para neutralizar os efeitos decorrentes de sua própria vontade funcional.

Assim, embora sejam revisíveis pelo Judiciário — e mutáveis, portanto —, as decisões tiradas pelos *tribunais administrativos*, quando tenderem à declaração da inconstitucionalidade da norma que ampara a pretensão estatal combatida pelo administrado, não poderão ser submetidas ao crivo do Poder Judiciário por obra da própria Administração, a qual, diante da manifestação produzida por seu órgão, acaba por exarar vontade funcional evidentemente incompatível com aquele proceder, exigindo-se-lhe, destarte, e caso pretenda realizar o comando inserido na norma dita inconstitucional (contradizendo, pois, a sua própria manifestação), o desencadeamento de um novo procedimento administrativo, no bojo do qual deverá adequar-se às demandas decorrentes da já conhecida manifestação do *tribunal administrativo*.

Esse, induvidosamente, é um efeito que, admitido o controle de constitucionalidade repressivo por órgãos julgadores da Administração, há de ser invariavelmente reconhecido, a bem da unidade lógica e racional na formação da vontade funcional do Executivo.

É bem de ver que a regra geral que governa o instituto da *coisa julgada administrativa* impõe a sua observância apenas no âmbito administrativo, o que quer significar, em princípio, que a Administração estaria liberta, tanto quanto o administrado, para discutir judicialmente a questão decidida por um seu *tribunal*. Nesse exato caminho, por sinal, é o magistério de Diógenes Gasparini, *in verbis*:

"Quando inexiste, no âmbito administrativo, possibilidade de reforma da decisão, oferecida pela Administração Pública, está-se diante da coisa julgada administrativa. A coisa julgada administrativa não tem o alcance da coisa julgada judicial, porque o ato administrativo decisório, conforme ensinança de Hely Lopes Meirelles (*Direito Administrativo*, cit., p. 581), é destituído do poder de dizer do direito em caráter definitivo. Essa prerrogativa é só do Judiciário. Em outros países, pode caber a Tribunais Administrativos o exercício dessa competência.

"Essa imodificabilidade da decisão da Administração Pública só encontra consistência na esfera administrativa. Perante o Judiciário qualquer decisão administrativa pode ser modificada, conforme estabelece a parte inicial do inc. XXXV do art. 5º da Constituição Federal."[105]

Malgrado não sobressaia dúvida alguma, consoante sentimos, quanto à correção da regra então abordada — mesmo porque, ao que já dissemos, a *revisibilidade* pelo Judiciário é um dos fatores que distinguem a atividade jurisdicional desenvolvida pelos *tribunais administrativos* da que o é pelo Poder Judiciário —, insta referir, aqui, que essa mesma regra, por *geral*, não serve para dirimir a questão que enfocamos.

Isso porque, repise-se, quando proferidas no sentido da declaração de inconstitucionalidade, as decisões dos *tribunais administrativos* acabam por retratar uma vontade funcional evidentemente incompatível com uma ulterior insurreição perante o Judiciário.

Poder-se-ia argumentar, é fato, que tal orientação esbarraria na letra do citado art. 5º, XXXV, da CF, empeçando-se, indevidamente, o acesso da Administração, como litigante, ao Judiciário. Reafirme-se, porém, e por mais uma vez, que tais ilações não se afiguram válidas para a específica situação ora perscrutada, em que deve a unidade lógica e racional da vontade funcional do Executivo ser prestigiada não por uma questão puramente aritmética, mas por conta dos sobreprincípios da segurança jurídica e da certeza jurídicas,[106] bem assim o da lealdade da Administração, valores supremos indispensáveis à caracterização de qualquer ordenamento jurídico e que, por isso mesmo, devem ser incessantemente perseguidos por todo Estado que se pretenda Democrático de Direito.[107]

105. *Direito Administrativo*, p. 382.

106. Perscrutando o conceito e a extensão dos vetores da certeza e segurança jurídicas, Paulo de Barros Carvalho (*Curso de Direito Tributário*, pp. 90-92) ensina:

"*Princípio da certeza do direito*

"Trata-se, na verdade, de um sobreprincípio que está acima de todos os primados e rege toda e qualquer porção da ordem jurídica.

"Como valor supremo do ordenamento, sua presença é assegurada nos vários subsistemas, nas diversas instituições e no âmago de cada unidade normativa, por mais insignificante que seja. A certeza do direito é algo que se situa na própria raiz do dever-ser, é ínsita ao deôntico, sendo incompatível imaginá-lo sem determinação específica. Na sentença de um magistrado, que põe fim a uma controvérsia, seria absurdo figurarmos um juízo de probabilidade, em que o ato jurisdicional declarasse, como exemplifica Lourival Vilanova, que 'A' possivelmente deve reparar o dano causado por ato ilícito seu. (...). Substanciando a necessidade premente da segurança do indivíduo, o sistema empírico do direito elege a certeza como postulado indispensável para a convivência social organizada.

"O princípio da certeza jurídica é implícito, mas todas as magnas diretrizes do ordenamento operam no sentido de realizá-lo.

"*Princípio da segurança jurídica*

"Não há por que confundir o cânone da certeza do direito com o da segurança jurídica. Aquele é atributo essencial, sem o quê não se produz enunciado normativo com sentido deôntico: este último é decorrência de fatores sistêmicos que utilizam o primeiro de modo racional e objetivo, mas dirigido à implantação de um valor específico, qual seja, o de coordenar o fluxo das interações inter-humanas, no sentido de propagar no seio da comunidade social o sentimento de previsibilidade quanto aos efeitos jurídicos da regulação da conduta. Tal sentimento tranqüiliza os cidadãos, abrindo espaço para o planejamento de ações futuras, cuja disciplina jurídica conhecem, confiantes que estão no modo pelo qual a aplicação das normas do direito se realiza. Concomitantemente, a certeza do tratamento normativo dos fatos já consumados, dos direitos adquiridos e da força da coisa julgada, lhes dá a garantia do passado. Essa bidirecionalidade passado/futuro é fundamental para que se estabeleça o clima de segurança das relações jurídicas, motivo por que dissemos que o princípio depende de fatores sistêmicos. Quanto ao passado, exige-se um único postulado: o da irretroatividade, que mais adiante será objeto de nossas reflexões. No que aponta para futuro, entretanto, muitos são os expedientes principiológicos necessários para que se possa falar na efetividade do primado da segurança jurídica.

"Desnecessário encarecer que a segurança das relações jurídicas é indissociável do valor justiça, e sua realização concreta se traduz numa conquista paulatinamente perseguida pelos povos cultos."

107. Lucia Valle Figueiredo, *Estudos de Direito Tributário*, pp. 82 e 83.

Ainda no que concerne a esses mesmos vetores, Antonio-Enrique Pérez Luño,[108] distinguindo-os, menciona a existência de uma primeira forma de segurança jurídica, *stricto sensu*, que se manifestaria como um mister objetivo de regularidade estrutural e funcional do sistema jurídico, bem assim de uma segunda, de índole subjetiva, que se apresentaria, à sua vez, como uma projeção da primeira forma de segurança jurídica nas situações pessoais. Essa segunda manifestação, denominada de *certeza do direito*, integra, completa, consolida o conteúdo da primeira, denominada de *segurança jurídica* (ou *segurança jurídica "stricto sensu"*, consoante proposta do sobredito autor), estabelecendo, em sintonia com as impressões que já explicitamos, uma exigência de estabilidade, de não-surpresa, de congruência lógica, de razoabilidade, de previsibilidade mínima.

Quanto ao mencionado sobreprincípio da lealdade da Administração — igualmente invocável na espécie que estudamos —, oportuno, se não imprescindível, o magistério de Geraldo Ataliba e Cléber Giardino, para quem "(...) ou a prática constitucional encerra uma sólida promessa de segurança jurídica — a ser observada pelo legislador e pela administração, e garantida pelo Judiciário —, ou torna-se ridículo e descabido falar-se em Constituição, em sistema constitucional, ou em direitos constitucionais".[109]

Concluindo nossas ponderações, o que nos sobra, portanto, é a certeza de que a presença indelével desses valores supremos exigiria da Administração, na hipótese que estamos a estudar, a adoção de comportamentos, dentro da dialética que é própria à processualidade administrativa, minimamente estáveis.

11. Conclusões

(i) O controle de constitucionalidade é atividade que se desenvolve com a verificação da compatibilidade de um ato normativo com a Constituição. A declaração de inconstitucionalidade, à sua vez, pode ser definida como o reconhecimento da dissonância existente entre um ato normativo e a Constituição.

(ii) A declaração de inconstitucionalidade e o controle de constitucionalidade, pelo que se extrai de suas próprias definições, constituem lados de uma mesma medalha, atrelando-se um ao outro numa relação de decorrência, em que o segundo engendra (ao menos potencialmente) a primeira.

(iii) Dentre os sistemas de controle de constitucionalidade das leis catalogados pela doutrina, o adotado no Brasil é, considerada essa mesma classificação, o jurisdicional.

(iv) O sistema jurisdicional divide-se, ainda de conformidade com a doutrina, em dois subsistemas: o concentrado (em que o vício de inconstitucionalidade é argüido em tese, constituindo o próprio objeto da argüição; a competência para conhecer e de-

108. *La Seguridad Jurídica*, pp. 21 e 22.

109. "Segurança do direito, tributação e anterioridade tributária. Imposto sobre a renda (exame do Dec.-lei 1.967/82 — Exercício social encerrado em março de 1983)", *RDT* 27-28/61. Do bojo da aludida obra extraímos, ainda, as seguintes — e relevantes — considerações: "Ora, tudo isso engendra um clima radicalmente avesso à surpresa. O Estado não surpreende seus cidadãos; não adota decisões inopinadas que os aflijam. A previsibilidade da ação estatal é magno desígnio que ressuma de todo o contexto de preceitos orgânicos e funcionais postos no âmago do sistema constitucional. O legislador e — com maior razão — o administrador não surpreendem o povo. Isso está na consciência cívica intransigente e robusta do *taxpayer* americano, como senso de responsabilidade do *public servant* inglês; é essência do espírito 'administrativista' do servidor francês, como da alma de qualquer agente político ou administrativo alemão. Se os padrões culturais europeus criam clima favorável a esse tipo de responsabilidade política, é certo também que tais modelos foram entre nós sempre apresentados como paradigmáticos. Tanto é assim que nossa melhor doutrina os toma como exemplos: a jurisprudência do STF e das mais autorizadas Cortes do País os tem como protótipos e a legislação sempre se informou por esse espírito" (p. 64).

cidir a questão é fixada em um único órgão, o STF; a correlata decisão é revestida de efeitos *erga omnes*; e a conseqüente declaração de inconstitucionalidade torna inaplicável da lei atacada) e o difuso (em que o vício de inconstitucionalidade da lei é argüido no bojo de um caso concreto, processando-se no curso do processo comum; qualquer órgão judicante tem competência para conhecer e decidir a inconstitucionalidade; o objeto da ação é a reparação ou prevenção de um direito lesado; a correspectiva decisão faz coisa julgada apenas entre as partes, não vinculando outras decisões, inclusive do próprio STF, pelo menos enquanto a lei não tiver suspensa a sua executoriedade, em função de resolução do Senado Federal). O sistema brasileiro conhece esses dois subsistemas.

(v) Conquanto teoricamente possível, não reconhecemos, em nosso sistema de controle de constitucionalidade, qualquer modalidade dita como preventiva, sendo certo que os atos normalmente classificados como tais (veto presidencial é um exemplo) constituiriam tão apenas um passo do processo legislativo, e não meio de controle de constitucionalidade tal como definido linhas atrás.

(vi) Considerando-se, todavia, a mesma definição de controle de constitucionalidade que apresentamos (atividade de verificação da adequação dos atos normativos à Constituição), sobra certo que o Poder Judiciário, no caso brasileiro, não é o único titular de tal função controladora.

(vii) Com efeito, também a Administração (o Poder Executivo), através de seus órgãos, tem o dever-poder de zelar pela incolumidade da Constituição da República, quer por ato *ex officio*, quer por provocação do administrado, em grau, por exemplo, de procedimento administrativo.

(viii) E assim é porque:

(viii.a) em primeiro lugar, a concepção de Estado de Direito, hoje, deve necessariamente compreender a submissão dos poderes estatais ao Direito, e não apenas à lei, considerada estritamente, o que quer significar que a Administração deve, antes de tudo, guardar absoluto respeito à Constituição, única forma de o valor da legalidade administrativa (que melhor seria chamarmos de *juridicidade*, pois que compreende o *Direito*, repise-se, e não a lei) ser preservado;

(viii.b) em segundo lugar, a única forma de assegurar, com efetividade, o devido processo legal ao administrado, tal como preordena a Constituição da República inclusive em termos de procedimentos administrativos, é deferir-lhe a possibilidade de argüir em oposição à pretensão estatal toda matéria que lhe for útil, até mesmo eventual inconstitucionalidade de ato normativo, cometendo-se à Administração, correlatamente, o dever de, através de seus órgãos julgadores, examinar o mérito dessas mesmas alegações;

(viii.c) em terceiro lugar, finalmente, os denominados *tribunais administrativos* exercem, dentro da sua esfera competencial, atividade claramente jurisdicional, sendo certo, a partir daí e bem por isso, que o privilégio reconhecido ao Poder Judiciário de controlar repressivamente a constitucionalidade das leis não pode prevalecer.

(ix) Os efeitos da declaração de inconstitucionalidade produzida por órgãos da Administração são os mesmos da que é emanada, em caráter difuso, pelo Poder Judiciário, exceção feita apenas à possibilidade de formação da coisa julgada, em virtude da revisibilidade, por definição, dos atos do Executivo pelo Judiciário.

(x) A par disso, a declaração de inconstitucionalidade operada em sede administrativa, especialmente no campo tributário, é guarnecida por um efeito que lhe é próprio: a impossibilidade jurídica de a Administração postular a revisão da decisão tirada por um *tribunal* que a integra, pois, ao manifestar a sua decisão, resta exteriorizada a vontade funcional do próprio Estado.

Bibliografia

ARRUDA ALVIM NETTO, José Manoel de. *Manual de Direito Processual Civil*. 2ª ed., v. I. São Paulo, Ed. RT, 1986.

ATALIBA, Geraldo, e GIARDINO, Cléber. "Segurança do direito, tributação e anterioridade tributária. Imposto sobre a renda (exame do Dec.-lei 1.967/82 — Exercício social encerrado em março de 1983)", *RDT* 27-28/51-75. São Paulo.

BASTOS, Celso Ribeiro. *Curso de Direito Constitucional*. 18ª ed. São Paulo, Saraiva, 1997.

BERMUDES, Sergio. *Introdução ao Processo Civil*. 2ª ed. Rio de Janeiro, Forense, 1996.

BONAVIDES, Paulo. *Curso de Direito Constitucional*. 4ª ed. São Paulo, Malheiros Editores, 1993.

CAETANO, Marcello. *Manual de Ciência Política e Direito Constitucional*. 6ª ed., t. I. Coimbra, Almedina, 1989.

CANOTILHO, José Joaquim Gomes. *Direito Constitucional*. 5ª ed. Coimbra, Almedina, 1991.

CAPPELLETTI, Mauro. *O Controle Judicial de Constitucionalidade das Leis no Direito Comparado*. Trad. de Aroldo Plínio Gonçalves. Porto Alegre, Fabris, 1984.

CARVALHO, Paulo de Barros. *Curso de Direito Tributário*. 6ª ed. São Paulo, Saraiva, 1993.

CLÈVE, Clèmerson Merlin. *A Fiscalização Abstrata de Constitucionalidade no Direito Brasileiro*. São Paulo, Ed. RT, 1995.

COUTURE, Eduardo J. *Introdução ao Estudo do Processo Civil*. 3ª ed., trad. de Mozart Víctor Russomano. Rio de Janeiro, Forense, 1997.

DALLARI, Dalmo de Abreu. *O Renascer do Direito*. 2ª ed. São Paulo, Saraiva, 1980.

DEL VECCHIO, Giorgio. *Lições de Filosofia do Direito*. 5ª ed., trad. de António José Brandão. Coimbra, Arménio Amado, 1979.

FERRARI, Regina Maria Macedo Nery. *Efeitos da Declaração de Inconstitucionalidade*. 2ª ed. São Paulo, Ed. RT, 1990.

FERREIRA FILHO, Manoel Gonçalves. *Curso de Direito Constitucional*. 15ª ed. São Paulo, Saraiva, 1986.

__________. *Do Processo Legislativo*. 3ª ed. São Paulo, Saraiva, 1995.

FIGUEIREDO, Lucia Valle. *Curso de Direito Administrativo*. 2ª ed. São Paulo, Malheiros Editores, 1995.

__________. *Estudos de Direito Tributário*. São Paulo, Malheiros Editores, 1996.

FONSECA, Antônio Cézar Lima da. "Da declaração de inconstitucionalidade". *Caderno de Direito Constitucional e Ciência Política*. v. 2. São Paulo (pp. 5-18).

GASPARINI, Diógenes. *Direito Administrativo*. São Paulo, Saraiva, 1989.

GORDILLO, Agustín. *Princípios Gerais de Direito Público*. Trad. de Marco Aurélio Greco. São Paulo, Ed. RT, 1977.

GRAU, Eros Roberto. *O Direito Posto e o Direito Pressuposto*. São Paulo, Malheiros Editores, 1996.

GRINOVER, Ada Pellegrini. "Do direito de defesa em inquérito administrativo". *RDA* 183/9-18. Rio de Janeiro.

KELSEN, Hans. *Teoria Pura do Direito*. 4ª ed., trad. de João Baptista Machado. São Paulo, Martins Fontes, 1985.

LOEWENSTEIN, Karl. *Teoría de la Constitución*. Barcelona, Ariel, 1965.

LUÑO, Antonio-Enrique Pérez. *La Seguridad Jurídica*. Barcelona, Ariel, 1991.

MARQUES, José Frederico. *Instituições de Direito Processual Civil*. 4ª ed., v. 1. Rio de Janeiro, Forense, 1971.

MEDAUAR, Odete. *A Processualidade no Direito Administrativo*. São Paulo, Ed. RT, 1993.

MEIRELLES, Hely Lopes. *Direito Administrativo Brasileiro*. 23ª ed. São Paulo, Malheiros Editores, 1998.

MELLO, Celso Antônio Bandeira de. *Apontamentos sobre os Agentes e Órgãos Públicos*. São Paulo, Ed. RT, 1987.

__________. *Curso de Direito Administrativo*. 5ª ed. São Paulo, Malheiros Editores, 1994.

MENDES, Gilmar Ferreira. *Controle de Constitucionalidade: Aspectos Jurídicos e Políticos*. São Paulo, Saraiva, 1990.

MIRANDA, Jorge. *Manual de Direito Constitucional*. 2ª ed., t. II. Coimbra, ed. Coimbra, 1988.

MONTORO, André Franco. *Estudos de Filosofia do Direito*. 2ª ed. São Paulo, Saraiva, 1995.

NERY JÚNIOR, Nélson. *Princípios do Processo Civil na Constituição Federal*. 2ª ed. São Paulo, Ed. RT, 1995.

NOGUEIRA, Alberto. *O Devido Processo Legal Tributário*. Rio de Janeiro, Renovar, 1995.

NOGUEIRA, Ruy Barbosa. *Da Interpretação e da Aplicação das Leis Tributárias*. São Paulo, Bushatsky, 1974.

ROCHA, Cármen Lúcia Antunes. *Princípios Constitucionais da Administração Pública*. Belo Horizonte, Del Rey, 1994.

SANTOS, Moacyr Amaral. *Primeiras Linhas de Direito Processual Civil*. 12ª ed., v. 1º. São Paulo, Saraiva, 1985.

SILVA, José Afonso da. *Curso de Direito Constitucional Positivo*. 10ª ed. São Paulo, Malheiros Editores, 1995.

SUNDFELD, Carlos Ari. *Direito Administrativo Ordenador*. São Paulo, Malheiros Editores, 1993.

TEMER, Michel. *Elementos de Direito Constitucional*. 10ª ed. São Paulo, Malheiros Editores, 1993.

ICMS — OPERAÇÕES DE *PERFORMANCE* — IMUNIDADE — EXEGESE DO ART. 155, § 2º, XII, "e", DA CF — QUESTÕES CONEXAS

Roque Antonio Carrazza

Professor Titular da Cadeira de Direito Tributário da Faculdade de Direito da PUC/SP — Consultor Tributário

Consulta

A empresa "X", por seu ilustre Advogado, relata-nos, em síntese, que:

1) adquire soja em grãos, de comerciantes estabelecidos no Estado do Mato Grosso, com o fim específico de exportação;

2) a mercadoria é transportada, dos armazéns dos vendedores, diretamente para *porto privativo* que mantém em Guarujá (SP), onde são formados *lotes* visando a posterior embarque para o exterior;

3) sendo a Consulente empresa comercial exportadora, as supradescritas operações estão isentas do ICMS, por força do art. 3º, II, e seu parágrafo único, I, da Lei Complementar 87/96, não sendo igualmente devida, sobre elas, a COFINS (já que se está diante de negócios jurídicos equiparados a exportações diretas);

4) com o objetivo de aproveitar oportunidades de mercado, a mencionada filial realiza novas vendas das mercadorias, para outras empresas comerciais exportadoras, mantendo sempre, porém, a finalidade de exportação;

5) em conseqüência, tais operações até hoje foram consideradas isentas de ICMS e de COFINS;

6) essas segundas vendas, conhecidas por *operações de "performance"*, têm por escopo possibilitar, a empresas comerciais exportadoras, *posições de exportação*;

7) a Consulente normalmente apura, nestas operações, resultados positivos, sob a forma de *prêmios*;

8) na prática, estas operações são meramente simbólicas, já que as mercadorias permanecem no *porto privativo* da Consulente e os procedimentos de embarque ficam a seu cargo (embora a empresa adquirente figure, na documentação, como exportadora);

9) encerrado o ciclo, isto é, embarcada a mercadoria, a empresa exportadora, dando cumprimento ao *Convênio ICMS-113/96*, comprova, à filial da Consulente, a ocorrência da exportação, mediante a emissão do documento que há nome *memorando-exportação*;

10) a filial, a seu turno, entrega, aos comerciantes do Estado do Mato Grosso, *cópia* dos referidos memorandos, a fim de que possam comprovar, à Fazenda Pública local, a efetiva ocorrência das exportações de soja;

11) nunca houve questionamentos, a respeito, por parte do Fisco de Mato Grosso;

12) em abril do corrente ano, porém, a Secretaria de Estado de Fazenda de Mato Grosso, na pessoa da Coordenadora-Geral do Sistema Integrado de Administração Tributária, expediu a *Instrução Orientativa 002/98*, "para esclarecer a aplicação da não-incidência do ICMS nas operações de remessas de mercadorias realizadas com o fim específico de exportação, por empresa comercial exportadora, inclusive *trading*";

13) consta, essencialmente, deste ato normativo que: a) "a não-incidência do ICMS na exportação ocorre quando a mercadoria é exportada diretamente do estabe-

lecimento exportador para o exterior" (item 5); b) "excepcionalmente, a lei complementar permitiu que pudesse ser igualada a essa operação de exportação, para efeito da desoneração tributária, a remessa para o exterior, de forma indireta, como, por exemplo, através de uma empresa comercial exportadora" (item 5); c) "não se pode, portanto, ampliar essa equiparação feita de modo excepcional, para contemplar situações não visadas pelo texto legal, ou, mais precisamente, não é possível ao amparo da não-incidência a empresa que recebeu mercadoria para ser exportada remeter essa mesma mercadoria para outra empresa, ainda que essa seja também uma comercial exportadora" (item 6); e d) "qualquer saída da mercadoria da empresa comercial exportadora, recebida com o fim específico de exportação, que não seja para o exterior, configurará sua reintrodução no mercado interno, devendo nesse caso ser recolhido o imposto conforme previsto no Convênio n. 113/96" (item 8).

Posto isto, o nobre Colega submete à nossa apreciação os seguintes quesitos:

1. É aceitável, juridicamente, a posição assumida pelo Fisco do Estado do Mato Grosso, expressa na Instrução Orientativa CGSIAT-002, de 15.4.98, com relação à interpretação do art. 3º, II, e parágrafo único, I, da Lei Complementar 87/96?

2. As características das chamadas operações de "performance" são suficientes para corroborar o entendimento fazendário de que desvirtuariam "o fim específico de exportação"?

3. O art. 111 do CTN impede que a isenção prevista no art. 3º, parágrafo único, I, da Lei Complementar 87/96 se estenda aos casos em que ocorrem as chamadas operações de "performance"?

4. É correto o entendimento de que a Lei Complementar 87/96 visa, neste particular, a favorecer as exportações de produtos primários, devendo, destarte, ser interpretada finalisticamente?

5. Sendo positiva a resposta ao quesito anterior, é correto o entendimento de que estão isentas da COFINS as operações de venda realizadas pela filial da Consulente a empresas comerciais exportadoras?

Consulta

1. Circunscrição do problema

Pretende-se, na presente Consulta, saber, essencialmente: a) qual o alcance do art. 3º, parágrafo único, I, da Lei Complementar 87/96; e b) se incide a COFINS nas operações de venda realizadas pela filial da Consulente a empresas comerciais exportadoras (*operações de "performance"*).

Por uma questão de metodologia, teceremos inicialmente considerações sobre a competência tributária, o perfil constitucional do ICMS, as isenções deste tributo às exportações de mercadorias que não forem produtos industrializados e o perfil constitucional e legal da COFINS.

Depois de preparado nosso terreno, aí, sim, cuidaremos de resolver os problemas jurídicos aflorados na vertente Consulta, tratando, inclusive, de responder, de modo bem objetivo, aos quesitos que nos foram apresentados.

Primeira parte: considerações gerais

2. A competência tributária

Competência tributária é a aptidão jurídica para criar, *in abstracto*, tributos, descrevendo, legislativamente, suas *hipóteses de incidência*, seus *sujeitos ativos*, seus *sujeitos passivos*, suas *bases de cálculo* e suas *alíquotas*.

Têm competência tributária as pessoas políticas. De fato, a União, os Estados, os Municípios e o Distrito Federal receberam do Diploma Máximo a faculdade de instituir, em caráter privativo, todas as modalidades de tributos (impostos, taxas e contribuições).

Importante assinalar que as competências tributárias foram desenhadas, com retoques à perfeição, por grande messe de normas constitucionais, que operam como balizas intransponíveis, guiando o legislador ordinário (federal, estadual, municipal ou distrital) ou complementar na criação, *in abstracto*, das várias exações.

Realmente, a Constituição brasileira, ao discriminar as competências tributárias, traçou a *regra-matriz* (a *norma-padrão de incidência*, o *arquétipo genérico*) de cada exação, apontando, direta ou indiretamente, a *hipótese de incidência possível*, o *sujeito ativo possível*, o *sujeito passivo possível*, a *base de cálculo possível* e a *alíquota possível* das várias espécies e subespécies de tributos. Em suma, o legislador, ao exercitar a competência tributária de *sua* pessoa política, há de ser fiel, em tudo e por tudo, à *regra-matriz constitucional* do tributo.[1]

Como corolário disso, temos que as pessoas políticas não podem desvirtuar, quer no todo, quer em parte, a *regra-matriz* dos tributos que lhes foram constitucionalmente deferidos.

Tudo isto vale, evidentemente, para o ICMS, cujo perfil também está pré-traçado na Constituição Federal.

3. O perfil constitucional do ICMS

A CF, em seu art. 155, II, outorgou aos Estados-membros e ao Distrito Federal competência para criar impostos sobre "operações relativas à circulação de mercadorias e sobre prestações de serviços de transporte interestadual e intermunicipal e de comunicação, ainda que as operações e prestações se iniciem no exterior".[2]

Importa-nos considerar, nesta manifestação opinativa, o ICMS que incide sobre que incide sobre as operações mercantis, porque é justamente este que está em tela de discussão.

Ao iniciarmos a análise *deste* ICMS — o que faremos com as necessárias simplificações —, queremos deixar registrado que sua *regra-matriz* encontra-se nas seguintes partes do precitado art. 155, II, da CF: "Compete aos Estados e ao Distrito Federal instituir impostos sobre (...) operações relativas à circulação de mercadorias (...) ainda que as operações se iniciem no exterior".

1. O *princípio da legalidade tributária* — tal como arquitetado na Carta Magna, especialmente em seus arts. 5º, II, e 150, I — exige que os tributos venham criados ou aumentados por meio de *lei formal*. Isto significa que a lei que se ocupa com o assunto deverá detalhar todos os elementos necessários (*v.g.*, a base de cálculo) ao nascimento do tributo (tipicidade), não podendo ser contrariada, direta ou indiretamente, nem pelo Judiciário nem, muito menos, pela Fazenda Pública.

Como se isto não bastasse, o lançamento e a cobrança das obrigações tributárias devem levar em conta os direitos fundamentais dos contribuintes, máxime os que decorrem dos princípios que informam a tributação (segurança jurídica, igualdade, anterioridade, capacidade contributiva, proibição ao confisco, liberdade de comércio etc.). Incumbe ao aplicador (agente fiscal ou juiz) verificar quais têm prevalência, no caso concreto, de modo a garantir os valores prestigiados na Constituição, o que afasta, de plano, a possibilidade de *executar* a lei tributária com *ampla liberdade*, tendo em vista *apenas* os objetivos arrecadatórios.

2. Percebe-se que debaixo da sigla *ICMS* hospedam-se, pelo menos, cinco impostos diferentes; a saber: a) o imposto sobre operações relativas à circulação de mercadorias; b) o imposto sobre serviços de transporte interestadual e intermunicipal; c) o imposto sobre serviços de comunicação; d) o imposto sobre produção, importação, circulação, distribuição ou consumo de lubrificantes e combustíveis líquidos e gasosos *e* de energia elétrica; *e* e) o imposto sobre a extração, circulação, distribuição ou consumo de minerais.

São cinco impostos diferentes justamente porque têm *hipóteses de incidência* e *bases de cálculo* diferentes. Com efeito, o que distingue um tributo do outro não é o nome que possui, nem a destinação do produto de sua arrecadação, mas sua *hipótese de incidência*, confirmada por sua *base de cálculo* (cf. art. 4º do CTN).

Esta fórmula de chamar tributos diferentes com o mesmo nome, além de não ser das mais louváveis, sob o aspecto científico, está, na prática, causando grandes confusões.

De fato, o legislador, nem sempre afeito à melhor técnica, está dispensando o mesmo tratamento jurídico aos distintos fatos econômicos que o ICMS pode alcançar.

De qualquer modo, todos estes ICMS devem obedecer a uma série de princípios, dentre os quais destacaremos, mais adiante, aqueles pertinentes à matéria objeto deste parecer.

Este tributo, como vemos, incide sobre a *realização* de operações relativas à circulação de mercadorias. A lei que veicular sua *hipótese de incidência* só será válida se descrever uma operação relativa à circulação de mercadorias.

É bom esclarecermos, desde logo, que a Constituição não prevê a tributação de mercadorias por meio de ICMS, mas, sim, a tributação das "operações relativas à circulação de mercadorias", isto é, das operações que têm mercadorias por objeto. Os termos *circulação* e *mercadorias* qualificam as operações tributadas por via de ICMS. Não são todas as operações jurídicas que podem ser tributadas, mas apenas as relativas à circulação de mercadorias que, ainda por cima, sejam onerosas (*v.g.*, as compras e vendas mercantis).

Para que um ato configure uma *operação mercantil* é mister que: a) seja regido pelo direito comercial; b) tenha por finalidade o lucro; e c) tenha por objeto uma mercadoria.[3]

O ICMS em análise incide, pois, sobre *atos jurídicos mercantis*, que são, justamente, as *operações relativas à circulação de mercadorias*, a que alude o art. 155, II, primeira parte, da Carta Magna.

Em suma, este ICMS *deve ter* por *hipótese de incidência* a operação jurídica que, praticada por comerciante, industrial ou produtor, acarrete circulação de mercadoria, isto é, a transmissão de sua titularidade.

Podemos dizer, com apoio nas lições dos mais conspícuos tributaristas, que a *regra-matriz constitucional* do ICMS determina que ele incida sobre operações relativas à circulação de mercadorias promovidas por meio de negócios jurídicos mercantis, realizados por produtores, industriais e comerciantes.

Posto isto, vamos, agora, dar curso ao nosso trabalho, estudando as previsões constitucionais acerca da possibilidade de lei complementar isentar de ICMS as exportações de mercadorias que não forem produtos industrializados (art. 155, § 2º, XII, "e", da CF).

4. As isenções de ICMS previstas no art. 155, § 2º, XII, "e", da CF

Observamos, preliminarmente, que as exportações de produtos industrializados são imunes à tributação por via de ICMS, em função do disposto no art. 155, § 2º, X, "a", da CF.[4]

Já, em princípio, as exportações de produtos semi-elaborados e primários podem ser alcançadas por este imposto.

Escrevemos "em princípio" porque a própria Constituição abre espaço a que lei complementar "exclua da incidência do imposto, nas exportações para o exterior, serviços e outros produtos, além dos mencionados no inciso X, 'a'" (art. 155, § 2º, XII, "e").

3. Observamos que, quando a Constituição referiu-se a *mercadoria*, encampou um conceito que já estava perfeitamente desenhado pela lei comercial (lei de caráter nacional).

A ninguém deve causar estranheza que assim seja, pois — como lecionava o saudoso Gian Antonio Micheli, catedrático de direito tributário da Universidade de Roma — o direito tributário é um *direito de superposição*, pois capta conceitos e assimila institutos fornecidos por outros setores do mundo jurídico. Nesse sentido, aliás, o art. 110 do CTN.

Logo, *mercadoria*, para fins de tributação por via de ICMS, é o que a lei comercial assim considera. Não pode a lei dos Estados ou do Distrito Federal alterar este conceito, para fins tributários.

Temos, assim, que o conceito de *mercadoria*, no que diz com o ICMS, há de ser entendido como em direito comercial: *bem móvel que se submete à mercancia*, ou seja, que é colocado no mundo do comércio (*in commercium*), sendo submetido, pois, ao regime de direito mercantil, que se caracteriza, como corre magistério, pela autonomia das vontades e pela igualdade das partes contratantes. Tanto é mercadoria o gênero alimentício que é exposto à venda num supermercado, como a escultura que uma galeria de arte coloca em cmércio, como, ainda, o relógio que está à venda na relojoaria.

4. CF, art. 155: "§ 2º. O imposto previsto no inciso II *(ICMS)* atenderá ao seguinte: (...) X — não incidirá: a) sobre operações que destinem ao exterior produtos industrializados, excluídos os semi-elaborados definidos em lei complementar" (esclarecemos no primeiro parêntese).

Portanto, nada impede que lei complementar, atendendo ao superior interesse nacional, isente de ICMS exportações de produtos semi-elaborados e primários.

Com apoio neste permissivo constitucional, a Lei Complementar 87/96 dispôs, em seu art. 3º, II, e seu parágrafo único, I:

"Art. 3º. O imposto *(ICMS)* não incide sobre:

"(...)

"II — operações e prestações que destinem ao exterior mercadorias, inclusive produtos primários e produtos industrializados semi-elaborados, ou serviços;

"(...)

"Parágrafo único. Equipara-se às operações de que trata o inciso II a saída de mercadoria realizada com o fim específico de exportação para o exterior, destinada a:

"I — empresa comercial exportadora, inclusive *tradings* ou outro estabelecimento da mesma empresa" (esclarecemos no parêntese).

Antes de entrarmos no mérito desta lei complementar, julgamos oportuno assinalar, desde logo, que a isenção prevista no art. 155, § 2º, XII, "e", da CF deve necessariamente alcançar não apenas a operação de exportação propriamente dita, senão também as precedentes, que a tornam possível.

Noutras palavras, todas as operações conducentes à exportação dos produtos semi-elaborados ou primários (vendas ao exportador ou transportes ao local onde se dará o embarque para o exterior) devem ser igualmente alcançadas pelo benefício fiscal em exame.

A lei complementar, no caso, absolutamente não pode restringir a manifesta diretriz constitucional de favorecer nossas exportações de produtos semi-elaborados ou primários, fazendo com que cheguem ao mercado internacional com preços competitivos. Conforme assinalam os especialistas em Comércio Internacional, a Constituição quer que "se exportem produtos, e não tributos".

Outro entendimento consagraria a idéia — manifestamente equivocada — de que o dispositivo em pauta existe para favorecer a pessoa do *exportador*, quando, por óbvio, ele foi inserido na Lei Maior para favorecer as *exportações*.

Em suma, a interpretação teleológica do art. 155, § 2º, XII, "e", da CF leva-nos à irretorquível conclusão de que a isenção nele prevista há de obrigatoriamente abranger todas as operações que, de algum modo, concorram para que se perfaça a venda, para o exterior, de produtos semi-elaborados ou primários.

Fixada esta premissa, e já retomando o fio do raciocínio, temos por indisputável que desde o advento da Lei Complementar 87/96 todas as operações de exportação de mercadorias que forem produtos semi-elaborados ou primários não podem ser alvo de tributação por meio de ICMS.

A bem da verdade, o art. 3º, II, da Lei Complementar 87/96 refletiu com fidelidade a *ratio constitutionis*.

Tanto isto procede que nele há expressa referência não só às operações, como às prestações "que destinem ao exterior mercadorias, inclusive produtos primários (...)". Estas menções refletem, com nitidez, a correta idéia do legislador complementar no sentido de que está alcançado pelo benefício fiscal o conjunto de providências jurídicas aptas a ultimar a exportação.

Posto isto, fica solarmente claro que, em rigor, não haveria sequer necessidade da inclusão, neste artigo, do parágrafo único, que apenas explicita o que, a propósito do assunto que faz nossos cuidados, está consagrado na Constituição.

De qualquer modo, o que chama a atenção no parágrafo único do art. 3º da Lei Complementar 87/96 é justamente seu sentido finalístico. Noutras palavras, ele consagra a idéia de que têm jus à isenção, além da operação imediata de exportação do produto primário (ou semi-elaborado), todas as precedentes realizadas "com o fim específico de exportação para o exterior".

Nada autoriza, neste contexto, uma interpretação restritiva, que venha em abono apenas dos interesses fazendários (meramente arrecadatórios).[5]

O que estamos tentando deixar claro, em suma, é que o contribuinte que demonstrar que a mercadoria transacionada irá, a final — isto é, nas condições previstas no art. 3º, II, e seu parágrafo único, da Lei Complementar 87/96 —, para o exterior tem o direito constitucional de não pagar ICMS.[6]

Registramos, por oportuno, que este nosso entendimento, longe de ter sido concebido nesta manifestação opinativa, vem de longa data.[7]

4.1 A *interpretação literal* a que alude o art. 111 do CTN

Nem se diga que esta nossa interpretação atrita, às abertas e publicadas, com o art. 111, II, do CTN, que manda interpretar *literalmente* a legislação tributária que disponha sobre *outorga de isenção*.

De fora a parte o despautério de uma lei complementar, pretensamente veiculadora de *normas gerais em matéria de legislação tributária*, querer "ensinar" os Poderes Executivo e Judiciário a cumprir suas funções constitucionais de interpretar as leis, para aplicá-las aos casos concretos, o fato é que o precitado art. 111, II, não se sobrepõe a normas constitucionais, que, como no caso em exame, preestabelecem o *conteúdo possível* dos atos normativos que nelas buscam *fundamento de validade*.

Noutras palavras: se a norma constitucional exige, expressa ou implicitamente, que uma dada lei, ainda que instituidora de isenção, tenha um alcance amplo, não será este art. 111, II (veiculado em norma infraconstitucional), que poderá restringi-lo.

Assim, nada impede que uma regra isentiva receba interpretação *ampla*, sintonizada com os objetivos maiores da Carta Constitucional.

É justamente isto que estamos procurando aqui fazer, até porque, do contrário, uma interpretação restritiva do art. 3º, II, e seu parágrafo único, I, da Lei Complementar 87/96 acabará esvaziando a *ratio* do art. 155, § 2º, XII, "e", da CF: favorecer ao máximo as exportações de produtos semi-elaborados e primários.

O entendimento por nós aqui manifestado só poderia ceder passo diante de norma restritiva contida na própria lei complementar veiculadora da isenção — o que, como demonstramos, não ocorre no caso em exame. Pelo contrário, neste particular a Lei Complementar 87/96 está em perfeita sintonia com os ditames constitucionais.

A *manipulação* do alcance das isenções previstas no art. 3º, II, e seu parágrafo único, I, da Lei Complementar 87/96 fatalmente atentará contra a *política de exportação* que a Constituição Federal de 1988 buscou prestigiar ao máximo.

Ademais, pretender dar uma interpretação restritiva ao dispositivo ora em exame, a pretexto de prestigiar uma suposta *literalidade*, é o mesmo que condená-lo a desafiar a Constituição, quando, na verdade, ele a prestigia e explicita.

Data maxima venia, aferrar-se ao disposto no art. 111, II, do CTN leva, no caso, a uma interpretação, mais do que restritiva, inaceitavelmente *limitativa* dos critérios preconizados pela Carta Magna no tocante

5. A propósito, os interesses fazendários, conquanto digam de perto com o *interesse público*, só prevalecerão quando legítimos. É que eles se subordinam ao interesse público e não podem fazer tábua rasa dos direitos constitucionais dos contribuintes, como este, de fruírem adequadamente das isenções tributárias.

6. Se já recolheu o tributo — por ignorar, à época da prática da operação mercantil, a destinação da mercadoria —, tem o direito de, observados os prazos prescricionais, repetir o que pagou *ou*, se assim o preferir, compensar-se, com base no *princípio da não-cumulatividade*, com outras parcelas de ICMS a pagar pela prática de operações mercantis que não visem à exportação.

7. V., a propósito, nossos *Curso de Direito Constitucional Tributário* (11ª ed., São Paulo, Malheiros Editores, 1998, pp. 490 e 491) e *ICMS* (4ª ed., São Paulo, Malheiros Editores, 1998, pp. 251-253).

às isenções de ICMS às exportações em geral.

Mister se faz, agora, cuidar das contribuições do art. 149 da CF — e, de modo mais específico, da COFINS.

*5. As **contribuições** do art. 149 da CF*

Com o advento da Constituição Federal de 1988 desapareceram as dúvidas que existiam acerca da natureza tributária das *contribuições*.

E nem poderia ser de outro modo, diante do que estipula o art. 149 da CF: "Art. 149. Compete exclusivamente à União instituir contribuições sociais, de intervenção no domínio econômico e de interesse das categorias profissionais ou econômicas, como instrumento de sua atuação nas respectivas áreas, observado o disposto nos arts. 146, III, e 150, I e III, e sem prejuízo do previsto no art. 195, § 6º, relativamente às contribuições a que alude o dispositivo".

Com a só leitura deste artigo já percebemos que as *contribuições* em tela têm natureza nitidamente tributária, mesmo porque com a expressa alusão aos "arts. 146, III, e 150, I e III", ambos da CF, fica óbvio que deverão obedecer ao *regime jurídico tributário*. Tal —diga-se de passagem — a jurisprudência do Pretório Excelso.[8]

Portanto, as *contribuições* são, sem dúvida, tributos, uma vez que devem necessariamente obedecer ao *regime jurídico tributário*, isto é, aos princípios que informam a tributação no Brasil. E *tributos* qualificados pela finalidade que devem alcançar.

Com efeito, ao contrário do que fez com os demais tributos, a Constituição, ao cuidar destas *contribuições*, não declinou, a não ser incidentalmente (*v.g.*, art. 195, I), quais devem ser suas *hipóteses de incidência* e *bases de cálculo*.

Enfrentemos melhor esta questão.

A Magna Carta, ao discriminar as competências legislativas tributárias entre as várias pessoas políticas, traçou a *regra-matriz* dos vários tributos que elas, querendo, podem criar.

Pois bem, em seu art. 149 a CF não apontou a *regra-matriz* destas *contribuições*; antes, contentou-se em indicar as *finalidades* que devem atingir — a saber: a) a intervenção no domínio econômico; b) o interesse de categorias profissionais ou econômicas, como instrumento de atuação federal nas respectivas áreas; e c) o custeio da Seguridade Social.

Notamos, pois, que as *contribuições* ora em exame não foram qualificadas, em nível constitucional, por suas *regras-matrizes*, mas, sim, por suas finalidades. De acordo com suas *hipóteses de incidência* (fatos geradores *in abstracto*), poderão revestir a natureza jurídica de imposto ou de taxa.[9]

8. Nesta linha, merece ser trazido à colação o entendimento manifestado pelo Min. Moreira Alves em seu voto no julgamento acerca da *contribuição social sobre o lucro*, do qual era relator:

"De feito, a par das três modalidades de tributos (os impostos, as taxas e as contribuições de melhoria), a que se refere o art. 145 para declarar que são competentes para instituí-los a União, os Estados, o Distrito Federal e os Municípios, os arts. 148 e 149 aludem a duas outras modalidades tributárias, para cuja instituição só a União é competente: o empréstimo compulsório e as contribuições sociais, inclusive as de intervenção no domínio econômico.

"No tocante às contribuições sociais — que dessas duas modalidades tributárias é a que interessa para este julgamento —, não só as referidas no art. 149 — que se subordina ao capítulo concernente ao sistema tributário nacional — têm natureza tributária, como resulta, igualmente, da observância que devem ao disposto nos arts. 146, III, e 150, I e III, mas também as relativas à seguridade social previstas no art. 195, em conformidade com o disposto no *§ 6º deste dispositivo, que, aliás, em seu § 4º, ao admitir a instituição de outras fontes destinadas a garantir a manutenção ou expansão da seguridade social, determina se obedeça ao disposto no art. 154, I, norma tributária, o que reforça o entendimento favorável à natureza tributária dessas contribuições sociais*" (Pleno, RE 146.733-9, j. 29.6.92).

9. A nosso sentir, no Brasil o tributo é o gênero, do qual o imposto, a taxa e a contribuição de melhoria são as espécies. Para nós, os *empréstimos compulsórios* (art. 148 da CF) são *tributos restituíveis*; as *contribuições parafiscais*, tributos arreca-

Em suma, a União poderá criar, dentro de seu campo competencial, qualquer imposto ou taxa, explicitando que o tributo visará *ou* a intervir no domínio econômico, *ou* a atender ao interesse de uma dada categoria profissional ou econômica, como instrumento de atuação federal na respectiva área, *ou*, ainda, a custear a Seguridade Social.

6. *As **contribuições sociais** para a **Seguridade Social**. Principais traços característicos*

Como já tivemos a oportunidade de expor, a União pode instituir *contribuições sociais para a Seguridade Social*. Vamos, agora, considerá-las com maior atenção.

Remarcarmos que tais *contribuições* podem revestir a natureza de *imposto* ou de *taxa*, e por meio delas paulatinamente vai sendo transferido à Comunidade o custeio do sistema da Seguridade Social, que a partir da Constituição de 1988, protege, pelo menos no plano formal, todos os brasileiros.

Em abono ao que escrevemos, a *contribuição previdenciária* (um tipo de contribuição social para a Seguridade Social) é, para o empregador (enquanto representante da empresa), um *imposto*, cuja hipótese de incidência assim pode ser sintetizada: remunerar pessoa ligada à Previdência Social (na verdade, qualquer pessoa, já que a proteção da Seguridade Social é, tornamos a dizer, universal). Já, para o empregado (ou para o empregador, enquanto paga sua própria *contribuição previdenciária*), é uma *taxa de serviço*, exigível porque lhe são postos à disposição (vale dizer, lhe são direta e imediatamente referidos) os serviços previdenciários para os casos de doença, velhice, invalidez e morte, seguro-desemprego, seguro contra acidentes do trabalho e proteção da maternidade.[10]

Tais contribuições revestem normalmente a natureza de imposto, devendo, destarte, ser instituídas por meio de lei ordinária, sempre obedecido o aludido *regime jurídico tributário*.

Evidentemente, as *contribuições sociais para a Seguridade Social* só poderão ser exigidas de quem estiver, de algum modo, a ela coligado. Noutras palavras: o legislador federal só poderá eleger o sujeito passivo de tais *contribuições* dentre os que estiverem diretamente envolvidos com a Seguridade Social.

O *quantum* da *contribuição social* para o empregador deverá, na hipótese, corresponder a um percentual da *folha de*

dados por pessoa diversa daquela que os instituiu; os *impostos extraordinários* (art. 154, II, da CF), simples impostos que a União, na iminência ou no caso de guerra externa, poderá criar sem observar o *princípio da reserva das competências impositivas*; e, finalmente, as *contribuições* (art. 149 da CF), *tributos qualificados por sua finalidade*.

Não ignoramos, porém, que muitos doutrinadores sustentam que as *contribuições* são uma nova categoria de tributos (ao lado dos impostos, das taxas, da contribuição de melhoria, dos empréstimos compulsórios etc.).

Isso não nos causa embaraços. É que as classificações — inclusive as classificações jurídicas — tem um quê de arbitrário. Dependem do critério eleito pelo *agente classificador* ao dividir um conjunto de seres (objetos, coisas) em categorias.

Particularmente, analisando as normas constitucionais pertinentes (já que tínhamos em mira levar a efeito uma classificação jurídica dos tributos), chegamos à conclusão de que há apenas três espécies tributárias: os *impostos*, as *taxas* e a *contribuição de melhoria*. E que as *contribuições* enquadram-se em duas destas três categorias, dependendo da hipótese de incidência (confirmada pela base de cálculo) que tiverem: ou na categoria *imposto*, ou na categoria *taxa*.

Nada impede, porém, que outros estudiosos, elegendo critérios classificatórios diversos, subdividam os tributos em 4, 5, 7 ou, mesmo, 10 outras modalidades.

O que importa considerar é que, tanto na classificação dos tributos por nós proposta (impostos, taxas e contribuição de melhoria) quanto na levada a efeito por outros pesquisadores (impostos, taxas, contribuição de melhoria, empréstimos compulsórios, contribuições etc.), as *contribuições* do art. 149 da CF são tributos, devendo, pois, respeitar os princípios e normas constitucionais que regulam a ação tributária do Estado.

10. Cf. Wagner Balera, *A Seguridade Social na Constituição de 1988*, São Paulo, Ed. RT, 1989, pp. 47-72.

salários, do *faturamento* e/ou do *lucro* (cf. art. 195, I, da CF). A lei federal, portanto, ao disciplinar o *aspecto quantitativo* (base de cálculo e alíquota) desta *contribuição social*, deverá levar em conta "a folha de salários, o faturamento e o lucro".

Por igual modo, esta *contribuição social para a Seguridade Social* não poderá ser escorchante, a ponto de inviabilizar a atividade econômica do empregador. Antes, o legislador federal, ao instituí-la, deverá usar de prudente discricionariedade. Situações de dúvida serão, em última análise, afastadas pelo Poder Judiciário.

Assim agremiados, podemos passar à análise da COFINS.

7. *A COFINS. Sua natureza jurídica*

Convém dizermos, *ab initio*, que a COFINS é um tipo de *contribuição social para a Seguridade Social.* De fato, o art. 1º da Lei Complementar 70, de 30.12.91, estabelece que ela é uma "(...) contribuição social para o financiamento da Seguridade Social, nos termos do inciso I do art. 195 da Constituição Federal".

Seus sujeitos passivos são "(...) as pessoas jurídicas, inclusive as a elas equiparadas pela legislação do imposto sobre a renda (...)" (idem).

A COFINS incide sobre o faturamento das pessoas jurídicas, "assim considerado a receita bruta das vendas de mercadorias, de mercadorias e serviços e de serviços de qualquer natureza" (art. 2º da Lei Complementar 70/91).

Estamos, pois, percebendo, com base nas considerações precedentes, que a *contribuição* em foco assumiu nitidamente o caráter de *imposto.*[11]

Deveras, a análise dos fatos jurígenos que a fazem nascer revela que esta exação tem por *hipótese de incidência* comportamento independente de qualquer atuação estatal: o fato de empresa *faturar.*

Deixando de lado questões que não vêm para aqui, parece-nos bem asseverar que a Lei Complementar 70/91 isentou da COFINS: a) as receitas decorrentes de vendas de mercadorias ou prestações de serviços para o exterior realizadas diretamente pelo exportador (art. 7º, I); e b) as receitas de vendas realizadas pelo produtor/vendedor às empresas comerciais exportadoras, nos termos do Decreto-lei 1.248, de 29.11.72 (com suas ulteriores alterações), desde que destinadas ao fim específico de exportação para o exterior (art. 7º, III).

Vale a propósito da COFINS tudo o que foi por nós sustentado acerca do alcance da isenção de ICMS sobre as *operações de "performance"* que levam à exportação de produtos primários.

Destarte, para não incidirmos em tautologia, pedimos vênia para remeter ao item 4, *supra.*

11. Imposto é a modalidade de tributo que tem por *hipótese de incidência* um fato qualquer, não consistente numa atuação estatal. Não é por outra razão que Geraldo Ataliba chamava o imposto de *tributo não-vinculado*. Não vinculado a quê? Não vinculado a uma atuação estatal.

Deveras, o imposto encontra seu *fundamento de validade*, única e exclusivamente, na competência tributária da pessoa política que o exige, não havendo necessidade, para que ele venha instituído e cobrado, de que o Poder Público desenvolva, em relação ao contribuinte, qualquer atividade específica. É nesse sentido que muitos juristas chamam o imposto de *tributo sem causa*. Sem causa não porque ele não tenha hipótese de incidência, mas porque não há necessidade de a entidade tributante oferecer qualquer contraprestação direta a quem o paga.

O imposto — se quisermos fugir da definição pela negativa — sempre tem por hipótese de incidência ou um comportamento do contribuinte (*v.g.*, o comportamento de alguém vender uma mercadoria), ou um situação jurídica na qual ele se encontra (*v.g.*, a situação jurídica de proprietário de imóvel localizado na zona urbana de um dado Município).

Enfim, o imposto nunca nasce de uma atuação estatal referida ao contribuinte (obra pública, serviço público, ato de polícia etc.), mas, sempre, de um fato qualquer, que não envolva uma contraprestação estatal. A idéia foi muito bem explicitada no art. 16 do CTN: "Imposto é o tributo cuja obrigação tem por fato gerador uma situação independente de qualquer atividade estatal específica, relativa ao contribuinte".

Feitas estas anotações, podemos — agora, sim — ingressar no estudo do caso concreto.

Segunda parte: o caso concreto

8. Equacionamento do problema

A Consulente, como vimos, adquire de fornecedores estabelecidos no Estado do Mato Grosso a soja que exporta, seja diretamente, seja por intermédio de outra empresa comercial exportadora (quando realiza a chamada *operação de "performance"*).

É importante destacar que na Consulta a nós submetida está assinalado que nas *operações de "performance"* sempre é feita expressa menção aos contratos de compra celebrados com os fornecedores de Mato Grosso.

De seu turno, também as notas fiscais de exportação, emitidas pelas empresas que adquirem as mercadorias nas citadas *operações de "performance"*, mencionam os dados das operações de compra celebradas pela filial da Consulente.

Fica, assim, evidenciado o vínculo destas operações — e a certeza de que as mercadorias delas objeto realmente se destinam à exportação.

Com tais cautelas, das quais a Consulente nunca descuida, afigura-se-nos incontendível que estas operações estão sob a égide das isenções concedidas pelas Leis Complementares 87/96 (ICMS) e 70/91 (COFINS).

Em suma, a Consulente em nenhum momento se desvia do propósito de realizar operações de exportação, que tem a cautela de provar e comprovar, caso a caso, perante o Fisco.

Com isto, cumpre, a preceito, seus deveres instrumentais tributários. Discorramos um pouco sobre eles.

8.1 Os deveres instrumentais tributários

Tendo em vista o perfeito funcionamento do sistema arrecadatório, a legislação do ICMS impõe aos contribuintes (ou, em alguns casos, indicados na própria lei, a terceiras pessoas a eles de algum modo relacionadas) um grande número de *deveres instrumentais tributários* (*obrigações acessórias*).

Só para nos situarmos no assunto, a doutrina é pacífica no sentido de que existem, como que "gravitando" em torno do tributo (*obrigação tributária principal*), outras relações jurídicas, estas de conteúdo não-patrimonial, que se traduzem num *fazer*, num *não-fazer* ou num *suportar*: os *deveres instrumentais tributários*, impostos pela lei, que o Código Tributário Nacional chama — a nosso ver, impropriamente — de *obrigações tributárias acessórias* (art. 113 e seu § 2º).

Os deveres instrumentais tributários são, portanto, relações jurídicas de conteúdo não-patrimonial que têm por objeto um *fazer* (*facere*), um *não-fazer* (*non facere*) ou um *suportar* (*patere*), sempre no interesse da Administração Tributária.

Tais deveres só podem ser criados por meio de lei (editada pela pessoa política tributante) e visam, em última análise, a possibilitar a correta e justa arrecadação dos tributos e — quando é o caso — a plena e regular fruição das isenções tributárias.

Uma rápida incursão por nosso ordenamento jurídico revela-nos que com muita freqüência os contribuintes, ou terceiros que com eles se relacionam, são chamados pela lei a cooperar com a Fazenda Pública. Esta cooperação traduz-se em *comportamentos positivos* (expedir notas fiscais, fazer declarações, realizar registros, emitir faturas etc.) e *negativos* (manter a escrituração contábil de modo correto, conservar os documentos e os livros fiscais por, pelo menos, cinco anos, tolerar a presença dos agentes fiscais no estabelecimento comercial, para que eles examinem a documentação da empresa, etc.).

Confirmamos, deste modo, que os deveres instrumentais tributários não se confundem com os tributos. Apenas, por assim dizer, "documentam" a incidência ou a não-incidência (*v.g.*, a isenção), em ordem a permitir que os tributos venham lançados e cobrados com exatidão e as isenções se façam corretamente sentir.

Uma coisa, porém, é certa: não é dado aos deveres instrumentais tributários atropelar direitos subjetivos dos contribuintes, como o de fruírem das isenções que a ordem jurídica lhes confere.

Tudo o que foi escrito neste subitem vale para os deveres instrumentais tributários que viabilizam a tributação por meio de ICMS e de COFINS, bem assim as isenções a estes tributos. Tanto que os contribuintes, no caso, vêem-se compelidos, pela lei, a: a) expedir notas fiscais; b) não obstar à atividade fiscalizatória dos agentes fazendários; e c) manter e escriturar adequadamente os livros fiscais.

No que concerne à *nota fiscal*, ressaltamos que é o documento onde ficam consignados o valor e a natureza da operação mercantil realizada. Assim, deve conter os dados necessários à sua perfeita identificação e caracterização.

É justamente o caso. Os documentos fiscais mencionados na Consulta comprovam inequivocamente que as operações realizadas destinam-se ao exterior. Possibilitam, pois, que a Consulente desfrute, por inteiro, de seu direito subjetivo de, sobre elas, não recolher ICMS ou COFINS.

Note-se, por outro lado, que a Fazenda Pública do Estado do Mato Grosso não tem o direito de negar a isenção ao ICMS[12] partindo do pressuposto — no mínimo *discutível* — de que a Consulente teria dificuldade em acompanhar o destino final da soja quando realiza as *operações de "performance"*.

Portanto, absolutamente não podemos concordar com o seguinte fundamento invocado pelo Fisco mato-grossense: "Vista sob o ângulo do remetente a conclusão é a mesma. Com efeito, o Convênio ICMS n. 113/96 atribui a ele *(à empresa que recebeu a mercadoria para ser exportada)* a responsabilidade pelo recolhimento do ICMS no caso de não ocorrer a efetiva exportação. Ficaria fragilizada essa responsabilidade se o remetente nem sequer soubesse para quem a comercial exportadora, sua adquirente, destinou a mercadoria que deveria ter sido por ela exportada, conforme fez constar na nota fiscal que acobertou a remessa da mercadoria" (Instrução Orientativa CGSIAT-002/98, item 7 — esclarecemos no parêntese).

A Fazenda do Estado não pode, a partir de uma mera hipótese — que, diga-se de passagem, não vale para a Consulente, sempre cuidadosa nas operações que pratica —, anular direito à isenção. Nossas ponderações crescem de ponto se atentarmos a que este direito foi concedido, sem reservas ou restrições, por lei complementar que encontra total *respaldo de validade* na Carta Constitucional.

Eventuais *obscuridades* (*sic*) no preenchimento dos documentos pertinentes às *operações de "performance"* devem ser apuradas e sancionadas, caso a caso, se e quando houver fundamento para isso. Todavia, não podem, *a priori*, ser erigidas (como o fez o Fisco mato-grossense) em fatos impeditivos à plena fruição do direito ao benefício fiscal. Muito menos numa instrução orientativa, conforme melhor passamos a expor e a fundamentar.

8.2 O reduzido alcance da Instrução Orientativa CGSIAT-002/98

Como é sabido e consabido, no Brasil o princípio da legalidade impera. Os próprios decretos regulamentares a ele se sujeitam, só podendo validamente surgir para possibilitar a fiel execução de lei. Nunca para restringir-lhe o alcance.[13]

12. A isenção à COFINS não está, por motivos óbvios, sendo questionada (a COFINS é tributo federal, e, por isso, de competência da União).

13. Os únicos regulamentos aceitos por nosso direito positivo são os *executivos* (ou *de execução*), em face do que determina o art. 84, IV, da CF ("Compete privativamente ao Presidente da República san-

Acerca deste assunto tivemos a oportunidade de escrever: "O regulamento, dentro da 'pirâmide jurídica', está abaixo da lei. Logo, não a pode nem ab-rogar, nem modificar. Deve, sim, submeter-se às disposições legais, inspirando-se em suas diretivas, sem as contrariar. Se infringir ou extrapolar a lei, será *nulo*".[14]

Logo, em nosso ordenamento jurídico o Executivo, no exercício de sua faculdade regulamentar, não pode, em caso algum, invadir a esfera de atribuições do Legislativo.

Para arredar em definitivo qualquer dúvida sobre esta vedação absoluta, a CF, em seu art. 37, submete a Administração Pública ao *princípio da legalidade* e, em seu art. 84, IV, exige que os decretos regulamentares sejam expedidos apenas para prover a *fiel execução* da lei.

Também em matéria tributária, como não poderia deixar de ser, o único regulamento aceito por nossa Constituição é o *executivo*, o qual, subordinando-se inteiramente à lei, limita-se a prover sua fiel execução, ou seja, apenas dá-lhe condições de plena eficácia, sem, porém, impor deveres novos (não contemplados na lei) aos contribuintes ou apontar o modo como as leis tributárias devem ser interpretadas. Falta-lhe titulação jurídica para tanto.

Vemos, pois, que o regulamento tributário tem a função de simplesmente *aclarar* a lei que o exige. Deve determinar-lhe o verdadeiro sentido, sem, entretanto, introduzir-lhe disposições novas. Por aí se vê que ele não pode criar *restrições novas*, mas, apenas, tornar plenamente aplicável a lei tributária.

cionar, promulgar e fazer publicar as leis, bem como *expedir decretos e regulamentos para sua fiel execução*"). Por extensão, a faculdade alcança os demais chefes do Poder Executivo (governadores e prefeitos), nas esferas de suas atribuições. Dito de outro modo, o Presidente, o Governador e o Prefeito devem regulamentar as leis que lhes dizem respeito. Farão isso por meio de decreto, que vai estabelecer os pormenores normativos de ordem técnica que viabilizam o cumprimento das leis a que se referem.

14. *Curso...*, p. 208.

Em suma, o regulamento deve explicitar a lei tributária a que se prende, sem nada lhe subtrair, aumentar ou modificar. Se veicular disposições novas, ou seja, na lei tributária não contidas, será injurídico e, portanto, perfeitamente descumprível.

Muito bem, se o regulamento, que é a fonte secundária por excelência do direito tributário, está tolhido por tão formidáveis peias, *por muito maior razão* as portarias, as instruções, os pareceres normativos etc., que dentro da *pirâmide jurídica* ocupam posição a ele inferior.

Instrução orientativa é ato interorgânico e, como tal, não diz respeito ao administrado. Evidentemente, não diminui — nem pode diminuir — o alcance de isenções tributárias.

A instrução orientativa envolve, em última análise, comando de administrador a administrador, isto é, de funcionário superior a funcionário subalterno, dando-lhe esclarecimentos, que, porém, não podem atropelar desígnios legais.

Não vemos maiores dificuldades, pois, em proclamar que nenhuma instrução orientativa pode impor aos contribuintes — que são administrados — restrições tributárias não contempladas em lei.

É que os comandos contidos nesta espécie de ato normativo prendem, tão-somente, e na melhor das hipóteses, os órgãos da Administração Pública, tendo muito menos força jurídica do que os regulamentos, que, afinal, dentro dos limites da lei, voltam-se contra os cidadãos em geral.

Em suma, são nulas instruções orientativas que invadam campo *sob reserva de lei*, ainda que a pretexto de interpretá-la. E muito mais nulas as que impedem o pleno desfrute de direitos constitucionais.

Nada obstante tudo quanto foi até aqui sustentado, o fato é que a Fazenda Pública mato-grossense "baixou" a *Instrução Orientativa CGSIAT-002/98*, que, como vimos, amesquinhou o alcance dos dispositivos da Lei Complementar 97/96, que tratam de exportação de mercadorias para o exterior.

Remarcamos que não se pode, com apoio nesta instrução orientativa, "cancelar" isenção que beneficia a Consulente enquanto pratica legítimas operações (*operações de "performance"*) que destinam ao exterior a soja que adquire de fornecedores do Estado de Mato Grosso.

Isto porque instruções orientativas não podem *reduzir* direitos subjetivos dos contribuintes, máxime quando defluem da Constituição e das leis complementares que com ela se ajustam. A idéia cresce de ponto quando estamos no âmbito do direito tributário, todo ele presidido pelo *princípio da reserva absoluta da lei formal*.

9. Inexigibilidade de outra conduta por parte da Consulente. Seu direito de valer-se de caminhos lícitos alternativos

Como já sabemos, a Consulente realiza exportações de mercadorias (soja em grãos) que adquire de comerciantes estabelecidos em Mato Grosso. Com o fito de aproveitar as oportunidades de mercado, vende estas mesmas mercadorias a outras empresas comerciais exportadoras, sempre, porém, mantendo a finalidade de exportação. Realiza, em suma, aquilo que se convencionou chamar de *operações de "performance"*, nelas obtendo resultados positivos, sob a forma de *prêmios*. Embarcada a mercadoria rumo ao exterior, estas outras empresas exportadoras, dando cumprimento ao *Convênio ICMS-113/96*, comprovam à Consulente a ocorrência da exportação, emitindo *memorandos-exportação*. A Consulente, de seu turno, entrega aos comerciantes de Mato Grosso *cópia* dos aludidos memorandos, que também lhes permite comprovar, agora à Fazenda Pública local, a efetiva ocorrência das exportações.

As operações descritas no parágrafo anterior — inclusive as *operações de "performance"* — são perfeitamente legítimas e em nenhum momento descaracterizam a exportação. Não podem, pois, impedir que todos os seus partícipes (comerciantes de Mato Grosso, as outras empresas exportadoras e a própria Consulente) fruam da isenção de ICMS concedida pelo art. 3º, II, e parágrafo único, I, da Lei Complementar 87/96.

Nem se diga, neste passo, que a Consulente, ao invés de realizar *operações de "performance"* (como acima explicitado), é obrigada a exportar diretamente suas mercadorias, sob pena de perder o direito ao benefício fiscal em tela.

É que o contribuinte não pode, à falta de lei que lhe retire a opção, ser obrigado a adotar o comportamento que a Fazenda Pública reputa mais *cristalino* ou *interessante*, sob o ponto de vista arrecadatório. Pelo contrário; desde que não viole qualquer proibição legal, pode perfeitamente adotar condutas alternativas que lhe tragam resultados positivos. É justamente o caso.

Noutros termos, a Consulente não pode ser penalizada por adotar estratégias comerciais lícitas, que lhe permitem exportar com vantagens (*prêmios*) a soja que adquire de comerciantes estabelecidos em Mato Grosso.

Portanto, o fato de realizar *operações de "performance"*, além de não encontrar qualquer obstáculo legal, proporciona-lhe vantagens adicionais, que a Fazenda Pública não pode ilidir.

10. A expectativa de aceitação pelo Poder Judiciário das teses sustentadas neste parecer

Sendo a Consulente empresa das mais idôneas e tradicionais, é natural que se preocupe, de modo particular, em conduzir os assuntos tributários relativos às suas atividades de modo a evitar, sempre que possível, a ocorrência de litígios com a Fazenda.

O próprio cuidado da Consulente em buscar este parecer, com os temas dele objeto, revela esta saudável e — por todos os títulos — elogiável postura.

De nossa parte, estamos amplamente convencidos da existência do direito da Consulente de gozar da isenção de ICMS e COFINS nas operações de exportação que pratica, inclusive quando se vale do mecanismo das *operações de "performance"*.

Quanto à possibilidade de acolhimento pelo Poder Judiciário das teses ora sustentadas, nossa avaliação — como não poderia deixar de ser — é a mais otimista possível. Estamos certos de que faltaria fundamento jurídico à eventual negativa do reconhecimento dos direitos da Consulente.

Se, a despeito das considerações que acabam de ser feitas, a Consulente entender que deve buscar a tutela do Poder Judiciário (o que particularmente entendemos dispensável), conta com o sólido respaldo da Lei das Leis, que, diga-se de passagem, no § 2º de seu art. 5º implicitamente confere aos contribuintes em geral o *direito de resistência à tributação indevida*.

Mas o atual Diploma Constitucional não se limitou a isto. Antes, assegurou aos contribuintes os meios processuais adequados a tal fim: o direito de livre acesso ao Judiciário, o direito de serem indenizados contra atos ou omissões ilegais dos agentes fiscais, o direito de repetição do indébito tributário, o direito de fruir — em toda a latitude do termo — das isenções validamente concedidas a operações de exportação de produtos primários etc.

11. Respostas aos quesitos

Diante de tudo o que foi exposto, só nos resta, agora, responder aos quesitos que nos foram formulados.

1. É aceitável, juridicamente, a posição assumida pelo Fisco do Estado do Mato Grosso, expressa na Instrução Orientativa CGSIAT-002, de 15.4.98, com relação à interpretação do art. 3º, II, e seu parágrafo único, I, da Lei Complementar 87/96?

Resposta: *Não*. Esta instrução orientativa está restringido o significado, o conteúdo e as finalidades da isenção prevista no art. 3º, II, e seu parágrafo único, I, da Lei Complementar 87/96. Tais *significado, conteúdo e finalidades* deitam raízes no art. 155, § 2º, XII, "e", da CF, editado *não* para favorecer a pessoa do *exportador*, mas, *sim*, para estimular as operações — independentemente de seu número — que destinem ao exterior produtos primários e semi-elaborados.

Note-se, por oportuno, que instrução orientativa — como ato infralegal que é — não pode, a pretexto de interpretar, limitar o alcance de preceito legal: o art. 3º, II, e parágrafo único, I, da Lei Complementar 87/96.

2. As características das chamadas operações de "performance" *são suficientes para corroborar o entendimento fazendário de que desvirtuariam "o fim específico de exportação"?*

Resposta: *Não*. As *operações de "performance"*, tal como descritas pela Consulente, preservam rigorosamente o fim específico de exportação. Ora, nem a Lei Complementar 87/96 nem a Carta Constitucional impedem, direta ou indiretamente, que as isenções às exportações, para o exterior, de produtos primários sejam plenamente usufruídas ainda quando se efetivem por meio de várias operações mercantis. Basta, para a permanência do benefício fiscal em tela, que seja preservado o objetivo final de exportação.

No caso concreto, os próprios documentos fiscais vinculam nitidamente as *operações de "performance"* ao supramencionado objetivo.

3. O art. 111 do CTN impede que a isenção prevista no art. 3º, parágrafo único, I, da Lei Complementar 87/96 se estenda aos casos em que ocorrem as chamadas operações de "performance"*?*

Resposta: *Não*. É certo que o art. 111 do CTN "manda" interpretar *literalmente* a legislação tributária que disponha sobre *outorga de isenção*. Todavia, este dispositivo não tem o condão de sobrepor-se a normas constitucionais que preestabelecem o *alcance* de leis complementares.

No caso em exame, a norma contida no art. 155, § 2º, XII, "e", da CF deu alcance amplo às leis complementares instituidoras de isenções incidentes sobre operações que destinem ao exterior produtos primários. Não será, pois, este art. 111, II (veiculado em norma infraconstitucional), que poderá restringir tal alcance.

Uma interpretação restritiva do art. 3º, II, e seu parágrafo único, I, da Lei Complementar 87/96 esvazia a *ratio* do art. 155, § 2º, XII, "e", da CF: favorecer ao máximo as exportações de produtos semi-elaborados e primários.

Tal entendimento só poderia ceder passo diante de norma restritiva contida na própria lei complementar veiculadora da isenção, o que não é, absolutamente, o caso. Pelo contrário, neste particular a Lei Complementar 87/96 está em perfeita sintonia com os ditames constitucionais.

A *manipulação* do alcance das isenções previstas no art. 3º, II, e seu parágrafo único, I, da Lei Complementar 87/96 atenta contra a *política de exportação*, que a Constituição Federal de 1988 buscou prestigiar ao máximo.

Ademais, pretender dar uma *interpretação restritiva* ao dispositivo ora em exame, a pretexto de prestigiar uma suposta *literalidade*, é o mesmo que condená-lo a desafiar a Constituição, quando, na verdade, ele a está prestigiando e explicitando.

Em remate, aferrar-se ao disposto no art. 111, II, do CTN, leva, no caso, a uma interpretação, mais do que restritiva, inaceitavelmente *limitativa* dos critérios preconizados pela Carta Magna no tocante às isenções de ICMS às exportações, inclusive de produtos primários.

4. É correto o entendimento de que a Lei Complementar 87/96 visa, neste particular, a favorecer as exportações de produtos primários, devendo, destarte, ser interpretada finalisticamente?

Resposta: *Sim*. Temos por indisputável que desde o advento da Lei Complementar 87/96 o conjunto das operações de exportação de produtos primários — independentemente de quantas vierem a se realizar — não pode ser alvo de tributação por meio de ICMS.

Tanto isto procede que naquele diploma há expressa referência às operações "que destinem ao exterior mercadorias, inclusive produtos primários (...)" (art. 3º, II). Esta menção reflete, com nitidez, a correta idéia do legislador complementar no sentido de que todas as providências jurídicas conducentes à exportação de produtos primários estão alcançadas pelo benefício fiscal.

Nesta mesma linha, chama a atenção no parágrafo único do art. 3º da mesma Lei Complementar 87/96 justamente seu sentido finalístico: consagra a idéia de que têm jus à isenção, além da operação imediata de exportação do produto primário, todas as precedentes realizadas "com o fim específico de exportação para o exterior".

Nada autoriza, portanto, uma interpretação restritiva, que venha em abono apenas dos interesses fazendários (meramente arrecadatórios).

Em suma, contribuinte que demonstrar que a mercadoria transacionada irá, a final — isto é, nas condições previstas no art. 3º, II, e seu parágrafo único, da Lei Complementar 87/96 —, para o exterior tem o pleno direito de não pagar ICMS.

5. Sendo positiva a resposta ao quesito anterior, é correto o entendimento de que estão isentas da COFINS as operações de venda realizadas pela filial da Consulente a empresas comerciais exportadoras?

Resposta: *Sim*. A Lei Complementar 70/91 isentou da COFINS: a) as receitas decorrentes de vendas de mercadorias ou prestações de serviços para o exterior realizadas diretamente pelo exportador (art. 7º, I); e b) as receitas de vendas realizadas pelo produtor/vendedor às empresas comerciais exportadoras, nos termos do Decreto-lei 1.248, de 29.11.72 (com suas ulteriores alterações), desde que destinadas ao fim específico de exportação para o exterior (art. 7º, III).

Vale a propósito da COFINS tudo o que foi por nós sustentado acerca do alcance da isenção de ICMS sobre as *operações de "performance"* que levam à exportação de produtos primários.

Destarte, para não incidirmos em tautologia, pedimos vênia para remeter ao item 4, *supra*, bem como às respostas dadas aos quesitos anteriores.

Este é o nosso parecer, s.m.j.

São Paulo, 28 de setembro de 1998

INSTITUTO GERALDO ATALIBA — IDEPE
(Instituto Internacional de Direito Público e Empresarial)

Presidente: **Aires Barreto**

XII CONGRESSO BRASILEIRO DE DIREITO TRIBUTÁRIO

Presidente: **Prof. Osíris Azevedo Lopes Filho**

COMISSÃO ORGANIZADORA

Presidente: **Paulo Aires Barreto**

Alessandra G. Aires Reimberg, Antonia Aparecida Pereira, Antônio José da Costa, Edgard Neves da Silva, Eliana B. Bertachini, Eurico de Santi, Fugimi Yamashita, Gian Maria Tosetti, Heleno Taveira Torres, Luiz Alberto Bettiol, Malvina Corujo A. Lopes, Marcelo Fortes, Maria Leonor Leite Vieira, Maurílio Schmmidt, Otávio Bulcão, Osíris Azevedo Lopes Neto, Paulo Ayres Barreto, Pedro Lunardelli, Ramiro Heise, Raquel Novais, Rosoléa Folgosi, Wanderley Federighi, William Grapella

COMISSÃO CIENTÍFICA

Aires Barreto, Alcides Jorge Costa, Américo Lacombe, Anna Emília Cordelli Alves, Carlos Mário Velloso, Célio Batalha, Celso Antônio Bandeira de Mello, Diva Malerbi, Eduardo Bottallo, Elizabeth Nazar Carrazza, Estevão Horvath, Heron Arzua, Horácio D. Bercun, Ilmar Galvão, José Artur Lima Gonçalves, José Carlos Dias, José Eduardo Soares de Melo, José Roberto Dromi, Lucia Valle Figueiredo, Luciano da Silva Amaro, Marcelo Figueiredo, Marco Aurélio Mello, Maria Salete Camargo Nascimento, Mizabel Derzi, Natanael Martins, Ormezindo Paiva, Osíris Azevedo Lopes Filho, Paulo Conrado, Paulo Frontini, Paulo de Barros Carvalho, Pedro Luciano Marrey Júnior, Pérsio de Oliveira Lima, Regina Helena Costa, Roque Carrazza, Sacha Calmon, Sepúlveda Pertence, Sidney Saraiva Apocalypse, Souto Maior Borges, Tercio Sampaio Ferraz Júnior, Valdir de Oliveira Rocha, Wagner Balera, Yoshiaki Ichihara

CONFERENCISTAS

Prof. Celso Antônio Bandeira de Mello — SÃO PAULO
Prof. Horácio D. Bercun — ARGENTINA
Prof. José Roberto Dromi — ARGENTINA
Prof. Paulo de Barros Carvalho — SÃO PAULO

TEMÁRIO

— PROCESSO JUDICIAL TRIBUTÁRIO
— PROCESSO ADMINISTRATIVO TRIBUTÁRIO
E CONTROLE DE CONSTITUCIONALIDADE
PELOS TRIBUNAIS ADMINISTRATIVOS
— MERCOSUL
— DIREITO PENAL TRIBUTÁRIO: INFRAÇÕES E SANÇÕES
— ICMS/ISS, "PAGER", "COURRIER", "INTERNET", "TV A CABO
E POR ASSINATURA"
— IMPOSTO SOBRE A RENDA: ASPECTOS ATUAIS
— DECADÊNCIA E PRESCRIÇÃO

COMISSÃO DE TRABALHOS

Presidente: Prof. José Eduardo Soares de Melo
Prof. Estevão Horvath
Profa. Maria Leonor Leite Vieira
Prof. Roque Antonio Carrazza
Prof. Sidney Saraiva Apocalypse

RDT 71

XI CONGRESSO BRASILEIRO DE DIREITO TRIBUTÁRIO: ABERTURA • LA DESLEGALIZACIÓN DE LOS ELEMENTOS DE CUANTIFICACIÓN DE LA OBLIGACIÓN TRIBUTÁRIA – Juan Ramallo Massanet • REVISITANDO A ISENÇÃO TRIBUTÁRIA (A ISENÇÃO TRIBUTÁRIA À LUZ DA HERMENÊUTICA HISTÓRICA) – José Souto Maior Borges • A ISENÇÃO TRAZIDA PELO ART. 3º, II, DA LEI COMPLEMENTAR 87/96 – Estevão Horvath • A INCONSTITUCIONALIDADE DO NOVO SALÁRIO-EDUCAÇÃO – Heron Arzua • REFORMA TRIBUTÁRIA NÃO CONSTITUCIONAL – Heron Arzua • ISS – PROBLEMAS ATUAIS – Eduardo D. Bottallo • PLANEJAMENTO TRIBUTÁRIO – Sidney Saraiva Apocalypse • PLANEJAMENTO TRIBUTÁRIO (IR: LIMITES DA ECONOMIA FISCAL – PLANEJAMENTO TRIBUTÁRIO) – Luciano da Silva Amaro • Imunidade (ART. 155, § 3º, DA CF) – Roque Antonio Carrazza • ***XII CONGRESSO BRASILEIRO DE DIREITO TRIBUTÁRIO:*** DO CONTROLE DE CONSTITUCIONALIDADE PELO TRIBUNAL FISCAL – Wagner Balera • ASPECTOS DO PROCEDIMENTO ADMINISTRATIVO FISCAL – Heron Arzua • SOBRE A DECADÊNCIA DO CRÉDITO TRIBUTÁRIO – Tercio Sampaio Ferraz Júnior • PRESCRIÇÃO E DECADÊNCIA NO DIREITO TRIBUTÁRIO BRASILEIRO – Sacha Calmon Navarro Coelho • PROCESSO ADMINISTRATIVO TRIBUTÁRIO – PRINCÍPIOS, AMPLITUDE, NATUREZA E ALCANCE DAS FUNÇÕES NELE EXERCIDAS – Eduardo D. Bottallo • ICMS/ISS – TV POR ASSINATURA E A CABO, "COURRIER" E INTERNET – José Eduardo Soares de Melo • IMPOSTO MUNICIPAL SOBRE SERVIÇOS – LEI COMPLEMENTAR – ASPECTO ESPACIAL – Anna Emília Cordelli Alves • SOBRE OS GANHOS DE CAPITAL DE FALIDOS, MORTOS E OUTROS SINISTRADOS – IMPOSSIBILIDADE – Misabel Abreu Machado Derzi • AÇÃO DECLARATÓRIA DE INEXISTÊNCIA DE RELAÇÃO JURÍDICA ENTRE CONTRIBUINTE E FISCO – PROPOSIÇÃO DE CAUTELAR INCIDENTE DE DEPÓSITO – IMPOSSIBILIDADE DE OCORRÊNCIA DE DECADÊNCIA NO DECURSO DA AÇÃO – Lucia Valle Figueiredo • PAGAMENTO EM ATRASO DE CONTRIBUIÇÃO PARA A SEGURIDADE SOCIAL: EXTINÇÃO DA PUNIBILIDADE E PARCELAMENTO DO DÉBITO – José Souto Maior Borges • A DECADÊNCIA NO LANÇAMENTO "POR HOMOLOGAÇÃO" – Estevão Horvath • ICMS NA HABILITAÇÃO DE TELEFONE CELULAR – BREVE NOTA – Sidney Saraiva Apocalypse • CONTROLE DE CONSTITUCIONALIDADE PELOS TRIBUNAIS ADMINISTRATIVOS – Paulo César Conrado • ICMS – OPERAÇÕES DE "PERFORMANCE" – IMUNIDADE – EXEGESE DO ART. 155, § 2º, XII, "E", DA CF – QUESTÕES CONEXAS – Roque Antonio Carrazza

MALHEIROS EDITORES